工商管理
经典译丛

MANAGERIAL ECONOMICS

管理经济学

市 场 与 企 业

（第**2**版）

威廉·博伊斯（William Boyes） 著

李自杰 刘 畅 译

中国人民大学出版社

· 北京 ·

《工商管理经典译丛·简明系列》
出 版 说 明

中国人民大学出版社长期致力于经济管理类优秀教材的引进和出版工作。20 世纪 90 年代中期，中国人民大学出版社开业界之先河，组织策划了两套精品丛书——《经济科学译丛》和《工商管理经典译丛》，在国内产生了极大的社会影响。其中，《工商管理经典译丛》是国内第一套与国际管理教育全面接轨的引进版工商管理类丛书，收录的都是国际权威作者的经典版本，一经推出，便受到国内管理学界和企业界的普遍欢迎和一致好评，并被许多高等院校选为教材。

在《工商管理经典译丛》的后续跟进和完善过程中，我们注意到，由于国外经济管理类教材具有自己的独特体系和教学模式，通常篇幅较大，内容较多，形式也较多样，有益于读者全面的学习，但对于课时有限的教学来说并不完全适合。于是，我们又精心遴选了一些篇幅相对较小、内容简明实用的教材。这些教材在编写形式上，通常以案例开始，引出本章学习要点，章后配有思考练习题，便于教学；同时，与国外许多经典教材一样，这些书大都配有丰富的教学辅助资料，教师在使用时非常方便。而且，这套丛书体系简明，实用性强，也可用作企业培训教材。此外，对这套丛书中的部分教材，我们还会同时出版其英文影印版或英文改编版，便于读者对照阅读，并可满足国内双语教学的实际需要。

本套丛书的选择，得到了国内许多院校教师、专家、从业人员的帮助，很多书的选定得益于他们的推荐和认定，在此深表谢意。我们希望搭建起这样一个平台，更好地服务于各领域的读者，把最新的管理图书引入国内，将各种管理思想展现给读者，以推动我国管理教育教学、科研及实践的更快发展。

中国人民大学出版社

译者序

　　本书是威廉·博伊斯（William Boyes）教授撰写的一部管理经济学经典著作。威廉·博伊斯教授是美国亚利桑那州立大学经济学教授，他撰写了多部在市场上广受欢迎的教材。如今面世的这本管理经济学是博伊斯教授于 2010 年修订的第二版教材。

　　撰写管理经济学教材的作者总会碰到以下两个难点。首先，在面向知识背景不同的读者的情况下，如何深入浅出地解释清楚复杂的经济学理论和逻辑；其次，管理经济学的理论性太强，往往难以使读者在管理实践中予以应用。

　　现在面世的这本管理经济学就很好地解决了这些问题。大家打开目录就会发现，这本书具有明显区别于一般管理经济学教材的特点。首先，一般的管理经济学教材往往将教材写成微观经济学的翻版教材，辅以大量的数学推导。相比较而言，本书则适用于各个层次的读者，对于经济学的介绍，也侧重于经济学的思维方式，将数学公式作为辅助理解的工具，更多涉及了如何应用管理经济学原理的内容。许多教材认为，管理经济学是一门基础学科，因此更重要的是理论的说明。但实际上，任何高深的理论都可以深入浅出地进行表述。一本好的管理经济学教材应该使人们认识到，现有的一些热点的话题在经济学里已经有相应的表述，经济学确实可以起到举一反三的作用。这样，大家才会喜欢学习经济学，喜欢运用经济学的相关知识思考问题。其次，一般的管理经济学教材的结构是先介绍需求和供给，然后引入生产理论和成本函数，并在介绍企业内部之前先介绍需求理论。但这种做法有些本末倒置，过分强调了在微观经济学的数学推导中提到的"在一定限制条件下得到最优解"这个问题，将思维完全转化为寻找最优解的数学问题，企业被视为一个黑箱，将资源投入企业后，问题就变为如何获得最大的产出。而至于企业内部到底如何运行并不是一般的管理经济学教材关注的重点。而本书中，作者首先介绍企业的产生，企业组织，架构，人力资源政策，以及企业内部运行机制，然后再介绍生产和成本理论，引导读者形成对经济学思维方式的认识和理解。

　　全书共分为 6 篇 22 章。第 1～6 章系统介绍了经济学的思维方式，包括机会成本、稀缺性、权衡、边际分析法及市场势力等内容。第 7~10 章讨论了涉及企业战略的内容，包括企业如何对其他竞争对手的行为做出反应等。第 11 章讨论的主要问题是企业的目标——企业究竟应该最大化股东回报，还是应该考虑企业社会责任的问题。第 12~15 章介绍了大多数管理经济学教材都会介绍的标准内容：成本、需求和利润。第 16 章介绍了知识经济的内容。第 17~21 章讨论了与企业相关的公司财务管理以及全球化背景下与企业相关的国际金融问题。最后一章本书展示了一些案例。这些案例与每章的开篇案例类似。

翻译是一件非常费时费力的事情，本书的翻译经历了将近一年的艰辛工作。对于本书的出版，我特别要感谢中国人民大学出版社的石岩编辑，她的坚持、督促和鼓励保证了这本书的按时完成，她的细心保证了这本书的质量。

这本书是集体劳动的结晶，我在此要特别感谢以下人员对于本书的支持和帮助。感谢帮助我完成前言、第 1~5 章的刘畅；完成第 6~11 章的张泽龙、龙楚楚、黄欣丽；对第 12~17 章提供帮助的李响、陆九愚、吴丹；参与翻译第 18~22 章的刘畅、梁屿汀、王彩云。参加最初翻译的还有陈晨、蔡铭、罗迪、曾巍等人，在此表示一并感谢。

全书最后由我和刘畅审校。虽然所有参与本书翻译的人都尽心尽力，但由于时间仓促，加之水平有限，有不妥之处还欢迎读者批评指正。

李自杰

对外经济贸易大学国际商学院

管理系主任　教授

前 言

　　环顾当今世界，当我们发现各国之间财富差异巨大时，也许不由得不吃惊。一个马拉维人一天的生活费不到 1 美元，而美国的人均年收入超过 40 000 美元。而如果时间倒退到 1800 年，人们很难意识到自己究竟身处拉丁美洲、北美洲还是欧洲——世界各地的生活水平几乎是一样的。到了 1900 年，世界各地开始出现了贫富差异。而到了今天，这种差异已经非常巨大。根据联合国粮农组织的研究，全世界有超过 8 亿人没有足够的粮食。超过 30％的马拉维儿童营养不良，超过 1/5 的人口寿命不超过 50 岁。为什么有的国家变得如此富裕，而有些国家仍然深陷贫困的泥沼？这个问题在亚当·斯密的《国富论》问世之前就是很多经济学家津津乐道的话题，但真正的答案直到 1776 年亚当·斯密出版了《国富论》之后才豁然开朗。回答这一问题的重点在于经济自由和私有产权。那么对于企业来说，情况又如何呢？事实上，可以直接用国家的成功和失败类比公司的成功和失败，因此，这对企业政策和战略的制定也具有非常重要的启示意义。

　　在本书中，我将通过比较经济体的发展与公司的发展的相似性，市场机制运行必需的要素与企业内部运行必需的要素的相似性，以及国家的成败与企业的成败的相似性来说明问题。许多经济学教材，特别是管理经济学的教材往往强调的是如何在限制条件下求得最优解，将问题化为求得几个代数方程的解或最优解。但是，过分强调这样的重点往往会带来"只见树木不见森林"的问题。读者不能理解企业从何处来、企业的角色以及导致企业成败的因素，仅仅强调最优化的问题往往只能给读者带来很浅薄的认识。在本书中，我将致力于为读者提供一个直观的环游管理经济学的机会。我将减少使用数学和图表，而更多使用文字解释。我认为，如果读者能够理解商业的问题是如何产生的，问题是什么，以及应该如何解决这些问题，那么读者就拥有了一个成功的管理者的思维，而并不需要解数学题。

　　20 世纪 60 年代之前，经济学家都将企业视为一个黑箱，将资源投入企业后就能够得到产出。至于企业内部到底如何运行并不是经济学家关注的重点。而到了 20 世纪 70 年代，黑箱的秘密逐渐被解开。企业的结构、企业组织和结构、企业文化、企业薪酬结构、人力资源政策等都成为学者研究的重点。经济学家也开始关注企业家、管理者、所有者和企业员工。管理经济学教材的一般结构是先介绍需求和供给，然后引入生产理论和成本函数，并在介绍企业内部之前先介绍需求理论。我个人认为这是本末倒置的做法，过分强调在一定限制条件下得到最优解，而忽略了形成理解和直觉。因此本书中，我们首先介绍企业的产生、企业组织、结构、人力资源政策以及企业内部运行机制，然后再介绍生产和成本理论，虽然生产和成本理论往往作为管理经济学开篇的第一部分，特别当企业被视为黑箱的情况下。

除了将企业视为黑箱这一误区之外，经济学家还常常忽略企业家的角色。经济被认为始终处于均衡状态，或从一个均衡转向另一个均衡，而企业则被认为随着所处市场达到均衡而达到均衡。因此，创新及识别获利机会就失去了明确的意义。也就是说，企业家的存在没有特别的意义。只有少部分被称为奥地利学派（由于学派创始人来自奥地利）的经济学家明确阐述了企业家的意义。但直到最近的研究，该学派关注的重点都在宏观经济领域，很少关注单个企业的研究。奥地利学派认为经济始终在运行中，企业家的角色就是在竞争中促进创新以及促进市场均衡。企业家在创新、创立新企业、识别获利机会（包括寻求政府帮助使得资源从其他企业家那里转移到自己手上的机会）方面发挥着重要作用。因此，在本书中，我们讨论了企业和企业家的角色。

本书概览

本书的第1章是导言，说明了在本书后续部分中将会介绍的以及不会介绍的内容。该章主要讨论了"像经济学家一样思考"、机会成本、稀缺性、权衡以及边际分析法。第2章介绍了市场势力以及市场过程、效率、竞争、进入壁垒的概念。第3章对第2章中介绍的内容展开分析，例如市场失灵。在政府结构和组织部分，本书还探讨了政府在经济中的作用。第4章和第5章中将第2和第3章的知识应用于企业。企业为什么产生，以及企业结构和组织得到了研究。第6章中，市场失灵和政府在经济中的作用的知识被应用于分析企业内部结构和活动。

第7~10章讨论了战略的内容。第7章中讨论的问题是：不论一家企业的行为如何，其他企业都不对它的行为作出反应，此时这家企业应该怎么做。第8章中讨论的问题是：当竞争对手对自己的行为作出反应时，企业应该如何做。第9章讨论了与政府有关的战略。第10章研究了企业家的问题。

第11章讨论的主要问题是"企业应该怎么做"。企业究竟应该最大化利润、最大化股东回报、为员工和顾客创造安全的环境，资助一个慈善机构还是应该做以上所有事情？

第12~15章介绍了大多管理经济学教材都会介绍的标准内容：成本、需求和利润。

第16章介绍了知识经济的内容。当企业从事的是高科技行业时，其行为是否有所不同？如果员工的生产率主要受制于他们的"点子"和"主意"，他们的行为是否有所不同？是否所有的情况都发生了变化？答案一般来说是否定的，具体的解释在这一章中有详细介绍。

第17章讲述了企业形式和资本成本的内容。利用资本成本在企业内部分配资源的方法得到了讨论。第18章进一步讨论了将市场作为企业内部资源分配的决策工具的相关内容。第19章讨论了经济利润的计量，分析了会计人员如何计量利润，以及他们的方法为什么不实用的相关问题。据此，本章对会计方法计量出的利润进行了调整，从而使得对利润的计量能够应用于资金流的决定。

在第20章，我们在国家和全球化的背景下讨论了企业，主要研究了以下问题：商业周期对企业的影响如何？是什么引起了商业活动的波动？政府采取了哪些措施试图控制商业周期，以及这些方法是否奏效？汇率对企业有什么影响？一个企业会受到他国货币市场波动的影响吗？

第21章讨论了一些战略和商业的一般命题。例如，企业想要获得成功，必须先实现增长。此外，这一章还关注例如多元化、压制技术以及领导力等问题。

第22章展示了一些有趣的案例，这些案例与每章的开篇案例类似。

目　录

第 3 篇　保持竞争优势

第 4 篇　解决问题的分析工具

第5篇 组织外的视角

第6篇 综合思考

第 1 篇
介绍和基础
Introduction and Foundation

第1章
经济学与管理

银冰鞋

2010 年颁布的《多德-弗兰克金融监管法案》（为应对 2008—2010 年金融危机颁布的金融监管法案）建立了更为严格的银行资本金要求，更严厉地限制银行的高风险活动。该法案主要包括几项核心内容：一是保护消费者；二是防止陷入金融机构"太大不能倒"的困境；三是采取所谓的"沃尔克规则"，即允许银行进行对冲和私募股权，但资金规模不得超过银行一级资本的 3%。任何被认定为"太大不能倒（即具有系统性风险)"的金融机构都是这项联邦法案的监管对象。

这项法案极大地提高了金融机构的经营成本。基于对这项法案对其收益的不良影响的预期，许多金融机构在 2010 年对它们的资产进行了资产减记。

1. 案例的标题"银冰鞋"的含义是什么？

2. 被政府严格监管的企业如何成功经营？

企业是如何成功的？

餐厅似乎具有一个特点——突然出现然后逐渐消失。一个街角原本开着一家墨西哥餐厅的地方变成了一家中国餐厅，后来又变成了一家前卫的三明治商店，这样的事情屡见不鲜。如果你到处看看，就会发现新的企业无时无刻不在出现，同时又有一些企业在不停地倒闭。平均来说，在美国的所有企业中，每年有 7％ 的企业是新创的，有 1％ 的企业从产业中退出。1917 年，《福布斯》（Forbes）杂志公布了美国 100 家最大企业的名单。到了 1987 年，原来的名单发生了极大的变化。最初的 100 家公司中，61 家公司倒闭，39 家仍在经营的公司中，只有 18 家还保持在前 100 名，而这 18 家公司中，只有两家公司的绩效高于市场平均水平——柯达和通用电气，并且柯达最后也衰落了。[1] 企业以惊人的速度完成从产生、发展壮大成为最大的企业之一，到逐渐衰落退出市场或被其他公司收购的过程。今天的主要企业中，大概只有不到 25％ 的企业会在未来的 25 年内仍然维持经营。

为什么有些企业成功了而另一些失败了？为什么一些企业能够比别的企业存在的时间更长？

仅仅是运气吗？

运气在企业的绩效中起着一定的作用。历史上有许多案例表明，运气对成功的作用至少与技能同样重要。考虑 1875 年一名费城药剂师在度蜜月时，品尝到了一位旅店老板根据祖传秘方调制的茶。药剂师买下了这个配方，用它创造出了一种可以用于家庭消费的饮料固体浓缩浆。这名药剂师就是查尔斯·海尔斯（Charles Hires）——一个虔诚的贵格教徒，他打算把他的"海尔斯草药茶"（Hires Herb Tea）作为一种可以替代啤酒和威士忌的非酒精饮品来销售。[2] 一位朋友建议道，矿工是不会喝任何叫做"茶"的东西的，并提议他可以将自己的饮料称为"root beer"（可乐饮料的前身）。再来看看一名疗养院勤杂工的运气，他叫威尔·凯洛格（Will Kellogg），他帮助他大哥为在餐厅就餐的患者准备面点。两个人先把面团煮熟，然后再用辊子把它们压成薄片。有一天，他们留下了一块面团，一夜之后，面团通过辊子时变成了一些碎片，而没有成为一个大薄片。麦片迅速获得了成功。[3]

不考虑诸如此类的例子，运气通常在企业的绩效中不是最主要的因素。如果一个企业将依赖运气作为其主要战略，它会如何运作？绝大多数学者不认为这种随意抽签式的战略会为企业带来成功。

质量是必需的吗？

20 世纪 70 年代，许多日本企业遵循管理咨询师爱德华·戴明（Edward Demming）的建议，把企业的重心放在生产优质的产品上，它们因此成功地进入了美国市场。注重质量是成功的关键吗？20 世纪 80 年代末一项针对 450 家企业的研究得出的结论是：对企业盈利能力影响最大的一个因素是其相对于竞争对手而言所能提供的产品质量和服务。[4] 因此，并非所有致力于提高产品质量的努力都是值得的。消费者并不愿意为微不足道的质量改进支付更高的价格。20 世纪 80 年代末，瑞典的斯堪的纳维亚航空公司（SAS Airlines）就秉承着"质量至上"的哲学，结果仅仅导致成本不受控制地攀升而没有带来收益。1989 年，当时的首席执行官（CEO）简·卡尔松（Jan Carlzon）声称："我们不得不识别并评估商务旅行者的全部服务需求……我们的任务是满足他们的全部实际需求。"两年后，卡尔松的哲学发生了变化："任何不利于提高我们航空公司竞争力的活动必须取消、出售或转变为独立的实体。"[5] 在福特汽车公司我们也听到了"质量最重要"的说法，但我们同样也发现了与福特 Explorer 这款汽车相关的质量问题。

easyGroup 的创始人斯特里奥斯·哈吉-艾奥安诺（Stelios Haji-Ioannou）所秉承的观点则是，对于消费者来说，质量并非总是最重要的东西。依据这样的经营哲学，他创建了 easyGroup，这一品牌旗下有一系列称为"easy companies"的公司。这家企业计划通过尽可能缩减附加的娱乐活动来降低价格。在顾客眼里，没有"装饰"的服务与低质量的服务有明显的关系。大部分人会认为一个没有游泳池、赌场，或者房间里没有窗户的巡航线是低质量的（尤其当顾客需要为更换航线的需求支付额外的费用时）。斯特里奥斯发现，许多人并不认为为了这些质量改进而不得不支付的额外费用是物有所值的。easyGroup 践行了"给不愿意为质量改进而支付额外费用的顾客提供质量较低的产品"这一观念，并将其推广，应用于从 easyJet，easyCar（廉价租车行）到 easyPizza 的所有旗下企业。这样的经营盈利空间巨大，它带来的财富使得斯特里奥斯·哈吉-艾奥安诺在英国最富有的人中排名第 49 位。[6]

"早起的鸟儿有虫吃"与"第二只老鼠得到奶酪"[7]

另一些研究指出，先发者（first mover）——首先开发出新产品的企业——通常是最成功的。[8]美国标准石油（Standard Oil，也译为美孚石油）、拜耳（Bayer）、柯达、施乐、IBM、可口可乐、微软、亚马逊和英特尔都是由于最早开发出一个市场或最早推出新产品或创新而拥有或曾经拥有知名品牌和持续的市场优势的先发者的例子。而服装供应商 VF 公司则是后发者取得成功的例子。它让其他企业承担风险，然后再以更好的分销和服务占领市场。1961 年，当宝洁公司推出帮宝适时，大多数人都认为是宝洁公司发明了一次性尿布。其实，现在已经倒闭的 Chux 公司比宝洁公司早 1/4 个世纪开始生产一次性尿布。帮宝适并不是一种新产品，它只是更便宜、面向更广阔的市场。录像机领域中也有同样的故事。一家名为 Ampex 的美国企业在 1956 年首先开发出这一产品，但在 20 年后被价格更低的日本生产商如松下和索尼赶出了市场。一项研究表明，超过 50 个市场的开创者中，只有 10% 的企业成为了市场领导者，而且平均来说，现在的市场领导者是在先发者进入市场 13 年后才进入这一市场的。[9]

先行者劣势

成为一个领域的先行者显而易见会给企业带来优势，例如企业得以设置行业标准，获得规模经济。但是，成为先行者也是有成本的。先行者必须自行开拓市场，培养消费者对于一种商品的消费习惯等。在许多情况下，企业更好的选择是成为第二版或者第三版"捕鼠器"的生产者。VisiCalc 是世界上第一款计算机桌面扩展表格程序。后来 VisiCalc 被卡普尔的 Lotus 1-2-3 电子表格替代，后者又被 1985 年出现的微软 Excel 替代。TiVo 是受到先行者劣势影响的一家典型企业。尽管现在人们甚至会使用"TiVo 一下"来表达录制一段电视录像的意思，但是 TiVo 面对的市场仍然非常有限。TiVo 于 1999 年进入数字录像领域，而直到 2003 年，TiVo 的用户数量仍只有 800 000 人。[10]

规模是成功的必要因素吗？[11]

规模就意味着成功吗？规模大的、占主导地位的企业一定比小企业更成功吗？一般来说，随着企业的**市场份额**（market share）增加，它的利润率也趋于提高。[12]但是，利润率的增长速度比市场份额慢一些。10％的市场份额大约能够带来 10％的利润率，然而 60％的市场份额只能带来 38％的利润率。[13]但这并不意味着强调规模和市场份额是成功的必经之路。宏碁电脑公司（Acer Computer）就因过分强调市场份额而忽略了利润，一度濒临破产。之后它被分成 20 多个独立的公司，在一个松散的组织内运作。努力争取市场份额可能也是一个错误。仅仅规模大或者市场份额大并不一定能带来成功。

许多管理者忽略了市场份额与盈利能力之间脆弱的联系，他们希望扩大公司的市场份额。毕马威咨询公司进行的一项关于企业发动兼并或接管的动机的调查显示，50％的企业是为了增加市场份额。[14]然而，规模增大对企业的长期生存没有什么实质性影响。1912 年，美国钢铁公司是世界最大的工业企业，但现在这一殊荣已经不属于它了，事实上它已经不复存在。在美国钢铁公司几近破产后，它被改造成另一家不同的公司——USX。USX 公司作为一个例子说明了典型的大企业的历史。大企业很少破产。但它们的命运通常是：经过一段时间的消耗后被更有活力的后起之秀接管，而从人们的视野中消失。

在许多例子中，大企业并不会炫耀自己的规模，反而隐藏起实际规模。它们模仿规模较小的竞争对手，收缩总部规模，减少管理层级，将企业分割成为更小的单位。1995 年，美国最大的电话公司 AT&T 和 ITT 都将自己拆分成三部分。走出"规模至上"这一误区得到了两位管理学大师的赞同，他们甚至早就宣称规模时代已经结束了。已故的管理学大师彼得·德鲁克（Peter Drucke）宣称："《财富》500 强时代已经结束了。"管理咨询师汤姆·彼得斯（Tom Peters）认为，"规模较小的企业在几乎所有的市场上都是盈利的。"[15]20 世纪 70 年代开始，企业和工作场所的平均规模都开始下降。当然，这也并不意味着规模大会导致失败。凯玛特（Kmart）和西尔斯（Sears）在扩大规模的过程中遭受了重大损失甚至破产，而麦当劳、马狮（Marks and Spencer）、沃尔玛、迪士尼和丰田汽车的扩张过程却获得了成功。[16]重要的是要知道规模在什么时候对成功有利，什么时候对成功有害。

集中于核心竞争力还是多元化？

许多分析师认为，成功的关键不在于兼并多少不相关的业务，而在于剥离不相关的业务，集中在一个单一的业务范围，即企业的核心竞争力。[17]当然，一些反例诸如通用资本（GE Capital）的成功以及一些认为企业不应当仅仅集中在单一的业务范围内的看法都对这一观点提出了质疑。一些企业通过在一个企业中整合整条生产链（或"价值链"）而获得了成功，而另一些企业则通过将尽可能多的业务外包给其他公司而获得了更好的绩效。[18]例如，耐克公司自己并不组织生产，而是将生产外包给独立的承包商，自己专门进行营销活动。

与集中于单一业务范围所不同的是，一些企业通过兼并或合并取得了成功。一般情况是，一个公司收购另一个公司或两个公司合并成一个。每一个经理人对兼并或收购的理由各不相同。通用电气公司兼并了许多不相关的公司，试图分散集中生产一种产品的风险——避免将所有的鸡蛋放在一个篮子里。Rowntree 这一品牌在英国非常著名并且成功，但在欧洲其他地方却鲜为人知。瑞士的雀巢公司收购 Rowntree，使得该公司在英国和欧洲大陆有了立足之地。菲利普·莫利斯公司（烟草公司）收购了米勒啤酒公司，因为它相信自己的营销知识可以用于其他产品的营销。索尼公司收购哥伦比亚电影公司，是为了有机会利用哥伦比亚公司的电影资料库。索尼公司开发了一种专用于其高清电视机的格式，它认为，通过控制最重要的电影能够使得其他电影制片厂尽快接受这种格式。WMX 公司在 20 世纪 80 年代收购了上百家企业，以使自己成为全球最大的废弃物管理企业。食品企业桂格燕麦公司在 1994 年收购了饮料公司思蓝宝（Snapple）以加强其产品线。两家折扣零售商普莱斯俱乐部（Price Club）和好市多批发公司（Costco Wholesale）合并，以期获得更大的市场份额。2001 年美国航空公司与美国环球航空公司（TWA）合并，以寻求更高的效率。埃克森公司和美孚公司在 2001 年合并，雪佛龙公司（Chevron）和德古士公司（Texaco）在 2002 年合并，以发挥协同效应（leverage synergies）。2002 年，惠普公司收购了康柏公司，以扩大其生产基础（product base）。

1990—2001 年之间企业间的合并与兼并活动经历了一次大爆发，在 2001—2002 年衰退期间略有减缓，2002 年又开始加速，增长持续到了 2007 年。但是，有证据表明，合并和兼并并不能提高并购后企业的盈利能力。例如，桂格公司亏本卖出了思蓝宝，普莱斯俱乐部和好市多批发公司合并后不到一年即陷入混乱，并购失败的案例远远不止这些。一些研究表明，在并购完成后的 3~5 年内，约 60% 的并购后企业的股东总体回报率都落后于行业平均水平。而长期的并购失败率就更高了。在 25 年中，大约有一半的收购相继分裂，并购的企业在股票价格方面比市场总体表现要差。[19]

全球化

全球化已经被奉为企业成功的一个关键战略。例如，走进任何一家书店的商业图书区，你都能看到"全球"的字眼被标示出来。与任何一家企业的高管交谈时你都会发现，很快话题就完全转向了"全球化"。近几十年来世界贸易有了极大的增长。各国政府在关贸总协定（GATT），世界贸易组织（WTO），各个区域贸易协议如欧盟（EU）、北美自由贸易协定（NAFTA），以及拉丁美洲货币同盟的限制下纷纷降低了贸易壁垒。在过去的 10 年中，外国直接投资（一国企业为了获得在别国经营企业的持续利益而进行的投资）的增长是世界产出增长的 4 倍，比世界贸易的增长快 3 倍。

根据联合国的统计，全世界有近 40 000 家跨国企业——在一个以上国家经营的企业。这个数量是 25 年前的 3 倍。这些公司总共控制着所有私人部门资产的 1/3。

许多人认为全球化就是市场的同质化，它使得所有的市场变成同一的。许多人对全球化的局面非常担忧，他们在国际贸易会议上提出抗议，甚至恶意破坏麦当劳之类的全球化企业。但是，商品和服务在国家之间的流动比以前更自由，并不代表着市场变成同质的。只有一些真正的"全球化"品牌，如可口可乐、麦当劳、万宝路能够在全世界得到认可。然而，仔细观察可口可乐的战略可以看出，即使这样一个著名的品牌，仍然没有忽略国家文化差异。可乐的配方在不同的国家不尽相同。

日本南部的居民相对于东京的居民来说喜欢口味偏甜的可乐。可口可乐公司满足了这种差异化的需求。它在日本推出的产品中 2/3 都是针对当地市场的。例如，"Georgia Coffee" 这一品牌在东京随处可见，而在亚特兰大却无人知晓。[20]

在日本，麦当劳一直没有获得成功，直到聘用了一位当地的创业者。这位创业者在东京中心地带开设了一家麦当劳小吃店，而不像在美国那样在较偏僻的地方开设一家大型餐厅。麦当劳开始使用当地的肉制作汉堡包，因为当地的肉比美国的肉肥一些。另外，当地麦当劳餐厅还给汉堡包搭配可供选择的照烧酱汁。在墨西哥，汉堡包会配有红辣椒。百事可乐也会在不同国家进行调整。在中国上海，它不得不将"七喜"（7-Up）这一品牌改名，因为这个词在当地的发音是"吃死"。[21]

领导力

许多管理大师都认为，企业成功的秘诀在于其负责人。通用电气的成功被归功于杰克·韦尔奇，微软的比尔·盖茨被当成了预言家。直到 2002 年安然公司崩溃之前[22]，肯尼斯·雷也被当做这种预言家式的领导人之一。案例研究[23]通常强调个人的重要性，如西南航空公司的赫伯·凯莱赫（Herb Kelleher）、IBM 公司的托马斯·沃特森（Thomas Watson）、英特尔公司的安迪·格鲁夫（Andy Grove）、马狮公司的迈克尔·马克斯（Michael Marks）。[24]这些案例研究花费大量的时间研究这些 CEO 的个性与背景，常常展示一个 CEO 孤军作战解决公司战略方向的基本问题，将一个企业成功背后的原因归结为一个领导者。成功是依赖一位魅力型领袖或预言家式的领导人，还是独立于领导者呢？

近期的研究发现，CEO 的人生经历会影响企业绩效。例如，CEO 创伤性的人生经历会影响公司的盈利能力。在 CEO 不幸丧子两年后，企业的绩效平均会下降15%。而 CEO 丧偶则会使企业绩效下降约 15%。如果企业领导人购买或者建造了豪宅，他的公司股价将会急剧下跌到市场平均水平以下。另一些研究发现，当管理者获得类似于商业媒体颁发的"最佳管理者"称号等奖项之后，企业的利润和股价都会下降。这是因为当管理者成为明星之后，会在撰写回忆录或作为独立董事上花更多时间，而在公司经营上投入更少的精力。[25]

毫无疑问，在一些例子中，一家公司的成功源于创业者的个性。但没有研究能够确定负责人的哪些特质能够定义成功。[26]领导人可以通过教育而被启发出来吗？[27]

经济学的角色

前面的讨论的重点是，没有一个能够保证企业成功的准则。如果真的有这样一个准则，那么所有的企业都会应用它，因此没有任何一家公司会有竞争优势。另外，将一个人培训成为成功的管理者并不比将其培训成为预言家式的领导者的可能性高。然而，我们可以为人们提供方法与知识，协助他们思考企业问题与制定决策——如何确定哪些事情更重要，哪些战略会起作用，如何应对变革。

20 世纪 90 年代，管理学大师的建议是使企业金字塔扁平化，变成一个扁平组织，在企业中消除科层，向员工授权，开放环境，转变文化，倾听客户的意见，创造一个以客户为中心的组织，并致力于使所有客户都满意。同时，领导者需要提高企业价值，为创造价值定价，作出使命陈述，整合战略计划，持续完善，转变模式，突破框架进行思考，再造公司，在混乱中建立秩序。这一建议的主要问题是采纳任何一个都需要成本，但没有一位管理学大师指出这些成本。这就是经济学的价值所在。经济学的基本原理之一就是任何行动或决策都包含成本。换句话说，采取了一种行为，从其他没有采取的行为中获得的收益就被放弃了。例如，考虑"了解你的客户"这一建议。

了解你的客户

了解你的客户并不是深奥的管理学术语。它是一个经济学术语。它是指了解需求。经理人必须知道消费者和/或对手如何对其价格变化做出反应，理解价格/非价格战略何时能够发挥作用。图 1—1 所示的就是两条标准的需求曲线。其中一条比较陡峭，另一条比较平缓。当用它们代表企业的客户需求情况时，这两条不同形状的曲线有什么区别？可以看到，当价格为 P_1 时，在两条需求曲线上对应的需求量都是 Q_1。如果价格下降到 P_2，在两条需求曲线上对应的需求量就有很大差别。公司是否应该做广告、提供保证或担保、提高服务或产品质量、注重包装、集中资源确保分销渠道，或者推出新的或不同的产品，这些决策都要求对需求的理解。这些因素在任何价格水平上都会影响客户需求量吗？

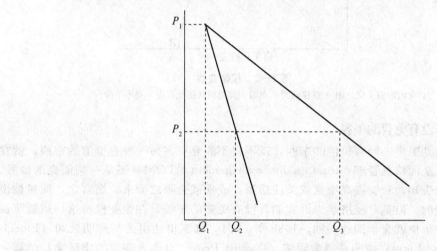

图 1—1　了解你的客户

说明：价格为 P_1 时，需求量为 Q_1。当价格降至 P_2 时，平缓曲线对应的需求量比陡峭曲线对应的需求量增加得多。

权衡

经济学通过指出实施一种战略需要花费的成本，调节着经理人投身于某种管理时尚或潮流的狂热。例如，顾问经常呼吁企业应该以客户为中心。然而，在关注客户发挥作用的同时，仅仅关注客户会导致忽视商业游戏中其他重要的参与者。供应商也许很重要，提供互补品的厂商也许同样重要。当英特尔开发出一种更快的芯片时，微软会从中获益，而当微软开发出一款超出现有硬件能力的软件时，英特尔也会从中受益。

之所以需要**权衡**（trade-offs），是因为存在稀缺性——即使价格为0时，也并非所有的人需求都可以被满足。人们为了获得更多的一种东西，就不得不放弃另一种东西。这一定律用图形表达出来就是图1—2所示的形状，也称为权衡曲线。一个企业的组织形式可以是科层化的，也可以是扁平化的。纵轴表示的是企业组织科层化的程度，横轴表示的是企业组织扁平化的程度。管理者可以选择完全科层化（hierarchy）即A点与完全扁平化即B点之间的任何一个组合。从A点出发，如果管理者希望使组织结构更加扁平化，从图形中的A点移动到C点。我们注意组织科层化的程度就不得不下降了——纵轴上的位置从A点移动到了D点，而扁平化的程度则提高了——横轴上增加了从D点到C点的距离。

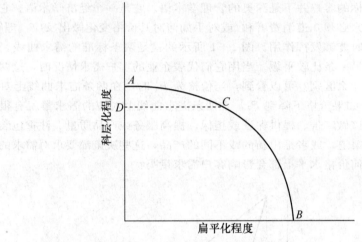

图1—2 权衡曲线

说明：当企业组织扁平化，由A点移动到C点时，其组织科层化程度不得不下降。

天下没有免费的午餐

想得到更多一种有价值的东西，就不得不放弃更多另一种有价值的东西。就在几年前，全面质量管理（total quality management，TQM）还是一句漂亮的口号。管理者被告知，只要提高质量或关注质量，成功就会随之而来。简言之，质量被说成是免费的。但是，经济学告诉我们，没有免费的午餐。在企业投身这场质量革命后，它们很快就会学到这一课。1989年11月，佛罗里达电力与照明公司（Florida Power and Light）成为获得戴明奖（Deming Prize，日本人颁发的质量奖）的第一家美国公司。两个月以后，即1990年1月11日，佛罗里达公共服务委员会（Florida Public Service Commission）拒绝了佛罗里达电力与照明公司增加费用的要求。佛罗里达电力与照明公司希望委员会为其实现的质量改进和为申请这一奖项而付出的资金支付更高的费用。佛罗里达电力与照明公司不是独一无二的。Wallace公司（一家位于休斯敦的管道和阀门的分销商）在1990年获得鲍德里奇国家质量奖（Baldrige Award，美国颁发的最高质量奖）。1992年2月，Wallace公司申请破产保护。Wallace公司的质量项目将准时递送率从75％提高到82％，公司的市场份额几乎翻番，从10％增加到了18％，但伴随着这些改进的是成本——管理费用额外增加了200万美元。[28]

当1990年前后这场质量革命首次袭击美国时，一些学院也被迫选择了提高质量。在一份新闻季刊中，一所重要大学的工程学院院长宣布，学校通过以下方式承诺对质量的保证：没有学生会不及格。这听起来很好，但这样做的成本会极高。想想那些不想学习的学生，或暂时认为学校是寻找乐趣而不是上课学习的地方的学生。工程学院会为了保证这些学生通过考试而浪费教员的时间和其他资源吗？如果这样做，它很可能无法支持其他学生，除非这所学校的资源是无限的。

简而言之，质量的成本很高，是否值得追求质量依赖于消费者如何评价质量。质量不是免费的。每个人都认为协和超音速客机是一种很好的飞机，但其过高的运营费用意味着选择这种飞机进行常规飞行的人不会很多。

管理学理论与经济学原理是如何联系的？

世界上有 100 多种商业期刊和报纸。出版过至少 30 000 种商业书籍，而且每年还会出版 3 500 种新书。而管理者从大量的并在不断增多的书籍、文章、管理大师以及咨询师处得到的信息并不一致。考虑以下相互矛盾的建议："雇佣一名领袖气质型管理者"与"雇佣一名谦逊的管理者"；"接受复杂性"与"追求简约"；"成为战略核心型组织"与"不要在战略规划上浪费时间"；"商场如战场"与"商业就是我在幼儿园里学到的东西"。对快速回答和简单解决方案的需求非常巨大，许多创业者响应了这一需求。今天，管理学"理论产业"充满活力而且做得很好。然而，好的管理也许包含速成药方的反面。[29] 例如，近年来一些流行的概念如下：

作业成本法（activity-based accounting）

标杆（benchmarking）

现金牛、明星业务、问号业务、瘦狗（cash cows，stars，question markets，and dogs）

变革管理（change management）

伦理准则（codes of ethics）

核心竞争力（core competencies）

企业文化（corporate culture）

授权（empowerment）

经验曲线（experience curves）

一般性战略（generic strategies）

内部创业（intrapreneurship）

即时存货管理（just-in-time inventory control）

精益制造（lean manufacturing）

目标管理（management by objectives）

市场驱动和接近消费者（market-driven and close-to-customers）

矩阵管理（matrix management）

投资组合管理（portfolio management）

再造（reengineering）

关系营销（relationship marketing）

自我管理团队（self-managed teams）

臭鼬工厂（特殊团队）（skunk works）

战略联盟和网络（strategic alliances and networks）

Z 理论（theory Z）

基于时间的竞争（time-based competition）

全面质量管理（total quality management）

零基预算（zero-based budgeting）

我们将在本书中讨论这些术语。我们会发现，在大多数例子中，某一术语只不过是相关经济学规则或原理的另一种说法。从经济学中转引词汇是加强顾问声誉的一种营销策略，这与其他营销策略是一样的。但由于这些术语被渲染成应对商业问题的灵丹妙药，因此对寻求问题解决方案的管理者来说很有吸引力。然而，通常来说，一件事如果过好或过于容易就不可信，正如经济学家所说，"天下没有免费的午餐"。不妨问一下以上列出的术语今天还能听到多少。通常，一种管理时尚只流行一阵就消失不见了。

管理咨询师开出的许多"药方"都是发人深省的。问题在于在采纳这些观念之前，管理者通常没有理解其在执行过程中所包含的内容，或形势是否适合采纳这种观念。

好的管理的本质是决定采取一种实践会不会增加企业的价值：能赚钱吗？什么时候仅仅关注客户或全面质量战略发挥作用？再造何时及在何种企业中有效？准时制库存控制能够提高绩效吗？缩小规模或再造能提高生产率吗？掌握经济学可以使经理人回答这些问题。懂得经济学的经理人更能够选择针对问题根本的解决之道，而不是仅仅找到一个现成的解决方案。

如何学习管理经济学？

在本书中，我们运用经济学的方法研究商业。也就是说，我们运用经济学的逻辑来检验企业竞争与合作、企业组织的方式，研究它们的薪酬计划、员工待遇、治理方式和组织行为以及组织文化等。我们分析的基础是经济推理（economic reasoning）或决策制定（decision making）。什么是经济决策制定？这就是本章讨论的内容——认识到如果我们不放弃一些东西，我们就不可能得到另一些东西。经济学家将这种决策制定称为"比较成本与收益"（comparing costs and benefits）和评估权衡（evaluating tradeoffs）。

经济顾问要求管理者列出其目标以及达到这些目标的可能的备选方案，然后对这些备选方案进行选择。接着，管理者被要求计算出每一个选择的成本与收益。类似于"我们希望把每一件事都做得最好"这样的战略是不可接受的——这是不可能的。管理者必须通过比较每一个备选方案的成本与收益，对每一个备选方案进行评估。而这个成本就是为了获得某种东西而必须牺牲的。权衡（tradeoffs）——为得到其他东西而放弃一些东西——是管理者工作的核心。这就是经济学研究的内容。

边际分析法

20 世纪 50 年代初，吹氧转炉的出现改变了炼钢工艺。自第一次世界大战以后就成为行业标准的平炉炼钢法的研磨时间需要 6~8 小时，而这种转炉将研磨时间减少到了 40 分钟。尽管吹氧转炉法有着明显的优势，美国钢铁企业还是在五六十年代新增加了近 5 000 万吨传统工艺（平炉炼钢法）的产能。同时，世界其他国家和地区的钢铁企业都在建造使用最先进技术的新工厂。新工艺为日本和韩国的钢铁企业带来了成本优势，使它们能够渗透并占领美国市场。

那么，美国的企业为什么要继续投资一种看上去效率低下的技术呢？美国钢铁企业已经开发出了许多针对老工艺的技术诀窍。它们认为，已经在传统工艺上投入了大量的成本，就必须在同一种工艺上继续增加投入。这是一种"想补偿反而损失更多"的决策。正确的决策是，接下来将在传统工艺上多投入的一美元是否能够带来更大的收益，或是否有利于新工艺研发。这里，决策的重点在于"接下来将多投入的一美元"，也就是**边际**（marginal）上的一美元，而不在于此前全部投入的成本。经济学在边际上分析，也即增加的成本和增加的收益。之所以分析的核心在于边际量，是因为边际量能够阐释对行为的最佳理解。人们将预算分配给各种商品和服务。他们决定是否再购买一盒甜点、餐具洗涤剂、汽油以及孩子的衣服等。为了使自己获得尽可能多的满足感，人们会选择将"接下来的一美元"，也就是新增的或边际的美元用于能够给他们提供最大效用的事物。

图 1—3 中列出了减少空气污染的成本的假想数据。边际成本可以用成本的增量除以相应的污染量的增量推算出来。从表格中的数据可以看到，污染量从 100 吨下降到 80 吨，边际量是 20 吨。减少污染的成本从 1 000 美元增加到 10 000 美元。增量是 9 000 美元。9 000 美元除以 20 吨是 450 美元/吨，因此边际成本是 450 元/吨，也即 9 000 美元/20 吨。

污染量（吨）	减少污染的成本（美元）	减少20吨污染量的边际成本（美元）
100	1 000	
80	10 000	450
60	50 000	2 000
40	100 000	50 000
20	1 000 000	450 000

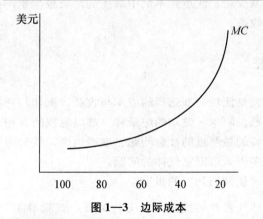

图 1—3　边际成本

说明：成本增量除以产出增量就是边际成本。

再来看图 1—4 中列出的减少空气污染的收益的数据。和边际成本的计算方法一样，我们可以得到 20 吨空气污染减少量对应的收益的增量。随着污染量的减少，起始的收益增量非常大，因为此时污染减少能够带来极大幅度的健康状况和生活质量的提高。随着污染量减少得更多，收益增量在逐渐减少。清洁度从 90％上升到 92％只能带来极小的收益增加。

图 1—4 画出了边际成本与边际收益的交点。在这一点上净收益最大，即收益与

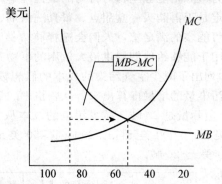

污染量（吨）	减少污染的成本（美元）	减少20吨污染量的边际成本（美元）
100	1 000 000	
80	10 000 000	9 000 000
60	11 000 000	2 000 000
40	11 500 000	500 000
20	11 001 000	1 000

图 1—4　边际成本和边际收益

说明：图1—3中的边际成本与边际收益相交。只要边际成本大于边际收益，总收益将减少。只要边际收益大于边际成本，总收益就将增加。

成本的差值最大。任何比这一点污染减少量少的点，都可以通过增加污染减少量来增加收益。任何比这一点污染减少量多的点，都可以通过减少污染减少量来增加收益。经济学在边际上分析，是因为通过分析边际量可以确定最优数量——本例中是最优的污染减少量。注意到本例中最优的污染减少量不是 0，是因为在这一点上成本远远大于收益。

成本与收益

经济学就是比较一项选择的成本与收益。例如，环境与全球变暖是当今社会非常严重的问题。阿尔·戈尔的纪录片《难以忽视的真相》告诉我们，气候变化是我们今天所面临的最严重的社会问题。准确地说，就是为了控制全球变暖的状况，人们应当减排多少人造温室气体的问题。

以下是《新闻周刊》的报道：

地球气候开始出现了巨变的征兆，而这种巨变意味着粮食作物将大幅减产。这对世界各国都提出了非常重要的政治上的启示。粮食减产可能很快发生，甚至可能在 10 年之内。

而证实这些猜想的证据正在大量增加，这些信息的大爆发使得气象学家为了跟上它增加的速度而不得不费很大力气。在英格兰，农民发现从 1950 年至今，作物生长期缩短了大约 2 周，以致每年损失的作物产量约为 100 000 吨。同一时期，赤道地区平均气温大约升高了几分之一度，而这几分之一度给一些地区带来的问题则是干旱和荒芜。去年 4 月，美国经历了有记录以来破坏性最大的龙卷风天气，148 场龙卷风袭击了美国 13 个州，造成 300 多人死亡，经济损失高达 5 亿美元。

对于科学家来说，这些看上去不同的事件都是全球气候出现根本改变的预兆。

这听上去就像是我们当今耳熟能详的讲述全球变暖的故事。但是，这个故事实际上摘自 1975 年一篇题为 "the cooling world" 的文章。[30] 今天我们担心的问题是全球变暖会使疟疾爆发的可能性增加，而在 1975 年，我们担心严寒会对动植物生长产生不良影响，但当时我们没有考虑严寒也能够控制疟疾的传播这点好处。如果我们担心寒冷的气候使得作物生长时间缩短，那么我们就应该欣然接受全球变暖使得作物生长时间延长的效应。美国和英国的热浪天气会增加热死的人数，但这也意味着较少的冻死人数，而在美国，冻死的发生几率几乎是热死的 2 倍。这些比较的核心在于，在每一种情形下都有收益和成本，这些收益和成本的比较就是我们做决策的依据。

经济学家将这种成本与收益的比较称为"**理性自利**"（rational self-interest）。这种理论认为，人们天生自利。这并不是说人们是完全自私的，人们的行为中也一定会包含着牺牲，也就是利他主义（altruism）。经济学的假设认为，人们会充分利用手中的信息来分析采取或不采取一项行动是否会使自己的境况变得更好或更差。

决策包含着比较成本与收益。我们是读大学还是找工作？结婚还是单身？住在宿舍、别墅还是公寓？这些都是决策。难道我们不能有一刻不需要做决策吗？答案是不可以，除非没有稀缺性。正如权衡曲线所解释的，为了获得更多的一种东西，就必须放弃另一种东西。我们所放弃的东西就是为了获得一些收益而付出的成本。

每做出一次决策，我们就需要计算边际收益和边际成本。当然，这并不是说我们真的随身带着一个计算器，精确地计算出每一个决策带来的收益和付出的成本。但是，做出每一个决策时就好像计算过一样，我们选择做一件事，是因为我们认为它带来的边际收益超过了其边际成本。

尽管稀缺性和选择是不可避免的，人们究竟是如何作出决策的仍然没有得到科学的解释。一些决策好像仅仅基于感觉或直觉，而另一些决策似乎经过了仔细的计算。一些决策的过程非常快，而且非常感性，而另一些决策过程需要几个月甚至几年。一本书的封面是你做出购买这本书或者其他书的决策的依据吗？电视广告对你的决策有影响吗？这些问题的答案取决于你的价值观、个性、生长环境、他人如何对你的决策做出反应以及其他因素。

尽管影响每个人决策的因素各不相同，但是每个人做决策的方式是类似的。人们会比较他们感知到的不同决策备选方案的成本和收益，然后选择他们认为能够带来最大相对收益的方案。一般来说，经济学家不会解释人们为什么喜欢乡村音乐、西部音乐或者其他古典音乐，尽管这些问题很有趣。通常的假设是人们的偏好是既定的，经济学家用这些既定的偏好来解释人们的决策制定过程。[31]

经济学的理性假设并不总是有效的。17 世纪以来，经济学就形成了"理性人"的基本假设，即认为人们在行动之前会比较成本与收益。但这一假设将人视为机器，而不是一个有思想、有感觉的人。然而，给人冠以理性的外表实际上是错误的认识。人是情绪化的，并且不可能掌握所有与决策相关的信息。往往人们做出的决策在事后来看都是不理性的，但实际上这些决策的确是大脑所作出的理性决策，并且很经济——寻找做决策的捷径和比较容易的方法。这也就是经济学分析的基本组成部分。

后续内容

经济学原理可以应用于随时随地出现的问题，不管问题的背景是什么。原因是经济学分析是基于人们必须做出选择这一事实。因为时间、资源以及其他一些东西是有限的，所以人们必须做出选择。不论个人、公司的一个部门、一个公司还是一个国家，都必须作出决策，经济学关注的就是这些决策是如何做出的。

学习经济学最重要的部分就是形成一种称为经济学思维的直觉。经济学有充足的理由被称为研究意想不到的结果的学科，因为依照经济学的逻辑，我们会得到许多在所谓常识看来并不合理的结果。例如，许多人认为，为了使穷人能够得到所需的食物、房子和工作，一些管制是必要的。许多大城市的房租都受到法律限制。法律不允许提高房屋租金表面上看对低收入人群有利，但实际上，这一限制减少了可供出租的房屋数量，使穷人更不容易得到住房。需要房屋的人往往并不是穷人，而是一些与房东有联系的人。最近，一些州禁止了工资日提现/工资日贷款（payday check cashing）业务，这种业务可以向人们提供短期的可持有至下一付薪日的贷款。而这种贷款的争议之处在于它的利率非常高。禁止人们从工资日贷款公司借入高息贷款看起来对那些不得不为提前支取自己的薪酬而支付高达30％甚至更高的利率的借款人有利。但是，如果他们不能从工资日贷款公司获得资金，就不得不寻求其他途径。情况因此变好了吗？

以上例子说明，好的意图并不一定会带来好的结果。这一结论也可以解释非常重要的问题，例如为什么有些国家非常富有而有些国家极度贫穷。事实上，实施一些帮助贫穷国家致富的政策往往会带来意想不到的结果，而这些结果总是弊大于利。对这些事例的理解有助于我们理解一些商业问题。这些原理能够增强我们处理商业问题以及管理企业的能力。实际上，花时间去分析这些事例能够帮助我们形成一种直觉，这种直觉可以帮助我们理解国家、企业以及与个人有关的事务。在接下来的两章中，我们将讨论为什么一些国家很富裕，而另一些国家很贫穷。这对我们理解商业问题非常重要。

案例回顾

银冰鞋

2010年颁布的《多德-弗兰克金融监管法案》建立了更为严格的银行资本金要求，更严厉地限制银行的高风险活动。这一法案还包括保护消费者的条例以及防止陷入金融机构"太大不能倒"的困境的规定。但是，事实总是这样，行业中的高管总是比管制者更精明。例如，以白宫经济顾问、前美联储主席保罗·沃尔克名字命名的所谓的"沃尔克规则"规定，允许银行进行对冲和私募股权，但资金规模不得超过银行一级资本的

3％。诸如高盛集团之类的银行可以将其私募股权基金出售给第三方，然后建立管理协议，规定由高盛集团来经营这些基金，并获得基金增值的一定比例。

外国银行不需要遵守美国的规定，在一些例子中，在海外运营的美国银行也能够绕过这些金融管制的限制。因为美国是世界第一大经济体，具有最大的、发展最深入的资本市场，任何大银行都不可能拒绝美国市场。但是银行会仔细分析，确定将哪些业务

放在美国，哪些业务放在国外。在新规则下，银行冒险认为美联储的话可以这样理解："我们将会限制你，但是你可以选择在瑞典开设一家附属子公司，在那里，因为没有人看到，所以也没有管制。"

另外，新法规给银行经营带来的成本增加将会被转嫁给消费者。免费支票账户将不复存在，消费者需要每月支付 10～12 美元账户管理费，这意味着许多低收入消费者将被迫停用这些账户。

而最大的讽刺似乎是，一项用来防止银行陷入"太大不能倒"困境的法案，实际上推动形成了"巨无霸银行"。资本不足的银行被更大的银行收购。例如，摩根大通收购了贝尔斯登和华盛顿互惠银行；美洲银行收购了美林证券；富国银行收购了美联银行。银行实际上变得比 5 年前大得多。它们变得更大更强，而不是分裂成一些小银行。这一法案最终造成的结果是，金融市场上留存有 6 家巨型银行、很多地区银行以及上千家小银行。

本案例的标题"银冰鞋"的含义是什么呢？《银冰鞋》中有一个故事，15 岁的主人公——荷兰少年汉斯·布林克（Hans Brinker）不停地用拇指堵住堤坝上的漏洞。当他堵住一个洞的时候，别的地方又漏了。这就像是追求利益的行为，一旦一种方式的经营成本上升，企业就会改变流程，选择其他获得收益的方法。

本章小结

1. 管理经济学是研究商业决策制定与战略的学科。经济学家能够为经理人提供关于成本、价格、市场、并购、剥离、全球化、雇员等问题的有价值的见解，因为这些都是经济学的话题。

2. 管理者必须做出选择。由于经济学研究的是决策制定，它应该能为经理人提供有益的帮助。

3. 没有关于成功的单一公式。如果有，它就会被广泛传授和学习，每个人都可能利用它。这样一来，这个公式就没有价值了。

4. 选择就是挑选资源的一个方面或一种用途而不挑选其他方面或用途。这意味着为了做一些事，必须放弃其他一些事。这就是权衡。

5. 商业问题没有快速而简单的解决方案。如果有，那么每个人都会利用它，这样一来它就没有价值了。学习经济学能够为解决商业问题提供有用的方法。

6. 经济学是研究选择的学科。因为所有的东西都是稀缺的，因此人们必须做出选择。经济学能够帮助人们理解个体的行为，以及企业、政府和国家等组织的行为。

7. 经济学的基本假设是，人们都是理性的。这意味着人们会比较收益和成本。

8. 经济学在边际上分析——支出的美元的增量与获得的美元的增量等。

关键术语

市场份额（market share）

权衡（trade-offs）

边际（marginal）

理性自利（rational self-interest）

练习

1. 在什么情况下"成为第一"是有价值的战略？

2. 企业关注市场份额增加有意义吗？

3. 在最新出版的《商业周刊》里找到商业书籍的排行榜，列出这些书中讲述的五个权宜之计。

4. 你需要决定在这门课中是否采用小组形式。描述小组内的同学共同完成论文、考试和家庭作业的成本与收益。你会采用小组形式吗？说明原因。

5. 为什么说经济学是在边际上分析的？平均值与边际值有什么区别？

6. 下表列出了总成本，计算边际成本。

总成本	10	20	40	80	130	200
数量	1	2	3	4	5	6

7. 下表列出了总收益。计算边际收益。

总收益	200	350	450	520	580	630
数量	5	10	15	20	25	30

8. 如果经济学假设人们是自利的，那么根据经济学的理论，为什么那些有丰富商业经验、多年从事商业活动的管理者会迫不及待地抓住管理时尚？

9. "天下没有免费的午餐"是什么意思？

10. 中国拥有 12.5 亿人口，是人口最多的国家。把巨大的人口数量当成客户基础的厂商纷纷进驻中国。这对所有的厂商都合适吗？为什么？

11. "质量不是免费的"这句话意味着什么？

12. 你如何描述全球化？2005 年 4 月，托马斯·弗里德曼出版了一本著作《世界是平的》。从书名来看，你认为这本书主要讲述了什么内容？

13. 假设解决全球变暖问题的成本和收益如下表所示。为了达到整个社会效用最大化，温度应当降低多少？为什么？

边际成本	10	15	22	30	50	100	500
边际收益	400	200	50	30	5	0	0
温度降低量	0.001	0.007	0.01	0.015	0.017	0.019	0.019

14. 一名企业家辞去了年薪 60 000 美元的工作，之后开办了自己的企业。新企业每年能给她带来 20 000 美元的收入。开办新企业的成本是多少？假设这名企业家认为开办自己的企业使她非常愉悦，这给她带来的满足感与 100 000 美元收入的工作相同。那么这个新企业的成本是多少？

注　释

1. David Armstrong, Monte Burke, Emily Lambert, Nathan Vardi, and Rob Wherry, "85 Innovations 1917–1938," *Forbes*, December 23, 2002, www.forbes.com/free_forbes/2002/1223/124.html; *Creative Destruction: Why Companies That Are Built to Last Underperform the Market—And How to Successfully Transform Them*, by Richard Foster, Sarah Kaplan, New York: Random House, 2001; 5th Business, www.5thbusiness.com/page.aspx?_id=5Infeb0705.htm.

2. *Hire's Root Beer Extract a Success Story*, American Druggist and Pharmaceutical Record, October 1911, www.bottlebooks.com/hires.htm.

3. Patricia Zacharias, "Snap, Crackle and Profit—The Story behind a Cereal Empire," *The Detroit News* info.detnews.com/redesign/history/story/historytemplate.cfm?id=146&CFID=10687760&CFTOKEN=63149870.

4. R. Buzzell and B. Gale, *The PIMS Principles Linking Strategy to Performance* (New York: Free Press, 1987).

5. Thomas S. Robertson, "Corporate Graffiti," *Business Strategy Review*, 6, no. 1 (Spring 1995): 27–44.

6. www.easy.com/stelios, February 6, 2008.

7. www.quotelady.com/writings/early-bird.html, February 5, 2008

8. See, for example, Alfred D. Chandler, "The Enduring Logic of Industrial Success," in C. A. Montgomery and M. E. Porter, eds., *Strategy: Seeking and Securing Competitive Advantage* (Boston: Harvard Business School Publishing Division, 1991).

9. Gerard Tellis and Peter Golder, "First to Market, First to Fail: Real Causes of Enduring Market Leadership," *Sloan Management Review*, 37, no. 2 (Winter 1996): 65–75.

10. For more on first mover disadvantages, see: A. Gary Shilling, *First-Mover Disadvantage*, June 18, 2007, www.forbes.com/free_forbes/2007/0618/154.html.

11. For an interesting discussion of market share as a strategy, see www.buseco.monash.edu.au/depts/ebs/pubs/wpapers/ "Competitor-oriented Objectives: The Myth of Market Share" by J. Scott Armstrong and Kesten C. Green.

12. See F. M. Scherer and D. Ross *Industrial Market Structure and Economic Performance* (Boston: Houghton Mifflin, 1990), p. 429; and Richard Miniter, *The Myth of Market Share: Why Market Share Is the Fool's Gold of Business* (New York: Crown Publishers, 2003), pp. 21–34.

13. Miniter, *The Myth of Market Share*, note 5.

14. Peter Bartram, "Why Addition Won't Add Up" *Accountancy Age*, February 3, 2000, p. 1; David Henry, "The Urge to Merge," *USA Today*, July 16, 1998, Business Section.

15. As noted in John Micklethwait and Adrian Wooldridge, *The Witch Doctors: Making Sense of Management Gurus* (New York: Random House, 1996), p. 100.

16. In late 2002 McDonald's had to slow down its rate of growth. Its size was becoming too costly.

17. See C. K. Prahalad and Gary Hamel, "The Core Competence of the Corporation," in Cynthia Montgomery and Michael Porter, eds., *Strategy* (Boston: Harvard Business School Publishing Division, 1991), pp. 277–300.

18. See James Brian Quinn, Thomas L. Doorley, and Penny C. Paquette, "Beyond Products: Services-Based Strategy," in Montgomery and Porter, *Strategy*, pp. 301–314.

19. John Kay, *Why Firms Succeed* (New York: Oxford University Press, 1995), pp. 148–151. Note the following conclusions. "At the same time, the success rate of M&As has been poor—some estimates put failure rates as high as 60%. The stats on M&A failure, in fact, might be gloomier than the American divorce rate. Depending on whether success is defined by shareholder value, customer satisfaction, or some other measure, most research places the merger failure rate somewhere between 50% and 80%."

20. In contrast to the idea that the world is flat and everything is homogenized, Pankaj Ghemawatb, *Redefining Global Strategy: Crossing Borders in a World Where Differences Still Matter* (Cambridge, MA: Harvard Business Press, September 2007), shows many differences across borders.

21. Micklethwait and Wooldridge, *The Witch Doctors*, p. 220.

22. Kurt Eichenwald, *Conspiracy of Fools* (New York: Random House, Broadway Books, 2005).

23. Case studies, such as the Harvard Business School cases, typically focus on a specific decision or series of decisions made by a firm at some point in the past. A significant part of the discussion usually focuses on the people in charge.

24. Marks and Spencer is a UK-based retail department store.

25. Summarized in *Wall Street Journal*, Online, September 5, 2007, online.wsj.com/article/SB1188397 67564312197.html; Crocker H. Liu and David Yermack, "Where Are the Shareholders' Mansions? CEOs' Home Purchases, Stock Sales, and Subsequent Company Performance" (October 17, 2007). Available at SSRN: ssrn.com/abstract=970413.

26. Rakesh Khurana, *Searching for a Corporate Savior: The Irrational Quest for Charismatic CEOs* (Englewood Cliffs, NJ: Princeton University Press, 2002).

27. Perhaps not, but perhaps a drug will be developed to help. Recent research on oxytocin indicates that it can reduce shyness and anxiety without any ill effects. brainethics.wordpress.com/2007/03/13/oxytocin-is-the-window-to-the-soul, accessed June 23, 2008.

28. Eileen C. Shapiro, *Fad Surfing in the Boardroom* (Cambridge, MA: Perseus Publishing, 1996), p. 175.

29. Shapiro, *Fad Surfing in the Boardroom*; and Micklethwait and Wooldridge, *The Witch Doctors*.

30. "The Cooling World," *Newsweek*, April 28, 1975, www.denisdutton.com/cooling_world.htm, February 6, 2008.

31. Recent research has relaxed that assumption and started looking into the factors that create tastes and preferences. This line of research is called neuroeconomics.

第 2 章
市场力量与国家财富

案例

阿根廷的土地契约[1]

1981 年，大约 1 800 户家庭接管了阿根廷布宜诺斯艾利斯省旧金山萨洛诺郡的一片不毛之地。这些占领者是由一个天主教堂组织起来的一些没有土地的公民。教堂和这些自占者认为这片土地是国有的。一旦被军政府发现，他们就必须抵抗不断的驱逐，但最终军政府失去了他们的线索。

后来军政府被民主政府取代，这些自占者就向新政府提出了这片土地的所有权问题。结果表明，这片土地不是国有的：这个区域由几块不同的土地组成，每块土地都有合法的拥有者。于是布宜诺斯艾利斯省的议会要求原拥有者将土地转让给政府，由政府给予资金补偿。其中大约 60% 的土地被卖给了政府，同时这些土地被立约转让给了自占者；土地契约保障了这些土地的所有权。而其他原拥有者则认为补偿太少，因而拒绝出让土地。关于政府补偿的问题，他们在阿根廷的法庭上至少争论了 20 年。

最后，那片被占领的土地分成了两类：一部分自占者取得了正式的土地所有权；而另一部分人无偿使用了土地，但没有取得土地所有权。虽然两部分人在土地所有权分配前的家庭情况相似，他们也毗邻而居了 20 年，但是土地所有权分配的结果却给两者造成了巨大的差异。拥有土地所有权的人对其土地进行投资，而另一部分人没有。这使两类土地上的房屋质量不可同日而语。拥有所有权的地产质量得到了升级、扩展和改善；没有所有权的地产仍旧是荒芜、破败的不毛之地。拥有土地所有权的人们不仅房屋光鲜，他们的行为方式也变得不同：他们养育更少的孩子，同时这些孩子得到了更优质的教育，身体更健康。

1. 为什么财产所有权很重要？
2. 为什么那些拥有土地所有权的人们行为方式变得不同？

为什么有些国家富有而另一些国家贫穷？

　　企业有的成功，有的失败，类似地，国家也有的成功，有的失败。世界上不同地方的贫富差距大得令人震惊。马拉维的一个居民一天收入不足 1 美元，而美国人均年收入超过 40 000 美元。为什么有些国家已经非常富有了，而有些国家仍然非常贫穷？这一问题的答案能够为我们理解企业的成功与失败提供一些思路。

　　如果时间倒退到 1800 年，人们很难发现自己居住在拉丁美洲、北美洲还是欧洲，因为全世界的生活水平差距并不大。到了 1900 年，国家间开始出现了贫富差距。到了今天，贫富差距已经非常大。根据联合国粮农组织的统计，全世界有超过 8 亿人没有足够的食物。1/3 的马拉维儿童营养不良，超过 1/5 的人寿命不超过 50 岁。

所有权

　　1978 年，在位于中国水稻种植基地核心地带的安徽省小岗村，20 户农民秘密集会，商量解决饥饿问题的办法。当时，在全中国实行计划经济，粮食产量非常低下。在这种社会制度下，土地由所有农民共同负责种植，产出由所有人均分。每个人，不论认真工作与否，都能拿到分配给自己的一份，因此，几乎没有人认真工作。

　　于是，小岗村决定将土地分配给个人，个人独立耕种，土地的产量归个人所有。他们必须对这一安排保密，因为当时不允许这样做。但是随着小岗村粮食产量持续增长，这一秘密也逐渐为国人所知。附近的乡村发现这一秘密之后，也实行了自己的安排。1982 年，中国决定允许在一些地区开展土地承包制。[2]

　　殖民地首先在北美洲建立起来。詹姆斯敦和弗吉尼亚殖民地却分别在 1607 年和 1609 年经历了惨重的失败。在这两个殖民地，一年内至少一半的移居者被饿死。殖民地是由寻求利益的实体建立的，而移居者则受这些实体雇佣，他们大多是伦敦街头无家可归的流浪汉或者失业者。移居者无权获得殖民地收入的回报。工作更努力或者时间更长对他们来讲并没有好处；他们被给予了通往新世界的自由之路，因此他们被要求通过劳动来补偿弗吉尼亚公司。投资者希望所有生产出来的产品都能够送到公司的商店里，然后送回英国。

　　投资者和政府派代表来调查问题原因，代表抵达殖民地后，发现基本的问题显而易见——人们不工作。为什么？移居者努力工作增加的产量并不能养活他们，这些产品都被送去了公司的商店。一旦问题澄清之后，解决方法就很简单了：殖民者给予每个移居者几英亩土地的所有权，他们只需交给投资者少量的回报。从那以后，殖民地逐渐繁荣起来。

　　这些历史事件说明，有些国家贫穷而有些国家富有的一个基本原因就是私人财产权问题。有私人财产权的制度比没有私人财产权的制度更能获利。图 2—1 列出了一些国家在 1850 年、1900 年、1950 年和 2000 年的人均收入。可以看出，1850 年各国（地区）人均收入差别并不大。但是到了 2000 年，差别却是非常惊人的。

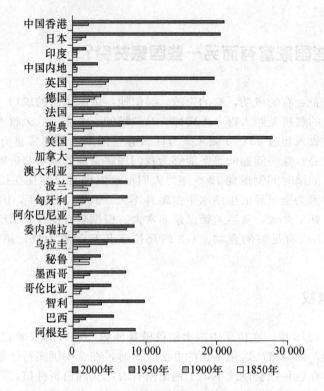

图 2—1　一些国家和地区的人均收入

在富有的国家，拥有某物意味着这件东西属于你，你可以随意支配——只要不对他人造成伤害。这听起来是个非常简单的想法。考虑租房和租车，你将不会像对自己的房子和车一样爱护租来的房子和车。因为没有激励，除了防止造成损伤而支付一定的费用之外，如果你花费了时间、精力和金钱去维护和改善租来的房子或车，你将得不到任何回报。只有当你拥有它时，你所做的改善工作才是可能有回报的。

这种情况就涉及所谓的**私有产权**（private property rights）。私有产权意味着人们可以完全拥有一件或一些东西，并且按照自己的意图随意使用这些东西。他人不能盗窃或破坏私有财产。在最富裕的国家里，私有产权的概念不仅存在，而且必须强制执行。没有公正的补偿，任何个人或政府都不能剥夺他人的私有产权。在贫穷的国家，或者没有私人财产权，或者私有产权没有得到强制执行。他人可以盗窃私有财产，实行人身攻击，而不会受到惩罚。为了进行贸易或通过其他方法使用所谓的私有财产，行贿受贿都是必不可少的。

如果私有产权得不到安全保证，人们就无法将私有财产出售、作为抵押品申请贷款或者作为传家之物。因为对这些财产投资的收益得不到保证，所以他们通过投资来改善这些财产质量的积极性就会大大降低。

在巴基斯坦，没有人能保证声明归自己所有的财产的确能够归自己所有；拉丁美洲的许多国家在很长一段时间都没有建立起私有财产安全保护的制度。自 2006年起，委内瑞拉和玻利维亚政府开始没收公民的私有财产充公。而对于绝大多数贫穷的拉丁美洲国家而言，根本没有合法的所有权或财产冠名权。

如果一国公民没有私有产权，或者未在大范围强制执行，国家就不会繁荣。当一国拥有丰富的自然资源，例如石油，情况可能多多少少有些不同。但是如果没有私有产权，丰富的自然资源也不能惠及所有公民。在许多产油国，石油归政府所有，只有极少部分人能从石油生产中获利。但如果一国私有产权制度盛行，那么即使没有丰富的自然资源，国家也能够繁荣起来。中国香港除了港口之外没有任何自然资源，但仅仅几十年，它就成为了世界上最富裕的地区之一。最富有的国家都有私有财产保护机制，人们可以完全拥有一项财产，并且他们的所有权是受到保护的。最贫穷的国家则没有这种机制。

看上去私有财产仅存在于富有国家，但实际上，它对贫穷国家也非常重要。如果人们没有财产所有权，就不能将自己的财产出租、分割、出售、作为抵押品申请贷款或作为传家财产留给后代。秘鲁经济学家赫南多·迪索托（Hernando de Soto）[3]认为，在发展中国家，私人所有但没有得到法律认定的财产总价值大约为 100 万亿美元。假设只考虑以 20％的抵押金来计算，这些抵押品能够创造的流动性及这些流动性所带来的投资和财富，也是一笔非常巨大的抵押品财富。

小岗村将土地分配到户，但土地仍然不是农民的私有财产，因此他们不能出售，不能作为家庭资产留传给后代。而这片土地的粮食产量已经远远高于计划经济时代，但是这份财产的用途仍然受到限制，因此限制了可能带来的利益。

激励

激励非常重要。当你拥有一件物品时，你就有激励去维护它。也就是说，你就受到激励在这件物品上投资，增加它的价值。如果农民种植农作物，而那些农作物是属于他们的，他们能够将这些农作物拿到市场上去出售，他们将会增加投资以提高作物质量，确保为下一年扩大种植规模留下种子。类似地，当我们去工作时，是在使用属于自己的劳动力来生产，并用它去交换报酬。工作质量越高，生产率越高，我们得到的报酬就越多。

如果没有人拥有私有财产，就没有人有积极性去维护它。在变革前的波兰，格但斯克的造船厂那些被迫工作的工人每天来到工厂，然后无所事事地磨洋工。他们没有提高生产率的动力，因为不论做什么他们都只能获得相同的报酬。如果劳动和财产属于你自己所有，就可以激励你来使这些财产变得尽可能地有价值，因为你可以用它们进行交易，交换其他你想要的东西。

贸易

亚伯拉罕·林肯曾经认为，美国不应该从英国进口便宜的铁轨用于建设跨州铁路。他说："对我来说，如果我们从英国购买铁轨，那么我们得到铁轨，他们得到钱。而如果我们自己生产铁轨，那么得到铁轨的同时，我们也得到了钱。"[4]

考虑一下，按照林肯的这种逻辑，如果我们需要牛肉，那么我们应该先在自己的后院养一头牛，这样就能够同时得到牛肉和钱。那为什么我们不自己养牛呢？因为那需要投入过多的时间和资源。我们可以让牧场主来养牛，而我们也去做自己最擅长做的事情，这样我们可以得到更大的收益。如果我们做自己最擅长的事情，同时依靠他人完成他们最擅长的事情，然后通过交换，每个人都可以获得收益。

国家也是如此。美国在许多方面比其他国家更擅长。它是世界上农业生产率最高的国家，也是工业最发达的国家。与之相反，孟加拉国非常贫穷，没有任何一项生产能力能够比得上美国。那么像孟加拉国这样贫穷的国家能够给美国提供什么？孟加拉国有大量的非熟练劳动力可用于装配线，尤其是服装业，比美国劳动力廉价得多。一件 T 恤在孟加拉国生产的成本仅仅是在美国生产的成本的一小部分。所以，如果美国消费者需要 T 恤，那么由美国人自己生产和由孟加拉国生产，然后与美国进行贸易，交换食物和产品这两种方式，哪一种对美国消费者更有利？相比花费很多时间生产一件 T 恤，一名美国工程师能够很轻易地用工作 10 分钟的报酬来购买许多件孟加拉国生产的 T 恤。

自愿交易对双方都是有利的。尽管这看上去违反直觉，正如林肯所说的那样。为了证明人们从贸易中的所得，我们来考虑一个简单的有数据的例子。假设美国将所有的资源投入农业，那么它能够生产 10 单位农产品。相反，如果美国将所有资源投入高科技产业，能够生产 10 单位高科技产品和设备。另一方面，如果中国将其所有资源投入高科技产业，那么它能够生产 4 单位高科技产品和设备；如果将其所有资源投入农业，则能够生产 8 单位农产品。美国所有产品的产量都高于中国，但是在生产高科技产品时更有效率。我们称美国在所有产品的生产上都具有**绝对优势**（absolute advantage），但在高科技产品的生产上具有**相对优势**（comparative advantage）。中国没有绝对优势。但是在生产农产品时具有相对优势：为了多生产一个单位的农产品，中国只需减少生产 1/2 单位高科技产品。而美国为了多生产 1 单位的农产品，必须减少生产 1 单位高科技产品。也就是说，即使美国在所有产品上比中国产量高，为了生产 1 单位农产品，它也必须比中国放弃更多的高科技产品。美国生产 1 单位农产品的成本是 1 单位高科技产品，而中国只有 1/2 单位。

假设每个国家专门生产自己具有比较优势的产品——美国可以生产 10 单位高科技产品，中国可以生产 8 单位农产品，然后双方可以通过贸易获得双方所需的产品。例如，假设中国同意用 6 单位农产品交换 4 单位高科技产品和设备，那么美国最终能够获得 6 单位农产品、6 单位高科技产品和设备，中国得到了 2 单位农产品、4 单位高科技产品设备。如果自己生产，美国只能获得 5 单位农产品和 5 单位高科技产品，通过贸易，美国多获得了 1 单位农产品和 1 单位高科技产品。而中国如果自己生产，只能得到 4 单位高科技产品，通过贸易，中国多得到了 2 单位农产品。双方通过专业化分工，然后进行贸易，均获得了比自给自足时更多的产品。

每个人都从事对自己来说成本最低的生产，然后通过贸易交换，所有的生产（就）都能够以最低的成本完成。也就是获得所有东西的成本降低了——本质上的意思是，每个人的收入都增加了。这通常称为**贸易利得**（gains from trade）。

老虎伍兹是世界最优秀的高尔夫球选手。他的年收入能够达到好几百万美元。他曾经在斯坦福大学学习过一年左右的会计，能够自己理财。但是他没有这样做，他雇用了一个理财师。为什么？因为他可以用省下的时间提高自己的高尔夫球技术，相比他自己理财不雇用理财师省下的花费，这样做带来的收益要多得多。

一旦人们专业化分工，从事成本比他人低的活动，他们就需要与他人进行贸易，交换得到其他所需的东西。贸易如何进行——从事专业化生产的人们如何聚集在一起或者如何得知谁应当专门从事哪样活动？答案取决于我们如何决定谁会得到这些产品和服务以及谁来生产。

分配机制

所有的事物都具有**稀缺性**（scarce）。"非稀缺"的东西要么是免费的，要么是"有害的"。商品的稀缺性意味着一些人能够获得这些商品而另一些人则不能；资源的稀缺性意味着有些行为可以被选择而另一些则不能。如果每个人都能得到他想要的一切，那么稀缺性就不存在了。哪个人或哪种活动获得资源或产品取决于资源或产品分配的方式。

分配机制就是稀缺商品分配的体系。当今使用的分配机制包括价格或市场体系，先到先得，以及各种政府安排，甚至是运气。这一点非常重要吗？答案是肯定的，在你完成一份简要的调查问卷后就能看出。

对于以下情景，简要说明你对下列向旅游者分配水的方法的看法，根据自己的看法在以下 5 个回答中进行选择。

a. 完全公平

b. 可以接受

c. 不公平

d. 非常不公平

e. 完全不公平

情景 1：在一个需要经过长途跋涉才能到达的风景区，一家公司建立了一个售水亭。水是由公司的员工背上来的，装在 6 盎司的瓶中向口渴的旅游者出售。每瓶水的售价是 1 美元。通常每天只出售 100 瓶。在热得出奇的一天，有 200 位旅游者每人至少想买 1 瓶水。

1. 提高价格，直到旅游者愿意且能够购买的数量等于可供出售的数量。

2. 根据"先到先得"的原则，按每瓶 1 美元出售。

3. 由当地权力机构（政府）以每瓶 1 美元的价格购买，然后根据他们的意见进行分配。

4. 根据一个随机选择程序或抓阄的方法按每瓶 1 美元出售。

情景 2：一位内科医生一直以每位患者 100 美元的价格提供医疗服务，每天治疗的病人不超过 30 个。有一天，恶性流感使得问诊病人非常多，找这位医生看病的人超过了 60 个。

简要说明你对下列向患者分配医疗服务的方法的看法，根据自己的看法在上题给出的 5 个回答中进行选择。

1. 提高价格，直到医生治疗的数量与愿意且能够支付医疗费的人数相等。

2. 根据"先来先服务"的原则，按每位患者 100 美元的价格提供服务。

3. 由当地权力机构（政府）按每位患者 100 美元的价格向医生支付费用，然后由他们根据自己的判断决定谁接受服务。

4. 根据一个随机选择程序或抓阄的方法按每位患者 100 美元的价格出售医疗服务。

情景 3：下面是我们非常熟悉的短缺的情形。需要肾脏来进行肾脏移植治疗的人远远多于捐献的肾脏数量。评价以下几种决定哪些患者能够得到肾脏移植的分配方法。

1. 提高价格，直到愿意且能够出售的肾脏数量与愿意且能够支付肾脏移植的人数相等。

2. 根据"先到先得"的原则提供肾脏。

3. 由政府决定将肾脏移植给谁。

4. 进行随机分配——患者进行抓阄，抓中的人能够进行肾脏移植。

图2—2显示的是几百份包含以上问题在内的扩展版调查问卷的统计结果。分配机制（先到先得、政府分配、价格分配体系和随机分配体系）表示在横轴上，选择A"完全公平"或B"可以接受"的百分比显示在纵轴上，每个条形代表的是各选项的调查结果。

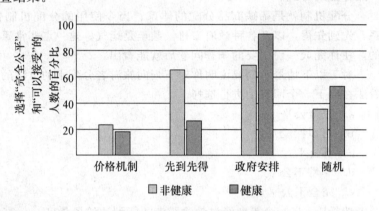

图2—2 对市场分配机制的看法

说明：横轴表示的是对价格、先到先得、政府分配和随机分配这四种分配机制选择A或B的比例（分别是完全认同和可以接受）。

普通大众并不非常认同价格机制，他们更倾向于赞同政府分配机制。为什么？原因在于许多人认为在市场机制下只有富人能够获得商品，因此是不公平的。但任何分配机制的结果都是一部分人能够获得商品，另一部分人不能，从这个意义上说，任何分配机制都是不公平的。在价格机制下，没有收入和财富的人得不到商品；在"先到先得"机制下，后到者得不到商品；在政府分配机制下，政策不能惠及的人或者不符合政府要求的人得不到商品；在随机机制下，没有运气的人得不到商品。

商业洞察

中国对能源的价格控制

虽然2001年加入世界贸易组织（WTO）后，中国取消了对很多项目的价格控制，但价格控制在中国仍然有效。例如，政府继续规定燃油价格，而且政府不一定会把燃油资源分配到最需要它们的地方。随着世界燃油价格在2005—2007达到历史高点，中国对这些稀缺资源的分配也出现了问题。当北京的官员们正在讨论要求国内石油企业提高柴油、汽油价格问题的时候，香港附近一些城市中很多加油站的燃油告罄。这导致愤怒的司机们在加油站前大排长龙，航运也由于货车缺油而受到影响。[5]

既然所有分配机制在某种意义上都是不公平的，我们如何决定使用哪一种？在这里，激励又一次成为非常重要的因素。在价格机制下，人们有激励去获得更多的购买能力。这意味着人们必须给他人提供有价值的产品和服务，给生产者提供有价值的资源——通过教育和培训来提高作为应聘者的价值，或者提高你拥有的资源的价值——以获得收入和财富。价格机制还能够为市场提供激励，刺激稀缺产品供给量的增加。在前面提到的瓶装水的案例中，如果瓶装水价格上涨，水站老板能够获得巨大的利润，同时，还会有其他人将水带到观光景点出售，因此市场上能够获得的瓶装水数量就增加了。在医生的案例中，其他医生会认为，在这家诊所附近新开一家应该能够获利，因此医疗服务的数量也得到了增加。价格机制能够促进供给量增加。在肾脏移植的案例中，也会有更多人捐献肾脏。

但是，你也许会说，如果有人突然袭击你，并强行盗走你的肾脏，情况又如何呢？其实，这只在极少数情况下才会发生。[6]这取决于你对你自己的身体是否拥有所有权。如果你拥有一辆汽车，你会担心在街上开车的时候被人袭击并将车劫走吗？当然这样的事情的确可能发生，但是并不常见——这是违法的。类似地，盗窃器官也是违法的。因此，由于担心盗窃而质疑器官市场的规律是不合理的，瓶装水市场也是一样。

市场体制的激励保证了经济增长、扩张和生活水平的提高。价格机制还能够保证资源被分配到价值最高的地方。如果一件物品的价格提高，消费者会转而购买其他能够满足相同需求的产品或服务。当消费者转而购买替代品时，替代品的产量就会增加，相应地，资源在该商品上的使用也会增加。资源就从价值低的用途被重新分配到了价值高的用途上。

在"先到先得"的分配机制下，激励因素则变成了"成为第一个人"。这时，你没有任何必要接受教育或者提高自己作为产品的质量。你唯一的激励因素就是成为第一个。然而，成为第一个有什么意义呢？因为此时已经没有人组织生产了。供给不会增加，经济不会增长，生活水平也不会提高。一个以"先到先得"为分配机制的社会将很快消亡。

在政府分配机制下，人们的激励则是，或者成为政府的一员，因而可以制定分配政策，或者严格按照政府的规定做事，而没有增加生产和提升生产效率，或提高供给量的激励。因此不会促进经济增长。

随机分配的机制不能提供任何激励——人们仅仅期望天上掉馅饼。

商业洞察

对自由市场的态度

在整个西方世界，人们对于自由市场的态度分歧很大。世界价值观调查（World Value Survey）的结果表明，在法国，只有22%的人赞成应该由所有者运营企业并任命管理者，而这个比例在美国达到了58%。在最富裕的18个国家中，如冰岛、美国、加拿大和澳大利亚等，大多数人支持自由市场，然而，比利时、日本、法国和荷兰等国是最不支持自由市场的。对竞争支持度（10表示最强烈的支持程度）的国家排名如下：

冰岛	7.2	德国	6.6
澳大利亚	6.8	新西兰	6.5
奥地利	6.8	芬兰	6.1
美国	6.7	丹麦	6.0
瑞士	6.7	英国	6.0
瑞典	6.7	比利时	5.6

挪威	6.6	日本	5.6
新加坡	6.6	法国	5.5
加拿大	6.6	荷兰	5.5

资料来源：Augustin Landler, David Thesmar, and Mathia Thoenit, "What Accounts for Europe's and America's Different Attitudes toward the Free Market?" Sternbusiness, Fall/Winter 2007. w4. stern. nyu. edu/sternbusiness/fall _ 2007/comparative Capitalism. html；www. worldvaluessurvey. org/.

效　率

分配机制带来的激励使得市场体系比其他机制更"好"，市场和价格体系通常都是**最有效率的**（efficient）组织生产的方式。这里，效率是指用最低的成本得到同样的产出。在市场上，一些人在各种价格上提供产品和服务。另一些人在各种价格上购买产品和服务。厂商和消费者不需要任何人去协调，市场将决定每个交易商品的价格，在这一价格下，人们愿意且能够购买的数量与人们愿意且能够出售的数量相等。不仅如此，市场运用比其他分配机制更少的资源就可以达到这一目的。

在一期名为"贪婪"[7]的电视特别节目中，主持人约翰·斯托塞尔（John Stossel）问如何能将爱荷华州的牛肉卖到纽约，经济学家沃尔特·威廉姆斯（Walt Williams）回答道："如果仅仅是出于同情和关心你的观众，那么纽约人可能要失望了。没有一头牛能够被卖到纽约市场上去。"爱荷华州的某个农场通过某种方式为曼哈顿的一个餐厅提供刚好需要的牛肉的量。类似地，社区的卖花小贩也能够提供恰好满足顾客每天早晨需求的数量，尽管这些花可能来自地球的另一端；面包师能够提供顾客所需的面包；厨师也恰好能够提供顾客所需的食物。一个经济体中，每天都有数以亿计自发的无须任何中央计划和政府指令的交易在进行。

市场的存在使得当我们需要一件东西时就能够得到它。我们能舒舒服服地在家里24小时随时购买任何东西。我们现在能够买到的跟几年前同类的产品，不仅更好，而且更多。在不断提高的生活水平下，也即生活的方方面面都得到了改善的情况下：人均寿命在一个世纪中增长了一倍；小儿麻痹症、肺结核、伤寒和百日咳等疾病基本上绝迹——我们可以看到这一切的发生。

这种结果的出现，正是因为市场鼓励人们从事自己最擅长的活动，并不断提高自己。每个人都努力提高自己的生活水平，带来的结果就是一个繁荣的、生活水平不断提高的社会。

交换和市场

当然，专业化意味着你不会生产所有自己生存所需的东西，更不会生产为了更好的生活所需的所有东西。所以为了获得你所需要的东西，你必须用你所生产的东西交换你需要的东西，这其中就需要一些协调机制。在市场机制下，这种协调不是通过一些中央集权的官僚体制，而是通过每个人追求自己的利润最大化实现的。农民养牛，是为了出售以换取自己需要的其他东西。屠夫将牛肉打包出售，是为了赚钱买车买房，等等。卡车司机运送牛肉是为了赚钱购买自己所需的东西。超市出售牛肉给消费者。牛肉在从爱荷华州到达纽约的过程中，即使没有经历成千上万次交易，至少也有好几百次交易，而对于参与其中的个人，需要的并不是牛肉，而是其他东西。

价格为买者和卖者提供了要获得一单位某种商品而必须放弃的数量（经济学家称之为**"机会成本"**（opportunity costs）），使人们知道自己的活动是否有价值。日复一日，在没有刻意安排的中央计划下，价格机制指导着人们将自己的才能和资源投入到最有效率的行为中。

在市场机制下，人们不是被愚弄或被强迫去做什么事情，而是为实现自己认为最适合的目标努力。工人选择能使他们才能得到最高价值的培训、职业和工作，目的是使自己的个人快乐和幸福最大化。生产者为了追求自身利润，以尽可能低的成本生产那些使顾客感到价值最高的产品和服务。资源和资本资产所有者将他们的资产按照社会需求分配，是为了增加自身财富。

这听起来很好，但并非总能实现。许多人没有选择——他们只能在极其恶劣的被称为血汗工厂的地方工作。看起来，显然这些被市场体制剥削的人并没有从市场体制中获益。但实际上，他们还是从中获得了利益。因为人们是自愿参加这些不愉快的、低工资的工作的。这样做的原因是这已经是他们所能得到的最好的工作机会了。如果所有的血汗工厂都被迫关闭，工资和工作环境要求提高到富裕国家的标准，那么所有在血汗工厂中工作的员工都会失业。[8]

如果交易不是自愿的，那就是另一种情况了。当人们被迫从事并非自己选择的职业时，当公民被强制缴纳税金时，贸易就不一定能给人带来利益。人们之所以参与自愿贸易，是因为通过自愿贸易，他们能够用较低的代价获得更多的东西，使自己的境况变得更好。这也是经济学的基本假设之一——人们总是努力使自己的状况变得更好。不同的人有不同的偏好，因此做出不同的行为。富有的人与贫穷的人选择不同，对国家来说也是一样。这是简单的事实。而当我们问道，富有的人能否因为自己的偏好而向穷人发号施令，富有的国家能否将自己的偏好强加给贫穷的国家时，问题就变得复杂了。经济学家对以上问题的回答都是否定的。但政策制定者总是在做这样的事情。考虑撒哈拉以南非洲的犀牛数量，偷猎者为了得到它们的牙而杀害这些动物；一头犀牛的牙能够卖出高达 30 000 美元的价格。[9]富裕国家尝试通过禁止消费犀牛牙来禁止偷猎行为，富人也无法理解为什么偷猎者会残忍捕杀犀牛和其他野生动物。但假设你是快要饿死的人，或你的孩子快要因疟疾而死亡，如果一头犀牛的皮或牙能够保证你们一年的生活，你会犹豫是否捕杀这头犀牛吗？

竞争

1990 年，当马自达米埃塔（Mazda Miata）被引入美国市场时，这种小型运动款双人敞篷跑车在南加州受到了热烈的追捧。这款车在底特律的零售价是 13 996 美元，但是在洛杉矶，售价接近 25 000 美元。同一款产品，米埃塔汽车，在底特律汽车市场和洛杉矶汽车市场上价格不同。所以当时在各所大学中，都流传着学生们到底特律购买汽车，然后开回洛杉矶的故事。这些故事必定包含一些真实成分，因为不久以后，底特律和洛杉矶的汽车价格就相差无几了。底特律的高需求量提高了那里的汽车价格，而随着这种汽车被不断地销往洛杉矶，洛杉矶的汽车价格又下降了。价格差异不断缩小，直到小于从底特律购买并开回洛杉矶的成本。

在一个市场上购买产品，又几乎同时地在另一个市场中售出的行为叫做**套利**（arbitrage）。套利是正在操作的市场流程。它保证了资源能够被分配到价值最高的用途上——无效率的交易、无效率的组织以及任何无效率的事物都将逐渐消失。套利不仅仅是在操作价格。其他条件相同的情况下，人们总是寻求最大回报的定律在其他范围内也适用。如果两件产品仅有质量上的差异，套利行为则包括买入高质量的产品，卖出低质量的产品。这就迫使低质量的产品提高质量，或者在优质和劣质产品间出现价格差异，以反映质量差异。

套利是寻求利益的行为。通过在低价市场上购买，在高价市场上出售，你就能够获得收益或利润。事实上，对利润最大化的追求驱使个人和企业进行创新，将事情做得更好，成本更低。如果你做出了一台更好的捕鼠器，全世界的人都会争先恐后地购买；如果你只能做出同样的老式捕鼠器，那么你就应该卖更低的价格，或者准备裁员（以节省成本）。

沃尔玛制造出了比别人更好的"捕鼠器"，因此，它成为世界最大的零售商，也是过去30年中绩效最好的企业之一。它的成功基于企业非常简单的低价战略。尽管一些社区非常反对这种大卖场形式，但当这些大卖场开起来之后，人们还是蜂拥而至，因为沃尔玛能够提供多得惊人的比其他任何地方都便宜的商品。显然，顾客会认为这是一个好东西。在沃尔玛，他们花100美元就能够购买到别处价值150美元的商品，使得他们可以用省下来的50美元购买其他东西。能够买到便宜的商品与赚得更多的收入本质上是一样的。

寻求利益就是市场在运转的表现——它是一种竞争。竞争会消除无效率的活动，保证资源能够被分配到价值最高的用途上。想象一下如果企业最有效地利用资源，或者没有将其分配到价值最高的用途上会怎样。沃尔玛在一个社区新开了一家门店，提供比社区的夫妻店便宜得多的商品。这意味着这家夫妻店也必须提供低价商品，但是除非它能够像沃尔玛一样有效率，否则提供与沃尔玛相同的低价是不现实的。在一些社区，许多这种夫妻店因无法与沃尔玛打价格战而最终倒闭。原来用于夫妻店的资源闲置出来，并用到其他用途上。

沃尔玛简直是乔的五金店和其他所有类似的夫妻店的终极噩梦。[10] 这种噩梦就是运营上的竞争，而且它也是一个过程。我们回顾过去300年间所发生的惊人的技术进步，它们为这个社会带来了蒸汽机、纺织机、电话、麻疹疫苗、腮腺炎疫苗和小儿麻痹症疫苗等。同时，这些新发明也摧毁了所有的产业——电报员、铁匠、放血治疗师等。1900年，一半美国人都在农场或牧场工作；到了今天，只有不到2%的人还在从事这些工作。

尽管所有产业都被竞争摧毁了，但是有更多的产业又从竞争中产生。我们获得了更多、更好的食物，而从事原有产业的劳动者中，48%的人并没有失业。原来在农场工作的人们现在在设计电脑软件、成为职业运动员以及制作电影，而生活并没有发生变化。因为竞争的存在，资源不断地向价值最高的地方移动，这种过程就称为"创造性破坏"（creative destruction）。

创造性破坏从长期来看是一种非常强大的积极力量，但问题在于短期内，它又会造成人们失业，失去生活保障。印第安纳州盖瑞的一家钢铁厂倒闭之后，数百名工人都会失业。他们还不起贷款，买不起食品杂货，无法支付孩子上学的费用。几年之后，一些人会离开盖瑞，去其他城市寻找新的工作；另一些人则能在新进入盖瑞的公司里找到新工作；还有一些人会退休。对于一些人来说，这是非常艰难并且痛苦的过程，但是从长期来看，社会创造了更多的财富，创造了更好的商品，提高了人们的生活水平。

竞争为什么是这样起作用的？根据经济学的基本假设——人们总是尽可能使自

己的境况变得最好，因此，人们会将资源出售到价值最高的用途上。当面临许多职业选择时，人们会选择能给自己提供最优生活质量的职业，而当该职业不能再提供最优的生活质量时，人们会迁移，接受职业培训，或转而从事其他职业。类似地，人们会将土地出租到能使其价值最大化的用途上；对于任意给定的风险，人们也会将自己的储蓄和投资投入到能够获得最大收益的活动上。在其他条件不变的情况下，资源将会留在原地，继续用于正在进行的活动中。但因为人们要努力使自己的境况变得尽可能好，他们总是在寻找更大回报的方法——更高的薪酬、更好的投资、更高的租金，所以他们发明了更好的做事情的方法。比尔·盖茨设计出了个人电脑操作系统；英特尔发明了速度越来越快的电脑芯片；沃尔玛发明了存货控制系统，使得它能够以低于竞争对手的价格出售商品。这些创新的出现都是因为竞争——人们在不断地寻求超越之道，赚更多钱，提高生活水平。

竞争使得商品价格不断接近产品成本。如果生产一杯咖啡的成本是 0.7 美元，我会给它标价 1.50 美元，另一些人会标价 1 美元，还有一些人会标价 0.9 美元。但最后，这杯咖啡的实际售出价会非常接近 0.7 美元。竞争使得资源被尽可能有效率地利用。如果你不能以 0.9 美元的成本生产这杯咖啡，那么当价格降到 0.9 元以下时，你就没有任何生意可做了。

另外，某段时间内有效率并不意味着企业可以永远停留在这一点上。我们可以看到企业的绩效是怎样随时间变化的。你不仅需要制造出更好的捕鼠器，而且需要不断改进。在竞争的环境中，企业不能仅仅满足于既得的成就。2006—2007 年间，其他零售商的效率达到了足以匹敌沃尔玛，低价格也能够与之竞争的时候，沃尔玛的地位受到了严峻的挑战。对于企业来说，长期保持成功是非常困难的。

进入壁垒

竞争提供了一种"消费者天堂"式的环境。当我们需要一种东西的时候，就能以尽可能最低的价格从市场上得到。然而与此同时，对于厂商来说，这却是一个问题。竞争对手不断压低价格以招揽顾客。只要任何一个竞争对手开始出售你所出售的产品，你的盈利就受到了限制。为了获得高于完全竞争市场的利润，企业必须采取某种形式的**垄断**（monopoly）——一种限制竞争的方式。即使咖啡的成本为 0.7 美元/杯，星巴克还是可以以 1.65 元卖出它的一小杯咖啡（被称为"中杯"的规格）。星巴克咖啡的价格比其他大多数咖啡屋都贵，它也从高价中获得了巨额利润；之所以能这样做，是因为星巴克在市场上形成了垄断势力——一种特殊的市场地位。

企业如何保持其垄断势力，也即限制竞争？星巴克是通过创造一个著名的品牌名称和品牌声誉而做到这一点的。顾客知道，不论他们走进哪一家星巴克，都能够享受到相同味道的咖啡和同样的氛围。可口可乐通过使顾客相信，其玉米糖浆加水的混合饮料和其他玉米糖浆加水的混合饮料是有区别的而获得了垄断——其产品是可口可乐，不是普通的碳酸饮料。**品牌**（brand name）就是一种垄断形式——一个竞争有限的细分市场。出售同样的产品，一个拥有知名品牌的企业的价格就可以比普通品牌的企业的价格高。消费者没有被强迫购买知名品牌产品，但是他们仍然愿意支付高价格购买这些知名品牌的产品，因为他们从中获得了益处。

另一种更强有力的壁垒是政府。政府授予的垄断权、规章制度、限制、市场控制等，都会在一定程度上替代或限制竞争。如果没有经济自由，市场就不能创造出提高生活水平、解决过剩及短缺问题所必需的激励。经济自由是指个人能够在没有政府干预的情况下进行自愿交易的程度，所以，它可以证明没有腐败的贸易。

《华尔街日报》和遗产基金会联合发布了一份名为经济自由指数的年度评比报告（见图 2—3）。根据经济自由指数，美国仅仅在经济最自由的国家和地区中排在第 10 位，卢森堡、爱尔兰、新西兰、乌克兰甚至中国香港都排在美国之前。这意味着美国政府干预经济的程度比以上这些国家和地区要高。较高的税收意味着较低的经济自由度，类似地，更多的规章制度、运输管制以及符合政府规章制度所必需的文书等也都体现着更低的经济自由度。

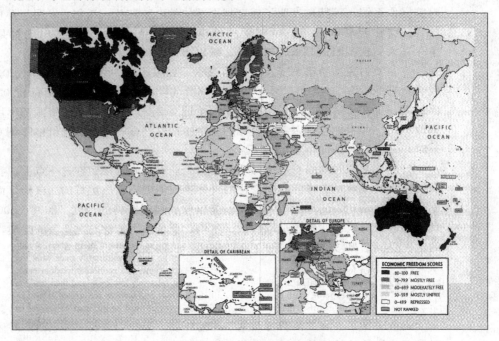

图 2—3　2010 年经济自由度指数

说明：每年，《华尔街日报》和遗产基金会会计算各个国家和地区的经济自由度并且按自由度排出名单。
资料来源：The Heritage Foundation.

表 2—1　　　　　　　　　　　　10 个经济自由度最高的国家和地区

每年，《华尔街日报》和遗产基金会会计算各个国家和地区的经济自由度并且按自由度排出名单。

排名	国家或地区	指数
1	中国香港	89.7
2	新加坡	86.1
3	澳大利亚	82.6
4	新西兰	82.1
5	爱尔兰	81.3
6	瑞典	81.1
7	加拿大	80.4
8	美国	78.0
9	丹麦	77.9
10	智利	77.2

资料来源：Based on data from *The Wall Street Journal* and the Heritage Foundation.

一般来说，一国的经济自由度越高，其生活水平就越高。所有经济最自由的国家和地区的年人均收入超过 30 000 美元，主要的经济自由国家年人均收入大约为 14 000 美元，主要的经济非自由和受到抑制的国家年人均收入只有 4 000 美元，仅仅略高于最自由的国家收入的 1/8。[11]

启示

所以，国家要想获得成功所必需的步骤有哪些？首先，一国必须存在私有产权，人们在这些方面的利益能够得到保障；也就是说，他们必须能够得到产权不会被他人窃取的保障。人们必须能够完全拥有一些东西，并且知道只要不妨碍他人，就可以利用这些东西做自己想做的任何事情。第二，人们必须拥有经济自由，能够进行自愿贸易，用自己拥有的东西交换所需的东西。私有产权和经济自由保证了人们能够进行专业化分工，专注于他们能够以相对低的成本进行的生产活动，然后进行贸易，交换自己所需的产品。每个人都这样做的结果是，所有的商品和服务都能够以最低的成本生产。最后，进入和退出壁垒必须最小。无论何时，只要企业不能自由地开展业务，与其他企业竞争，资源就没有得到有效利用。类似地，如果无效率的企业不能随时退出，并将它们的资源重新分配到价值更高的用途上，整个社会就会遭受损失。

案例回顾

阿根廷的土地契约

为什么一纸契约就能产生如此大的不同？为什么一个人如阿根廷的自占者那样没有契约，只是在口头宣称对土地的所有权，将会改变他们的行为方式？答案是，土地契约是合法所有权，这使他们能利用地产的财务杠杆作用从土地升值中获得收益以及在土地贬值中减少损失。如果没有土地契约，所有权就无法得到保障。财产增值的最终受益人可能是别人，于是，还有谁会自找麻烦地去对它投资呢？

这个问题源自财产所有权的缺失或所有权法律保障系统的缺失及不完善。与本章开头阿根廷的土地契约案例相似，朝鲜半岛提供了另一个天然实验。朝鲜半岛从 1905 年开始就被日本占领，直到在之后的第二次世界大战中朝鲜分裂成两个国家。朝鲜延续了强烈的共产主义和集权主义，而韩国逐渐向私有制发展并最终确立了民主制度。两国的经济发展水平和生活水平在过去的 30 年中产生了天壤之别。朝鲜陷入贫困的泥潭，甚至无法养活它的人口。其经济如此衰败，以至于超过 200 万人死于饥荒，超过 60% 的儿童营养不良。与此同时，韩国的生活水平则远远领先于朝鲜。

在阿根廷，相对于没有土地契约的人们，那些拥有土地契约的人过上了更好的日子。在朝鲜半岛，韩国人在保护私人财产权和经济自由的环境中幸福生活；而朝鲜人却在没有私人财产的环境下苦苦挣扎。

本章小结 ■

1. 所有权和私人财产权是经济发展和繁荣的前提。

2. 所有权会激励人们以更经济的方式做事，从而获取他们想要的东西。

3. 专业分工形成的比较优势使参与贸易的各方都能获利。

4. 效率是指绝大多数产品和服务的成本都降至最低水平，同时，任何对于产品、服务和资源的分配的改变都会使某人的生活状况变差。

5. 分配机制被应用于稀缺产品、服务和资源的分配。当今使用的分配机制包括价格体系、政府计划、先到先得制度和随机分配。

价格体系是最主流的分配机制，因为它最有效率。尽管如此，其他机制也在应用。在一些情况中，使用其他机制是因为价格体系分配的结果不尽如人意。在另一些情况中，价格体系也可能不是最有效率的，可能会出现市场失灵或交易成本过高的情况。

6. 套利行为是在市场运行过程中产生的。它使得相同的产品在不同市场上的价格基本一致。套利是低价买进高价卖出的过程。

7. 经济自由指个人在没有限制和干预的情况下，自愿参与交易的能力。

关键术语 ■

私人财产权（private property rights）

绝对优势（absolute advantage）

比较优势（comparative advantage）

贸易利得（gains from trade）

稀缺（scarce）

有效率的（efficient）

机会成本（opportunity costs）

套利（arbitrage）

垄断（monopoly）

品牌（brand name）

练 习 ■

1. 什么是贸易利得？什么是贸易的主要利益？为什么贸易有利的观点违反直觉？

2. 绝对优势和比较优势的区别是什么？像墨西哥这样的发展中国家怎样才能发展出相对于美国的比较优势？

3. 富裕国家和贫穷国家的区别是什么？它们是怎样变得富裕或贫穷的？

4. 关于收入分配差异的原因，有一种解释是气候不同，即靠近赤道的国家相对贫穷，较寒冷气候的国家相对富裕。为什么这种解释有道理？

5. 另一个观点是经济发展是由于天主教的统治。第三个观点是殖民主义的形成才是主要原因。试用私人财产权来解释这些观点。

6. 为什么单独的一项免除 400 亿美元债务的政策不能使被免除债务的国家受益？这项政策及其产生的激励作用能说明美国次贷危机应对政策的什么问题吗？美国 2007—2008 年经历了次贷危机，政府出台了对一些

债务人免除债务的法案。

7. 什么是私人财产权？为什么市场运行需要确立私人财产权？

8. 赫尔南多·迪索托表示，私人财产权对于发展中国家来说甚至比发达国家更重要。他这么说的根据是什么？明晰产权的缺失会对经济发展造成怎样的影响？明晰产权的缺失对非法移民意味着什么？迪索托表示发展中国家发展缓慢主要就是因为缺少私人财产权。怎样将这种分析应用于美洲印第安人？

9. 下面的陈述是什么意思？"实际上，我们所做的每个决定都涉及两难抉择。"在什么情况下这一陈述有误？

10. 有人说："价格就像是一个巨大的闪烁着重要信息的霓虹灯广告牌。"描述市场价格提供了哪些类型的信息。

11. 有人说："盈利机会对公司的吸引犹如血液对鲨鱼的吸引。"请解释为什么。

12. 韦兰（Wheelan）说过（参见 Naked Economics，p. 20）："亚洲血汗工厂的问题在于，它们的数量还不够多。"韦兰的陈述怎样例证每一个市场交易都使参与各方获利这一观念？

13. 下列各种分配机制分别创造了怎样的激励？市场价格、先到先得机制和政府计划。

14. 为什么在市场分配中只要出现短缺的情况供给就会增加？

15. 下面的数据是两个人在解决数学题目和经济学题目上的生产可能性。如果他们投入所有时间和精力来做数学题，A 可以做 10 道数学题，B 可以做 10 道数学题。如果他们投入所有时间和精力来做经济学题目，A 可以做 10 道，B 可以做 5 道。

资源投入百分比		A		B	
数学	经济学	数学	经济学	数学	经济学
100	0	10	0	10	0
0	100	0	10	0	5

a. 谁具有绝对优势？

b. 谁具有比较优势？

c. 如果他们各自独立完成题目，并对数学题目和经济学题目各投入一半的时间，那么将得到如下结果：

独立完成没有交易	A	A	B	B
	数学	经济学	数学	经济学
	5	5	5	2.5

现在，假设他们按照比较优势来分工。他们一起能够完成多少道数学题和经济学题？贸易利得是多少？

注　释

1. Based on Sebastian Galiani and Ernesto Schargrodsky, "Property Rights for the Poor: Effects of Land Titling," Coase Institute Working Paper, August 9, 2005.
2. William Easterly, *The White Man's Burden* (New York: Penguin Press, 2006), p. 108.
3. *The Mystery of Capital: Why Capitalism Triumphs in the West and Fails Everywhere Else* (New York: Basic Books and London: Bantam Press/Random House, 2000).
4. Charles Wheelan, *Naked Economics* (New York: W. W. Norton, 2002), p. 190; McKillen, Elizabeth, "Economic Nationalism: Bashing Foreigners in Iowa," *The Economist*, September 21, 1991.
5. "China Says Price Controls Will Not Distort Market," Reuters, January 16, 2008 www.cnbc.com/id/22699523.
6. In January 2008, an Indian doctor was arrested for taking the kidneys of poor people and selling them to wealthy Indians and foreigners. "Indian Gang Accused of Stealing Human Kidneys: Police uncover racket that tricked or forced poor to give up organs." abcnews.go.com/Story?id=4201900&page=1.
7. ABC News, Home Video, "Greed," by John Stossel, March 11, 1999.
8. The Independent Institute found that the typical sweatshop worker is paid above the national average (for workers) in six of the nine countries for which they compiled data. Benjamin Powell and David Skarbek, Working Paper 53. "Sweatshops and Third World Living Standards: Are the Jobs Worth the Sweat," September 27, 2004, www.independent.org/pdf/working_papers/53_sweatshop.pdf.
9. Wheelan, *Naked Economics*, p. 23.
10. Andrea M. Dean and Russell S. Sobel, "Has Wal-Mart Buried Mom and Pop?" *Regulation* (Spring 2008): 38–45, argue that "Wal-Mart has had no significant impact on the overall size and growth of U.S. small business activity," p. 45.
11. The average Index of Economic Freedom (IEF) score for a country with GDP growth of over 10 percent is 10 percent higher than the IEF score for the countries with GDP growth of 3 percent or less. These numbers are for 2005. Libya, which had the lowest score where reliable GDP growth figures are available, had a growth rate of 3.5 percent in a year that the average growth rate was almost 5 percent. Zimbabwe, which had the second lowest IEF score, had a 6.5 percent GDP decline.

第3章
自发秩序[1]、市场和市场失灵

案 例

沃尔玛在德国

1962 年，山姆·沃尔顿和他的哥哥巴德在阿肯色州罗杰斯开设了第一家商店。从此，沃尔玛以两位数的年增长率增长，成为世界最大的零售商。20 世纪 80 年代后期，沃尔玛开始了雄心勃勃的国际化进程。它的目标是，截至 2005 年，国外的经营利润能够达到总利润的 1/3。在国际舞台上，沃尔玛证明了美国的成功方程式——大量使用高新科技、精密的物流和存货管理技术降低成本，使得天天平价成为可能；强调客户服务、积极的员工——在拉丁美洲和加拿大都有很大成效。1997 年年底，沃尔玛扩张到了德国。而这一扩张却是灾难性的。沃尔玛于 2006 年退出德国市场，在此期间，可以说沃尔玛没有赚到任何钱，因为它在竞争中

输给了德国本土折扣零售商阿尔迪（Aldi）和利德尔（Lidl）。此外，沃尔玛还无法说服德国本土的管理者实施美国式的管理。许多分析师以及沃尔玛 CEO 本人都认为，这是一次文化冲突引起的失败。但是这个解释有什么意义？如果有文化差异，为什么最初的失败没有使沃尔玛做出一些必要的改变，而是继续实施它的低价格高价值战略？为什么在实施低价格高价值战略而文化差异并不要紧的地方，市场不会出现套利？

1. 为什么沃尔玛在美国和其他地方都获得了成功，但是在德国却悲惨地失败了？

2. 套利行为在文化差异上的作用与它在价格差异上的作用相同吗？

最高指导原则：观察市场

在电视剧《星际迷航》中，最高指导原则是星际联盟的指导性原则。最高指导原则规定，不论善意与否，星际联盟成员都不可以向太空中的原始文明泄露任何涉及己方科技文明等的信息，以保证不对原始文明产生干涉或污染。但是，最高指导原则总是有意无意地被违背。在一集中，一艘早期的联盟飞船造访一个原始星球，误将一本书 *Chicago Mobs of the Twenties* 丢失在该星球上，该星球的居民捡到这本书后，立即将书中所描述的情形确定为他们建设自己整个社会的蓝图。

经济的最高指导原则是：先观察市场。如果一个交易在市场外进行，一定要问为什么。如果市场资源分配看上去无效率，则要找出与市场过程相悖的部分。如果存在有助于自由贸易的制度，要思考这些制度在市场上存在的目的是什么。

完全依赖最高指导原则是一项重大的尝试，即使在极度市场导向的国家里，绝大多数经济活动都是通过正式的、专业化管理的组织实现的，而并非通过市场交换。在美国，仅有一小部分交易是直接通过市场完成的。最重要的是，约 75% 的交易都是通过企业完成的。[2] 最高指导原则应该让我们提出疑问：如果市场如此有效率，为什么还存在企业？如果市场如此有效率，为什么这么多交易都在市场外进行？例如，为什么先到先服务的分配机制仍然被用在许多医疗服务部门、大学课堂以及道路使用上？为什么政府计划机制仍然被用在航空线路分配、收音机和电视广播波段分配、土地使用（分区）和十字路口通行权的分配上？为什么运气——随机分配——也会被用于一些物品的分配，例如抽奖赢得音乐会入场券、彩票以及其他比赛奖励？

如果价格机制如此有效，为什么还没有被普遍使用？一个原因是，对于一些产品，人们并不期望看到价格分配机制带来的后果；也就是说，人们不喜欢创造性破坏。当人们不喜欢价格机制的后果时，他们会利用资源来改变结果，或者实施其他分配机制。人们会游说政府，或者说服选民相信其他的分配机制更好。这种行为称为**寻租**（rent seeking）。

在一些情况下，市场不能有效地分配资源、产品和服务。这种情况称为**市场失灵**（market failure）。所以，如果市场失灵，资源应该如何分配？除市场机制以外的一些分配机制就会被使用。我们先来简单地回顾一下经济学家所谓的市场失灵的概念。

外部性

2008 年，美国油价超过了 4 美元/加仑。这使得一些人放弃他们的运动型多用途汽车（SUV），转而购买小型的、省油的或者混合动力汽车。然而，许多人仍然继续购买那些行驶八九英里就要耗费 1 加仑油的大型 SUV。他们购买 SUV 的决策也影响了其他人。因为这些 SUV 的排放量远远大于小型车或者油电混合动力车。另外，如果 SUV 与小型车发生了碰撞，SUV 里的人受伤的几率更小。但是，SUV 车主并不需要为其造成驾驶小型车安全程度降低的后果支付任何赔偿，也不用为其绕城巡游排放的尾气致使患有呼吸道疾病的人病情恶化的后果而支付任何赔偿。然而，这些都是不驾驶节能型汽车带来的成本，一定（得）有人为其支付。问题在于，不得不支付这部分成本的人，恰恰是非自愿加入到购买 SUV 的交易中的人。

因为这部分成本被强加给了那些并未参与购买和驾驶 SUV 决策的人，这部分成本也称为"**外部性**"（externalities）。外部性带来的问题是，价格不能反映所有的成本。如果价格可以反映外部性的话，SUV 的价格应该高于现在的水平，因此会有更少的人选择购买。如图 3—1 所示。考虑更高的社会成本，也就是包含外部性在内的总成本时，SUV 的购买量低于仅仅考虑私人边际成本——也就是不包含外部性的个人购买者的成本的情况。这意味着 SUV 的量过多，造成的污染也过多，给小型车带来的危险也过多。这里，"过多"是指数量达到了完全没有外部成本时的数量。

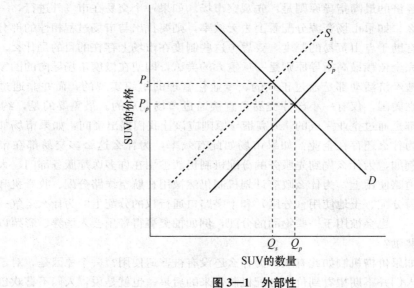

图 3—1 外部性

说明：当存在外部性时，价格并不能反映所有的收益和成本。在负外部性的情况中，社会成本 S_s 超过了交易商的成本 S_p。

麦当劳的饮料通常装在一个塑料或保丽龙杯中。消费者常常从车窗里把用过的饮料杯扔出去。麦当劳和它的消费者都不需要为清理垃圾支付费用，这意味着整个社会需要共同为清理垃圾支付费用，将垃圾扔出车窗的消费者和将饮料装在塑料杯里出售的麦当劳餐厅并不会为清理垃圾而支付比全社会其他任何一个人更多的费用。

外部性可以是正的，也可以是负的。负外部性会带来外部成本，正外部性会带来外部收益。美国每年有 150 万辆车失窃。1986 年，波士顿首先引进了一种叫做丢失寻回系统（Lojack）的防盗设备，现在这种设备在美国各大主要城市都得到了广泛应用。通常，汽车经销商随新车出售这种设备，新车买主只要一次性支付 600 美元就可获得。丢失寻回系统包括一台隐藏在车中的小型无线电广播发射机（radio transmitter）。当接到丢失车辆的车主报案后，警察会通过防盗系统公司提供的高科技设备进行远程操作，激活车中的无线电广播发射机。在这种系统的帮助下，约 95% 的失窃车辆都被寻回。丢失寻回系统能够引导警察直接找到失窃车辆，因此有效地遏制了以拆卸赃车并转卖零部件为业的"汽车销赃店"（chop shops）的泛滥。职业的偷车贼也无法知道一辆车是否配备了丢失寻回系统。结果，据估计，每年每安装三个丢失寻回系统就会使一个盗车贼落入法网。小偷数量的减少为整个社会带来的利益——诸如保险费降低等——超过了安装丢失寻回系统的车主的个人利益。整个社会的利益是安装了丢失寻回系统的车主得到的利益和所有人因为保险费降低而获得的利益之和。

研究诸如麻疹等疾病的疫苗的项目也能带来正外部性。但是注射疫苗花费的时间和成本都较高，还有一定的危害性。结果，许多人不会选择注射疫苗。只要足够的人注射了疫苗，其他人就不会染上麻疹。没有注射麻疹疫苗的人从注射了麻疹疫苗的人那里得到了好处。其实，这些没有注射麻疹疫苗的人得到的好处更多，因为他们没有为麻疹疫苗支付任何费用。

外部性是指一项交易带来的收益和成本不能完全包含在这项交易中的情形。换句话说，没有参加一项交易的人从这项交易中获得了收益，或为这项交易承担了成本。结果，资源可能并未分配到最有价值的活动中。在负外部性的例子中，一些活动因为没有考虑外部成本而使得过多的资源投入其中。例如，在麦当劳的例子中，因为消费者不需要为清理废弃的保丽龙杯支付额外的费用，所以麦当劳生产并使用了更多的保丽龙杯。而在一些正外部性的例子中，在一些活动上的资源投入则不足。如果丢失寻回系统的利益仅仅能为安装了这一系统的车主所获得，那么这些人就能享受更低的价格，因此更多丢失寻回系统就会被使用。

有人认为，吸烟既会带来负外部性，也会带来正外部性。二手烟雾是一种强烈的刺激物，为许多人带来了很大困扰——这是一种负外部性。据美国肺脏协会称，吸烟的人比不吸烟的人平均寿命短 7 年。而这恰恰会带来正外部性，烟民因为寿命较短，不能享受与非烟民同样长时间的社会保险和社会医疗保障。而节省下来的这部分可以被非烟民享受到。以捷克共和国政府为例，2000 年，包括税收和保健福利金，吸烟带来的净收益高达 1.48 亿美元。[3]

外部性也常常称作市场扭曲或市场失灵，因为资源没有分配到最有价值的活动上。但外部性是普遍存在的。实际上，似乎所有的活动都会产生正外部性或负外部性。所以，确定供给量与消费量是过多还是过少似乎是一件非常困难的事情。仅仅是在食品杂货店买牛奶这样一件小事都可能伴随有许多外部性。站在排队的人群中，你将等待的成本强加给那些不得不等待你进行交易的人。同时，购买牛奶这一行为为食品杂货店提供了一个信号，即继续进这种品牌牛奶的货，这为那些希望购买到这种牛奶的人带来了利益。每种创新和发明都能创造新的工作和产业。这是正外部性。同时，这些发明创新也代替了旧的工作和产业。这是负外部性。

因为缺乏明确的产权界定，外部性是一个严重的问题。如果一辆汽车排放的尾气不属于任何人，就不会有人在乎它的影响。如果注射疫苗带来的保护不属于任何人，就没有人有激励注射疫苗。没有私人财产权或仅有共有权（common ownership）会给有效的资源分配带来严重的问题。

共有权

在第 2 章中，我们讨论了詹姆斯敦殖民地的例子，该殖民地组织的生产活动因为共有权的问题而很快失败了。共有权是造成市场分配商品和服务无效率的另一个原因，正如下面这个简单的小故事所讲述的。有四个人，名字分别叫"所有的人"、"一些人"、"任何人"、"没有人"。现在有一件非常重要的工作需要完成，"所有的人"都确定会有"一些人"去做，而且"任何人"都可以完成这项工作，但是最终

"没有人"做。"一些人"非常生气，因为这是"所有的人"的工作，而"所有的人"认为"任何人"都可以做，但是"没有人"发现"所有的人"都不会去做。故事的结局就是，"所有的人"都在指责"一些人"，因为"没有人"去做"任何人"都能够完成的工作。如果"没有人"得到什么东西，当然"没有人"会在意这些东西，如果"一些人"得到了东西，"一些人"就会在意这些东西，但如果"所有的人"得到了什么东西，结果仍然是"没有人"去在意这些东西。

商业洞察

球印

高尔夫球玩家们痛恨球印。高尔夫球在推球区着地时，较大的冲击力会使草地表面形成一个凹痕，这个凹痕就是球印。球印很好修复，只要朝着凹痕推挤草和土同时再压平一下草地就行了。可问题在于，大多数玩家都不去修复球印，导致在推球区留下会影响其他玩家推球的球印。一个高尔夫球玩家小心翼翼地瞄准球洞，球杆优雅地一挥，然后看着小球朝着球洞前进。可是突然，小球弹了一下转向了旁边，与目标失之交臂。这就是球印的影响。《高尔夫文摘》（*Golf Digest*，October 2005，p.56）做了一个调查来研究有多少人会去修复球印。调查分别观察了一个公众的三杆洞球场和一个私人的三杆洞球场。调查结果如下：

	公众球场	私人球场
击中推球区的玩家百分比（%）	49.5	42.1
修复其留下球印的玩家百分比（%）	30.1	46.9
修复了多于一个球印的玩家百分比（%）	12.5	26.7

续前表

	公众球场	私人球场
未击中推球区而去修复球印的玩家百分比（%）	0	18.2

注意《高尔夫文摘》的调查，其显示了在公众球场近70%的玩家制造了球印而不去修复。在私人球场，修复自己球印的人少于50%。这种环境对于高尔夫球选手来说相当凶险。然而，没有规定强制人们去修复自己制造的球印。是否修复，由玩家自己看着办。为什么？因为组织一个机构去监督各个推球区球印的情况，成本太高了。制定关于球印的规章制度或用其他的方法来强制玩家去修复球印也需要成本。如果修复球印的利益够高的话，那么建立一个强制玩家修复球印的机制还是值得的。

在私人球场，修复球印的人更多，为什么会这样？可能是害怕遭到同辈的排斥。如果其他人发现你不去修复自己的球印，他们对你的评价就可能降低。或者更可能是你今天留下的球印会影响你明天打球。在私人球场打球的玩家打球的频率比在公众球场打球的玩家高得多。

鸡和牛从来都不在濒危物种名单上，但大象和犀牛则是濒危物种。这是为什么？因为没有人能够拥有一头大象或一头犀牛。结果它们被过度狩猎——它们濒临灭绝。大多数拥有大象的国家都建立了禁止狩猎的大型国家公园。但是，就在这些禁止狩猎的禁令面前，大象的数量还是在持续减少。10年前，美洲的大象数量超过100万头，而现在的数量还不到原来的一半。博茨瓦纳和南非政府因此采取了不同于共有权的策略：用私人所有权代替共有权——允许私人拥有大象。这些大象养殖户承诺养殖大象，未来可以出售象牙，或将大象出售给特殊的狩猎园，也可以出售给发达国家的动物园。这一措施使这些国家的大象数量有所增加。[4]

共有权，或私人财产权的缺乏意味着市场失灵。如果你不能拥有某样东西，你就不能将其出售或用于交易。私人财产权的出现带来了市场正常运行所必需的所有权。

一些商品不适合市场：公共品

如果某样东西无偿提供给你使用，你怎么会为它支付费用呢？这一问题就是经济学家所说的**公共品**（public goods）：人们可以免费得到这些商品。当一种商品是公共品时，一个人就有激励成为**搭便车者**（free rider）——也就是一个享受了某种商品和服务所带来的利益，而不会为这种商品和服务进行支付的人。举例来说，假设国防不是政府通过用税收所得支付而提供的，那么，除非你支付一定的费用，你是不会受到国防力量的保护的。因此就产生了一个问题，国防是一种公共品，只要有其他人为国防支付，无论你是否支付，都可以享受到国防力量的保护。没有人对国防力量拥有私有权——也就是说，没有人会因为不付费而被排除在国防力量保护的人群之外。当然，因为没有人有激励去支付，也就几乎不会有人自愿去做，这也同时意味着这种商品没有供给，或者即使有供给，也远远达不到社会所需的数量。

我的汽车装有 GPS 系统，它让我感到非常困惑。通过 GPS 系统我能够清楚地查到当前的海拔高度和地址。GPS 系统是通过环绕地球的卫星发送和接收信号进行工作的。但我并不是唯一的使用者，全世界有成千上万的人在使用它，我们并不是排队使用，而是同时使用，但是其他人的使用并不会给我的使用造成任何影响。如果有人向所有的使用者提供一个机会来认购这种定位系统，结果会怎样？答案是，所有的人都会对这种提议嗤之以鼻——既然可以免费使用，我们为什么要付费？

GPS 并不是唯一一种具有以下特点的商品，即其他使用者能够获得的数量不因某个人的使用而减少。所有这些商品称为"公共品"。公共品的两个特性给市场造成了麻烦，其一是消费的非竞争性（nonrivalry），其二是非排他性（nonexcludability）。非排他性的一个例子是国防——如果一个人获得了国防力量的保护，那么所有人都能够获得这种保护。电视广播则是一种非竞争性的公共品，一个人看电视并不会使得其他人的信号变弱。

一个人的购买行为会自动地惠及他人（在非排他性的案例中），因此他人就有"搭便车"的动力。如果社会中的搭便车行为过于严重，就没有人有激励提供供销售的商品了。

我们不知道的信息可能伤害我们：信息不对称

你在街角看到一个汽车出售的标牌。你联系了车主，询问有关车的情况，试开这辆车，然后决定购买。一个月后车坏了，而且没办法修理，你上当了。因为这种风险的存在，你不愿意为二手车支付高价。通常情况下，人们不知道由个人车主提供的车的质量如何，买方愿意支付的价格很低，这就意味着优质车的价格被低估了。因此，最终市场上留存的供出售的二手车只有次品。

这就是所谓的**逆向选择**（adverse selection）问题——劣质的车把优质的车驱逐出市场。另一个常见的逆向选择问题发生在信贷市场。信贷机构无法判断一个借款人不能偿还贷款的风险。如果贷款人提高贷款利率，低风险的借款人会决定不贷款。市场上只剩下高风险借款人。贷款人因此陷入了困境：如果利率降低，所有的借款人——高风险或低风险——都会寻求贷款。如果提高利率，低风险借款人会退出市场，只剩下高风险借款人。

信息不对称产生的第二个问题称为**道德风险**（moral hazard）。假设你购买了一辆新车；在为新车投保之前你都不能完全放心地驾驶，但是一旦你为自己的新车购买了保险，你就可以毫无顾忌地使用新车，因为出现任何问题都由保险公司支付修理费。你的行为发生的这种变化就称为道德风险。如果保险公司在向你销售保险之后不能得知有关你的行为的任何信息，就无法确定你应该为你更加冒险的行为支付多少保险费。

市场失灵的解决方法

以上提到的这些情况——外部性、共有权、公共品、信息不对称——都称为市场失灵，因为此时市场无法将资源分配到最有价值的用途上。私人财产权对于市场的存续和正常运转是必不可少的。如果私人财产权没有得到界定或是模糊不清，产品和服务就不会被分配到其价值最高的地方。在这种情况下，人们有激励设计出一种解决市场失灵的方法。理论上讲，解决市场失灵的方法很简单：人为授予私人财产权。有两种授予私人财产权的方式，一种是由市场参与者自行提出分配私人财产权的方案，另一种是由政府分配私人财产权。哪一种方式更优取决于哪一种方法能够以最低的成本创造出最大的收益。

现在考虑这样一种情况，我们将所有的高尔夫球选手聚集起来，组织他们讨论决定一种所有人都认可的方法来修补球印，并确定由谁来完成这项工作。显然，达到这样的目的是非常困难的。（这也许是私人球场比公共球场球印少的原因，私人球场的会员互相之间熟识的可能性较大。）而如果想把所有开车的人和受到汽车尾气影响的人聚集起来，解决汽车尾气排放问题，将会更加难以实现。

许多人认为，正是由于安排私人谈判的困难，所以应该由政府来解决这个问题。政府可以分配私人所有权，规范市场参与者的行为，并以征税或补贴的形式来保证市场参与者的行为正确。在一些案例中，政府出售一些针对特定事物的所有权。政府最近采取的一项减少汽车尾气排放的措施是，创造一个交易排放权的市场。政府决定允许排放的量，为排放行为赋以私人所有权。例如，如果洛杉矶盆地的排放目标水平是每天 4 000 亿微粒，政府就可以颁发 400 份许可证，每份许可证授予每天 10 亿微粒的排放量。这表示为图 3—2 中垂直的供给曲线——一天只颁发 400 份许可证。然后，政府可以出售这些许可证。需求者，通常为排放污染物的企业，可以购买这些许可证，从而获得在许可证规定的排放量范围内排放污染物的权利。如果一个企业购买了 20 份许可证，那么这家企业每天总共可以排放 200 亿微粒。如果这家企业使用了清洁科技，或者由于其他一些原因没有用完许可证，它就可以将剩下的许可证出售给其他企业。最终价格将会达到均衡——在这一价格上，企业会比较购买许可证的成本与使用清洁科技的成本。

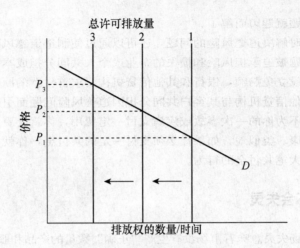

图 3—2　污染物排放权的价格

说明：政府决定排放权的供给。公司或者其他机构可以购买。如果排放权的供给数量减少，其价格就会上升，从而促进公司采取其他措施减少污染物。

如果污染限额降低，可以发放的许可证就减少了。这种情况在图 3—2 中表示为供给曲线向内移动。需求者需要竞争如今数量更少的许可证。随着价格的提高，一些企业会决定不购买许可证，转而购买减少污染的设备或者减少它们制造的污染物数量。

更高的价格使得企业有激励去购买新型高效的减少污染的设备。许可证市场也使得其他人减少了总排放量。任何人都可以购买许可证。一些人也许会通过倒卖许可证赚钱。如果你预期许可证在未来价格会上涨，你可以现在购买许可证，留到以后出售。如果价格上涨了，许可证的所有者就能够出售获利。还有一些人购买许可证是为了控制污染排放量。环保部门，如自然保护协会和塞拉俱乐部（美国环保组织），购买了这些许可证，并使得这些许可证退出流通。通过这种方式，它们减少了流通中的许可证总数，从而降低了总污染排放量。

类似地，当任何一个所有人共有的商品变为私人所有时，过度使用的问题可能就会被根除。每年，为了给巴西大农场主和农民生存提供更多的土地，以及将树木用于其他用途，亚马逊森林有成千上万的植被被焚烧或砍伐。没有人拥有这片雨林，以致它被过度使用。如果巴西政府为雨林创造私有财产权，雨林就能得到保护。考虑瑞典和芬兰的情况。瑞典和芬兰现在拥有比以往任何时候都多的森林，因为它们将森林私有化。森林的所有者不会亏本地砍伐树木，也不会为了保证就业率或其他政治因素而砍伐森林。他们会在保证最大化收益的水平上砍伐。如果他们只是破坏自己的森林，未来他们的森林就不能为他们带来收入。所以，他们以一个能够保证持续生长的速率砍伐。

在棒球场或足球场外建造一个大体育场限制了观众从体育场外观看比赛——人们必须购票进场观看。如果没有体育场，所有人都将能够免费观赏比赛，没有人需要付钱。

逆向选择和道德风险是财产所有权模糊不清带来的问题。谁拥有必要的信息？这些信息又将如何提供给市场？当存在道德风险和逆向选择时，一些人就可能通过提供信息获利。Canfax 有偿提供一辆旧车的使用历史，Equifax 和其他信用机构有偿提供一个借款人的信用历史。当遗漏的信息被赋予所有权之后，信息不对称所带来的问题就迎刃而解了。

有时解决道德风险的问题，还可以通过使制造道德风险的企业或个人与因道德风险问题被迫承担风险和损失的企业或个人共同分担成本的方式实现。这也就是保险公司设立免赔额，银行和其他信贷机构要求首付款的原因，这使得保险公司、银行和其他信贷机构与其客户共同分担因道德风险问题而引起的成本和风险。如果你将不得不为你的一次事故或疾病支付一定费用，你就会更小心地开车以及更加注重你的健康。类似地，如果你必须支付一定的共付金，你就不会采取有可能使你负担这样一大笔共付金的行为。

市场不会失灵

市场失灵意味着市场没有生产"正确"数量的产品和服务。如果交易成本不仅仅是由参与交易的人来承担，那么相比仅仅由参与交易的人承担交易成本的情况来讲，市场需求将会增加。因此，人们就会生产和消费过多的商品和服务。类似地，如果利益并不完全由参与交易的人获得，那么相比仅仅由参与交易的人获得利益的情况来讲，市场需求将会减少。因此，人们将会生产和消费过少的商品和服务。但是，如果市场定价过高或过低，为什么市场不能自行矫正？这是不是一个套利机会自动出现的时候？

一些经济学家认为市场不会失灵。[5]他们指出，所谓的市场失灵只能出现在静态的市场上。例如，假设我正在为我的咖啡屋烘焙咖啡豆，刺鼻的气味飘到隔壁，使得隔壁邻居生病了。逐渐地大家都知道了邻居生病的原因，而事实上我并不需要为我的咖啡屋造成的损失支付任何成本，这就是外部性。在一个静态的经济体中，市场失灵出现了。但是，如果其他人在附近开了另一家不会产生刺鼻气味的咖啡屋，情况会如何？如果我的顾客都转而光顾我的竞争对手的咖啡屋，我将不得不减少排放这种刺鼻的气味，或者关掉这家咖啡屋。在动态的经济中，个人在持续地衡量其收益与成本，外部性不太可能成为一个严重的问题。类似的观点也适用于探究其他市场失灵的情况。如果私人财产权没有明确界定，使得一些人的成本增加，市场就会倾向于明确界定私人财产权。当然，除了这些不同意见之外，大多数经济学家仍然认为，市场有时的确会失灵。

政府管制与政府失灵

市场体系的正常运行要求私人财产权的明确界定与贯彻执行。为了提高效率而存在的政府体系必须为私人财产权的保护提供支持。阻碍自愿贸易、忽视私人财产权的政府体系会造成无效率。现在我们来讨论政府管制的问题。

规章制度能够促进市场体系运行。每天，当我开车上班时，会自然地靠左行驶。在大多数西方国家，当一个电灯开关在上面时，通常表示把灯打开。这些常识使生活变得更容易——你不必思考靠哪侧行驶，或者专门学习每个电灯开关的使用方法。考虑一下，如果我们每天开车都要考虑靠左侧还是靠右侧行驶，或者通读一遍英文书写的说明书，那将会是多麻烦的情况。常识的目的就是保证贸易利得，保证资源用到能够提高生活水平的用途上，而不是浪费在某些交流和行动上。规定这些条令的政府治理系统能够保证贸易利得；而妨碍这些有效率的制度和实践的政府治理系统将减少贸易利得。

这些有效率的实践之所以存在，正是因为它们能够降低交易成本。如果一开始没有这些明确而有效的实践，人们用不了多久也会建立起一套法则，来解决一开始混乱的局面，并增加贸易利得。甚至制定规则的过程也可以很有效率。普通法（common law）正是基于这些先例、经验和有效率的实践结果而建立的。

当面对面进行交易时，人们能够制定对双方都有利的贸易规则。当小部分群体需要向大多数人妥协时，他们就会制定出有利于群体贸易的规则或社会准则。于是在某一阶段就产生了政府，规则和法律也被制定出来。

考虑以下情形：我们生活在一个没有规则、产权或保护的环境中。假设我们每个人都拥有同样数量的财产，但是只有两条可选择的使用途径——生产新的商品以增加未来的利益，或者用于购买枪支，以保护我们的财产并能够强占邻居的财产。如果你选择购买枪支而我没有，你得到了我所有的财产，而成本仅仅是购买枪支的支出，但是我最终什么都得不到。如果我购买了枪支而你没有，情况刚好相反。使我们双方的境况都能变得更好的方式是，我们都不买枪，只进行生产。如果你确实已经购买了枪，那么我至少可以保护自己的财产不受你的威胁。因此不论你怎么做，购买枪支都是我的最好选择；对你来说，情况也是如此。所以，我们都选择购买枪支。最终，我们双方的收益均小于维持和平的情况。

如果我们仅仅购买枪支，而不进行生产，我们就不能长久维持生存。而且，其他邻居也会担心我们强占他们的财产。此时，我们非常有必要集中资源，也许我们可以雇佣一个治安官来解决我们之间的问题。也许我们可以共同集资，构建一个资产池，由治安官来掌管。如果我们当中有谁违反了与其他人的共同协定，治安官就将资产池中由该人捐集的资产分给其他人。这种被称为保证金（posting a bond）的制度将比我们通过斗争解决的方法更有效率；它能够保证我们将更多的资源用于生产。

尽管看上去买一支枪，期望以此来维持多年良好的境况是一个更优的选择，但是如果所有人都不进行生产，那么没有人能够长期生存。由于我们都希望与他人的交易能够持续多年，那么我们都进行生产并且不购买枪支，是符合双方共同利益的选择。如果我们担心第三方会劫掠我们的产品，我们就会集中资源，共同进行生产，购买一支枪保护我们共同的利益。

如果我们不信任对方，我们就不会集中资源而仅仅购买一支枪。因为有枪的人会窃取另一个人生产出来的产品。有欺诈前科的交易者将无法得到很多交易机会。如果你欺骗交易的另一方，那么你将无法得到"回头客"。但是，建立信任需要以许多诚信交易为基础。这也就是非洲商人之间的合作关系平均可以维持 7 年的原因；许多时间都用来建立信任关系。例如马达加斯加的粮食商人在与客户进行 10 次左右的交易后，才能真正相信他们的信誉。来自非洲的商人表示，他们要求与客户进行半年到一年的持续合作，之后才承认他们的商业信誉。

如果没有信任，重复交易就不可能进行，那么交易对象将会被限制在极少数的几个知名的交易者中。在许多国家，公司大多为家族企业的形式，因为人们认为家庭成员才是最可信的。在许多国家里，族裔内部的关系网还可以作为家庭网络的补充。某个特定的族裔往往占据着商业上的垄断地位，比如工业革命到来之前欧洲的犹太人、东非的印第安人（虽然只占总人口的 1%，但印第安人却垄断了肯尼亚几乎所有的商业领域）、南部非洲的白人及印第安人。来自非洲本土的种族中，则有喀麦隆的巴米来科族、刚果民主共和国的卢巴族、西非的豪萨、尼日利亚的伊博族，以及冈比亚的塞拉胡里族。[6]

腐败

在这些我们可以称为"临时政府"的文化中，政府工作人员为自己的朋友和亲戚谋求利益看上去是非常自然的事情，当然，这些"朋友"也包括那些通过巨额贿赂买来关系的人在内。

在这种私人财产权没有得到明确界定的情形中，裙带关系（nepotism）、侍从体制（clientalism）以及贿赂（bribery）成为合约安排的替代。简言之，当政府不是私人财产权制度的有效执行者时，腐败就发生了。

腐败可以定义为个人向那些有权给自己分配好处的人"送红包"的行为。透明国际（Transparent International）每年都发布廉洁指数排名报告。[7]这个组织还列出了最近的历史上最腐败的统治者名单。印度尼西亚前总统苏哈托名列榜首，贪污额为 300 亿美元。排名次席的是菲律宾前独裁者马科斯，贪污额达到 80 亿美元。扎伊尔前总统蒙博托贪污额为 50 亿美元，尼日利亚前独裁者阿巴查贪污 40 亿美元，塞尔维亚前总统米洛舍维奇贪污 10 亿美元，海地前独裁者杜瓦利埃贪污 8 亿美元，等等。有趣的是，苏哈托执政期间，印度尼西亚的人均收入增加了 4 倍，20 世纪八九十年代，印度尼西亚人均收入达到了 1 000 美元。贫穷、婴儿死亡率和人口出生率均有所下降，人口素质大幅提高。与之形成对比的是，蒙博托使扎伊尔变得更加贫穷和绝望，尼日利亚的阿巴查和海地的杜瓦利埃也是这样。

透明国际针对 133 个国家和地区的廉洁指数排名显示，富裕的西方国家腐败程度最低。在此名单上排名越靠后的国家和地区，生活水平越低。但是，排名较低的国家和地区中也不乏一些高速发展的国家和地区（也就是说，这些国家相对贪污程度较高）。中国排在第 66 位，印度排在第 83 位，而这两个国家的经济增长率都非常高。孟加拉国甚至排名在倒数的 10 名中，但它已经以 5% 的年增长率增长了10 年。

为什么经济表现好的国家和经济表现差的国家都有腐败？一个可能的原因是腐败带来的预期，也就是腐败带来的不确定性。世界银行对一些商人的一项调查显示，腐败最严重的问题是会增加风险和不确定性。如果腐败能够带来可靠的结果，那么风险就会大大降低，正如印度尼西亚的情形。例如，如果每个人都知道他们为了获得经营许可证需要多支付 15% 的费用，但是这 15% 的额外费用能够保证他们获得许可证，此时，企业家只需将这 15% 的费用视为另一项税，并在计算收益率时将其考虑在内，就可以放心地进行投资。但是，如果他们有一次支付了 2% 的额外费用，另一次支付了 22%，而且得不到获得许可证的保证，那么他们就无法准确地计算收益。反复无常会带来严重的问题：一些企业家白白付出了巨额费用但什么都没有得到，另一些人支付了非常少的费用或者根本没有支付却成功了。在印度尼西亚，苏哈托家族被称作"10% 提成家族"，因为所有交易都必须支付 10% 的提成给苏哈托家族的人。

假设一个独裁者刚刚掌权，他将决定强占他所控制的人的所有财产还是给这些人留下足够的可供投资和生产的物质。这就如同一个木材公司决定砍伐所有的树木还是有选择地砍伐一样。对于木材公司来说，如果这些木材在未来没有预期价值，那么它将选择砍伐完所有的树木。对于一个独裁者来说，除非他决定第二年继续掌权,否则他的激励就是夺走被控制者的全部财产。如果一个利己的独裁者决定继续掌权,那么他就不会破坏经济,将人民的财产剥夺殆尽。如果他仅仅出于掠夺的目的,那么他将消耗掉所有资源。正如之前所提到的,所有问题的根源是反复无常。如果一个独裁者决定每年夺走全国总收入的一半,那么企业家会发现,一项 1 000 美元的投入原本预期能够得到 100 美元的收益,现在他需要支付一半给政府。因此他得到的收益率将不再是 10%,而是 5%。所以企业家会将这 5% 的收益率与 1 000 美元其他投资渠道的投资收益进行对比,并作出投资决策。如果独裁者反复无常,并且任何时候都会对企业家的利润进行剥夺,企业家就会考虑自己损失所有财产的风险。因此,对于企业家来说,独裁者确定的剥夺比例 50% 将比不确定的剥夺比例更为有利。

独裁者为了继续掌权,必须使人民满意。理论上讲,统治者会对其国民征收尽量少的必要税收数目,并且将这些过程转嫁给其支持者。另一种可能的情况是,政府纵容大规模腐败的发生。警察不断骚扰游客以索要贿赂。原本 4 小时的旅程可能花费了 6 小时。游客会随身携带更少的现金,并且以更加隐蔽的形式携带财产,减少出游及在客流量密集的时候出门,以及寻找其他可以避免被迫行贿的办法。投资于商业活动是没有意义的,因为政府不会保护你的资产免遭盗窃——你自己甚至都会变成窃贼。你也不必支付电话费,因为不存在法院来强制你支付,当然,也不会存在通信公司。没有人会从事进口业务,因为最终得益的是海关官员。没有人会选择接受教育,因为工作岗位并非择优录取。[8]

当政府系统的存在阻碍而非促进自由的市场交换时,腐败更容易发生。例如,人为打压一些商品的价格而使其低于市场价值的价格管制行为,会激励一些个人和群体贿赂相关官员,以便以低价获得这种商品,或者以这种低价获得不公平的市场份额。在资源均由政府控制的情况下,资源充裕的国家比资源匮乏的国家更容易发生腐败。腐败程度与投资和经济增长负相关——也就是说,腐败越多,投资越少,国家经济增长程度也低。[9]

当政府能够分配商品和服务时,腐败的可能性就会大大提高。在柬埔寨,教师通过向学生索要贿赂来补贴收入,这些行为包括出售试题和答案。在马普托,开展商务活动需要历时 153 天,而在多伦多只需要 2 天,在香港只需要 1 小时。[10] 在雅加达,诉诸司法部门强制执行合同的成本是总债务价值的 126%,而在首尔,只需要 5.4%。在阿布贾,注册商业财产需要经过 21 道程序,而在赫尔辛基只需要 3 道。在莫斯科,超速罚单完全是交警用来补贴自己收入的方式。

研究表明,在开放经济中,腐败更少发生。换句话说,当一国的贸易受到的可能为官员所利用的政府管制较少时,这个国家的腐败程度较低。竞争将无效率的行为淘汰,而腐败则是其中最主要的一种。竞争与自由进入使得官员无法从当地企业索要贿赂。政府内部的竞争,也就是政治竞争,将会有效地遏制腐败。

政府组织形式

腐败问题深刻体现了法律体制对经济发展的重要性。一个正直的、不腐败的警察部门和刑事执法部门以及一个正直的司法部门能够提高经济效率。诸如法院、法官以及警察等政府机构和个人,通过强制契约履行,保护私人财产权,保护公民安全利益不被掠夺者损害,以及制裁违法犯罪人员。问题在于,任何强势到足以保护公民利益不被掠夺者侵害的政府，往往也强势到足以成为一个掠夺者。

政治自由，也即公民享有言论与出版自由，集会自由，持不同政见者享有同等政治权利的开放社会，能够有效地防止当权者成为掠夺者。自由的个人会揭露经选举产生的官员的腐败行为，并投票使他下台。或者选民选择离开，即"用脚投票"，即便不能投票使候选人败选，不良政府也将不得不面对选民大规模退出的局面。但是大多数情况下，用脚投票不易实施。

政府的治理质量是经济增长的一个非常重要的影响因素。事实上，今天富裕的国家大多有相互制衡的民主机制、保证法律法规实施的机制，以及防止多数利益驱逐少数利益的明确的游戏规则。通往稳定的民主之路非常艰辛。选举过程可能或者确实是有腐败的。即使没有腐败，一个自然而然的问题就是，多数群体可能对少数群体实行专制统治。多数群体往往会重新分配少数群体的收入。事实上，民主在很长一段时间内都被视为私人财产的威胁。美国宪法第五次修正案强调了这一点，根据宪法中的规定，未经公平赔偿，则个人私有财产神圣不可侵犯。但是，这也无法阻止多数群体投票决定应向少数群体征收更高的税收。

> 民主本质上是暂时的，它绝不可能成为永久的政府组织形式。当选民发现他们的投票能使他们从公共财富中受益时，民主就消亡了。从那一刻起，多数全体总是投票给那些承诺能够使他们最大限度地从公共财富中获益的候选人。结果是，所有的民主制度都因松散的财政政策而瓦解，随之而来的则是专制统治。
>
> ——托克维尔（Alex De Tocqueville, Democracy in America, 1835—1840）

民主是一种政府组织形式。在民主制度下，任何人都不是所有者，政府也不能授予私人财产权。这种政府形式是一种公共利益或公共物品。而对于公共物品，通行的逻辑是，如果一些人拥有它，这些人就会在意它。但如果所有人共同拥有或没有人拥有，则没有人会在意它。政府也是这样。如果政府是私人所有的，那么拥有它的人将会在意它，而如果政府是公共物品，没有人会在意它。在历史上，民主的存续时间很短——雅典民主时期，持续到公元前 31 世纪的罗马共和国，文艺复兴时期的威尼斯共和国，佛罗伦萨共和国以及热那亚共和国，还有从 1291 年开始出现的瑞士行政区，存在于 1648—1673 年间的美国的省，以及 1649—1660 年间克伦威尔统治时期的英国。民主制度在 19 世纪中期以强劲的势头卷土重来，在第一次世界大战结束时，它成为了西方国家的主流政治制度。

奥地利经济学派的创始人之一路德维希·冯·米塞斯（Ludwig von Mises）是君主制度的坚决反对者，他认为君主政体与私人产权保护完全不相容，在执行这些功能方面，民主和民主政体比君主政体擅长得多。与"多数原则"的民主制度不同的是，米塞斯的民主是指"自决，自治，自律"。[11] 米塞斯的民主制度本质上是一种自愿加入的组织，因为在这种制度下，任何成员都有不受限制退出的权利。没有人会在违背自己的意愿的情况下被迫加入这一国家体制中。任何移民意愿都不会被阻止。"当一个群体决定退出时，他们可以毫无阻力地退出。这也是自决权在公民身份决定上的体现：一片特定领土范围上的居民，不论这片领土是一个小村庄、一个区，还是一系列相邻的区，只要人们通过自由举行公民投票的方式昭示众人，他们不愿意继续留在当时自己名义上仍然归属的领土范围，那么他们的愿望就会得到尊重和依从。"[12]

政府是一个具有强制效力的领土垄断者——它会通过征税、管制、没收私人财产等方式侵占私人财产。因此你会发现，在政治学的历史上，很少有学者支持民主制度。几乎所有主流思想家都蔑视民主制度。美国的开国元勋全部强烈反对它，他们无一例外地认为，民主制度就是暴民统治。他们将自己视为天生的贵族，因此他们强烈赞成贵族共和制，而非民主制。

民主制度的问题也确实在于暴民政治，政府在不断发展的过程中也在不断地践踏私人财产权。19 世纪末期之前，许多西方国家的政府开支仅占国内生产总值的极小部分，通常不会超过 5%。但是随着 20 世纪西方国家政府的发展，政府支出逐渐在国内生产总值中占到了 40%～50%。伴随着政府在经济中的角色日益重要，经济增长也开始放慢。[13]

为什么民主政体国家的政府规模总是不可避免地扩张？答案就在于政治经济学所固有的问题，即被 19 世纪法国经济学家弗雷德里克·巴斯夏（Frederic Bastiat）称为"可见的和不可见的"问题，类似于现代经济学家所谓的"集中收益，摊薄成本"问题。当一项措施或政策的收益得到集中，而成本被摊薄，那么这项措施或政策就会被实施。全国只有少量汽车公司，但却有成千上万的汽车消费者，因此对于汽车公司来说，游说国会通过对外国汽车征收关税的政策非常有意义。但是对于个体消费者来说，游说国会反对通过对外国汽车征收关税的政策就不是那么有意义了。这是因为个体消费者需要为这场游说花费成千上万美元的成本，而即便阻止通过关税政策，在他购买下一辆车时，也只能节约极少的成本。

我们已经了解了什么因素促进国家的成功以及生活水平的提高——经济自由和私人财产权。这是美国的立国之本。由约翰·洛克（John Locke）起草的美国宪法保障了私人财产权和所有权，并为公民免遭他人侵犯提供了保护。美国的奠基者们意图设计出一个能够保护其公民的权益的政府机构，而不像当时的政府那样，恰恰是美国公民最大的威胁。美国政府所遵循的基本原则是自由。因此，即使美国的宪法先驱，实质上也是它的第一部宪法，《联邦条款》严格地限制了联邦政府的权力，后来的正式宪法还是放松了这些限制。然而，共和体制政府组织倾向于保持小规模。然而，即使是共和党时期，美国政府也在不断扩张。而民主体制政府也不是有效的政府组织形式。理论上，寡头政治（即由少数派统治）的体制比民主体制更加有效率。[14]寡头能够限制民主对财产权的威胁，因此能够带来经济增长。但是在实践中，寡头也会侵犯公民私人财产权，没收较贫穷公民的财产，直到革命爆发。

透明

当交易的一方比另一方获得了更多的信息时，交易就会变得无效率。市场需要维持一定的透明度，以保证无效率不会发生。治理的一个功能就是实现透明。如果治理体系中每一方都必须提供信息，同时行为也是可知的，竞争就将会使得这个体系最终实现有效率的产出。

因此寡头政治体制的问题在于，体系中并不总是存在透明化。而民主体制则向着更高的透明度迈进了一步。当然，政党可以通过隐藏信息或降低透明度来使自己获益。

沃尔玛在德国的失败

最高指导原则告诉我们首先要观察市场。在沃尔玛在德国失败的案例中，我们必须追问，市场是否有效运行？如果沃尔玛像它在美国那样提供了相对较低的价格，为什么它在德国没能成功？没有人可以否认德国人也喜欢物美价廉的商品。可问题在于，德国市场运行受到了诸多限制。在美国，沃尔玛是完全无工会的雇主。在德国以及欧洲大陆的其他大部分国家，工会在政治上和公司内部都有巨大的影响力。德国工会反对沃尔玛的招聘做法，并且在德国有关工作场所的法律条款中添加了相应内容。德国人从政府得到了相当丰厚的福利。他们不工作能获得的政府福利和沃尔玛一个相对低工资职位的

报酬差不多，于是他们问自己，何必去那儿工作呢？结果造成沃尔玛很难招聘到足够的员工去提供它的"优质服务"。此外，德国关于购物时间的限制性规定也使沃尔玛不能为它的客户提供其通常的7天24小时服务。德国法律还限制了沃尔玛的低价战略。《德国限制竞争法案》（Act Against Restraints of Competition）20（4）章节规定，"禁止具有市场影响力优势的企业提供低于成本的产品"。于是，沃尔玛难以使用它在美国及其他国家使用的方法在德国市场竞争。它不能亏本出售商品招徕顾客；它不能提供价格低于其他公司产品成本的产品；它不能提供更优质的服务。

本章小结

1. 最高指导原则指的是相对于其他分配机制，市场机制是有效率的，它刺激生活水平更快地提高。当市场机制失效时，我们应追问为什么。

2. 有一些市场机制产生的结果是人们不想要的；这时他们会投入资源去改变这些结果。这称为寻租。

3. 在某些情况下，一次自愿的私下交易所产生的成本和利益并不完全由参与交易的各方承担。如果成本由局外人承担，这些情况就称作负外部性。如果利益被局外人享有，那么这些情况就称作正外部性。

4. 外部性表明，生产和消费要么过多，要么过少，因为并不是所有的成本或利益都包含在交易中。

5. 公有制下没有私人财产权。没有私人财产权，市场就无法分配产品和服务。

6. 公共品指的是具有非排他性和非竞争性的产品和服务。由于公共品被提供之后任何人都可以使用（非排他性），所以几乎没人

会为之买单——人们会"搭便车"。由于一个人的使用不影响他人的使用，所以私人部门没有理由提供公共品。

7. 信息不对称是指交易一方掌握的交易信息比交易另一方多。

8. 道德风险的存在是因为交易中一方比另一方掌握了更多的交易信息。两个人赞成同一套行为方式，那么一个人单方面改变行为方式会影响另一个人。

9. 发生逆向选择是由于交易各方掌握了不同的交易信息。如果优质和劣质难以区分的话，那么劣质产品将把优质产品从市场中淘汰掉。

10. 一些经济学家坚持认为市场不会失效，市场会自动处理所谓的市场失灵。在某些情况下，分配好私人财产权是所需要做的一切。

11. 如果私人部门之间能进行谈判并且私人财产权明晰且受保护，那么市场将会是有效率的。

12. 经常有观点指出政府应该出面解决市场问题；如果私人部门无法相互谈判协商，或谈判协商成本太高，那么政府出面解决问题是比较好的选择。

13. 政府管制是指交易时所必须遵守的规章制度。一个好的可信的政府会促进交易量提升，对社会发展和生活水平提高产生积极作用。一个不可靠的政府会降低经济效率。

14. 政府失灵是指政府的市场干预造成了市场效率降低。

15. 政府管制必须透明并力求减少腐败。

16. 不断发展、把有效率的实践编订成法律条文的法律比由当局强制执行的法律更有效。普通法就是基于这些先例、经验和有效率的实践结果建立的。民法（civil law）是被当局强制执行的。

关键术语 ■

寻租（rent seeking）
市场失灵（market failure）
外部性（externalities）
公共品（public goods）

搭便车者（free rider）
逆向选择（adverse selection）
道德风险（moral hazard）

练 习 ■

1. 人们不喜欢市场调节的结果指的是什么？

2. 列举一些寻租的例子。如果寻租是无效率的，那么它会被竞争淘汰吗？为什么？

3. 什么是外部性？为什么它可能会给市场分配带来问题？

4. 为什么人们广泛认为政府应该负责处理外部性问题？

5. 请各举一例说明企业之间的外部性、客户与企业之间的外部性和供应商与企业之间的外部性。

6. 解释吸烟怎么会同时产生正外部性和负外部性。吸烟行为是过多还是过少？解释为什么禁止在酒吧和餐馆等地方吸烟无法有效解决外部性问题。

7. 用征税来解决外部性问题的意思是把产生外部性活动的私人成本从社会成本中扣除。应该由谁来决定和测算社会成本？他们应该怎样决定和测量？企业之间解决外部性问题的类似方法是什么？

8. "让市场自行运转总会产生积极的社会效益的说法完全是一派胡言。"你同意这一评论吗？请阐释你的观点。

9. 政府提供州际公路是有效利用了资源吗？如果政府不负责修建并养护高速公路的话，会发生什么？

10. 什么是公共品？政府有必要提供公共品吗？用你的答案来解释国防以及灯塔的提供。这两种产品能私有化吗？

11. 举两个你"搭便车"的例子。在每个例子中，如果你必须为你享受的产品或服务付费的话，你的行为会有什么不同？这些搭便车问题怎样才能被纠正？请解释。

12. 假设一家公司需要在一男一女两个律师之间做出选择，而且这两人在简历上看起来水平一样。为什么选择男性会有信息不对称的问题？

13. 什么是逆向选择？什么是道德风险？为这两个概念各举一例，要求例子是企业和供应商之间的问题。

14. "市场青睐知道得多的一方。"这句话对还是错？如果你觉得你知道得较少，你会对你的行为做出怎样的改变？

15. 建立"自由企业经济"需要有民主制度的存在吗？自由企业经济和极权主义制度能并存吗？

16. 在支付健康保险的时候，我们都体验到了什么是自付率（co-pay）。在缴纳汽车保险的时候，我们也必须选择能承受多大的免赔额（deductible）。请解释自付率和免赔额是怎样减少道德风险和逆向选择问题的。

17. 为什么腐败会对经济发展和生活水平提高产生负面影响？为什么腐败类似于对企业征收的一种税？

18. 为什么当政府在经济中作用大的时候比作用小的时候更容易出现腐败？

19. 容女士是一个养蜂人，她住在一个苹果园附近。她不仅通过卖蜂蜜获利，还给她种苹果的邻居带来了正外部性：容女士的蜜蜂给苹果树授粉使得苹果树结出更多果实。容女士养蜂的成本和收益如下：

每千只蜜蜂的价格	27	24	23	21	18	15	12
蜜蜂的需求量	1	2	3	4	5	6	7
蜜蜂的供应量	9	8	7	6	5	4	3

a. 如果忽略外部性应该养多少只蜜蜂？

b. 如果苹果种植户希望有 6 000 只蜜蜂的话，外部性的价值是多少？如果要使蜜蜂数量达到社会最优数量（包括外部性），需要什么条件？

20. 假设一个小镇里建了一条数公里长的赛车跑道。跑道完工后，小镇上的 2 500 户居民发现在夏夜的 10 点到次日凌晨 1 点赛车的轰鸣声非常扰人。在夏季赛季，每个小镇居民愿意花 150 美金购买一个安静的夜晚。赛场业主可以花 35 万美元在赛场上方安装一个可伸缩的顶棚，这样能消除噪音。小镇居民也可以自己每人花 150 美元给家里安装隔音装置。假设小镇居民和赛场业主能有效沟通来达成一个使双方状况相对最好的协议。如果赛场必须对社区造成的噪音危害进行补偿，协议结果会是怎样？如果赛场没有被强制要求补偿噪音危害，那么协议结果又会是怎样？

注 释

1. "Good order results spontaneously when things are let alone." The thinkers of the Scottish Enlightenment were the first to seriously develop and inquire into the idea of the market as a 'spontaneous order'. The Austrian School of Economics, led by Carl Menger, Ludwig von Mises and Friedrich Hayek, argued that a market was "a more efficient allocation of societal resources than any design could achieve." They claim this spontaneous order is superior to any order human mind can design due to the specifics of the information required. This is also illustrated in the concept of the *invisible hand* proposed by Adam Smith in *The Wealth of Nations*.
2. John McMillan, *Reinventing The Bazaar* (New York: W.W. Norton, 2002), pp. 168–169.
3. edition.cnn.com/2001/BUSINESS/07/16/czech.morris/study.doc.
4. In fact, South Africa has found it necessary to reduce the herds. The elephant population rose from 8,000 in 1995 to 18,000 in 2007 and the elephants are becoming aggressive as they compete with humans for limited forest and water. news.bbc.co.uk/1/hi/world/africa/7262951.stm; BBC, Monday, February 25, 2008.
5. Most of these are of the Austrian School. The Austrian School defines economics as the study of human behavior, or praxeology. Humans are always striving to make themselves happier or better off.
6. William Easterly, *The White Man's Burden* (New York: The Penguin Group, 2006). Douglas North, *Understanding the Process of Economic Change* (Princeton, NJ: Princeton University Press, 2005).
7. *Source:* www.transparency.org/policy_research/surveys_indices/cpi/2009.
8. Tim Harford, "Why Poor Countries Are Poor," *Reason* Magazine, March 2006. www.reason.com/news/show/33258.html.
9. "Why Worry about Corruption?" Paolo Mauro, International Monetary Fund, February 1997.

10. Simeon Djankov, Rafael La Porta, Florencio Lopez-de-Silanes, and Andrei Shleifer, The Regulation of Entry, NBER Working Paper No. W7892 (September 2000).
11. Ludwig Von Mises, *Nation, State, and Economy: Contributions to the Politics and History of Our Time* (New York: New York University Press, 1983), p. 46.
12. Ludwig Von Mises, *Liberalism* (Jena: Gustav Fischer Verlag, 1927 in German; Princeton: Van Nostrand, 1962 in English), pp. 109–101.
13. Heitger (2001) examined the impact of government expenditures in 21 OECD countries from 1960 to 2000. He noted a substantial growth in average government expenditures over that period and a corresponding decline in average economic growth. The larger the scope of government in OECD countries, the more pronounced the decline in economic growth; a 10 percent reduction in government expenditures by OECD countries would boost economic growth by about 0.5 percent on average. Other studies have found a similar negative relationship. Barro (1989) found that "the ratio of real government consumption expenditure to real GDP had a negative association with growth and investment." Sachs and Warner (1995) concluded that "an increase in government spending by 1 percentage point of trend GDP decreases profits as a share of the capital stock by about 1/10 of a percentage point."
14. Daron Acemoglu and James A. Robinson, *Economic Origins of Dictatorship and Democracy* (New York: Cambridge University Press, 2006).

第 2 篇
寻求竞争优势
Seeking Competitive Advantage

第4章
自发秩序与企业

治理

我们所讨论的企业治理在过去的一个世纪里不断发展，它有效促进了国家储蓄向最具生产力的地方分配。总的来说，现在形成的企业激励、报告和责任制度结构给我们带来了很多好处。如果企业治理有重大缺陷的话，我们的国家生产力就不可能达到目前的水平。然而，最近一些企业的不当行为提醒我们，企业治理已经偏离了我们原本设想的运作方式。在法律上，股东拥有公司，公司管理者理应代表股东致力于实现企业资源的最佳使用。

但是随着经济发展和企业扩张，股东的控制力名存实亡：所有权更加分散，少数大股东有足够筹码去影响董事会和CEO的决策。大多数人持有公司股权是为了投资，而不是为了公司运营的控制权。因此，企业管理者，特别是CEO，开始承担更多的责任——把企业驶向他们所认为的能代表股东最高利益的方向。并不是所有的CEO都能尽职尽责、不负所托，比如导致《萨班斯-奥克斯利法案》(Sarbanes Oxley Act) 相关条款出台的一些事件。在很多情况下，迫于实现短期高盈利期望的压力，一些CEO雇用了会计机构来粉饰那些不尽如人意的结果。

然而，行为的改变也许已经准备就绪。安然公司和世通公司在倒闭后股票和债券价格的大幅下跌，使许多对不当商业行为负有责任的人受到了惩罚。发生了这些丑闻之后，商业信誉显得更具经济价值。我希望我们能回归早先的风气，各公司都追求财务谨慎、透明的名声。

信誉在市场经济中的重要性怎么强调都不为过。当然，市场经济也需要一系列正式规则，比如，合同法、破产条例和股东权益条款等。但是，规则不能代替品行。无论是和客户还是和同事，几乎在所有的交易中我们都需要依赖对方的承诺。如果没有可靠的承诺，产品和服务的交易就很难有效率。但是，即使我们奉公守法，那些规则也只能指导和约束企业管理层的小部分日常决策。企业管理者明文颁布的个人价值准则治理着其他事务。

如果市场参与者没有可信赖的准确信息，那么市场交易将难以进行。在一个成熟的市场经济中，陌生人的承诺也是可以信赖的。企业内部的诚信交易是企业有效治理的

关键。被外部认为诚信则更加关键。这是一种相当重要的市场价值，估值后在资产负债表上列示为商誉。

1. 为什么格林斯潘会注意公司的发展以及股东和企业管理者的分化？

2. 治理系统扮演怎样的角色？

3. 在规范 CEO 行为方面，一个好的治理系统能代替市场吗？

资料来源：参见 Chairman Alan Greenspan, *Corporate Governance*, at the 2003 Conference on Bank Structure and Competition, Chicago, Illinois（via satellite）, May 8, 2003.[1]

哈耶克与自发秩序

哈耶克认为，集权主义制度的失败是必然，因为这种制度不能像自由市场一样组织和分配资源。哈耶克说，对于任何人来讲，认为自己能够完全像自由市场那样决定价格、数量、资源分配等的观念是一种"致命的观念"。我们知道，在一个自由市场体系中，资源将被分配到其价值最高的用途上，人们会得到他们想要并且能够支付得起的商品，厂商将会以最低的价格进行生产。这些并不是出于独裁者的命令或政府的法令，而是因为人们自利的本性以及人们能够自愿加入交易。卖方为买方供应他们愿意且能够支付的商品来使买方购买这些商品。人们不需要相互喜欢，只需要互相提供所需。自由市场的贸易结果是自发的。这里存在的是自发的秩序，而不是独裁者或政府规定的秩序。

《星际迷航》中的最高指导原则说，为了理解为什么世界是它现在这个样子，我们首先要观察市场，因为当允许个人拥有财产所有权，财产受到保护，允许自由进行交易时，能够创造对社会最有利的结果。所以，如果交易不是通过市场自发进行的，我们就只能认为或者市场机制没有被使用，或者市场出现了问题。

观察发达国家的情况我们发现，大部分交易并不是通过开放的自由的市场进行的，而是通过企业进行的。人们向企业出售自己的劳动力换取工资，土地和资本所有者交易自己的资源获得租金和利息。资源是在企业内部分配的。这些交易不是在市场中，而是在一个看起来更像中央计划的政府式的组织中进行的。这个组织中有一个领导——CEO 或总裁——来指挥人们做什么以及什么时候做，包括分配资源和制定价格。然而，既然企业存在于市场体系中，就一定会从事一些盈利的活动，不是吗？

企业的存在

考虑一个非常简单的思维实验。假设全世界的人都能够自给自足，生产维持自己生活所需的一切东西。一些人更擅长种粮食，其他人更擅长做衣服、做蜡烛或其他活动，但是每个人每种活动都会从事一点儿。在某个时候，一些人萌生出了进行专业化分工，然后通过交易获利的念头，但问题是这种专业化可能是有风险的。如

果一个农民某一年的收成非常好，但是下一年由于糟糕的天气，收成又变得非常差，那他将不能从专业化中获利。如果一个牧羊人某一年养殖了许多健康的羊，收获了大量羊毛，而接下来的一年却数量锐减，那么他也不会从专业化中获利。事情的结果是，没有人愿意继续从事专业化，因此也就不会有人从专业化中获利。

为了实现盈利，一些个人也许会决定成立一个团队共同实现专业化同时避免专业化的风险。在形成这个团队之前，人们首先需要决定当每个人都进行生产之后如何分配产出。换句话说，人们在花费时间和资源进行生产之前必须决定事后谁得到什么。如果事先没有商议好这一点，产出一旦实现，境况就会变得一团糟。人们疯狂地争夺，企图在他人得到之前尽可能多地攫取。因此人们会在合作生产之前设立一系列合约，详细规定谁能够得到什么。这种建立在合约基础上的合作机制保证了整个团队能够降低风险，并从专业化和贸易中获益。

人们能够通过合作获益，部分也是由于人们对于风险有着不同的态度。大部分人是风险厌恶者，但是也有一些人没有其他人这么强烈的风险规避意识。通过组建团队，集合生产活动并合作完成以获得薪酬，人们降低了独资经营的风险。团队创造的收益被用来按照最初商定的合约支付薪酬，余下的部分才由所有者获得。因此，风险被转移给了所有者，从而他们能够获得**剩余收益**（residual income），即支付了所有成本后的剩余部分。因此，企业使得一些风险厌恶者得以将部分风险转嫁给所有者，由那些风险厌恶程度不那么强烈的人承担一部分风险并获得收益。

所有这些都可以通过在合约中设计好即将进行的交易来实现。一些人愿意为他人工作，一些人选择承担风险，等等。如果任何一种可能性都被包括在合约——也就是我们所说的**完全契约**（complete contract）当中，企业就不会存在了。当存在完全契约时，每个个体都是一个独立承包人，人们加入一个团队，完成一项工作，然后流动到另一个团队去完成下一项工作。但是这种情况并不会发生，因为一个合约不能涵盖所有可能的情况。团队可以设立包括所有成员能够想象到的情形的合约，但是无法设立包含所有可能情况的合约。而且，试图设立这些合同的成本（交易成本）过于高昂。世界是由**不完全契约**（incomplete contract）组成的，并且由于不完全契约，企业得以存在。

监督者或老板

企业能够保证人们进行专业化分工，并且从贸易中获利；它还能够降低人们的风险；相比试图设立完全契约来说，企业还更有效率。但是，针对企业的这种观点实际上是将企业视为一个"团队"。而团队会带来激励问题。团队使得每个成员都有"搭便车"的激励。对于前面提到的农民，如果他是企业的一员，那么他可能什么都不做。但是，如果其他成员创造了产出，他依然可以坐享其成。

为了减少团队内搭便车行为的激励，成员需要指派一名监督者，确保每位成员都对组织负责。监督的工作通常被安排给管理者，因为他们在这件事上有比较优势。管理者应当正确地考量每位团队成员的贡献，保证每个人都做出了适当的贡献，并且在必要的时候解雇或惩罚某些成员。

这种组织结构如图 4—1 所示，图中，监督者的位置在员工的上方。尽管每个成员都是自愿达成协议的，并且在这个组织中，每个人的地位是平等的，但是这个图给我们留下了这样的概念，即管理者处于命令链和控制体系的上层，对一大群员工发号施令。这是一个错误的概念。管理者和员工都是自愿执行某一职能的团队成员。

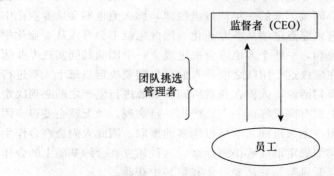

图4—1 公司：团队成员与管理者/监督者的关系

说明：创建团队可以依靠比较优势降低风险，促进专业化。然而，在有些团队中，存在着使成员搭便车的激励。监督者的作用就是最大限度地减少搭便车的行为。

"企业代替了市场。"这一观点的含义是，原先需要双边参与的交易——即个体通过市场进行的交易——现在可以通过企业组织内部进行，每个组织成员依照合约进行交易。会计师将现金流量表提交给管理者；装配线上的员工完成自己的工作，并将产品传递到下一个环节，等等。企业是一个由自愿达成的协议组成的体系。就这一点而论，企业本身就是一个市场体系。通过自由加入这一组织，个人不仅可以出售自己的服务，还可以按照一些明确的规定开展与他人的合作。

《星际迷航》中的最高指导原则认为，企业的存在是因为它比个人双边交易更有效率。企业存在的原因有如下几点：

1．不完备合约。如果成文的合约中能够包括所有可能出现的情况，企业就不会存在了。但是，信息不对称使得设计合约时人们无法写明所有可能出现的情况。而且在设计合约时，试图考虑所有情况的交易成本过高。

2．团队生产。团队能够降低风险，并保证专业化分工的收益，但是也可能带来搭便车的问题。

3．激励。科层组织能够使搭便车的可能最小化；基于剩余收益的薪酬制度也确保管理者能够正确地监督员工。

民主与专制

正如上一章所指出的，民主并不一定是最有效率的政府组织形式。事实上，尽管仍然通过在共和制的政体内依靠公民来决定政策和政府职能，但美国的奠基者还是尝试将民主的缺点尽可能降到最低。然而，即便如此，宪法还是因过度使用贸易条款和福利条款而被扭曲甚至破坏。[2]

民主作为治理机制的无效率性意味着企业不应该依靠民主管理，而应该选择一个"仁慈的"独裁者统治。[3]但是，我们也注意到，企业的独裁者是受到市场检验的，这与国家的独裁者不同。首先，企业的"独裁者"受到董事会的监督。其次，如果企业的独裁者不能给公司创造利润，那么他将被开除。一个国家的独裁者则可以无效率地统治一个国家，浪费资源或将资源没收充公，直到革命爆发。而一个CEO必须有效率地治理一家企业，否则就要被解雇，因为市场在检验着这个CEO的行为。国家和企业的类比如图4—2所示。

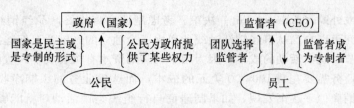

图 4—2　国家与公司的类比

说明：简化来看，国家与公司的起始和结构都是类似的。在国家中，公民自愿与国家，也就是政府，达成契约。政府的形式可能是一些民主的或极权的形式。在公司里，个体的独立股东自愿专业化分工并且分享产出成果。他们与监管者达成契约，监管者负责减少搭便车行为。监管者或是 CEO 受到市场的检验。

国家可以强制公民使之行为符合命令，企业则必须通过为个人提供激励，引导人们自愿地做出统治者所希望的行为。国家不受市场检验，因而不被强迫有效率地运行，但企业必须有效率地运行，否则就要倒闭。国家无须保持有效率的规模，而企业则必须保证只进行那些有助于提高效率的交易。企业的规模也称为企业边界。

企业边界

企业具有深度和广度，即纵向企业结构和横向企业结构。企业还必须具备一个组织性的平台，或架构来支持这些结构。内部组织包括薪酬系统、汇报链等，这些都称为组织结构——即内部组织。企业的深度取决于企业内部供应链价值几何，而企业的广度则取决于企业内部不同活动的数量，即企业范围。

垂直边界

从采购原材料开始，到最终产品的推销和销售的过程称为价值链，或供应链。[4]企业的垂直边界定义的是企业自己从事，而不是从市场上的其他企业购买的价值链活动。我们可以将供应链上的每一个环节视为一个独立的市场。企业在供应链上的每一个环节是否参与市场，取决于市场是否比企业自行从事该活动更有效率。

尽管许多企业通过自己从事支持性活动或生产支持性投入获得了成功，另一些企业仍然偏好从市场上的专业供应商处得到这些商品或服务。当一个企业从其他企业购买这些活动和投入时，我们就说它在使用市场；当一个企业同时从事纵向价值链上多个环节时，我们就称它进行了**纵向一体化**（vertical integrated）。通用汽车就是一个进行了纵向一体化的企业：费舍尔车身公司（Fisher Body）曾是通用的车身供应商，但它现在是通用的一部分。许多制造企业喜欢与称为制造商代理机构的独立销售人员合作，而不是保有自己的销售部门。这些制造商代表专业于为顾客提供他们所需的产品和服务，并从中收取佣金。他们并不是制造商的一部分，不需要制造商提供保险、退休金以及其他福利。而一个实行纵向一体化的制造企业内部仍然保有这些销售力量。

两个企业之间的关系通常被描述成供应链的上下游。这个概念是相对的——一个企业可能是一些企业的上游，是另一些的下游。英特尔是康宁公司的下游企业，但却是 IBM 和戴尔等个人电脑制造商的上游企业。IBM 是英特尔的下游企业，但却是宝洁的上游企业。如果英特尔并购了康宁，这就是垂直并购（vertical acquisition）。如果英特尔并购了 IBM 或戴尔，这同样也是垂直并购。

企业关于自行生产上下游产品或者从市场上其他独立的企业购买的决策称为**自**

制或外购（make-or-buy）决策。考虑制造商将最终产品经销给零售商的过程。制造商可以自己从事经销活动或者雇用一个独立的经销商。但选择任何一种方式都不会节省这项活动的成本，因为用于购买的资本有机会成本。假设一个经销商从事经销业务需要花费 100 000 美元的成本，而这项业务的预期净收入是 110 000 美元。经销商似乎逐渐发现，如果制造商自行组织经销活动，就能够获得这 10％的利润率。当然如果制造商自行组织经销活动的话，需要投资 100 000 美元。因此，制造商就在面对机会成本的问题——它可以将这笔钱用在别处。如果制造商能够将它投入一项与经销活动风险相当，而利润率高于 10％的活动中，那么将这笔钱投入经销活动中就是亏损的。企业必须比较市场购买与自行组织生产的收益和成本。2002年 5 月，西尔斯（Sears）提出收购 Lands' End 公司。虽然西尔斯只需与 Land's End 签约就可以在自己的零售店中出售 Lands' End 的服装，但西尔斯还是决定将该企业整合到西尔斯公司内部。

如果一家企业在某些供给活动上具有特殊的竞争力，那么它更应该在企业内部从事这些活动。但是，如果专业从事这些活动的企业比这家企业从事这些活动的内部人员更熟练精通，外包将是最有效的安排。另一种情形是，当一家企业拥有核心产品和资源时，与它做生意就像与垄断企业做生意——它可以在关键时刻随意限制供给，制造出所谓的"敲竹杠"问题。企业如何避免被敲竹杠？答案是，企业应该内部拥有一些必需的资产，并且能够为自己供应这些商品。如果垄断的无效率带来的损失比自己拥有这些资产的成本更大，那么企业就应该进行纵向一体化。

另一个支持自己制造而非购买的理由是信息保密。依靠内部供应是保护敏感知识、防止被供应商盗用的最有效的方法。因此，市场可能会因其知识产权保护的无效性而被企业代替。

水平边界

企业的水平边界是企业生产的产品和服务（企业的范围）的变量。水平边界是指处于价值链某一水平的企业从事的活动。例如，桂格燕麦公司生产饮料（Snapple 和 Gatorade）及谷类食品，两种产品都处于价值链的同一水平。明日国际控股公司（Tomorrow International Holdings）的核心业务是生产电子计时器和气象监控设备，但它兼并了一家制药厂。微软在有些时候也进入因特网服务、企业软件、移动计算、游戏机等领域。几十年来，多元化（diversification）一直是 TRW 公司的口号。曾几何时，该公司生产的产品几乎涉及所有领域：从牛仔裤、冰箱、汽车、飞机、卫星到洲际弹道导弹。

与垂直边界一样，水平边界也是通过效率来确定的。是在企业内部生产多种产品更有效率，还是只生产一种或少数几种产品更有效率？水平扩张的基本原理包括范围经济和交易成本。如果企业从事的活动随着生产的产品种类增加，单位成本下降，则存在范围经济（economies of scope）。用商业术语说，范围经济被宣传成"撬动核心竞争力"（leveraging core competencies）、"能力的竞争"（competing on capabilities）、"调动看不见的资产"（mobilizing invisible assets）。[5] 范围经济可能出现在价值链的任何一个环节上，从原材料的获得与使用到分销与零售。

在一系列产品和服务来自并流向几个市场的产业的分销中会出现范围经济的例子。这些产业包括航空、铁路和电信，它们的分销是按照中心辐射网络（hub-and-spoke networks）组织的。在航空公司的中心辐射网络中，航空公司将乘客从其他城市运送到中心城市，乘客在那里转机飞往另外的目的地。因此，一位从印第安纳波利斯飞往盐湖城的乘客乘坐美国航空公司的班机——其中心在芝加哥——将先由印第安纳波利斯飞到芝加哥，转机后由芝加哥飞往盐湖城。美国航空公司提供许多城市间的航班服务，从芝加哥转机比两个城市间的直飞航班的价格更低。

销售多种产品或在多个市场销售产品的企业能够享受广告的范围经济。范围经济还可能来自研发的溢出——一个研究项目中的创意可能对另一个项目有帮助。

如果企业所在的市场系统能够保证专业化分工以及从贸易中获利，市场为什么不是只由一个大企业组成的呢？企业规模的限制称为企业**边界**（boundaries）。企业既有水平边界，也有垂直边界。企业纵向上对产品与服务的生产可以比作河流，一个活动相对于另一个活动是上下游的关系。英特尔从供应商那里采购原材料，供应商就是英特尔的上游。英特尔销售芯片给苹果公司，苹果公司就是它的下游。从原材料到最终商品的整个垂直过程称为**供应链**（supply chain）。任何商品和服务的生产都需要供应链上多个环节的活动。产品从上游原材料供应商流动到下游生产商、分销商和零售商。纵向一体化是企业自身承担供应链上下游的业务。如果利用市场比在内部从事某一活动更有效率，企业的垂直边界就界定清楚了。

图 4—3 展示的是一个制药企业的供应链。它解释了从原材料到药品的整个生产过程。

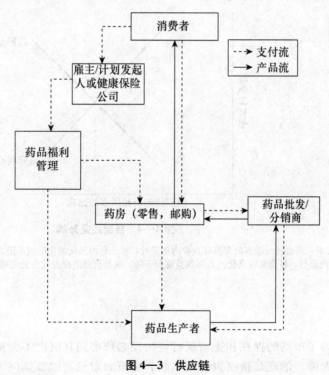

图 4—3　供应链

说明：该图展示了制药企业如何将原材料转变为药箱中的药品。
资料来源：Based on The Health Strategies Consultancy LLC.

企业的水平边界是指企业的市场份额和业务范围。企业市场份额是指一家企业的销售额占市场总销售额的百分比。如果市场总销售额是 4 000 亿美元，而一家企业的销售额是 400 亿美元，该公司的市场份额就是 10%。企业的**规模**（scope）是指其生产和销售的产品和服务的种类。通用电气的企业范围很广；它拥有环球影片公司、环球主题公园、NBC 电视台、Telemundo 电视台、飞机引擎、商业金融、消费品、工业体系、保险、医疗体系、塑料产品、动力系统、特殊材料、交通系统以及其他多种业务。得克萨斯太平洋集团（Texas Pacific）拥有苏格兰·纽卡斯尔股份有限公司、德本汉姆公司、汉堡王、希捷科技、Punch Tavern 酒吧、德尔蒙食品公司以及杜卡迪摩托车队。

与垂直边界一样，关于企业利用市场与在内部从事某一活动的决策取决于成本与收益的对比。如果增加企业市场份额或扩大企业范围比利用市场更有效率，那么企业将会进行水平扩张。

企业如何做出制造或生产的决策取决于企业对内部从事某一活动的边际成本和边际收益的比较，如图 4—4 所示。如果内部从事某一活动的成本超过了其收益，这就是企业的边界。如图 4—4 所示，企业边界在 B 点，在这一点上边际成本等于边际收益。通过企业内部进行生产的收益来源于专业化分工的收益以及交易成本降低的收益。边际收益随着更多的交易通过企业内部进行而递减。边际成本随着更多的交易通过企业内部进行而递增。伴随着企业内部从事的活动逐渐增多，管理者将失去对一些交易的控制，因为交易量太大，而且太多样化。[6]结果是，企业需要越来越多的管理者，因此形成了一个越来越庞大的官僚机构。最终，企业内部再多从事一项活动的成本将超过收益。

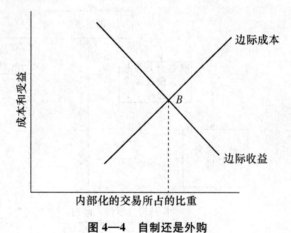

图 4—4　自制还是外购

说明：随着越来越多的交易在企业内部进行，将交易内部化的边际成本随之上升。随着越来越多的决策在组织内进行，将交易内部化的边际收益逐渐下降。两条直线的交点代表公司的边界。

治理

为了市场的存在和正常运行，公民必须得到其财产不会被没收充公或被他人破坏的保障。治理是指权责分配机制、决策制定机制以及如何设计组织结构以执行私人财产权。一个治理体系可以是好的——有效地保障私人财产权，也可能是坏的——损害私人财产权或者没有为它提供有效的保护。

与社会治理系统一样，公司治理系统执行的职能有：界定、保护以及执行私人财产权。大多数上市公司是由董事会和 CEO 治理的。当 CEO 按照自己的偏好，而不是股东利益最大化的准则进行治理时，这个治理机制就是错误的。考虑安然、泰科以及其他许多公司的管理者出于个人利益而侵占企业资源的案例。这与罗伯特·

穆加贝出于个人目的侵占津巴布韦的资源是一样的。当治理机制不透明以及信息不对称时，腐败很容易发生。换句话说，如果 CEO 能够不受监管，任意妄为，或者 CEO 有比别人更好、更多的信息，腐败就会发生。这种情况通常称为**委托—代理问题**（principal-agent problem）。

委托—代理问题与革命

企业如何保证监督者执行了必要的行动来实现团队绩效最优化，以及所有者"剩余收益"最大化？监督者的目标可能与所有者并不相同。也许监督者只想做容易的工作，不希望天天为了利润最大化奋斗或评估员工绩效。如果情况是这样的，那么这个团队将不会取得高绩效。当委托人和代理人目标不同时，就存在委托—代理问题。监督者的任务是保证团队绩效最优化，但是监督者却具有其他不同的目标。如果支付给监督者的是固定薪酬，那么他将没有激励按照所有者利益最大化的原则行事。但如果监督者所能获得的薪酬是支付了团队成员约定工资的剩余部分——也就是说，使监督者和所有者一样接受剩余收益制——监督者就会有激励确保团队生产率最大化。

传统上，企业 CEO 与所有者是同一个人，企业是独资企业。但是伴随着工业革命中企业的发展，所有者必须开始雇用职业经理人来经营企业。这种发展意味着所有权和控制权的分离。受雇的经理人经营企业，所有者或股东无须考虑企业经营问题。另外，所有权已经大大地分散，以至于在一家企业中，很少出现一个股东的股份多到可以单独对企业产生影响的情况。

公司所有者并不是管理者，这一事实意味着可能在公司中存在利益冲突问题——也就是委托—代理问题。所有者与管理者的目标可能并不相同。管理者会从一些资本家那里筹资，用来在企业中组织生产。对公司投资的资本家希望获得投资收益，但管理者可能利用这些资本谋取私利，或者并不致力于领导公司从事收益最大化的活动。

如果合约是完备的，那么这个明确规定了管理者应该如何在不同的国家经营的合约将会完美得将所有者和管理者的利益统一起来。但是，由于并非所有的情况都能被预料到，或者预测这些情况的成本非常高，这种完美的统一总是难以实现。次优的选择是将管理者变成所有者以减少他损害所有者权益的激励。另外，监督者的监督者这一角色也被创造出来。董事会的责任就是监督管理者或 CEO。如果董事会成员的目标与所有者的目标完全保持一致，那么委托—代理问题也会被最小化。然而，我们并没有理由认为董事会成员的目标与所有者完全一致。事实上，董事会可能会与管理者结成更紧密的联系，而不是将所有者利益放在首位。这就是治理机制必须存在的原因。一个好的治理机制能够保证董事会和管理者的行为对所有者公开透明。透明化降低了监督成本，并且保证董事、管理者和所有者的利益更加紧密一致。

如果国家治理不善将会发生什么？资源将被无效利用，绩效非常差。往往在这种情况下，唯一的改善方法就是革命。外部革命是指一个国家接替另一个国家，并强加一个政府。内部革命是指一个国家的人民起义，组建一个新的政府。同样的情况也发生在企业中，企业可能会被收购，也可能更换管理者。

20 世纪 80 年代发生的企业收购热潮就是治理失误的一个印证。兼并、收购、融资收购（LBO）以及其他形式的企业重组代表了一系列反对时任管理者根深蒂固的权威的革命。对于公司的控制，也从原先内部的秘密的安排转向了市场机制，以使所有者权益最大化得到保障。20 世纪 90 年代，交易的规模出现了持续的增长，直到科尔伯格·克莱维斯·罗伯特集团（KKR）出价 250 亿美元收购纳贝斯克（RJR Nabisco）。科尔伯格·克莱维斯·罗伯特公司是一个合伙制的企业，员工不超过 60 人。[7] 纳贝斯克是一个巨大的企业，员工约有 79 000 人。

《门口的野蛮人》（*Barbarians at the Gate*）是描述纳贝斯克收购事件的最畅销的书籍。该书重点描述了当时一些华尔街交易的贪婪和欺骗的情形。[8] 但是，它并没有指出纳贝斯克公司无效率经营的证据。到 1995 年为止，KKR 集团的收购以及后续活动总共带来了 150 亿美元的增值。这笔收购将所有者的资源退还给了他们。换句话说，纳贝斯克依靠外部革命的力量解决了自身治理失败的问题。

收购在解决企业治理失败问题上的作用反映了企业治理质量不足的问题。管理者按照自己偏好的方式经营企业，而不考虑所有者的利益。1976—1994 年，整个市场发生了超过 45 000 起控制权转移交易，包括兼并、要约收购、资产剥离以及融资收购，交易总价值超过 30 亿美元。[9]

当治理机制失败时，企业控制权市场的存在为管理者提供了一种纪律，使所有者和管理者的目标一致。但是 1989 年，政治家开始对企业控制权市场施加压力。政府几乎叫停了所有恶意收购。这就使得企业治理机制责任更加重大。公司治理必须保障私人财产权，而且为了使监督成本最小，公司治理机制必须透明。公司治理机制制定引导公司运作的规则，明确公司内部的制衡关系，规定 CEO、董事会、股东和债权人的角色。[10] 当治理机制错误时，企业就会出现问题。

治理错误的案例比比皆是。多年以来，通用汽车未能适时地对其战略做出重大调整。公司持续亏损，直到 1990—1991 年，亏损额达到 65 亿美元。董事会终于决定更换 CEO。IBM 没有跟上个人工作站和个人电脑市场的变化而及时调整战略，替代它的大型机业务。直到 1991 年，IBM 公布了高达 30 亿美元的亏损额，市值下跌接近 65%，董事会终于决定更换 CEO。当然我们知道，这些公司的举措并没有奏效。2008 年，美国政府接管了通用汽车。曾是行业巨人的伊士曼·柯达公司没有及时调整竞争战略，整整 10 年以后才开始对市场变化做出反应；直到 2010 年，柯达公司还在挣扎。2010 年，英国石油公司在墨西哥湾的油井泄漏事故给公司造成了沉重的现金支出负担，公司在挣扎中求生存。当时更换 CEO 就是内部革命。

2002 年以后，资源浪费问题变得非常严重。因此另一种形式的革命出现了，即私募股权收购。私募股权公司是由私人投资者组成的公司，他们购买企业，使它们更高效经营，修补企业，发展企业，然后 3～5 年后通过兼并活动出售这个企业。最终的买家可能是这家作为投资组合的一部分的被并购企业的同行，也可能是另一家私募股权公司，或者社会公众（上市）。私募股权公司拥有美国最知名的稳定增长的企业——Hertz，内曼马库斯公司，以及玩具反斗城。就像 20 世纪 80 年代发生的收购革命一样，私募股权公司提高了许多公司的经营效率。

革命减少了统治阶层霸占私人财产的可能，但通常成本很高。如果治理质量更高，无须进行革命的话，将会是更好的结果。股东个人没有监督管理者的激励，因为对于股东个人来说，这样做的成本太高了。然而，如果管理者的行为较透明，监督就更可能实行。好的治理机制需要透明化。如果 CEO 可以隐藏自己的行为而不被董事会和投资人发现的话，他就很有可能侵占股东的资源。

公司治理必须保证效率。否则，这个体制就将被替换，企业也有可能倒闭。考虑安然的例子。从一家管道公司到一家能源贸易企业，安然公司在几年里获得了极大的成功。但当管理者发现利润增长下降，进而采取了一些违背道德的行为时，它的治理体系就开始经历失败。安然管理层触犯法律、违背道德的行为很快就被曝光。市场很快通过投资者抛售安然公司股份、抛弃这家公司的方式对安然做出了处罚。[11] 2001 年，安然公司破产，管理者也被送进了监狱。

治理体系也会失败，它造成了 2008 年美国房地产市场泡沫破灭的结果。由于公司内一些部门不透明操作的失误，华尔街许多大型公司都受到了这次房地产泡沫破灭的冲击。华尔街金融巨头高盛、雷曼、J. P. 摩根、美林以及大型银行美洲银行、美联银行等在这场危机中发现自己负债过多，持有太多不良资产。结果它们不得不与其他银行合并，接受政府高额救助或破产。许多这样的问题都可以归咎于企业的治理质量低下，缺乏透明度。[12]

市场与企业类比

市场正常运作的必要条件是存在私人财产权，以及私人财产权受到保护。如果人们没有得到可以随意使用自己的财产做自己想做的事情的保证，他们就不会加入自愿交易中。如果不存在私人财产权，或者私人财产权没有得到明确界定和有效保护，市场上就不会有交易，或者交易的效率极低。企业也是一样。对于想加入自愿交易的人来说，他们必须得到财产安全保障。这一结论适用于企业内部发生的交易。对于企业内部发生的交易来说，决策者必须得到私人财产权的安全保障。关于谁拥有什么的问题必须是明确的。如果一个企业中，没有确定谁做出什么决策，以及谁分配什么资源，那么这个企业显然是无效率的。

企业是市场交易的进一步体现，是一个囊括了许多市场交易的集合体。因此我们认为，市场中的情况在企业中同样也会出现。例如，外部性、公共品以及信息不对称等形式的市场失灵问题在企业内部也会发生。这意味着企业管理和治理机制的成功部分取决于这些问题的解决效果。我们会在后续章节中论述这个问题。

企业中的产权

在企业中，谁拥有什么？什么保证了所有权的安全？企业所有者不一定拥有土地、劳动力、资本的所有权。人们的身体和才智是自己所有的。他们来到企业工作，并没有转让这些东西的所有权。他们"出售"的是劳动力和智力服务的使用权。土地所有者将土地租给企业，仍然保留土地所有权。根据明确的合同规定，企业所有者拥有土地的使用权。资本所有者出售资本的所有权。因此企业的财产权是指使这些资源为企业服务的权利，或者根据这些资源的使用情况作出决策的权利。

企业所有者也可能买下所使用的资产或土地，因此同时拥有了资产或土地的使用权和所有权。但是，这种情况并不适用于劳动力。所以，如果一种资源的使用权与所有权不能分离，企业就无法正常运转。在某些特定的情况下必须使用而且没有任何替代品的资源的所有者能够"支撑"一个企业运转，因此可以要求额外支付。授予资源使用行为以财产权是企业所有者为防止**敲竹杠问题**（hold-up problems）

而设计的。这是企业正常运转所必需的私人财产权。

不可能所有人都洗过租来的车。因为租车人并不拥有这辆车，所以他并不在意这辆车。所有权是一个人在意一样东西的保证。类似地，所有权是一个人在意自己的工作或任务的保证。如果员工对其工作拥有所有权，那么他会在意它，并且努力提高它的价值。

中央计划机制是无效的。类似地，在自上而下的科层制管理机制中，员工与机器无异，他们没有责任、任务和工作的所有权，以及决策权。这样的机制就会失败，尤其对于这个充满着"知识工人"的社会。在一个自上而下的执行管理的产业体系中（弗雷德里克·温斯罗·泰勒于 19 世纪八九十年代发明的被称作科学管理的体系），所有的决策都是由高层做出的。但在当时，由于创新力、创造力和冒险行为对于成功的重要性没有当今社会这么大，这种中央计划式的体系的无效率体现得并没有那么明显。

每一个员工都需要了解他们到底拥有什么——他的责任，以及在无须请示上级的情况下做出决策的权利。所有权激励员工认真对待自己的职责安排、任务和工作。这反过来保证了所有员工都能进行专业化分工，从事自己具有比较优势的工作，使得企业从员工的这种交易中获得以自发秩序为形式的利益。在大多数企业中，工作是安排的或指派的，但是对于工作到底如何完成，还是存在很大自由度的。管理者可以选择事必躬亲，或者给予员工所有权，使得这一体系自发运转。

案例回顾

治理

艾伦·格林斯潘注意到随着经济发展和企业扩张，所有权更加分散。此外，少数大股东有足够筹码去影响董事会和 CEO 的决策。因此，企业管理者有责任把企业驶向他们认为的能代表股东最高利益的方向。我们知道，格林斯潘这里指的是委托—代理问题。但是，为什么委托—代理问题让规模无论是大还是小的企业都很头疼？症结在于透明度问题，即监督代理人的成本问题。那么，一个透明度很高的治理系统能解决这个问题吗？格林斯潘觉得可能不行。他指出并不是所有 CEO 都能尽职尽责、不负所托。格林斯潘进一步指出，仅仅依靠治理是不够的。公司本身就是一个市场系统，同时运行在一个市场系统中。照此而论，一个公司必须被为其工作的内部人员和与其打交道的外部人员信任才行。格林斯潘说一个"市场经济也需要一系列正式规则，比如，合同法、破产条例和股东权益条款等。但是，规则不能代替品行"。"但是即使我们奉公守法，那些规则也只能指导和约束企业管理层的一小部分日常决策。"良好的信誉至关重要。信誉能提高效率；市场会淘汰没有良好信誉的企业。

本章小结

1. 企业是市场的延伸，它的存在使得个人能够从事专业化工作并从贸易中获取利得，同时也使成为投资人的风险得以最小化。

2. 当并非所有未来情况都能提前预见或

由契约约定时，企业就是有效市场的结果。

3. 公司是一个自愿结成的团队。这样一来，就有了搭便车的激励。监管者或管理者的出现是使搭便车情况最少化的一个有效途径。

4. 管理者和所有者可能存在不同的利益，称为委托—代理问题。通过剩余收入补偿管理者使之成为所有者可以减少委托—代理问题。

5. 公司内部存在一系列的私人产权。这些权利代表着对资源和服务使用权的拥有。

6. 公司内部的私人产权必须得到保障，也就是要通过管制系统来强制执行。

7. 公司治理即指导公司的一系列规则和制度。美国很多公司的治理系统由董事会、CEO 和股东组成。

8. 治理必须保持透明，保证所有者的财产不会被没收或误用。

9. 员工对于工作、任务和决策权力的必要要求意味着微观管理效率不高。

关键术语

剩余收入（residual income）
完全契约（complete contracts）
不完全契约（incomplete contracts）
垂直整合（vertically integrated）
边界（boundaries）

供应链（supply chain）
范围（scope）
自制或外购（make-or-buy）
委托—代理问题（principal-agent problem）
敲竹杠问题（hold-up problems）

练　习

1. 公司为什么存在？为什么不是一个大公司存在就够了？

2. 公司能够在一个盛行完全契约的世界存在吗？为什么？

3. 假设投资者不愿意给那些 CEO 声名狼藉的公司和破坏环境的公司投资的话，那么我们可以推断（请解释）：

a. 公司的价值会反映 CEO 的名声。

b. 公司股价涨跌取决于谁是 CEO。

c. 当一个公司没能投入资源保护环境时，其价值会下降。

d. 当投资者怀疑一个公司在污染地下水时，其股价会下跌。

4. 假设投资者不愿给那些 CEO 声名狼藉的公司和破坏环境的公司投资，但是一个普通的投资者难以获得关于 CEO 和企业活动的信息，那么我们可以推断（请解释）：

a. 公司的价值不会反映 CEO 的名声。

b. 公司股价涨跌并不取决于谁是 CEO。

c. 当一个公司没能投入资源保护环境时，其价值不会下降。

d. 当投资者怀疑一个公司在污染地下水时，其股价不会下跌。

e. 公司开始向投资者提供对其有利的信息。

5. 公司内部有私人财产权吗？谁拥有怎样的私人财产权？什么产权不被拥有？公司内部如果不存在私人产权，那么公司内部会有交易发生吗？

6. 公司的"边界"在哪儿？什么决定企业内纵向边界的划分——垂直整合？什么决定企业内水平边界的划分——范围？运用成本效益分析法来描述企业的最佳边界。

7. 革命的目的是什么？在国家和在公司里，改革有哪些形式？

8. 为什么大公司在发展过程中会导致委托—代理问题？所有者和管理者之间的委托—代理问题如何能最小化？

9. 企业治理的目的是什么？

10. 如果企业治理松懈，那么管理者和

所有者的利益怎样才会一致？

11. 国家的错误治理导致了没收私有财产的现象。公司的错误治理会导致什么？

12. 董事会有什么作用？董事会的利益会和管理者、所有者一致吗？请解释。

13. 2010 年，墨西哥湾漏油事件造成了美国最大的环境污染灾难。英国石油公司是不是在治理上出现了问题？为什么？

14. 请解释关注核心竞争力是怎样与纵向扩张、横向扩张相协调的。

15. 供应链是什么意思？解释什么时候企业应该控制供应链。解释什么时候企业应该使用外部的供应链。

16. 第 1 章提到，经济学"在边际上"研究问题。这能应用到"自制或外购"的决策中吗？

注　释

1. www.federalreserve.gov/boarddocs/speeches/2003/20030508/default.htm

2. Article I, Section 8 of the Constitution reads: "The Congress shall have Power To lay and collect Taxes, Duties, Imposts, and Excises, to pay the Debts and provide for the common Defence and general Welfare of the United States; ..." and then, "To regulate Commerce with foreign Nations and among the several States." The Supreme Court has expanded the Commerce Clause to mean virtually any business in any state. Similarly, the Welfare Clause has been used to justify any action that supposedly benefits the general public.

3. A management movement developed in recent years, called organizational democracy or workplace democracy, is different than having each decision made by a vote. Yet it is also not the strict top-down organization. We will discuss this movement in the next chapter.

4. The term *value chain* was introduced by Michael Porter, *Competitive Advantage* (New York: Free Press, 1985).

5. C. K. Prahalad and G. Hamel, "The Core Competence of the Corporation," *Harvard Business Review,* 68 (May/June 1990): 79–91; G. Stalk, P. Evans, and L. Shulman, "Competing on Capabilities: The New Rules of Corporate Strategy," *Harvard Business Review,* 70 (March/April 1992): 57–69; and H. Itami, *Mobilizing Indivisible Assets* (Cambridge, MA: Harvard University Press, 1987).

6. In the management literature this is referred to as the manager's span of control.

7. For more on governance and buyouts, see *A Theory of the Firm* by Michael C. Jensen (Cambridge, MA: Harvard University Press, 2000), Chapter 1.

8. Bryan Burrough and John Helyar, *Barbarians at the Gate: The Fall of RJR Nabisco* (New York: Harper and Row, 1990)

9. Michael C. Jensen, *Theory of the Firm,* pp. 12–13. In a recent takeover attempt, the firm Lions Gate used financial maneuvering to protect executives from Carl Icahn's hostile takeover. Icahn filed suit against Lions Gate Entertainment, Inc., over what he called a "reprehensible" debt-to-equity deal, in an ongoing fight between the investor and the film company. Lions Gate helped shield itself from a hostile takeover attempt by Mr. Icahn through a complex financial maneuver that put newly issued shares in the hands of its second-biggest shareholder, and board member, Mark Rachesky. Mr. Icahn filed suit in New York state court against Lions Gate; its board; Mr. Rachesky and his investment fund; and Kornitzer Capital Management LLC, with whom the exchange of notes was conducted, and its principal John C. Kornitzer. The suit seeks damages, an injunction rescinding the debt-to-equity move and the prohibition of the defendants from voting their shares to elect any directors. Wall Street Journal Online, JULY 26, 2010, 10:12 A.M. ET, "Icahn Sues Lions Gate over Equity Swap" by Nathan Becker.

10. Merritt B. Fox and Michael A. Heller, "What Is Good Governance?," *Corporate Governance Lessons from Transition Economy Reforms* (Princeton, NJ: Princeton University Press, 2006), pp. 3–31.

11. See Kurt Eichenwald, *Conspiracy of Fools* (New York: Random House, 2005).

12. Michael Lewis's *The Big Short* (New York: W.W. Norton, 2010) is an interesting read on this period.

第5章
公司组织结构

情报失灵

1947—2004 年间，美国情报系统由 15 个独立机构组成，包括一些隶属国防部、致力于通过间谍卫星等技术渠道获取情报的组织。中央情报局局长是由美国总统直接指派的，负责协调所有与外国情报有关的情报组织。2001 年"9·11"事件后，许多官方调查指出，各情报组织之间缺乏协调是造成美国政府未能预知并预先阻止这次袭击的一个原因。根据"9·11"调查委员会的建议，美国国会于 2004 年通过了《情报改革和防范恐怖主义法》（Intelligence Reform and Terrorism Prevention Act），并由布什总统于 2004 年 12 月 17 日签署生效。法案规定，由美国国家情报总监管理全国 16 个情报组织，负责协调他们的工作和分析产品。中央情报局局长向他汇报。

2003 年美国主导了侵略伊拉克的战争。在这场战争的准备阶段，美国（甚至全世界）整个情报组织系统都错误地认为萨达姆·侯赛因藏有大规模杀伤性武器。12 年的准备期间，"情报机构没有做出一份分析报告，检验萨达姆为了逃避制裁而毁掉他的大规模杀伤性武器的可能性"（WMD Commission，2005，pp. 155—156）。

情报机构非常依赖伊拉克流亡集团提供的信息，有些报告来自于伊拉克国民大会（揭开"伊拉克国民大会"的面纱，这实际上是一个在 20 世纪 90 年代初期成立的伊拉克反对派，试图联合所有反对萨达姆的力量），这些报告的结论几乎是相似的，而这一证据的出现使该组织反动派的实质得到了确认。

2007 年，美国情报系统发布了《国家情报评估》。文件中指出，美国情报组织"一致断定伊朗虽曾积极发展过核弹，但于 2003 年秋天已经停止了核武计划"，而且"停止核武计划已经开展了数年"。但是，2009 年发布的《国家情报评估》推翻了这一观点。

1. 科层化的结构有助于收集情报吗？
2. 新的科层化的组织对美国情报机构有帮助吗？

为绩效而组织

企业或教堂、政府以及其他机构的组织形式取决于内嵌在组织活动中的交易。考虑越南共产党为了保证革命成功应当如何改变其组织形式的问题。共产党面对的问题是搭便车。他们必须使得所有人民都参与到革命中。[1] 当共产党攻占一座村庄后，他们重新分配土地，赋予农民私人财产权。农民通常就会竭力为共产党服务。他们会警示越南独立同盟会附近区域内哪里有法国军队和间谍。虽然共产党人痛恨私人财产，越盟还是利用它来解决了公共品问题。

在军事组织和特工组织中，科层制度似乎是最行之有效的组织形式。信息和控制必须只能掌握在少数人手中。几乎每一个人都有自己直接汇报的上级，使最高领导能够获得所有的信息，而低级别的领导只能获得他们所需要的信息。但是，恐怖组织并不使用这种结构，他们的问题不是信息，而是个人激励及授权。基地组织这样的恐怖组织就好像一个松散的网络中的半独立单元。在这些组织中，个人更容易被激励和授权，但是上级向下级传达命令和战略意图，或实施控制却比较困难。基地组织通过在半岛电视台和互联网上传播录像和视频的方式来弥补这一缺陷。

"我们的组织被笑里藏刀的中层管理人员搞瘫痪了，"一位总经理抱怨道，"每当我要采取一些行动，做一些不同的事，我都能看到微笑和点头同意……但什么也没有发生。我该怎么办？"管理咨询人员回答道："使结构扁平化。"[2]

这种观点在 20 世纪 90 年代非常盛行。科层结构被打上了"我们熟悉的魔鬼"这样的烙印。相应地，许多企业着手废除科层结构并改变报告关系和头衔。在由此产生的公司中，金字塔变平了，被彻底颠覆了，或者被重新改造成横向组织（horizontal organization）。人们不再是下属和上级或老板和手下的关系，而是合作者（associate）、同事（colleague）、发起者（sponsor）或顾问（advisor）的关系。工作单位变成了团队，而不再是个人。[3] 但是，团队式的结构并不一定适用于所有企业。它们带来的麻烦甚至可能大于它们带来的好处。

制度（institution）、组织和组织结构在长期中存在是由于它们有效率。当一个企业的结构比其他企业更有效率时，与其他企业相比，它就具有竞争优势。**企业架构**（architecture）是指企业的结构或组织形式。只要它能保持这种优势，它就可以赚取高于一般水平的利润。因此，企业不仅从它们之间的关系和与消费者的关系中寻求竞争优势，而且从它们的内部结构中寻求竞争优势，也就是顺理成章的事了。

企业的演进

1840 年以前，绝大部分企业是家庭所有并经营的。家庭经营的企业是当时交通、通信和融资限制的直接产物。交通只能通过水路或马车；1840 年主要的长途通信方式是利用快马邮寄的公共邮政；融资只能在当地进行，并且非常麻烦。大多数企业发现很难进行外部融资。公共所有制（public ownership，即股份制）实际上不存在，大部分贷款都是利用个人关系获得的。

1840—1910 年，交通、通信和融资的发展使得大企业比小企业更有效率（也就是我们所说的规模经济）。在商业职能领域（采购、销售、分销和融资）中，所有者—经营者的责任迅速增加。由于单一的所有者—经营者不可能参与企业所有方面的运作，所有者越来越倾向于聘用职业经理人。职业经理人建立中央办公室或总部以确保产品顺利生产，使最终产品找到销售渠道。随着企业的成长，企业的各个部门被组织成半自治的，各自做出自己部门的主要决策，而独立的总部办公室做出影响整个企业的决策。例如，通用汽车的各个部门独立做出每种车型的经营决策，而公司管理层则做出与公司财务、研发相关的决策。

20 世纪中期，市场的持续增长使得许多企业在协调生产过程与不同的消费者群体和市场区域时遇到了困难。道康宁（Dow Corning）、阿莫科（Amoco）、花旗银行（Citibank）和百事可乐等根据两种或更多的部门类型进行了重组——根据地理位置和客户、产品组和职能部门，或者地理位置和职能部门。市场增长还意味着不同活动的专业化成为可行的方式。企业可以从其他企业那里购买从前需要自己在内部生产的产品。

20 世纪 90 年代，企业开始缩减或使其科层结构"扁平化"，以缩小规模并专注于核心竞争力。企业减少了经理和管理人员的数量，它们选择减少在内部生产的数量，增加从其他企业购买的数量。在新经济中，联盟和网络常常成为商业的结构。2002 年，安然公司抓住了许多公司认为的理想公司结构的本质——没有固定资产的公司。所有需要固定资产的活动全部外包。外部企业则专门提供与某种固定资产相关的服务，而无固定资产的企业则专注于贸易。当然，在安然公司破产、网络泡沫破灭以及后来的房地产泡沫破灭之后，企业又重新开始寻找更有效的组织结构。

尽管企业组织形式的演进几乎适用于所有企业，但这并不意味着所有企业都必须具有同样的架构。企业要寻找的是最有效率的行事方法，它们希望获得尽可能大的成本效益。

组织扁平化被认为能够提高生产率，因而可以降低成本。一种提高资源生产率的做法是在不减少销售量的情况下减少所使用的资源总量。这也是缩小企业规模所应该实现的结果——减少劳动力，特别是在不减少产出的情况下。所以，缩小企业规模总是伴随着组织扁平化的进程。

劳动力成本不是唯一值得关注的成本。整个供应链，即企业资源的获得，最近成为许多企业的关注点，因为一个更有效的供应链能够提高资源生产率。沃尔玛发明了存货控制体系，因此在货物供应和管理货物供应方面需要投入的资本大大减少。制造企业实行了准时制（just in time，JIT）库存控制，目的在于将库存成本降到最低。通信技术和 IT 技术的进步也能够提高资源生产率。但是，这些措施虽然可能降低成本，但也可能在其他领域造成无效率。管理者的工作就是寻找一种能够保证组织效率的组织架构。

在任何时点上，不同的企业会有不同的组织结构，这取决于管理者认为哪种组织结构最适合企业，以及管理者所实施的是成本效益战略、增长战略还是绩效战略。强生公司由超过 150 个半独立的企业组成，每个企业独自完成产品研发、营销和销售，向母公司上交股利。这些企业相互竞争。英国石油公司则是层级化的矩阵结构，与强生正好相反。[4]耐克公司负责产品设计、营销以及分销给零售商。班尼顿公司（Benetton）将基本的产品设计工作以及大部分产品的生产外包，将精力集中在经营其独立的零售商店上。整个电子工业都采取的是分权化的组织结构，与耐克公司类似。大多数公司都将几乎所有的制造工作外包给像旭电公司（Solectron）和伟创力集团（Flextronics）这样的电子制造服务商（electronic manufacturing services，EMS）。许多企业成立了利润中心（profit center），各个利润中心可以像独立的公司一样运作。在雪佛龙公司，采购部门即供应商管理与整合部门（SM&I）向其他部门提供服务。在英特尔公司，商品管理部门是工厂和购买者、原始设备制造商（OEM）的中间人。戈尔公司（W. L. Gore）破除了形式主义，其员工以团队形式完成任务，实行一种公司内部称为扁平方格化组织的架构。

为什么不同的企业架构不同？因为每一个企业都要尽可能有效率，无效率的企业无法长久生存。正是这个所有企业都想达到的目的支配着企业结构。一些企业集中精力于绩效，另一些企业则专注于增长或市场份额，还有一些专注于服务利基市场，因此，最可能的情况是对于不同的企业来说，最有效的企业结构是不同的。

科层制与扁平化组织

考虑这样一种情况：在一个组织中，所有人都必须投入以实现产出。例如，每个员工都是生产中某一环节的专家，他们必须合作完成生产。在 n 个独立的个人之间潜在的相互作用数量为 $n(n-1)/2$，因为每个人必须与 $(n-1)$ 个其他人相互作用。相比之下，在 n 个人中有一个人负责管理其他人，那么 n 个人之间的相互作用数量为 $(n-1)$，因为 $(n-1)$ 个人中的每个人都要与一个老板相互作用。因此，随着 n 的增加，就相互作用数量来说，有一个老板或管理人员会极大地提高效率。这里，科层（hierarchical）形式的组织结构能够使交易成本最小化。

当员工必须与另一群员工相互作用协调，但不需要与其他所有员工相互作用时，复杂的科层结构就产生了。当把个人组织成小组并把小组组织成大组更有效率时，就会出现复杂的科层结构。部门化（departmentalization）是根据共同的任务或职能、投入、产出、地理位置或工作时间等因素进行的分组。根据共同的任务或职能划分的部门的例子包括会计部门、营销部门和生产部门。基于投入、产出划分的部门包括百事灌装集团（Pepsi Bottling Group）和饮料分部（Fountain Beverage Division）。根据地理位置组织的部门的例子包括诸如 Houghton Mifflin 出版集团和 McGraw Hill 出版集团之类的企业建立的区域销售办公室。根据时间进行分组的例子包括生产企业中的多班工作制：上午 8 点至下午 4 点，下午 4 点至午夜，从午夜至次日上午 8 点。当在一种特定行为中存在规模经济时，部门化是有效率的。然而，当出现的问题与特定的部门不相关时，部门化会提高交易成本。

U 型结构

19 世纪末，大部分大型企业都是由以前独立的企业以松散的形式结合起来的，通常仍然由其创立者经营。美国钢铁公司在 1901 年成为第一个 10 亿美元级企业时就是这样。但是当时，技术和市场基础设施的发展为在产业中获得空前的规模经济与范围经济创造了机会。企业通过投资于大规模生产设备并使活动（如销售和分销）内部化来把握这些机会（以前这些活动是由独立的企业完成的）。早期这些企业的组织结构是 U 型结构。**U 型结构**（U-form）也称为单一型结构（unitary form），是指一个部门负责一种基本业务职能的情况，如财务部、营销部、生产部、采购部等。这种结构使得企业可以培养专业化劳动力，以在生产、营销和分销领域实现规模经济。在行业中率先采用 U 型结构的企业可以获得超常利润，结果，其他企业迅速模仿。

U 型结构的一个实例如图 5—1 所示。每个部门的经理向公司总部的副总裁汇报。部门内是全体职员。

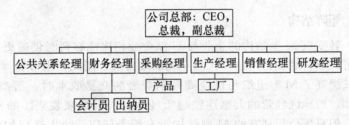

图 5—1　单一或功能型结构

说明：U 型组织由所有者—经营者形式演化而来。它包括一个总部，各个分部的经理向它汇报。

M 型结构

在行业中率先投资于大型生产设备并发展出科层的企业迅速扩张，常常能够主宰它们所在的行业。但这些企业最初的增长出现在单一的业务或单一的市场中。例如，直到 1913 年，杜邦公司只有 3％ 的销售收入来自其核心业务（火药）以外，并且几乎所有的火药都是在美国销售的。随着市场的增长，企业为了利用规模经济和范围经济而脱离了集中于单一业务或单一市场的模式。胜家（Singer）、国际农机公司（International Harvester）等公司开始向海外扩张。其他企业如杜邦和宝洁通过产品线多元化进行扩张。

对于 U 型组织来说，由集中于单一业务或市场向产品线多样化的战略转变存在一个问题。企业高层经理监控各职能部门的尝试会导致管理过度（administrative overload），用组织管理的行话来说就是超出了经理人的"管理幅度"（span of control）。

1920 年以后在美国出现的多事业部型结构（multidivisional structure）或 M 型结构是多元化企业对职能型组织局限性的一种回应。M 型组织使得高层经理不必参与各职能部门的经营细节，而专门从事战略制定和长期规划等工作。部门经理向高层经理汇报监控职能部门的经营行为，并根据部门的绩效获得奖励。

M 型（M-form）或**多事业部型**（multidivisional form）组织包括一系列由公司总部办公室领导的自治部门。总部有一个负责收集内部与外部商业环境信息的官员。多事业部型结构不是通过职能或任务，而是通过产品线、相关业务单位、地区或客户类型（如企业客户、消费者、政府）进行组织的。各事业部由一些相关的子部门组成。

M 型结构如图 5—2 所示。各事业部经理向总部汇报，在各事业部内是一些职能部门。

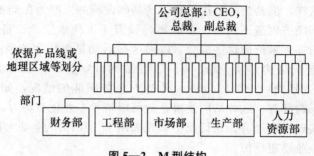

图 5—2 M型结构

说明：U型结构演变成M结构，其中，企业保留了公司总部，但分部门更多。

矩阵结构

转变成M型结构的企业与U型企业相比能够暂时创造更多的利润，但作为一种可以模仿的能力，这一优势是无法维持的。因此，当市场（包括上游和下游）的增长提高了M型组织与供应商和消费者的交易成本时，新型结构便应运而生了。例如，跨地区经营的大型连锁超市经常会与百事灌装集团的不同区域办公室打交道，但百事公司现有的M型结构没有授予任何一个人这样的定价权力。当面对连锁超市的促销或特别定价要求时，百事灌装集团不得不向其在美国的总部请示，这就使其总部卷入了地区级定价和促销决策中。显然，这降低了百事公司做出响应的速度，与响应速度更快的公司相比，百事公司处于竞争劣势。由于百事公司相信，全国范围内的生产协调有助于实现生产中的规模经济——证明企业的职能型结构是有效的，但是区域性的协调会提高与大型采购商谈判的效率，因此公司采用了一种双部门结构，称为**矩阵结构**（matrix structure）。

矩阵结构如图 5—3 所示，它可以包括各种产品事业部和职能部门或不同类型的事业部，如按地区和特定客户划分的事业部。

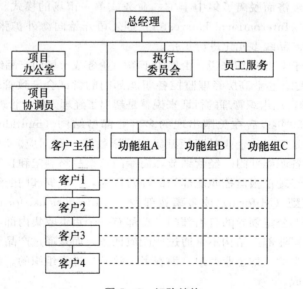

图 5—3 矩阵结构

说明：矩阵结构比M型结构更灵活。

网络结构

由于一些市场对某些行为提供规模经济，而对另一些行为提供规模不经济，因此，不管是小企业还是大企业都没有必要在任何活动中都具有优势。在这些情况下，最有效率的结构可能就是**网络**（network）——独立的企业组成联盟，作为整体可以利用规模经济，作为个体可以避免规模不经济。硅谷和沿麻省 128 号公路沿线分布的高科技企业就是网络的例子。它们在一起可以从庞大的熟练工人储备和充足的供给中获益，但单独经营可以避免官僚主义的无效率以及合并成一个企业所需花费的巨额固定成本。

组织的民主

> 用现代组织生态学的观点来看，管理者就像是恐龙。管理者的时代最终会结束。对于监督人员、家长式作风、责骂、监控、公务员、官僚主义者，以及极长的实施过程的需求已经在逐渐减少，而对于梦想家、领导者、协调者、教练、导师、辅导员以及解决冲突的人的需求正在逐渐增加……一场改变"管理系统无法使员工敞开心扉、释放心灵"的状况的意义深远的组织变革已经开始了。[5]

在过去 15 年左右的时间里，许多研究者认为，企业中应该有**组织民主**（organizational democracy）。他们的观点是，应当尽量减少组织中通过科层结构实施的命令和控制，取而代之的应该是一个没有老板，员工能够通过民主选举决定谁来担任监督者或领导，以及战略和企业目标的组织。[6]这种论点的立场是，既然民主制的政府能够达到最好的效果，那么民主制度也应该存在于企业中，使员工和所有的利益相关者能够获得利益。另外，他们断言组织中的科层制度是无效率的。这些科层制度假定高层领导者比那些级别低于他们的人能力更强，并且赋予这些高层领导选拔和提升低级别管理者的权力。既然政治民主能够基于"被统治的阶级有权决定谁来统治他们"这一主张，企业为什么不能这样做呢？民主的组织将是一个晶格网络结构（一种由纵横交织排列的线条拼成的对角线模式，线条之间有空白空间），在这种组织形式下，项目、团队组织、领导和下属都是通过大家一致的共识来决定的，也就是说，通过选举决定。

推崇民主组织的人假定民主是有效率和成功的。而问题在于，在整个历史上，民主制的存续时间往往都是短暂的。当选举人将资源从少数人群手中转移到多数人群手中时，民主就失败了。美国的奠基者认识到了民主可能带来的问题，并尝试通过建立一种分权制衡的代议民主制来减少民主制的不良影响。

正如第 3 章所提到的，托克维尔在其著作《民主在美国》中阐述了这一问题：

> 民主本质上是暂时的；它绝不可能成为永久的政府组织形式。当选民发现他们的投票能使他们从公共财富中受益时，民主就消亡了。从那一刻起，多数全体总是投票给那些承诺能够使他们最大限度地从公共财富中获益的候选人。结果是，所有的民主制度都因松散的财政政策而瓦解。[7]

当人们提到民主制的公司时，他们指的并不是真正意义上的民主组织，而是员工能够参与大多数但不是所有决策的组织。汽车租赁公司被称为一个民主的公司。它在公司许多事务上都使用"民主决议"的方法。但是，相比"民主制"，或许

"参与制"更加适合描述这个组织。在一些例子中，领导作出决策，然后设法说服员工相信其决策是正确的。在另一些例子中，团队或员工参与决策过程，由领导做出最终决策。

本质上，"民主组织"是指所有权或私人财产权的分派和转让。员工被给予一些特定决策和任务的所有权。尽管最终决策权掌握在领导者手中，每一个员工还是拥有提供建议和投入的能力的财产权。

选择哪种模式

公司在最近 75 年的内部组织演进是从科层结构走向非科层结构的过程。至少许多攻击科层结构的顾问、管理者和商业出版物是这样说的。例如，已故管理学大师彼得·德鲁克认为，现代组织应该像一个管弦乐团，一个乐队指挥者指挥很多演奏者，这些演奏者都是熟练的专家，而不是复杂的科层结构。[8]管弦乐团模式常常被说成是"走动式管理"（managing by walking around，MBWA），CEO 应该通过走访车间、一线办公室并与低层员工交谈进行管理。

组织形式是追求效益化（economizing）的产物——比较成本与收益后，选择最有效率的形式。批评科层结构的人需要认真分析一下。想一想管弦乐团模式的含义。它依赖于 CEO 直接管理并与所有员工谈话的能力。但对沟通的研究表明，与员工的直接沟通并不比通过科层进行沟通更好。[9]即使是在走动式管理的例子中，也有科层——某个人也就是 CEO 必须来到车间，融入一线员工中。

Gore 公司是最著名的无科层（民主制）公司。没有老板，所有员工都是同事，决策通常是通过投票作出的。工厂的实体布局是几座为几种单独的产品修建的建筑。这样做的目的是保持小企业的感觉，尽管公司在不断成长。但这种模式只能在少数企业中奏效。

20 世纪 90 年代，计算机和通信技术的发展使得它们被看做中层管理者的替代。但只有当管理者从事根据规则处理数据之类的重复性任务或工作时，计算机和通信技术才能取代管理。如果中层管理者从事的是说明那些数据、提出战略的工作时，这些技术就不能取代他们。高层管理者的负担加重将不会是有效率的结果。

科层结构带来了过多的管理费用吗？[10]很明确的工作，以及电话接线员之类的通过培训就可以掌握的工作，不太需要监督。当工作不是例行公事，而且不能依赖已知的规则或惯例时，管理人员就需要更多地介入，如定制生产。当工作是独立的或者需要复杂的互动时，管理者很快就会忙得不可开交。这时就需要一个管理管理者的人，这就是科层结构。

企业中总是存在权衡。增加企业的科层能够减少原先企业内部必需的交往的次数，因此能够降低交易成本。但是这就可能增加搭便车的行为，而且企业中还会出现公共品问题。公司的声誉是一种公共品——每个人都能够因此获利，并且一个人的使用不会影响他人能够使用的量。当面临花费时间和精力用于公共品，例如企业声誉，还是花费时间和精力用于私人物品，即个人的产出的抉择时，任何人在能够搭公司声誉的便车的情况下，都会选择将时间和精力花费在私人物品上。如果所有员工都搭便车，就不会有人关注公司声誉，因此整个企业中用于加强公司声誉的资源就会非常少。

一般来说，对于公共品的问题，分派私人财产权能够有效解决搭便车问题。明确地将报酬及工作要求与员工提高公司声誉所花费的时间直接挂钩也能够有效地减少搭便车行为。为了做到这一点,企业可以强调每个员工如何对企业负责,以及保证员工能够有足够的相互接触以便相互监督每个人对公共品付出了多少。要求部门或团队把时间从私人任务转移到提高公司声誉上,例如在社区做义工,能够减少搭便车的行为。

降低成本、减少中层管理人员数量以及外包等都能够降低商品的供给和销售的显性成本,但这些措施也可能导致降低生产率、无法保持增长或影响公司其他战略形式的成本。20 世纪 80 年代末 90 年代初的缩小规模、扁平化和成本削减被 90 年代后期的强调增长取代。为了加快增长,一些领先的企业开始采用更加科层化的结构。例如,从前可口可乐公司通过独立的装瓶厂和分销商销售饮料,这些经销商各自制定价格并销售。但随着诸如沃尔玛以及必胜客和麦当劳之类的快餐连锁店对可口可乐的销售越来越重要,公司需要更严格地控制其销售和营销。因此,它开始兼并分销商并把成千上万个以扁平的、非科层结构经营的小企业组合成几个大型的、用科层结构管理的组织。[11]

设计企业架构的目的是帮助企业提高效率。企业需要做出的决策不仅仅是是否选择科层制,还包括企业结构、薪酬以及治理机制。这些因素相互作用,创造出一个有效率的或无效率的企业。我们将在后续章节中继续探讨这些问题。在本章剩下的部分中,我们将讨论文化如何创造效率的问题。

文化

如果一个企业的员工在无须与上级或他人沟通的情况下就清楚地知道自己应该做什么,那么这家企业将比其他企业更有效率。这就是文化能够为企业带来的效果。

把企业粘在一起的"胶水"称为**企业文化**(corporate culture)。企业文化是指一系列企业员工共同拥有的、能够影响单个员工偏好和行为的价值观、信念与行为规范。企业文化常常围绕着工作与职权的组织方式、员工奖励与控制方式和诸如习惯、禁忌、公司口号、英雄和社交礼仪等组织特征。如果在企业中能够减少对个人信息处理的要求、降低对个人监管的成本、塑造企业中个人的偏好以实现一系列共同的目标,也就是说,能够降低交易成本,那么这种企业文化就是有价值的。

"文化"一词最初来自社会人类学。19 世纪末 20 世纪初,对爱斯基摩、南太平洋岛屿上的居民以及美国土著人的早期社会研究发现了不同的生活方式,这些方式不仅不同于技术更发达的美国其他地区和欧洲,而且各自之间也大不相同。[12] 这些生活方式被认为是该社会的文化。在每一个社会中,某些行为和组织通过行为、榜样、故事和神话代代相传。企业文化是指那些员工之间分享并由老员工传给新员工的价值观和习惯。

企业文化一旦建立,就会以许多不同的方式长久存在。潜在的成员可能要经过筛选,标准就是他们的价值观行为能否融入组织的文化中。新成员将通过培训课程或者思考学到团队的风格。故事、神话或传奇被一次又一次地重复,以确保每个人都知道团队的各种价值以及它们的意义。在沃尔玛,山姆·沃尔顿的传奇不断被提及。"惠普之道"(HP way)和"米夫林·瑞沃迪随意穿着"在这些企业中也常被提起。那些成功地达到文化的理想特征的人被塑造成英雄。在新员工融入老员工的自然过程中,新员工可能会接受其指导者的价值观和风格。[13] 公司的故事或传奇协助员工填补了文化规则的空白。

认知心理学家认为，大脑自然地对人们所做的事件而不是发生的事件进行分类。如果真是这样，那么，试图推断新环境中文化规则的含义的员工能够通过归纳领导的成功行动或行为榜样学到最多的东西。口号、行为榜样、惯例可以被看成是与员工沟通的低成本的方式。下面是电视剧《星际迷航》中的著名的使命陈述：

> 这些是进取号星舰的航程。这是一个五年期的使命：探索陌生的新世界，寻找新生命和新文明，勇敢做开路先锋。

这些陈述向所有员工清晰地展示了应当如何行事。他们将要探索新世界，寻找新生命。在这些活动中，他们甚至要勇于从事这些活动。这些使命一代一代流传了下去（从《星际迷航》观众的一代人传到另一代人）。

企业文化的目标是什么？它是一种低成本的创立和强化契约的方法，能够解决市场失灵问题。管理者可以出版一本厚厚的准则并花费时间来指示员工应该做什么，并认真监督这些员工，但如果员工能够准确地判断自己应该做什么，则企业可以节约沟通和监督成本。

企业的组织形式应该能够提高企业效率。文化必须与这种组织结构相匹配，同时能够提高效率。如果一个科层化的组织尝试在企业中发展一种非正式的氛围，下级无须向上级报告，那么它很快就会面临文化与组织结构相冲突的问题。类似地，如果一个团队化的组织试图建立强调个人主义和企业加精神的文化，那么它也将面临文化与组织结构冲突问题。

1989 年，在"企业文化"一词盛行 10 年后，时代公司（Time）通过声称其企业文化可能被接管者摧毁或改变而阻止了派拉蒙公司（Paramount）的敌意出价，它认为这应该由消费者、股东和社会决定。法院采纳了这一意见，并宣判接管无效。企业文化重要吗？

企业文化可能为企业并购或合并增加额外的成本。企业并购失败的常见解释是它们的文化不能相互协调。2002 年 5 月 7 日《金融时报》（*Financial Times*）声称，JP 摩根和大通曼哈顿进行的银行业合并正在创造一种令人感兴趣的文化冲突。从前大通的职员比他们的摩根搭档更标新立异——至少在艺术方面如此。正如一位摩根的职员所说："我们的墙上挂着一套老式的灰色睡衣……我不明白是什么意思。"

法玛西亚公司（Pharmacia）是由多个松散的公司联合在一起形成的，而厄普约翰公司（Upjohn）拥有高度组织化的科层结构。公司合并后成立了一个集中的总部，里面的执行官要对各地分支机构的绩效负责。这激怒了许多法玛西亚的管理人员，许多人因此而离开了公司。结果，公司里没有足够的人明白法玛西亚渠道中的医药品——交易成本增加了。因此，随后的新产品发布失败了。合并后公司的股票表现不佳，迫使法玛西亚公司把继续兼并其他企业作为解决问题的办法。1999 年，公司兼并了孟山都公司（Monsanto）。交易完成后，公司股票的表现一直未能超过标准普尔医药产业平均值。

小　结

企业是市场的延伸，是由供应商、顾客、资源供给者、所有者、管理者、债权人以及股东等人共同达成的一系列清晰的或模糊的合约的集合。将企业视为一个个体仅仅是一种法律拟制，企业并不是具有明确的单一目标的个体。企业是一种市场过程（武断的过程）所达到的结果，这是一个发生在不同个人潜在冲突的目标之间的市场过程。从这个角度来说，企业行为就像市场行为——一种自发的结果。

不完全契约意味着并非所有可能的情况都会被考虑到，因此当一些契约中没有涉及的事情发生之后，人们必须通过一些方法来定义决策制定权（这就是一种分派私人财产权的行为）。不完全契约还带来了委托—代理问题，有时还会导致财产权分派模糊问题。为了理解企业，组织企业以实现绩效目标，我们必须理解并解决这些问题。本章中我们讨论了企业组织，特别地，我们检验了科层化的组织结构是否比扁平化的组织结构更有效率。我们还讨论了公司文化在企业架构中的角色。

案例回顾

情报失灵

美国情报组织收集到的关于萨达姆·侯赛因藏有大规模杀伤性武器的情报是错误的。这些关于伊拉克大规模杀伤性武器的报告后来被证实并不是从相互独立的渠道收集到的，而是都来自于一个组织：伊拉克国民大会。类似地，所有数据资料都被证实来自于一个声称自己参与过伊拉克生物武器研制项目的代号为"曲棍球"的伊拉克反对派。[14]主要问题在于美国组织情报收集的方式。科层制的组织有利于收集更多的情报。每个人的情报被收集汇总到更高的一个等级。于是所有情报应该汇总到组织最高层。可问题是，在情报层层上报的过程中，坏消息可能被放大。这些信息可能造成群体效应，导致每个人依赖的都是有误或片面的信息。消除科层制可以减少科层制产生的群体效应。但代价是无法收集并分析全部信息。正确的情报收集组织形态应该基于其目标。领导者的任务是设计能有效达成目标的组织形态。

虽然美国、英国、德国和以色列的情报部门已经进行了改革，但错误情报还是会不断出现。这说明，要么组织结构不对，要么组织目标与其结果冲突。有情报显示2003年伊朗已经暂停了设计制造核武器的军事项目，但是英国由军情六处领导的情报机构对此非常怀疑，尤其怀疑美国情报局的情报。

美国的立场体现在了2007年的《国家情报评估》（NIE）中。这份文件报告称美国情报局"坚信在2003年秋，德黑兰已经暂停了它的核武器项目"，并且"这个暂停会持续几年"。2007年的NIE还称，美国情报局的评估"比较相信德黑兰从2007年中旬起没有重启核武器项目，但是我们不确定它目前是否有发展核武器的意图"。但是在2010年，NIE又做出了相反的评估。

那NIE之前的评估是怎么回事呢？它是错误的信息收集造成的，还是一份为了让布什总统推迟攻打伊朗的政治性文件呢？美国的评估可能是很谨慎的，因为美国的情报分析员还在为他们给伊拉克战争提供的错误情报饱受指责，这些错误情报之前被布什政府用来作为攻打伊拉克的理由。也有可能是2004年新建的科层制在协调16个情报局工作方面的作用并不比之前的组织结构好；虽然理论上它应该有更好的效果，但实际不是。

本章小结 ■

1. 企业架构指的是企业的组织形式。

2. 企业会形成自身独有的有效率的组织形式。这种组织形式如果能增加企业价值且在短时间内难以被模仿的话，它就是一种战略资产。

3. 组织形式的发展历经了家族式经营结构、U 型结构、M 型结构直到矩阵结构和网络结构，环境条件的变化使得新的组织结构更有效率。

4. 组织民主指的是企业是具有参与性的。企业的投入来自于员工，一些决策由投票决定。

5. 虽然科层制被指责效率低下，但是在有些方面科层制可以提高效率。例如，在企业中科层制可以使搭便车问题最小化。

6. 一个企业组织的形成是追求效益化的结果。企业架构的目标是提高效率。决策不是仅仅决定要不要科层制，还要考虑结构、报酬制度和政府管制等。这些因素共同决定了组织形式是否有效率。

7. 人类学家把文化定义为一代一代流传下来的一套规则、传统和行为方式。

8. 企业文化能提高交易效率，它使合同无须规定所有意外情况而广泛通用。

9. 良好的文化使企业得以提高效率，因为员工知道该做的而不必管理人员的提醒。

关键术语 ■

架构（architecture）

U 型结构（U-form）

单一型结构（unitary form）

功能型结构（functional form）

M 型结构或多事业部型结构

    （M-form，or multidivisional form）

矩阵结构（matrix）

网络结构（network）

组织民主（organizational democracy）

企业文化（corporate culture）

练 习 ■

1. 解释为什么在工作日开始的时候唱公司主题歌可以形成企业文化。这会是怎样的文化？

2. 企业文化和业绩有关吗？请解释。

3. 企业有可能存在几种不同文化吗？如果可以，这对企业文化和业绩的关系意味着什么？

4. 解释为什么一个公司会选择 U 型结构而不是 M 型结构作为组织结构。

5. 相对于 M 型结构，网络结构的优势是什么？

6. 如果每个员工需要相互交流，什么组织结构最有效？如果员工工作内容独立，不必交流，这时什么组织结构最有效？

7. 过程创新和公司的名誉会给很多人带来利益，同时不会减少别人的利益。这种内部产品带来的问题是什么？可以怎样解决？

8. 最近《华尔街日报》的一篇文章提到，英特尔在考虑效仿硅谷其他公司撤掉小隔间。取代小隔间的可能是员工共享空间的桌子，他们只要把电脑放在上面就行了。

a. 对这种变化可以怎么解释？这能减少"闭塞"问题吗？

b. 这会导致寻租吗？

9. 假设一个员工有两项任务要完成——组装机器和提高质量。假设监督员只能检查工人组装机器的数量。这种情况下，科层制结构是否有必要？在什么情况下企业主应该把报酬和第一项任务的完成质量紧密联系在一起？

10. 一个有限责任公司的股东除了对自己在公司的投资负责外，不对公司债务负其他任何个人责任。解释为什么会产生有限责任。解释为什么它会在19世纪晚期出现。

11. 描述一个自上而下的科层制管理结构所产生的有效率的情况和无效率的情况。

12. 采用民主结构运行一个公众持有的公司可能会产生什么问题？

13. 让员工按照少数服从多数投票制定决策还是让CEO全权负责制定决策更有效率？请解释。

14. 管理理论中经常提到的一个理论就是马斯洛的需求层次理论。它是关于人类动机的理论，并把这些动机分为了几个不同层次。

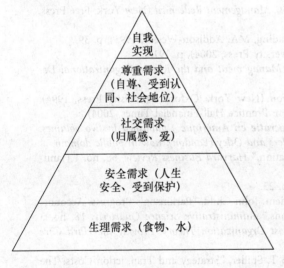

需求层次的作用原理如下：一个人从需求层次的底端开始去寻求基本需求的满足（如食物、住所）。一旦这些生理需求被满足之后，它们就不再是一个人的生存动力了。个人会产生下一个层次的需求。在工作时的安全需求包括人身安全的需求（如防护服）、失业保护的需求、疾病保险的需求等。社交需求发现多数人有想归属于某个群体的需要。这包括爱的需要和归属感的需要（如和一个支持你的同事一起工作、团队合作、交流）。尊重需求包括做好工作后得到认可。这些需

求反映了许多人寻求从别人那里得到尊重。一次职位晋升可能达到这种效果。自我实现是关于人们怎样看待自己，这种需求通常由工作的成就或挑战来衡量。

马斯洛的模型在商业世界也可以广泛应用。原因很简单：如果管理者能知道各个员工所在的需求层次，那么他们就可以制定出更合适的报酬。

马斯洛模型里的需求层次会产生什么问题？

15. 世界一流的管理大师加里·哈默尔（Gary Hamel）在研究现代科层制企业的核心问题时发现，能被听到的意见太少。他建议：鼓励人们在企业内部博客里写出批评意见（如果他们想匿名也允许）。注意每篇博文的回复数量，并要求高管回应那些回复数量最多的博文。评价加里提出的问题及其解决方案。

16. 企业结构对企业运营造成影响的一个最佳例子就是从20世纪70年代到现在一直在进行的变革：扁平化。21世纪初，从公司里的基层员工到总裁之间有很多层级。办一件事之前必须经过多个层级的批准。现在，决策者可能就是商店里的员工。假设一个公司是"平的"并且各个层级的员工都可以做决策，但是员工之间没有沟通渠道。这会产生什么问题？怎样能够解决？

17. 为什么像美国钢铁公司和伯利恒钢铁（Bethlehem Steel）这类仍在运作的老的炼钢厂采用垂直型结构。为什么像恰帕拉钢铁公司（Chaparral Steel）这样新的小炼钢厂采用更加水平的组织结构？

18. 下面一段话在组织变革中经常提到。

在电脑业务兴起不久之后，各种头衔的数量大大增加。你几乎可以给自己加上任何你想要的头衔，尤其是在电脑业务的行业里。员工经常是得到新潮的头衔而不是加薪。美国人从蓝领态度到白领态度的文化转变加剧了这种趋势。店员变成了合作人。秘书变成了助理。20世纪70年代，一个敏感的要求政治

正确的时代，首席这个、首席那个开始涌现。也是从那个年代开始，女性郑重其事地开始使用 Ms.（用于婚姻状况不明或不愿提及婚姻状况的女性的姓名之前）来代替 Miss（年轻未婚女性）或 Mrs.（用于已婚妇女姓名前的尊称），因为她们觉得受婚姻状况限制的称谓是一种羞辱。

你认为这些能解释 20 世纪 70 年代开始的组织变革吗？请解释。

19. 组织层级扁平化的潮流也制造了过多无实际意义的工作头衔。员工渴望得到听起来重要的头衔来制造晋升的幻觉。从经理到下面的每一个人都想让他们的简历更光鲜一点，以避免被解雇。这是一个防止被解雇的好战略吗？请解释。

20. 有观点称，规模大、层级多的科层制会出现在实物资本密集型的行业，这些行业通常根据资历制定晋升政策。与之形成对比，扁平化的组织结构一般出现在人力资本密集型的行业。这些行业的晋升系统通常是要么升迁要么走人的制度，这种制度下管理者要么变成所有者，要么被炒掉。你能提供赞成或反对这种观点的依据吗？请解释。

注　释

1. Samuel L. Popkin, *The Rational Peasant: The Political Economy of Rural Society in Vietnam* (Berkeley: University of California Press, 1979).
2. Quoted in Frederick G. Hilmer and Lex Donaldson, *Management Redeemed* (New York: Free Press, 1996), p. 21.
3. Eileen Shapiro, *Fad Surfing in the Boardroom* (Reading, MA: Addison-Wesley, 1995), p. 39.
4. See John Roberts, *The Modern Firm* (Oxford University Press, 2004), p. 191.
5. Kenneth Cloke and Joan Goldsmith, *The End of Management and the Rise of Organizational Democracy* (San Francisco: Jossey-Bass, 2002), p. 3.
6. See Russell L. Ackoff, *The Democratic Corporation* (New York: Oxford University Press, 1994); Lynda Gratton, *The Democratic Enterprise* (London: Prentice Hall-Financial Times, 2004).
7. *Democracy in America* (original title, **De la démocratie en Amérique**) *published in two volumes, the first in 1835 and the second in 1840, by Saunders and Otley (London), now in public domain.*
8. Peter Drucker, "The Coming of the New Organization," *Harvard Business Review*, 66, no. 1 (January/February 1988): 45–53.
9. Hilmer and Donaldson, *Management Redeemed*, p. 25.
10. The hierarchy is called "too tall" when it is inefficient. John Child, "Parkinson's Progress: Accounting for the Number of Specialists in Organizations," *Administrative Science Quarterly*, 18, no. 3 (1973): 328–348; and Lex Donaldson, *For Positivist Organization Theory: Proving the Hard Core* (London: Sage, 1996).
11. Timothy J. Muris, David T. Scheffman, and Pablo T. Spiller, "Strategy and Transaction Costs: The Organization of Distribution in the Carbonated Soft Drink Industry," *Journal of Economics and Management Strategy,* 1, no. 1 (1992): 83–123.
12. John P. Kotter and James L. Heskett, *Corporate Culture and Performance* (New York: Free Press, 1992).
13. See Tom Peters and R. H. Waterman, *In Search of Excellence* (New York: Harper & Row, 1982); Vijay Sathe, *Culture and Related Corporate Realities* (Homewood, IL: Irwin, 1985); William Ouchi, *Theory Z* (Reading, MA: Addison-Wesley, 1981); and Richard T. Pascale and Anthony G. Athos, *The Art of Japanese Management* (New York: Simon & Schuster, 1981).
14. Luis Garicano and Richard A. Posner, "Intelligence Failures: An Organizational Economics Perspective," *Journal of Economic Perspectives,* 19, no. 4 (Fall 2005): 151–170.

第6章
市场失灵和公司的内部激励问题

案例

留住员工

刚从一个顶尖工程项目毕业的罗伯特在一个大型国际承包公司的职业生涯正处于上升阶段。他成功地完成了公司三年期的项目经理培训项目，并成为公司最可靠、最有前途的员工之一。所以当他突然辞职时，他的同事震惊了。留住优秀的员工对于一个公司的长期发展和成功十分重要，因为它对其他员工造成的影响非常大。当有人离开一个公司时，其他员工可能会对他们在公司的地位感到担心和不确定。高流动率也会给公司在市场上造成名誉的损坏，让公司在未来的员工招聘上尤为艰难。而当低效率、更低的成果、劳动力不稳定以及生产力损失都被加入到寻找和培训员工的成本之中，利害得失也就高了。因此，有人认为，许多好公司都没有做到在员工的保留上有所投资。

1. 为什么留住员工问题这么重要？
2. 一个公司如何吸引和留住有价值的员工？

公司内部的市场失灵

一些公司尤为看重口头表扬、非金钱性的奖励以及头衔赋予的方式。但在其他公司，只提供金钱作为酬金。在一些公司，支付酬金是基于薪金的，优先于员工绩效，然而在另一些公司，员工酬金的部分或全部都取决于他们的生产力。一个公司设立和利用其人员制度的方式对整个公司的效率有极大的影响。公司必须决定投入多少资源去保留和培训员工，以及是否提拔内部员工或者从外部聘请高级经理。公司必须决定员工的道德和同事之情是否重要以及需要为此投入什么资源，同时，也需要决定团队工作是否优于个人工作。

公共品

对于大多数公司，衡量个人对公司价值的贡献是很难的。在这种情况下，员工的激励着重于能够被奖励的活动，而忽略掉那些不能被奖励的。例如，要了解一个员工如何很好地完成他的工作可能不是直截了当的，但相比而言，了解员工是否对公司的名誉或者其他员工的士气做出了贡献就非常困难了。这是一个公共品的问题：因为没有人享有声望，所以也没有人在意。许多员工行为都对公司的名誉造成了影响，但是很多这种行为并不归因于员工个人。如果员工仅仅是在可测量的基础上被给予奖励，那么对他们而言就没有激励花时间或精力去从事提高公司名誉的活动。那么管理应如何引导员工为公共品做出贡献呢？

在市场设置下，公共品的问题能通过建立私人产权来解决。公共品是一种每个人都能使用的物品（即非排他性），并且一个人的消费并不能限制另一个人的消费（即非竞争性）。例如，一场在开放式公园举办的足球比赛是公共品，但是修建一个只有买票才能进入看比赛的体育场外加有限的座位就会把这种公共品转化成私人物品。国防是一种公共品——没有人会不受保护，并且一个人的消费也不会减少他人的消费。但是私人产权并不容易建立；典型的情况是政府提供或者政府资助保护。[1]

对于公司的名誉而言，因为不可能将一些员工排除于公司名誉的消费，所以排他性是不大可能实现的。员工能够被授予公司名誉的产权吗？如果监督花费不大的话是可行的。公司可能通过给员工特定的时间从事提高名誉的活动而不减少他们的酬金，来资助那些能够提高公司名誉的活动。一个公司可以将一组员工带到公园，让他们用几小时的时间捡拾垃圾，并且不会让这个活动影响这些员工的薪酬。公司的高级主管可能会选择将公共品进行简单的金融外包。"认领公路"项目就是公司将公共品的相关规定外包的一个例子。专注于清理高速公路的公司和寻求名誉提高的公司签订了合约；签上名字就意味着已经采用了这条路的公司向专业公司付费。

团队

20 世纪 90 年代，团队成为一种广泛使用的管理技术，它是基于当人们一起工作时团队精神会激励个人努力从而提高整体的生产率的理念设立的。如果产出是团队导向型的，酬金也就建立在团队的基础上。如果篮球队的每个成员都单独地基于投射分数、篮板球和其他个人指标来获得薪酬，每个人都会努力去提高这些数目，即使胜利的总数目在下降。肯·奥布莱恩（Ken O'Brien）是纽约喷气机队的四分卫，善于投掷、拦截。为了努力减少对手的拦截次数，喷气机队跟他签合同来惩罚他投掷导致的拦截。[2] 这个合同造成更少的拦截，但这是因为奥布莱恩甚至在他应该投掷的时候拒绝投掷橄榄球。这一直接计件制因而损害了整个队伍的绩效。如果用团队组织生产是最好的方式，接下来还必须建立一个薪酬计划来鼓励团队合作。

团队合作常被采用的一个好处就是总体大于各个部分之和——团队生产的总产量大于个人单独生产的总和。但团队合作也有成本，即任一团队成员的努力不能被轻易观察，团队成员都有搭他人努力的便车的动机。搭便车意味着当你预料到他人会工作时，就会减少自己的工作。如果每个人都搭便车，工作就不会完成了。

所以，当团队合作的效益显著时，公司就必须找出减少搭便车这一行为的方法。那么一个评估和薪金系统应该如何建立来最小化搭便车情况呢？正如第 4 章所谈到的，最小化团队搭便车问题这一行为的方式之一就是给团队中某些人以团队总产出的私人产权，从而监督整个团队的绩效。但是如果私人行为不易观察，即使是监督者也可能无法察觉个人的失职。在监督者不能观察到个人行为但是团队成员可以时，就将部分团队成员的薪酬建立在其他成员评估的基础上，这样就有助于最小化失职了。

利润分享也可能会减少搭便车现象。在一个利润分享的计划中，员工的工资或津贴都是建立在整个公司的利润之上的。员工有逃避责任的动机，但是也有监督其他职员来确保他们没有失职的动机。一旦监督效应超过了搭便车效应，这种利润分享就会带来绩效的提升。

商业洞察

日本企业的搭便车现象

不管在哪个国家，搭便车总是会带来麻烦。在工作场合，工作努力的人普遍对免费搭车者感到不满。在日本企业，人们倾向于在一个公司度过他们的整个职业生涯，因此对搭便车行为的惩罚尤为重要。学者强调相比西方企业而言，日本企业中来自同事的压力更为显著。在日本企业中，没有人由于同事压力和愧疚而受惩罚。免费搭车者被排除出了企业的日常生活。相比而言，西方社会以更个人的导向为特色，正如企业的激励和薪酬制度所展示的。作为日本商业的特点，长期雇佣这一日本企业的显著特征在惩罚免费搭车者的效果上发挥了重大作用。如果个人有了免费搭车者的名声，他将遭受到比他选择低成本离开公司所经历的更大的日常损失。[3]

主观评价

林肯电气以其计件工资支付系统而闻名。但人们很少知道林肯电气将几乎一半的员工年终薪金建立在主管对他们创新性、可靠性和合作性的主观评价上。"主观"意味着那是主管的看法，而"客观"则指诸如员工生产机器的数量等量化指标的使用。当企业意识到如果员工不合作，总产量就会下降的时候，主观评价就很重要了。当员工为了企业的成功需要分享自己的观点以及为整个环境做出贡献时，员工薪酬中的一部分需要考虑到对合作行为的奖励。主观评价意味着管理者在公司已发现的合作行为等重要领域评估员工。

虽然主观评价能够激励个人为公共品创造价值，但也可能导致无效率。因为评价是主观的，他们可能会有益于寻租行为——下属可能花时间努力去讨好管理者。如果管理者对员工的寻租行为做出正面回应，那么无效率的提升、奖金和工作任命就很有可能发生。为了使寻租现象减到最少，企业可以就薪金限制管理者的控制范围，或者用委员会代替单个管理者来做出评价。或者，职位可以被一个最少的工作经验要求限制，也就是说，员工必须在一个职位待一段特定的时间之后才可以升职。当然，任何限制都会降低实践的效率。虽然职位的时间要求等规定可以减少寻租活动，但也可能扭曲人员和职位分布的效率。例如，即使有一个更好的候选者，一个老员工却可以因为资历而被提拔到这个职位。决定一个薪金计划和附属的人力政策需要对成本和收益进行计算。这些规定的收益必须与成本比较来确定这些规定是否能带来合适的行为。

其他公共品可能和公司的名誉一样很难处理。例如，如果每个人都可以使用复印机，员工会将其视为免费品，从而导致过多的复印。一个公司可以要求员工在得到主管的同意之后才能使用机器，但这是个成本很高的监督活动。每个使用者都可以分配得到一个密码，以便在周末或月末每个员工的使用情况能够被轻松地观察到。同样，电话、原材料和其他物品等也被视为免费品的物品可以通过市场交易来分配；员工能够分得一个他们按自己的需求进行花费的预算。这将确保材料的分配达到了最高价值的使用。

内在激励（非金钱性）可以帮助解决搭便车问题。正如之前的商业洞察所提到的，来自同事的压力被视为团队合作中一个很重要的部分。如果高级主管持续提醒员工对公司名誉贡献的重要性，搭便车现象可能会减少。而且如果在其他员工指出一个员工的努力时，管理者提供奖金、奖品、表扬等同类方式就更好了。

商业洞察

激励

所有对激励的关注都很愚蠢吗？大量证据尤其是实验性证据表明，人们通常与其物质上的自利做出相反的行为。人们会放弃一些收入或财富来确保他们认为的公平结局。人们也会放弃一些收入或财富来选择他们认为道德的道路。一些学者，尤其是社会心理学家，建议人们为了自己去拥有职业道德并且选择一份好工作。这些人经历的就是所谓的内在激励。一些研究已经表明，为绩效激励计划而监督和支付报酬可能降低工作的质量，因为有内在激励的人认为他们已经失去了对自己工作和行为的控制。研究证据表明道德和内在激励是重要的，事实上，可能比物质方面更为重要。[4]但人们说的通常都不是他们做的。关于外在或内在激励是否相互作用的研究得到了完全对立的结论。过去的文献有的表明支持外在奖励扰乱了内在激励的观点，有的认为外在激励提高了内在激励，还有的认为两者根本不会对彼此产生作用。[5]

外部性

单个员工可以损坏企业的名誉，其他所有员工通过不道德的行为也可以。不道德的行为将外部性强加于企业的其他利益相关者。企业必须确保员工知道他们对自己的行为拥有产权；他们对自己的行为负责，并为这些行为承担奖励和惩罚。企业可以加强监督力度使得没有员工做出不道德的行为，但这会非常昂贵。一些监督可能是必要的，但是使外部性内部化必须通过产权的分配来实现。

如果员工需要单独安静地工作，那么多余的噪音就会是负外部性。企业可以为办公室或者小隔间创造私人产权。例如，员工可以拥有办公地点，或许通过拍卖投标得到。如果办公地点不是员工所想要的，他们就可以卖掉自己的办公室而买另一个。拥有办公地点的产权使员工个人能够找到解决方式来处理潜在的外部性问题。

迪尔伯特相信他的办公隔间更像他自己的家；这对他很重要。他也不是唯一这样认为的，许多员工都把办公室看做工作的一个重要方面。

信息不对称：委托—代理问题

所有者、管理者和员工通常都有不同的目标。所有者可能不顾管理者和员工的需求而只想提高公司的价值。管理者可能只想有更高的薪酬、更大的利益和更好的津贴，而员工可能只想要高工资和高福利、稳定的工作，以及充分的休闲时间。企业的问题之一就在于这些利益中的许多是相互冲突的。因为这些冲突，决定可能导致无效率的后果。企业成功的一个重要因素与这些人的利益如何匹配密切相关。

当一个人代表其他人行动时，委托—代理关系就出现了。其中，委托人就是前述的第一个人，即希望一些任务被完成或者一些结果被产出的人。代理人就是代表第一个人实施行动的个人。我们可以将上市公司的 CEO 描述为作为委托人的股东的代理人。私人企业雇用的经理就是公司所有者的代理人。员工是 CEO 或者经理的代理人。

委托人和代理人可能有不同的利益。委托人如何确保代理人以委托人的利益行动呢？委托人必须创造出能够使代理人的利益和他们自己的利益相匹配的激励。如果委托人和代理人都有完全的信息，他们签订合约就可以确保正确的行为。但只有极少数的情况下信息才是完全的，所以合约往往留下了利益偏离的空间。如果管理者知道这个问题，并且只聘用曾经表现高绩效的员工，另一个问题可能会出现。这些员工知道他们不可能被时时观察，所以一旦他们得到了这个新工作，他们就开始做更少的工作，变得低产，也只为工作付出更少的努力。这就是一个道德风险问题。

道德风险与风险分担

企业及其员工都受制于风险。薪酬和利润会波动，员工可能被解雇，企业也可能破产。这些后果可能源于个人或企业能够控制的行为，也可能源于他们控制范围之外的行为。薪酬计划和人力政策可能建立在分享分担的基础上。当两个及以上个人分担风险的总成本低于每个人单独承担风险的总成本时，风险分担的情况就会发生。

保险提供了一个很好的风险分担的例子。一个保险公司有许多投保人，可以广泛地分散风险，因而能够降低个人投保人的风险。例如，你可能遭遇汽车事故的风险独立于其他任何人遭遇事故的风险。因此，保险公司可以要求每个投保人支付保险费用，其数额等于预计的损失、花费与利润之和，并且要合理确认总保险费能使保险公司支付它可能遭受的任何损失。投保后，单个投保人就可以规避相应风险，从根本上说，他们是与其他投保人以及保险公司共同分担了风险。

如果员工是一个风险规避者，当员工承担更大的风险时，企业必须支付更多的薪酬。例如，以 Circle K 便利店的轮班经理的情况为例。他对需求、定价以及其他在他当班期间影响便利店利润的因素只有很小的控制力。这些因素更大地受到国家对广告和菜单组成的管理政策的影响。在经理当班期间向他支付基于便利店利润的工资将驱使他承担他无法控制的风险。同样，农场员工不能完全控制收成量，因为他们不能控制天气因素。如果仅仅把他们的工资建立在他们收获的农作物数量的基础上，就会使他们受制于他们无法控制的很大风险。所以，企业必须向承担额外风险的个人提供保险。问题在于一旦个人有了保险，他们就有可能改变行为，而这一行为会对公司造成很大的损失，怎样才能够阻止他们呢？

在保险合同中，道德风险可以通过使用共付额、免赔额以及激励个人采取他们被保险行为的所有权来达到最少。当使用保险时，必须为一些支付负责的情况降低了投保人出现道德风险的可能性。同样，薪酬计划和人力政策也必须考虑到潜在的道德风险问题。一些企业通过一致性协议支付给员工——一个独立于企业绩效的确定数量——然后基于企业的整体绩效分发奖金。这里的奖金类似于保险合同中的共付额。它不仅为员工超越自己的工作为企业做出贡献创造了激励，也为员工监督他人创造了激励。

垄断：敲竹杠问题

当诸如管理者和其他内部人员等部分人员比外部人员更了解公司现在的状况和未来的前景时，问题就可能出现了。管理者和其他内部人员可以在牺牲他人利益的基础上利用他们的信息优势——例如，通过歪曲或者操纵发布给投资者的信息。这些信息可能会影响投资者做出好的投资决策。财务报告就是通过诚信地将内部信息转变为外部信息来控制逆向选择问题的机制之一。再者，投资公司聘用的分析师也可以监督整个公司的财务状况。

当很难获得少数员工所掌握的信息时，这些掌握信息的员工就扮演了垄断者的角色，以很高的价格提供这些信息。从某种程度上说，他们套牢了公司。当 IBM 从主机业务转向个人电脑业务时，主机部门的员工就开始担心他们的职位和未来。他们尝试着去套牢公司，强迫公司放弃个人电脑业务，从而维持在主机方面的业务。纵向一体化的公司——有上游部门和下游部门——可能出现一个部门套牢了其他部门的现象。

缺乏外部选择，可能会是代理人被套牢的一个主要原因。当选择涉及需要在关系专用性资产上投资时，那么套牢的机会增加。**关系专用性资产**（relationship-specific）是能够被用在一种情境中的资产。例如，科学家在制药公司的具体研究或只在一家公司有价值的技能获得就是关系专用性资产。在各种状况下，一旦采取了行动，相关代理人就与这种关系捆绑起来。

当代理人考虑投资一项关系专用性资产时，很重要的就是意识到关于他与其他团体的谈判地位正在发生一个根本性转变。尽管代理人在任何投资行为发生之前，能够与许多潜在客户进行交易，但是当投资发生后，他就与一个垄断者在打交道了。

许多行为都有一定程度的特殊性。对于一些情况，代理人也遇到了关于特殊性程度的选择。例如，雇主资助的 MBA 学生可能会选择那些对他们完成学业后将去另一家公司工作更有价值的科目。他们想要减少所获取的关系专用性技能。

一般来说解决垄断问题的方法是竞争，这同样也适用于企业。当一个人或者部门试图去套牢企业时，企业需要有这个人或者部门的可行替代者。尽管设立这种冗余或者替代可能花费很大，企业还是必须对比和权衡套牢和替代品的成本。

许可新技术就是一个很好的例子。有时专利所有者只提出产品创意，而授予另一家生产商销售产品的权利。这种惯例称作**"二次外包"**（second sourcing）。最初看起来，二次外包可能意味着专利所有者放弃他们对新科技的垄断权利，因此得到权利的垄断者从中得利。事实上，通过二次外包，创新者通过提高创新价值来创造补充性投资引致了他人对这个创新的忠诚。例如，为了鼓励芯片软件的发展，一个电脑芯片制造商可能采用二次外包的方式。一个掌握特定技能的 MBA 学生可能向其他员工教授这些技能，以便他们在补充性技能的建设上有所投资。

薪酬安排

薪酬和人力政策的建立必须提高企业的效率。为什么可能一个企业提供利润分享政策，而另一个企业却没有？为什么一个企业基于员工的工作而支付薪金，而另一个企业却以员工的绩效来发放工资？为什么一些企业将主观评价作为薪酬决定中很重要的一部分，而其他企业却将薪酬仅仅建立在员工的产量上？问题的答案就在于这些政策使市场失灵的状况最小化，或者提高了效率。人力政策和薪酬设计是企业行为很重要的方面，它们直接促成了激励，从而引导了行为。

人们具有不同的能力和动机，而企业不可能知道每个人所具有的才能或动机类型。不同企业需要不同类型的雇员。一个企业可能想要能最适宜单独工作的员工，而另一个企业可能想要那些善于团队合作的员工。如果企业不太可能知道潜在雇员的特征，那么可以最有效率地选拔或者吸引适合人选的企业就具有比较优势。

对于一个不能提前衡量一个雇员是否适合的企业，一种方法就是创造出个人能将他们各自归入合适职位的方式。一个企业的薪酬和其他人力制度可以引导人们去选择他们有比较优势的工作。有时人们按照技能把自己归类。例如，微软、谷歌和苹果等企业就因为吸引创造型人才而闻名。而一些吸引则是源于不可复制的特质。例如，想要和古怪的西摩·克雷（Seymour Cray）合作的电脑硬件设计者或者想和比尔·盖茨合作的软件设计者。但是，企业的奖金结构也可以吸引特定种类的员工。例如，仅仅基于员工绩效支付工资倾向于吸引那些认为他们能表现很好的人员，而阻止那些认为自己不能表现好的人员，那些知道他们在这样的岗位上不会成功的人根本不会申请这个职位。

效率工资

一个企业需要处理其员工关系中的信息不对称问题。潜在的员工比招聘者更了解他们自己，而高级主管比企业以外的人更了解企业。这些信息差异会导致效率问题。就拿招聘来讲，如果企业不知道一个潜在的员工是否具有企业需要的特质，它可以采取引导个人自主地将自己分到合适类型工作的政策。例如，支付比市场工资更高的工资可能向潜在员工传递了一个信号，即企业需要更多的工作和成就。那些相信自己能够在企业如此氛围下成功的人就会加入，而不认为自己能够成功的就会放弃这个机会。这就叫做**效率工资**（efficiency wage）——高于市场工资的工资。效率工资的目标就在于吸引更高质量的员工。

一旦企业聘用了其需要的人员，它就需要去决定是否保留这些人员并且保留多久。如果一个员工能在任一时刻转换到另一个工作，而另一个工作和现在的工作同样合意，这样员工就不会关心他是否会被解聘了。在这种情况下，员工的付出可能不会像企业期望的那么多。因此企业必须让这个代理人想要保留这个工作，也就是说，提高他被解雇的机会成本。这时企业可以使用效率工资，因为支付过高的工资意味着员工被解聘的成本提高了。

资历薪酬制度

企业能够吸引和保留他们渴求人员的另一种方法，就是用特定的方法构建基于员工整个职业生涯的工资结构。在许多企业，薪酬随着工作的时间增加而增加，这就叫做工资上涨曲线（rising wage profile），如图6—1所示。为什么工资倾向于随着工作时间而增加呢？一个简单的解释就是，工资上涨曲线表示的是这样一种支付方式，它以员工贡献给企业的价值为基础来支付。一个员工的生产力（对于企业的价值）随着他得到的训练和经验而增加。例如，医疗人员、法律文员、会计以及银行学员，他们起初的工资很低，随着他们工作的时间增加，工资才渐渐提高。

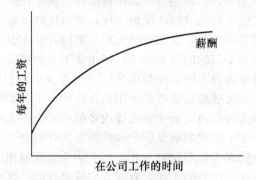

图6—1 资历薪酬制度

说明：一个人在企业工作的时间越长，他的工资就越高。最初，工资低于这个人对企业的价值，但最终他的工资超过了他对于企业的价值。

假设一个企业需要投入很多资源去培训新员工，但是一旦培训完成，这个员工对所有企业而言都变得更有价值。那么企业应该如何提供保留员工的培训项目呢？

如图6—2所示，如果薪酬随着工作年限增长并且最终超过员工为企业做出的贡献，这一工资结构就称作**资历薪酬**（backloaded compensation）或者**递延薪酬**（deferred compensation）。资历薪酬制度能够激励员工留在企业，从而有助于降低员工流动率。那些花费了大量资源去培养员工的企业会发现，资历薪酬制度正是一种有效的工资结构。培训花费很大，而且企业必须容忍新员工的低产量，直到他们被全面训练为止。进行这样投资的企业很自然希望员工留在企业，直到它收回这项投资的成本为止。

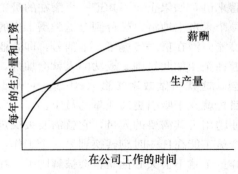

图6—2 资历薪酬

说明：最初工资少于员工的产量，但是最终会超过产量。这个模式能够激励员工留在企业。

资历薪酬制度的另一个方面在于它可以激励员工遵守合约规定。未来高于市场工资的预期打消了员工松懈和逃避职责的念头，而那些被解雇的人是吃亏的，因为他们没有得到未来高于产量的薪酬的"奖金"。

裁员

如果说资历薪酬制度作为奖励努力工作和培训投资的诱饵，那么劳动力市场上不断增长的流动率，例如在公司重组和裁员中发生的，都对薪酬制度的效果有负面影响。工作年限不长的员工可能认为他们不大可能长期保有工作直至上升到工资任期（wage-tenure profile）的阶段。这可能会降低员工努力工作或者参加企业专业培训的激励，并且可能在最初就阻止了最佳人员进入企业。

哪一类型的企业最有可能通过减少劳动力来缩减企业规模呢？当其他情况都一样时，没有资历薪酬制度和陡峭的工资生产率曲线的企业最有可能。一个拥有资历薪酬制度和陡峭的工资生产率曲线的企业即使在需求减少时，也可能不会选择解雇员工。这些企业必须将减少劳动力花费的好处与损害企业道德和名誉的成本做比较。如果决定解雇员工，企业就必须提供一个单独的福利计划来补偿员工因为资历薪酬制度遭受的损失，这会确保剩下的员工和新招聘的员工都为遭受未来解雇的额外风险而得到了资金补偿。人们不会加入一个虽然有资历薪酬制度，但却会在人们享受资历薪酬制度的福利之前就将其解聘掉的臭名昭著的企业。因此，提供资历薪酬制度的企业最有可能必须维持其乐于保留员工的美名。

新成员

假设有一家公司想要提高员工流动率，以不断地引进"新鲜血液"。高科技公司经常与其他同类公司抢夺一些员工，这使得这些公司总是齐头并进。如果现存的员工倾向于变得陈腐或者没有跟上技术发展水平，也能使得此类公司可以从新观点和方式中获益。相对稳定的薪酬结构会导致所谓的**薪酬压缩**（wage compression）。新员工被引进，其薪酬等级比得上或者超过在企业工作了好些年的员工。在这种类型的薪酬计划下，员工获得工资大幅增长的唯一方式就是跳槽。

计件工资

不仅仅是薪酬的等级，衡量薪酬和生产力的方式对于未来的员工也很重要。**计件**（piece-rate）支付计划就是按照每个人生产的数量支付员工工资。只有当衡量个人对企业价值的贡献相对容易时，计件计划才有意义。在林肯电气的例子中，员工按照他们生产的每一台机器得到支付，并且他们也对产品质量负责。如果机器有缺陷，他们就必须无偿修理。

位于俄亥俄州哥伦布市的沙夫利特玻璃公司意识到了计件计划的潜在好处，于是把支付方式从计时制转向了计件制。在保证最少每小时 11 美元工资的同时，玻璃安装工也可以选择每安装完成一件产品得到 20 美元，这就给了他们通过更快工作来挣更多钱的激励。为了防止质量受损，无偿替换已安装上有问题的挡风玻璃的任务也分配给了同一家店。因为在这家店里，初始安装工的名字都为他们的同事所知，员工会感到更大的来自同事的压力，从而提高他们的绩效，或者是放弃这个工作。按件支付带来的结果非常乐观，每个员工的平均产量增加了20%，平均收入上涨了10%，并且企业总产出激增36%。当加拿大的植树员按照他们栽种的每一棵树获得薪酬时，新栽树的数量增加了35%。当零售店的销售员计件支付工资时，零售店的销售增长了大约10%。[6]

以上给出了计件工资带来的生产力增加，但为什么不是每个公司都使用计价工资计划呢？一个原因就在于一些公司很难衡量单个员工的产量，这些公司使用计价体系就不再有效率了，因为衡量每个员工产出的花费很大。第二个反对计件工资的论点在于，即使绩效能被衡量，它也可能会在某些场合下导致不正确的激励。很多零售公司尝试将销售员的工资与他们的销售数量捆绑起来，但是后来发现这种机制导致销售员暗中阻挠对方的销售，从而对公司的绩效产生了消极的影响。当一些电话销售公司根据打电话的数量支付工资时，电话销售员为了更多的数量而降低了每次电话联系的质量，利润事实上减少了。1992年，西尔斯公司废除了在其汽车修理厂基于顾客授权修理利润支付的一系列薪酬机制，因为这个机制误导顾客去授权没有必要的修理。当AT&T公司的计算机程序设计员基于他们编写的代码行数得到支付时，程序不必要地长了很多。[7]

计件工资计划吸引了高产、努力以及喜欢自己工作的人员，而不高产、不愿意为工作努力或者喜欢团队工作的人就不会选择一个支付计件薪酬的公司。

竞赛

科层制度给公司提供了一种奖励竞争和表现以及增加权力的方式。在大多数公司，职位的晋升和工资的增加一般同时发生，所以我们可以将晋升看做员工之间互相竞争的比赛结果。人们通过比其他所有想要晋升的员工表现得更好，向更高的等级晋升并获得更高的薪金。一旦一个人晋升了，一场新的竞赛又开始了，胜者达到更高的等级，最终的奖赏就是最高的职位——公司的CEO。

如果公司内部的职位晋升是一场比赛，那么什么样的薪酬结构可以引起参与者最高产的行为呢？研究发现在高尔夫球比赛中，第一名的奖赏超过第二名或者名次更低的越多，参赛者的平均表现就越好，为第一名而奋斗让每个参与其中的人都表现更好。同时也发现在纳斯卡赛车比赛中，第一名的奖赏与第二名或者名次更低的差异越大，平均车速就越快。将这些发现应用于公司里的劳动力市场，经济学家认为CEO相对于其他员工的极高的全部报酬可能驱使所有的员工（不管是现在的还是将来的）在其工作上付出额外的努力。

竞赛的观点也显示出更有能力的人获得更多的权力。一个人获得的权力取决于他在早期竞赛中有多成功。一个人越成功，他就会获得越大的权力，这也伴随着薪酬的增加和在公司等级的提高。这样，通过公司的结构，员工的能力也得到了分配。

案例回顾

留住员工

如果替换一个员工的成本比保留他的成本更大，保留对于公司而言就是一个问题。

如果企业花费资源去培训和发展一个员工，它就一定想从员工身上得到价值回报。那么企业如何为员工提供长期留在这个企业的激励呢？一种可行的办法就是资历薪酬制度——根据员工在企业工作的时间来支付溢价，因为这为员工早早离开公司制造了一个很高的成本。这样的薪酬制度需要在其他企业目前对于同样的服务不会提供更高的工资的情况下。如果一个员工必须平衡现在和未来的收入，从根本上说，他就需要对比两者的净现值。公司必须提供给员工最高的净现值。

企业可能会"缴纳履约保证金"——本质上说就是如果员工可以坚持在公司待一段时间的话，公司就向员工提供一大笔钱，但如果员工在这一期间离开，他就丧失了这种福利。其中一种办法就是提供股票期权，这种期权只有在一段时间之后才能行使，并且除非员工在公司里工作了特定时间，否则这些期权就不能兑现。这是一个更为清晰的资历薪酬制度方案，并且让员工清楚地看到了离开的代价。

本章小结

1. 公共品会导致很少的产出。例如企业名誉就是一个公共品，因此没有实现高级主管所希望的资源投入。通过分配私人产权或者运用税收和补贴，管理者就可能有能力提供公共品。

2. 商业中经常运用团队的力量，因为人们相信团队能提高生产力。团队合作的首要问题就是搭便车，当个人为团队产出做出的贡献不能被衡量时，搭便车现象就产生了。因此，团队中的每个人都有减少工作并且依赖其他团队成员的激励。

3. 使团队中搭便车现象减到最少的一种方法就是让其中一个团队成员成为监督者或者让一些成员去监督另一些成员。如果员工有为团队贡献自己努力的额外激励，那么内在激励也有助于解决搭便车的问题。

4. 主观评价在为员工树立正确行为上起了一定作用。主观评价能够为薪酬中那些难以衡量但对企业价值很重要的因素赋予权重。

5. 主观评价可能会导致寻租行为的增加，因而需要采取一些方式来减少寻租现象。

6. 当员工将负外部性强加于公司的其他员工或者股东时，一些确保员工外部性内部化的行为能够提高效率。私人产权的分配和这些权利（良好治理）的加强都是影响外在性的内部化的方式。

7. 当一个企业的员工对于企业的活动有不同程度的了解时，道德风险问题就可能发生。

8. 薪酬计划必须为员工创造一种激励，使他们去实施有益于企业所有者的行动。而基于员工无法控制的事件的薪酬则不会产生这样的激励效果。同时，为了使不能控制的风险所带来的消极影响最小化，薪酬计划通常包含一些风险分担的性质。

9. 公司的组织结构可能在能力的分配上起到一定作用。如果公司成功的结构类似于体育竞赛，此处的成功意味着在公司等级上的提升，那么，一个人越有权力，他在之前的工作中就越成功。

10. 公司运用薪酬和人力制度来吸引员工。公司在其想要聘请的员工类型上存在差异。一个公司必须做到有效率地吸引适合的人加入。

11. 潜在员工比公司的招聘者更了解他们自己。因此，公司可能犯下很昂贵的招聘错误，从而想要设计相关政策来使这种错误最小化。

12. 效率工资和资历薪酬制度都是提高效率的方式。效率工资通过向员工支付高于市场的工资来努力吸引最好的员工。

13. 资历薪酬制度都是递延薪酬，也就

是说，今天挣到的工资以后才会得到。资历薪酬制度计划就是指员工在他们工作的早年所获得的工资低于他们对公司的价值，而在以后的时间里，工资高于他们的价值。这种方式让员工待在企业足够长的时间以便获得这些额外的薪酬。这也有助于最小化员工逃避责任的现象，因为如果他们因此被开除，他们就会失去那些额外的薪酬。

14. 计件薪酬基于人们生产多少而支付工资。只有当产出容易衡量时，计件工资计划才有效率。一个计件工资计划可以吸引到那些喜欢单独工作并且想要得到自己工作奖赏的人。

15. 决定个人对公司价值的贡献通常很困难。当公司有公共品问题时，员工可能搭公共品的便车，并且只对私人产品投入资源，因为在私人产品里，他们的努力是能被衡量的。

关键术语 ■

关系专用性（relationship-specific）

资历薪酬或递延薪酬（backloaded or deferred compensation）

二次外包（second sourcing）

薪酬压缩（wage compression）

效率工资（efficiency wage）

计件（piece-rate）

练 习 ■

1. 人身伤害律师可能收到等于赔偿金额一定百分比的胜诉费，但只有当客户赢得了官司并获得了赔偿时，律师才会获得支付。而专注于其他类型案子的律师经常按小时收费。请从委托人或者代理人的角度，运用委托—代理关系去评估每种类型费用安排的优缺点。注意确保讨论到激励效应。

2. 假设一个员工有两项任务要完成——组装机器和质量评估。假设管理者只能观察到工人组装的机器数量，在何种情形下，委托人应该将工人的薪酬与他们在第一项任务上的绩效紧密联系起来？

3. 据说目前一代的员工只有很小的可能性会在同一家企业度过他们的整个职业生涯。而前几代人通常都只有一个雇主。那么在员工中，一个更快的流动率是否对企业更有利呢？是否对员工更有利呢？请阐述相关原因。

4. 许多企业在服务顾客数量的基础上，帮助顾客来评估话务员。解释这样一个评估系统的结果。如果可以选择，你会有怎样不同的行动？阐述你提出的上述改变的优缺点。

5. 最新研究表明那些失业员工在找到新工作时，往往只能得到较低的工资。研究也表明，白领阶层比蓝领阶层遭受到了更多的工资的减少。你如何解释这个趋势呢？

6. 练习5提到了关于失业员工和他们工资更低的新工作的研究，同样的研究也表明在一个企业工作长时间的员工比工作时间相对较短的员工在找新工作的问题上遭受了更大的损失。你如何解释这个趋势呢？

7. 大约在1990年之前，几个企业明确提出了绝不辞退员工的政策，也就是说，它们创造了终身雇佣制。这一制度的成本和好处是什么？哪类企业可能受益于这个政策？

8. 在快速发展变化的科技产业，你认为哪类薪酬制度能很好地起作用？请解释原因。

9. 在科技变化较少、较慢的产业领域，你认为哪类薪酬制度能很好地起作用？

10. 当本和杰瑞决定从公司经理的职位退下时，他们宣布新来CEO的收入不会比最低收入的员工高出10倍。你认为这个政策会导致怎样的结果？

11. 在任意时间单位，一个员工被辞退或者主动放弃某个工作的可能性可以表示为：

$$Q=a-bT-cT^2$$

式中，Q 代表离开现在工作的可能性；T 代表员工在这个职位上工作的时间长度。解释这个表达式并说明其原因。

12. 一项投资有一半的可能性收益为 0，1/3 的可能性收益为 3 000 美元，1/6 的可能性收益为 6 000 美元。这项收益的期望价值是多少？

13. 如果上题所提到的投资是一个人可能的周工资，并且这个人不能控制最后结果，那么如果他是风险规避者，他将投入哪些努力？如果他是一个风险偏好者，他又该如何作为？

14. 在练习 13 中，如果员工是一个风险规避者，哪种薪酬制度才能使他投入最大的努力？

15. 什么是市场失灵？阐述为何外部性、公共品和信息不对称都是和私人产权相关的问题。

16. 阐述为什么相对于小企业，在大企业能发现更多的偷懒、腐败和无效率问题，而相对于大企业，为什么能在政府发现更多的偷懒、腐败和无效率问题。

17. CEO 的部分寻租行为可能影响到 CEO 的薪酬吗？评估如下论断：薪酬安排是董事会为了最大化股东价值，通过设计一个理想的委托—代理协议而安排的。但是董事会并没有公平地操作，反而，经理有权力影响他们自己的薪酬，去提取租金。因此，经理所得到的薪酬高于对股东最理想的数量。

18. 2010 年，Maconda 油井在墨西哥湾发生爆炸，造成了 11 人死亡和大面积的漏油事故。英国石油公司并没有深水地平线平台的所有权，但是却通过泛洋公司租入，就何种意义而言这是一个委托—代理问题呢？这个问题创造了何种激励呢？

19. 2010 年，Maconda 油井在墨西哥湾发生爆炸，造成了 11 人死亡和大面积的漏油事故。英国石油公司并没有深水地平线平台的所有权，但是却通过泛洋公司租入，如果英国石油公司拥有所有权，它会比租入时更关注安全问题吗？请解释原因。

20. 一个专业招聘组织的广告这样说道："相比传统雇佣关系沉重的花费和管理负担，外包是一个更加经济的选择。"请评估外包招聘的成本和好处。通过外包会产生或者说解决哪些市场问题？

注　释

1. Some economists argue that national defense could be privatized. See Hans Hermann Hoppe, *The Myth of National Defense* (Auburn: Ludwig Von Mises Institute, 2003).
2. G. Baker, R. Gibbons, and K. Murphy, "Subjective Performance Measures in Optimal Incentive Contracts," *Quarterly Journal of Economics*, 109 (1994): 1125–1156.
3. G. Staffiero, "Peer pressure and inequity aversion in the Japanese firm," Public-Private Sector Research Center, 09/2006.
4. Lanse Minkler, "Shirking and Motivations in Firms: Survey Evidence on Worker Attitudes," University of Connecticut Working Paper 2002-40, September 2002.
5. Judy Cameron, Katherine M. Banko, and W. D. Pierce, "Pervasive Negative Effects of Rewards on Intrinsic Motivation: The Myth Continues," *The Behavior Analyst*, 24 (2001): 1–44; E. L. Deci, R. Koestner, and R. M. Ryan, "A Meta-analytic Review of Experiments Examining the Effects of Extrinsic Rewards on Intrinsic Motivation," *Psychological Bulletin*, 125 (1999): 627–668.
6. Canice Prendergast, "The Provision of Incentives in Firms," *Journal of Economic Literature*, 37, no. 1 (1999): 7–63.
7. Ibid., p. 21.

第 3 篇
保持竞争优势
*S*ustaining Competitive Advantage

第7章
当其他公司不作回应

案例

沃尔玛的掠夺性定价

众所周知，沃尔玛通过"天天低价"战略建立了全美国最庞大的销售体系。然而一个存在争议的问题是，沃尔玛是否存在以低于法律允许的价格销售其产品，以击垮其竞争者的非法行为。1993年，一些由独立药店组成的团体对采取掠夺性定价的沃尔玛提起诉讼。阿肯色州明令禁止"以损害竞争者或者市场竞争环境为目的，以低于供应商的成本价销售或推销任意物品或商品"的商业行为，此条法令于1937年被首次采纳。

沃尔玛的辩护律师则在一次审判前的诉讼书中指出，该条法令中提出的是对一种产品的禁令，而不是对一堆独立的产品的禁令，更不是对沃尔玛的一篮子商品或者说整条产品线的禁令。如果整条产品线并没有出现价格低于成本的现象，他们则坚持认为这将不构成对该条法令的违犯。

很显然，如果要对掠夺性价格颁布禁止令，那么法庭必须决定在价格低于成本的情况下，哪些行为可以被认定为非掠夺性的。这就是法律的灰色区域了。第二个需要在法律体系内考虑的因素就是是否存在破坏竞争的意图以及这个图谋是否破坏了竞争。第三个因素就是赔偿问题。那么当竞争被消除时，价格最终提高了吗？

1. 什么是掠夺性定价？
2. 为什么说"当竞争被消除时，价格是否最终提高"会对最终的判决认定产生影响？

抉　择

生活标准和经济增长率可以作为衡量一个国家绩效的标准。从国家层面上看，显然有的国家做得很好，而有的国家做得很差。图7—1展示的是世界各国的生活标准。最贫穷的国家主要集中在非洲，而最富有的国家集中在北美、西欧、澳大利亚、新西兰、日本和其他一些地区。

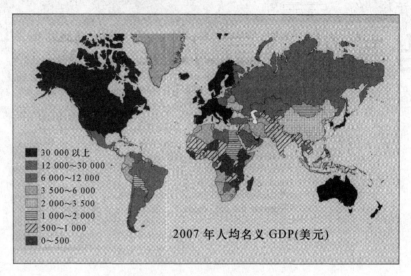

图7—1　各国人均收入

说明：生活标准以人均收入表示。地图上展示的是各个国家的生活标准。
资料来源：Data based on International Monetary Fund, as of April 2008.

贫穷的国家之所以贫穷，是因为它们采取了错误的战略。它们把资源浪费在内乱、腐败和低效的政府管理上。同样地，从公司层面来看，也有成功的公司和失败的公司之分。失败的公司之所以失败，是因为它们采取了错误的战略而浪费了资源。在这一章，我们对战略进行初步的了解。

一般来说，战略，不管是国家层面的、组织层面的还是个人层面的，其实质都是在谈选择。如果不需要作出选择，那么也没有必要制定战略了。但在目前资源的限制条件下，如何利用这些资源则决定了国家、组织或个人成功的程度。

为了在两种资源的分配中做出选择，我们使用的是交换曲线，或者称为**生产可能性曲线**（production possibilities curve，PPC），如图7—2所示。这个曲线展示的是所有现存的资源或者技术被全部有效地利用之后所能生产或者创造出的产品组合。图中横轴是一种资源分配方式（比如大炮），而纵轴则是另一种资源分配方式（比如黄油）。这个曲线阐明了如下一种限制——为了获得更多的大炮只能放弃一部分黄油。这个曲线之所以称为权衡曲线，是因为它表明，为了更多地获取某种产品，必须放弃另外的一些产品。生产更多的大炮意味着需要将现在用来生产黄油的资源分配到大炮的生产上。

位于曲线内的产品组合意味着资源未被充分利用，而位于曲线外的产品组合在一般情况下是不可能达到的。在图7—2中，B点和D点位于生产可能性曲线上，A点在曲线内，C点超出了曲线的范围。A点意味着资源未被充分或者有效地利用，如果更好地利用资源，两种产品的产出都将增加。C点则表示在现有技术和资源下不可能实现的产品组合。

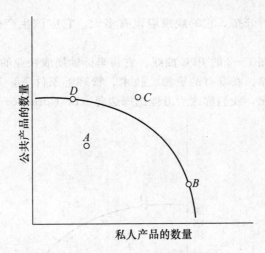

图 7—2　生产可能性曲线

说明：B 点和 D 点意味着所有资源被有效利用。A 点意味着资源未被充分利用。C 点表示的产量组合是现在不可能达到的。

短期、长期、内部和外部战略选择

国家战略涉及两种时间框架——短期框架和长期框架。在短期，PPC 曲线上的点就是正确的选择。换言之，只有两种选择，一是充分利用资源——代表位于 PPC 曲线上的点；二是并未充分利用资源——代表位于 PPC 曲线内部的点。而位于 PPC 曲线外的 C 点在短期内是不可能达到的。

长期战略决策关注的是经济增长，这在 PPC 曲线上表现为曲线的向外移动。如果创新、技术变革或者其他一些情况，使某种产品组合（PPC 曲线上的某点）产生经济增长，那么在该点处的 PPC 曲线就会相比其他点而言向外移动。当 PPC 曲线向外平移时，C 点的产品组合最终会变成可实现的。在某一阶段，如果 PPC 曲线持续外移，C 点可能最终会变成代表无效率的点，因为此时它位于 PPC 曲线的内部。

国家战略同样涉及两个维度——内部维度和外部维度。A 点代表的是资源未发挥全部效率时的产出水平；此时国家可以在没有额外资源或者技术的情况下提高生活水平。举例而言，一个效率低下的政府会使国家处于 A 点而非处于 PPC 曲线上，因为其内部商业活动需要将资源用于与无效率或腐败的政府打交道而非用来生产产品。这就是一个效率低下的内部战略，而外部战略的效率则取决于国家与其他国家打交道的情况。

个人和企业的战略与国家的战略类似。个人需要选择自己吃什么，是巧克力饼干、西兰花还是其他各种食物。这是他们的内部战略。为了做到有效率，一个人必须为身体提供充足的能量。但是，个人也必须选择如何与其他人打交道，如何社交，如何工作，等等。这就是他们的外部战略。一个位于 A 点的人就是无效率的——吃得很少、生病或者时间管理得很差。

类似地，一个企业也必须决定如何在内部分配资源，如何组织，如何奖励，等等。这是一个企业的内部战略。这个企业还需要选择如何与其他企业打交道。它应该选择将产品降低价格（低价战略）还是提高质量（高质战略），它应该在什么地方进行开拓，它的规模应该有多大，它应该生产什么？这些就是企业的外部战略。

参看图7—3的PPC曲线，它将坐标轴换成企业的两种一般战略——低价战略和高质战略。在既有的资源、技术、管理等条件下，其所能做的最佳选择由PPC的边界给出，我们称之为**最佳选择边界**（best practice frontier）。

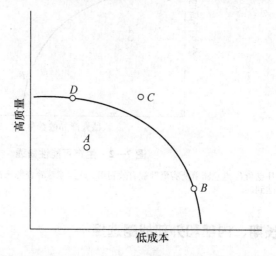

图7—3　最佳选择边界就是用PPC曲线来表示一个企业作出的选择

说明：曲线内的点，如A点代表效率低下，资源未发挥它们的最高价值。而C点在现有的技术条件下不可能实现，等等。刚好达到效率的点构成了最佳选择边界。

最佳选择边界是在现有的资源和技术条件下能够做出的最好选择。战略性选择还涉及它究竟是位于边界的哪一个点上。如果一个企业选择了一个点，意味着它放弃了其他所有的点——它在作出选择。很多企业可能都做到了有效率地运营，但是只有其中一部分企业选择了高质战略，而另一部分企业偏向于低价战略。一个选择了低价战略的企业必须放弃高质量的产品，反之亦然。但是无论一个企业的外部战略如何，如果其内部战略没有效率，那么这个企业也不可能具有竞争力。一个坚持不作出最佳选择的企业不会长久。

商业洞察

最佳的选择可能包含与琐碎诉讼的辩论[1]

一个企业必须选择如何分配它的资源，而这一选择可能会涉及非生产行为，如诉讼。2005年，默克（Merck）必须决定是将资源分配给研发新药还是用于在一些它认为无聊的诉讼中为公司辩护。现在默克所面临的是关于抗关节炎药物Vioxx的诉讼，在有研究指出这种止痛药与心脏病突发和中风有关之后，该药于2005年10月被强制退市。重建默克作为科学合作者的声誉必须立足于证实该公司并未误导投资者和消费者。它必须选择是支付超过200亿美元来结束这场诉讼，还是抗争到底。默克的选择是抗争到底，而不是就此结束。当默克赢得这场官司的时候，这一战略才被证明是正确的。这场胜利使该公司在2007年结束这些诉讼，并使对于Vioxx药物的潜在受害者的赔偿金从最初的超过200亿美元减少至48.5亿美元。

当你正筹备开展一项业务时，你要回答的第一个问题就是"这项业务是做什么的？"对于个人或者国家而言，基于比较优势进行专业化生产并进行交易可以使利益达到最大化。所以一个好的战略就是基于比较优势进行专业化生产并进行交易。那么是什么导致比较优势的产生？对于一个国家而言，自然或者人力资源的储备、技术、基础设施、教育和领导力都可能是其产生比较优势的基础，但这也可能源于国家的经济、政治和法律机构。对于一个企业而言也是如此，资产存量、公司结构、监管或其他都可能是其比较优势的基础。当我们具体探讨企业问题时，一般更多地使用**竞争优势**（competitive advantage）这一术语，而不是比较优势。这两者的本质意思相同——你在哪方面做得比别人更好。

对于你假定的公司而言，你必须考虑那些可以赋予你公司竞争优势的要素。举例而言，一个公司现有资产和其战略性资产的总数会影响到企业在哪些活动中绩效较高。对于大多数企业来说，它们拥有的最有价值的资产是它们的员工。每一个企业的员工所拥有的智力财富对企业的贡献将创造这个企业的竞争优势。为什么谷歌公司如此成功？根据该公司的报告，它的成功归因于那些为谷歌工作的员工。此外，企业的内在因素——如文化、组织、薪酬体系、领导力、技术等也可能导致竞争优势的产生。谷歌提供美食、灵活的工作时间、优厚的福利，因此谷歌成为最受欢迎的雇主，这使它的竞争优势得以加强。

沃尔玛的竞争优势最初源于它的购买点数据收集系统，这使得它能够快速、灵活地对顾客需求的变化做出反应。这种竞争力直到 20 世纪 80 年代仍然是沃尔玛的优势所在。这种优势使沃尔玛公司快速成长并具有影响供应商物流和定价的议价能力，而这种购买者议价能力正是沃尔玛的竞争优势。

识别一个公司的战略，关键在于识别它的竞争优势——这个企业到底具有怎样的竞争优势？因为这才是制定战略所要依据的事实。然而，太多情况下公司战略却完全取决于公司愿景。比如"我们想做到最好"这类陈述仅仅代表了愿景，和公司现状没有一点关系。阅读企业提供的年报或者使命陈述，你会发现大多数情况下这些陈述都不是以事实为依据的，而沦落成一些无意义的空谈。

举例来说，合并后的 Wilkinson-Match 公司业绩的惨淡已经证明了 British Match 公司和剃须刀制造企业 Wilkinson Sword 并购决策的失败，然而其管理层却依然宣称这次并购"给予了两个公司实质性的东西"。这句话到底说了什么？类似地，我们经常听到"这次合并意义重大，并且合并后的企业将成为全球市场的一员"。这些陈述除了描述了企业愿景，什么也没说，这就是以愿景为导向的战略。就像瑞森·凯勒歌中所唱的"沃布冈湖所有的孩子都比一般孩子聪明"，这种陈述往往在统计学上就是不可实现的。这些战略的不可实现性在于它们忘记了当一种资源被分配给一个地方后就再也不能用于其他地方。天下没有免费的午餐。管理层必须通过比较每个可能性的价值和成本以及为实现这个目标而放弃的本可以用来实现其他目标的机会成本，来仔细衡量每个可能的选项。管理层工作的核心其实就是权衡，即为了获取某些东西而必须放弃其他的决定。

考虑下面的企业：

美体小铺

戴尔

Enterprise Rent-A-Car

E-Trade

联邦快递

家得宝

MTV

西南航空

星巴克

斯沃琪

今日美国

这些企业都没有提出以愿景为导向的战略。它们提供的是一些新的东西和它们视为自己的竞争优势的东西。使上述企业与其他企业相区别的标志是：它们可以在相对短的时间内取得成功。大多数新进入的企业在 5 年内宣告失败，即使有些企业得以存活，也只能占有很小的市场份额——在 5 年内可能很难超过 5％的市场份额。

每个公司是否都应该创新而不是模仿？它们应该这样吗？大多数创新者都是小企业或者新进入者。你很难见到一个大企业在其所扎根的行业中改变游戏规则。这背后的原因很多，但最重要的一点是，对于这些已运作多年的大企业而言，改变战略的成本很高。它们已经拥有了竞争优势并在其中投入了大量的资源。很显然，放弃这种竞争优势去做其他一些工作的成本非常之高。

当施乐公司注意到佳能公司的创新举措时，它并未采取任何应对措施。施乐公司的副总当时说："我们太晚才意识到中小型复印机的市场机会，所以像佳能公司这样的日本竞争者得以占据我们的市场份额。"[2]当施乐公司意识到它采取了错误的应对方式时，它转而决定跟随佳能的战略。施乐公司开始开发新的产品并重组原先的销售流程，以此建立起一个既可以为大型系统购买商提供支持又可以为小型企业进行服务的组织；与此同时，它还增开了一些专门销售小型复印机的零售店。最终的结果就是施乐公司与佳能公司这两个竞争者同时采取了两种相同战略定位——它们原先拥有的与对方原先拥有的。在这种情况下，一个企业需要运用成本领先或差异化战略，通过获得比另一个企业更好的业绩来获取优势。这种情况下一个可以预见的事实是，这个行业的边际利润会急速下降。

进行创新还是模仿竞争者是一个重要的决策，但也只是其中之一。即使做出也并不代表决策过程的结束，相反进一步还会有许多新的决策等待制定。已经进入一个市场，开展一项业务并取得成功，那么还有哪些要做的？还有很多。管理者需要继续工作以获取后续的成果，为分配资源做出战略性决策，设计出应对竞争者、供应商、客户等的战略。请记住利润对公司的吸引力犹如大海中的血腥味对鲨鱼的诱惑。不断会有企业试图采取创新或者模仿战略，来把你的公司驱逐出去。所以，战略是一个持续的过程。

波特的五力模型代表着外部战略

哪些因素导致了企业的成功？它是仅仅取决于公司做什么，还是与公司所处的环境或者行业结构有关？制药行业的利润率远远超过杂货店行业的利润率。为什么？杂货店的老板为什么不仿照制药行业的战略来获得较高的利润率呢？

这些问题都被一个在工业组织领域锤炼多年的经济学家迈克尔·波特（Michael Porter）认为是在商业战略中至关重要的问题。在工业组织学领域，行业的结构决定了行业中企业的绩效和行为。这称为结构—行为—绩效模型（structure-conduct-performance model，SCM）。波特采纳了这个模型并对它进行加工，得到了他称为**五力模型**（five forces model）的工具。他认为长期经济利润为正的可能性与行业的结构有关——具体来讲，行业相比其下游购买者与上游供应商是否拥有更强"市场力量"，是否存在进入壁垒以保证这个行业的经济利润不会因竞争而消失。

图 7—4 详细说明了五力模型。在中间的是竞争。这涉及竞争是如何发生的——比如是通过价格还是其他因素如质量、服务、创新、技术变革和其他非价格的维度。它同样与竞争者的数目有关，其依据是竞争者数目越多，经济利润降到零的速度越快。

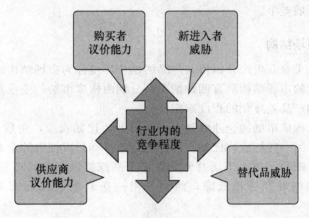

图 7—4 波特的五力模型

说明：战略被视为由五种因素组成：现有竞争者间的竞争、企业与供应商的关系、新进入者的威胁、其他企业开发替代品的威胁、企业与其客户间的关系。

供应商的能力是指一个企业使其供应商分担成本的能力，即将成本的增加转嫁给供应商。如果一个企业对其供应商有统治性的控制力，那么其供应商必须按照企业的需要运作。它们不能在它们觉得价格不合适的时候就提高价格。沃尔玛和特易购就是这种情况。它们主宰供应商至如此境地，以至于它们只允许供应商为两家（沃尔玛或者特易购）中的一家服务。

购买者的能力是指企业将成本的增加转嫁给购买者的能力。如果一个企业对其客户有统治性的控制力，它就可以把成本的增加完全转嫁给购买者；它可以在它认为合适的任何时候增加购买者购买其产品的成本。举例而言，一个制药企业可以随意调高它的一种专利药品的价格而不丧失潜在的客户。另一方面，从事零售业的西夫韦公司则不可能在不把顾客赶往其他连锁超市的情况下提高价格。

替代品威胁是指公司产品被替代的可能性。苹果公司的 iPod 取得了瞩目的成功，在它刚引入的时候，苹果公司就意识到它被替代的可能性。所以每当其他公司的 MP3 新进入市场时，苹果就降低其 iPod 的价格。同样，星巴克也被麦当劳的咖啡威胁。但是，即使麦当劳的咖啡被认为比星巴克的咖啡更好喝，仍不能使星巴克的咖啡降价。这两种产品并不能被认为是相近的替代品，因为人们去星巴克品尝的不仅仅是咖啡，更是其舒适的环境、丰富的饮品和优质的服务。其结果是，一杯咖啡的几美分甚至 50 美分的价格差异并不能使星巴克的客户转向麦当劳。然而，现在情况有所不同，星巴克新增加了汽车餐厅业务，而且在一段时间内提供早餐三明治，而麦当劳新设了专门的咖啡馆和咖啡调配员，这时它们就有互相替代的威胁。再看另一个极端例子，诸如 Yahoo. com 等的电子邮件服务提供商的服务已经变得同质化，归功于公开的邮件发送工具 SendMail 和 QMail 的出现，现在很难再见到有人为电子邮件服务器软件付费。但更重要的一点是，所有的电子邮件服务都是一样的。这就是同质化——行业出现大量且相同的替代品。

新进入者的威胁与这个行业是否拥有足以吸引竞争者的正经济利润和对于它们而言在此行业开展业务是否具有难度有关。对于一个人来说，开咖啡店并不难。难的是创造一个品牌将业务从星巴克的手中抢走。相对地，如果美国默克集团开发了一种新的抗癌药，创造了大量利润，可能很多年后才会有其他企业进入这一制药业务并开展竞争。

市场结构

一个企业生产并销售其产品的销售环境称为市场结构。五力模型已经指出，企业所处的市场结构具有四种情况，分别由构成市场的企业数量、进入或者退出的难易度和产品差异化的程度确定。

● 构成市场的企业数量。一些行业，比如农业，由数以百计的独立农场组成。然而，另一些行业，比如照片冲洗行业，却只有很少的企业。

● 新公司进入市场并开始生产产品或提供服务的难易程度。进入桌面出版行业可能相对容易和低廉，然而开发一条新的航线会需要更多的成本和更高的难度。

● 企业所生产的产品的差异化程度。企业可能会出售完全相同的产品——小麦就是小麦，无论它是哪个农场生产的——或者不同的产品——麦当劳的巨无霸与 Ciabatta Burger 的 Jack-in-the-Box's 就是不完全相同的。

表 7—1 总结了四种市场结构的特征。

表 7—1 　　　　　　　　　　　　　**四种市场结构的特征**

市场结构	企业的数量	进入条件	产品类型
完全竞争	非常多	容易	标准化
垄断	一个	不可能	一种
垄断竞争	多	容易	差异化的
寡头	很少	有障碍	标准化或者差异化的

完全竞争（perfect competition）。完全竞争是由以下因素决定的市场结构：

● 行业中企业数量巨大，大到任何一家企业都不能对市场造成影响；

● 所有企业都生产完全相同的产品（完全替代品）；

● 容易进入。

在完全竞争环境下，行业中企业数量众多意味着顾客在其愿意的任何时候购买某种产品或者服务都可以有众多选择，并且顾客购买其他公司的产品不会产生额外的成本。在这种市场结构下，产品是完全同质的，所以顾客不会喜好某一种产品或品牌多于另一种产品或品牌。事实上，这种市场结构下没有品牌——只有完全相同并可以通用的产品。企业数量众多同时也意味着每个单独的卖家都只是市场中的一小部分，所以它的行为根本不会影响到其他卖家。一个企业可以在市场价格下出售所有它想出售的产品，但是它不能试图提价，而且它也不会降价。如果只有一个企业试图提高价格，哪怕很小的一点，顾客所要做的仅仅是转向其他卖家购买。顾客具有完美的需求弹性——为什么要在转个身就可以少花一分钱购买完全相同产品的情况下多支付哪怕一分钱？这个情形说明了单个企业的需求曲线是一条水平线，如图 7—5（a）所示。注意到这样一个事实，当一个企业的价格高于现有的市场价格时，顾客对该企业的产品需求就会完全消失，即在高于这个市场价格时，就不会有任何需求。完全竞争的市场结构经常被认为与日用品市场相关，因为日用品是完全相同的产品。

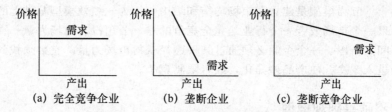

图 7—5   一个企业所面对的需求曲线

说明：对于完全竞争市场上的一家企业，它的需求曲线是一条水平曲线，如图（a）所示。图（b）展示的是垄断市场的市场需求曲线，也是一个垄断企业的需求曲线。这个企业是市场的唯一供应商，因此它面临的是整个市场的需求。图（c）展示的是在垄断竞争市场下一个企业所面临的向下倾斜的需求曲线。曲线之所以向下倾斜，是因为在这个行业里产品是有差异的。

垄断（monopoly）。垄断是这样一种市场结构，在这个结构里：

● 只有一个企业；

● 其他企业的进入是不可能的。

在垄断的结构下，因为只有一个企业，顾客只有一个地方可以购买这种商品，并且没有其他替代品。垄断企业可以做它想做的任何事情，赚它想赚的任何利润，因为消费者无法寻找别的卖家。

在垄断市场上单个企业所面临的需求曲线就是市场的需求曲线，因为这个企业是市场上唯一的供应商。这在图 7—5（b）中展现出来。作为唯一的生产者，垄断厂商必须仔细考虑制定什么样的价格。不同于完全竞争市场上的价格提升，垄断市场的价格提升并不会使得所有的消费者都转向其他生产者。但如果价格太高，消费者将不会购买该产品。如果价格太高，即使垄断厂商拥有某种必需品比如胰岛素、汽油或者电力，消费者也不会选择购买。

垄断竞争（monopolistic competition）。一个垄断竞争市场结构的特征有以下几点：

● 行业中企业数目较多；

● 容易进入；

● 差异化的产品。

产品的差异化将垄断竞争市场与完全竞争市场区分开来。（在两种市场结构下，进入都很容易并且企业数量众多。）即使垄断市场竞争下有很多企业，对于任意一个企业来说，它所面临的需求曲线都是向下倾斜的，如图 7—6（c）所示。因为每种产品都与其他产品有细微的不同，每一个企业都如同一个小型垄断企业——特定产品的唯一生产商。产品的差异化程度越高，需求的价格弹性越小。

寡头（oligopoly）。在一个寡头市场中：

● 只有很少的企业——多于一个，但是少到可以使每家企业独立影响这个市场。

● 产品可以是差异化或同质化的。差异化的汽车生产企业可以形成寡头，同质化的钢铁生产企业也可以形成寡头。

● 进入寡头市场比进入完全竞争市场或者垄断竞争市场要困难，但相对于垄断市场，进入是可能实现的。

● 企业间是共存的关系，这种共存性使寡头市场从其他销售环境中区分开来。

寡头市场上的企业面临的是一个向下倾斜的需求曲线，但是曲线的形状取决于竞争者的行为。寡头市场是最难检验的市场机构模型，因为寡头市场上的企业可采取的行为非常多。在下一章，寡头经常被用作博弈论的代表来讨论。

五力模型是建立在市场均衡和结构—行为—绩效模型基础上的。举例而言，如果一个市场或者一个行业是完全竞争的——公司没有市场力量——就没有利润的空间。所以，一个企业必须通过某种途径获得市场力量。它必须找到一种方法去增加进入壁垒，使产品差异化，或者限制竞争。

资源基础观模型

20 世纪 80 年代以来，经济学家一直在争论有没有必要将行业结构、企业在行业中的行为和企业在行业内的绩效联系起来。这个结构—行为—绩效范例并不被事实支持。取而代之的是，在相同的行业内不同公司间的绩效有很大的差别；这意味着战略处于公司和管理这一层级，而不仅仅是行业层级。对战略的重视不应止步于识别企业所处的市场结构，而是企业是否拥有竞争优势。

五力模型并没有试图去关注公司内部的情况。而另一种方法则试图发现公司所处的外部市场环境是否与其内部能力相匹配，称为**资源基础观模型**（resource-based model）。这个模型认为一个企业所拥有的资源或者能力是企业的内部环境，对于战略行为的影响比外部环境要更加重大。企业所拥有的独特的资源和能力，而非企业所处的行业，才是战略的基础。

在战略领域，我们使用了一系列术语，但多数术语是我们已经讨论过的。举例而言，战略的制定应使企业竞争优势和**核心竞争力**（core competency）最大化。核心竞争力是你的企业能够比所有竞争者做得都好的事情——本质上说是你的企业的竞争优势。如果一个公司的核心竞争力给公司带来了长期的竞争优势，就可以称为**可持续性竞争优势**（sustainable competitive advantage）。战略涉及做出能够创造可持续性竞争优势的选择——换句话说，使企业获得经济利润并在一个很长的时期里持续下去。

由于正经济利润会不断吸引竞争者去尝试从成功的企业手中分一杯羹，所以一个企业永远不能满足并止步于其过去的成就。可持续性竞争优势是通过创造一些有价值、难以模仿并且很少有替代品的事物形成的。对于一个公司来说，它维持竞争优势的可能性由两个因素决定——特殊能力和可再生能力。**特殊能力**（distinctive capabilities）是不可被其他竞争者替代，或者替代具有巨大困难的能力特征。特殊能力可以有多种：专利、独家经营权、强势品牌、有效的领导、团队工作、知识、员工等。而**可再生能力**（reproducible capabilities）是那些可以被竞争者购买或者创造的能力，因此不能作为自身竞争优势的来源。然而，公司的结构和文化既可能是特殊能力，又可能是可再生能力。大多数情况下，竞争者可以复制产品或者结构。然而，这对另一些特征如员工优势也适用吗？只能说，有时适用，可是有时却不行。就像一句被反复提及的话"员工是我们公司最重要的资产"，它可能既正确又错误。当且仅当员工的知识创造了竞争优势的时候，这句话就是正确的。

资源基础观是当且仅当拥有优越的资源并且这些资源能够提供特殊能力时，一个企业才能产生正经济利润。正经济利润只能够通过珍贵的、稀缺的、难以模仿的和不可替代的资源获得。这称为 VRIN（valuable-rare-inimitable-nonsubstitutable）框架。多数情况下 N（代表难以模仿）被 O（代表组织）替代，这时模型称为VRIO（valuable-rare-inimitable-organization）框架：

● 有价值的：这种资源必须能使企业实行价值增值的战略，做到比竞争者绩效更好，或者减少其本身的劣势。

● 稀缺的：要想有价值，这种资源必须是稀缺的。

● 难以模仿的：如果一种有价值的资源仅被一个企业控制，它将成为竞争优势的来源。如果这种资源不能被竞争对手完美地复制，那么这种优势就会成为可持续的。如果这种资源是以知识为基础的或者社会性很复杂，它就很难被复制。

● 不可替代的：即使一种资源是稀缺的，具有创造价值的可能性并且不能被完美地模仿，然而是否能产生正经济利润还要看其是否缺乏替代品。如果这个企业的竞争者能够以替代品应对这个企业的价值创造战略，产品价格将会下降到经济利润为零的点。

● 组织：企业通过适当的结构运作以利用有价值的资源。

VRIO/VRIN 框架中一个至关重要的部分就是识别重要的进入壁垒。进入壁垒是在一项特定业务中，为意图进入这个市场的新竞争者制造劣势。任何可以阻止竞争者进入市场的事情都可以被认定为进入壁垒。这可能包括企业的内部能力、政府规定、知识产权、经济和市场情况、新产品开发的难度、高起始成本、企业文化、市场份额、战略联盟的市场领导力、消费者忠诚度、品牌产品、高额的研发支出等。在后续的章节，这些可能的障碍会被逐一探讨。举例来说，对于一个企业来说成功的一个重要方面是限制竞争。现在我们来探讨一些集中于阻止进入的战略。

阻止进入

一个企业希望使它的产品或者服务与其他竞争者相区别。消费者觉得这个企业的产品与其他产品的差异越大，这个企业通过定价来获得正经济利润的可能性就越大。回想星巴克所做的，它一杯咖啡的售价是 1.6 美元，这一价格远远高于咖啡的成本。然而，因为它销售的不仅仅是咖啡本身，还有良好的氛围和各种不同的饮料，所以人们还是会光顾星巴克。迄今为止，还没有其他企业做到像星巴克那样。因为这个行业可以不断产生新进入者，所以咖啡的价格会因为竞争而降低。然而，提供咖啡所需资源的成本与星巴克的售价之间的差值就是顾客认为星巴克独特之处所具有的价值。

企业赚取经济利润的时候肯定会试图维持这个利润——防止其他企业进入市场并侵蚀其经济利润。而试图进入的企业必须识别出进入的最佳做法——更低的价格、更好的质量、模仿还是创新。战略就是做出决策的过程——选择做什么和放弃什么。

一年又一年，一个行业又一个行业，原先名利双收的行业大鳄只能看着它们的市场地位被新进入者的创新战略一次次撼动，一个企业不能仅仅停留在它原先的位置上，它应该不断寻求新的阵地；否则，其他公司将抢占并开发这片领地，最终抢占你的霸主地位。

品牌名称

创建一个品牌的目的是提高客户忠诚度，这样当这种品牌的产品价格上升时，消费者转向购买其他产品的可能性就会降低。消费者对价格变化的反应程度称为**需求价格弹性**（price elasticity of demand）。需求价格弹性越大，现有产品价格上升时消费者购买其他产品的可能性就越大。消费者越不愿意更换品牌，需求价格弹性越小（我们将在第 13 章中详细探讨需求价格弹性）。忠诚于一个品牌或者企业的消费者会一直购买这个公司的产品，即使它的价格高于其他同类品牌。

声誉的价值取决于重复购买的可能性。长期来看，声誉只能通过不断地提供高质量的产品或者服务获得。因为建立声誉需要很长的时间，一些企业试图把另一个市场中已建立的声誉投入新的市场。著名人士的认可就是一个清晰的例子。每个人都知道名人对一种产品的认可并不是因为他们认为这个产品是市场上最好的，而是因为他们从这个产品的赞助商手中获得的赞助费用是最高的。那么为什么消费者受这种认可影响呢？因为这些代言人从某种程度上说是在拿自己的声誉冒险。如果这种产品质量很差，那么这些名人的声誉，或者对于其他赞助商的价值就遭受了损失。对于制造商来说，支付高额的代言费也是其具有雄厚资金进行市场投入的证明。所以，愿意支付代言费就是一种产品质量的评价手段。老虎伍兹在他的私生活曝光以前一直是排名第一的代言人。他的赞助商在丑闻事件后放弃与他的合作，因为它们害怕产品的声誉会因为与老虎伍兹的联系而同样受到损害。

企业有时会利用它们在一个市场上已建立的声誉来进入一个新的市场，尽管这个战略有很大风险。宝马在汽车制造方面的声誉加强了其生产摩托车的声誉，反之亦然。不仅如此，宝马还许可生产一系列运动服装。卡特彼勒也拥有一系列的服装——"CAT"——这为卡特彼勒营造了一种坚强、不失严谨的印象。从部分原因来看，宝马汽车和卡特彼勒装备所拥有的不同能力也将在它们的服装制造中得到延续。但是显然对于这些企业来说，将它们的名字与低质量的服装联系起来是愚蠢的。

特别地，品牌的建立需要花费大量的金钱和时间。所以，很多企业出于保护品牌的考虑而不愿改变它们的产品或者进入新的市场。洗手液市场就是一个很好的例子。20 世纪 70 年代末，一个很小的公司——Minnetonka 发明了一种软皂。软皂的销售额在 4 年内就达到了 4 000 万美元，这一市场自然引起了大量知名公司的注意——如 Armour-Dial，宝洁，Lever Brothers，高露洁（Colgate-Palmolive）。尽管宝洁公司"象牙"品牌的名声一直不错，然而面对这个新的市场，公司还是仅仅保守地将软皂命名为飘柔，而不是使用象牙这个著名的品牌。直到 1983 年，宝洁才将象牙这个品牌引入洗手液市场。之后，Jergens 也跟随其进入洗手液市场并最终在市场上排名第三。两年后，高露洁以 6 000 万美元的价格购买了一家软皂公司才得以赶上。

为什么大公司行动缓慢？因为它们要保护自己的品牌。宝洁最开始使用飘柔品牌仅仅是为了避免因失败而玷污象牙皂的品牌。一旦产品看起来将要成功，那么将品牌从固体象牙皂扩展到液体象牙皂就行得通了。液体象牙皂几乎立刻就占据了36％的市场份额。

保修和担保

保修和担保也可以作为进入障碍。当日本汽车于 20 世纪 60 年代首次进入美国市场时，它们面临的困难就是让消费者信任日本汽车的质量。尽管制造商知道它们的产品有很高的质量，但它们的潜在消费者不知道。事实上，很多人认为日本货是模仿西方产品的伪劣产品。"日本制造"变成廉价和寒酸的同义词。因此，日本的汽车厂商在美国市场上提供比往常更长的保修期。

保修是很难做假的。低质量的产品肯定会经常损坏，将会使保修对于企业来说变得成本很高。因此产品的质量越高，企业所承诺的保修越好。一旦一个企业建立了一种保修政策，其他企业要么跟随，要么只能被动地承认它们的质量更低。如果潜在的竞争者不能模仿现有企业的保修政策，它可能不会一开始就进入这个市场。如果一个企业可以提供同样的保修政策，那么当这个企业进入市场时，它会提供更好的保修。这就是 20 世纪 70 年代日本汽车企业对美国汽车企业所做的事情。美国汽车企业并没有像当时那些日本人所做的那样延长保修期。结果是，消费者很快意识到"日本制造"意味着高质量。类似的事情在 20 世纪末 21 世纪初同样发生在韩国汽车制造企业——现代公司身上。现代公司提供的是 10 万英里完全保修政策，与此同时其他制造企业提供的是 3.6 万英里保修政策。

规模经济

企业相对于市场的规模也是一个重要的进入障碍。在一个产业中，如果新进入企业的规模必须大到一定程度才能进入这个产业并提供产品和服务，那么进入将会变得十分困难。在这种情况下，既有的公司能够持续获取正经济利润。企业的单位成本随着企业规模的增大而逐渐减少的情况称为规模经济。如果存在规模经济，那么一个较大的公司可以以低于小公司的单位生产成本生产产品。这样，一个新进入者必须以大公司的形态进入，才能与现有的企业竞争。企业规模越大，它能达到的单位成本越低。这意味着大企业可以以低于小企业生产成本的价格销售产品。知道这些情况，潜在的竞争者除非能以一个非常巨大的能够实现规模经济的规模进入这个市场，否则它是不会进入这个市场的。然而，并非所有的企业都具有规模经济。对于一些企业，更小的规模反而比更大的规模有效率。

沉没成本

假设一个市场包括一个国家性企业和几个地区性企业。假设从长期来看，当一个地区性企业宣称要成为国家性企业时，现有的国家性企业肯定会宣称它将持续增加广告支出和生产设施。这些支出将会增加一个地区性企业成为国家性企业的成本，因为它必须至少匹配现有国家性企业的支出。潜在的竞争者需要考虑到它可能要比现有企业的支出规模更大。如果这些支出没有结果，那么进入壁垒就会更高。沉没成本就是一项对于资产的支出，这项支出没有残值。举例而言，一个企业的广告支出不可能出售给别的企业。一个企业购买了一个标志牌用以宣传企业的名称或者产品，它不可能将这个广告牌转卖给其他企业。当现有的企业告诉一个潜在的新公司，如果它打算在这个市场中竞争，它必须作出和现有企业同样的不可收回的支出，那么沉没成本就是一种有效的进入壁垒。

广告支出可能是竞争中最大的一项沉没成本。一个公司在它的广告中说："我们刚刚花了数百万美元以引起您对我们产品的注意。如果我们打算让您感到失望，离开这个市场，或者生产质量低下的产品，那么花钱做这个广告对我们来说非常愚蠢。"这个广告使消费者确信它的产品是好的，但不仅仅因为它说产品是好的，而是企业通过刚刚对广告投入了大量的沉没成本这个事实来使它的产品是优秀的这一论断有信服力。

考虑在大城市的街边售卖领带的小贩的案例。如果一个这样的企业告诉消费者它保证领带的质量，消费者肯定会怀疑这个保证的有效性，因为如果这样的"企业"打算退出这项业务，它马上就可以做到。它没有总部，没有品牌名称，没有固定资产，没有需要关心的忠实客户——也就是说没有任何形式的成本或者不可恢复的成本。它可以随时进入或者离开市场。

对于一个在无残值的物品上投入了大量资源的公司来说，激励程度是完全不同的。这些公司不可能随时进入或者离开这个市场。知道了这些，购买者会对承诺高质量产品的企业给予高度信任。潜在的竞争者也知道它们必须在这些活动上投入大量的资源，而且一旦这些支出被投入，就没有收回的可能。这些沉没成本可以阻止进入。

微软公司被指控通过拒绝向在其他软件市场上竞争的企业透露它的操作系统代码采用这种战略。这增加了它的竞争者开发和升级它们自己软件的成本；进一步说，这些成本不能收回。

独特的资源

一个已经建立不易复制的分销渠道的企业比其他潜在的竞争者更有优势。汽车产业是一个很好的例子。分销网络的建立成本高昂。很多新的公司会购买现有分销商的销售安排，这样一个分销商可能会销售不同公司的产品。[3]20 世纪 70 年代在富士打算进入胶卷市场时，柯达已经建立了良好的分销网络。富士试图利用柯达的供应商，让它们以不到柯达产品的成本的价格销售富士的产品。柯达对分销商发出最后通牒，要么只卖柯达的产品，要么永远不卖。[4]

如果一个市场中所有的企业拥有相同的资源和能力，对于市场内的一个企业和其他企业来说，并不存在可以获取经济利润的战略。任何试图创造优势的战略都会被其他企业立即模仿。然而，如果一个企业拥有独特的资源，那么这种资源将构成进入壁垒。只有一个家庭拥有唯一的一座生产干燥剂黏土的矿山，这种黏土在包装业中是一种用来抑制湿气的重要原料。历年来，这种黏土是满足抑制包装中的湿气积累这一特定需求的唯一原料。直到一种人造黏土被发明出来，这种干燥剂的价值才下降。

限制供给可以加强这种资源的价值。供应商必须拥有一种独特的能力——比如某种产品或者供应网络很难被模仿。一个企业为了增加它所带来的价值，必须使自己与其他竞争者相区别（通过降低需求价格弹性和交叉需求价格弹性）。在苏联经济被政府牢牢控制的时候，DeBeers 控制了大约 80%非俄罗斯钻石的供给。俄罗斯拥有实际上 40%的钻石库存，但是过去一直避免这些钻石被销往国外。DeBeers 就拥有了一种独特的资源——购买和分销非俄罗斯产的钻石。随着苏联在 1991 年解体，DeBeers 感到即将有大量的钻石供给。它试图通过给予每一颗钻石一个证明其质量和真实性的标识来扩展这种独特性，希望消费者能够将这种标识视为出售钻石的必需品，这样就形成了对标识的需求。

阻止进入的定价

一个企业也可能通过定价来阻止潜在竞争者进入市场。一个抵制或者阻止进入的战略称为**限制价格**（limit price）。限制价格是阻止潜在竞争者进入但是允许现有的公司盈利的价格。如果现有的企业可以制定垄断价格，但是会产生利润吸引进入者，那么现有的企业最后会制定低一些的价格。为了看到这种战略的潜在优点，假设此时新进入者的成本与现有的企业一致，而且新进入者拥有现有企业的成本和产品需求的完全信息。换句话说，想象一下潜在的竞争者拥有所有现有企业掌握的信息。

尽管限制定价可能是一种潜在的阻止进入的方法，对于一个企业来说采取这项战略的成本可能非常高。企业降低价格期间的利润损失可能永远无法补偿，或者低价成为企业的常态——它无法在不损失消费者数量的情况下提高价格。但是假设现有的企业在其他企业试图进入的时候仅仅是威胁要降低价格，这能够阻止进入吗？如果这个威胁是可信的，那么现有的竞争者就可以在不降低价格的情况下获取更高的利润。

假定这样一个情形，潜在的进入者不确定现有竞争者的成本。如果潜在的进入者知道现有企业的成本很高，它会发现这个市场有利可图。如果潜在进入者知道现有企业的成本很低，从另一方面来看，它就会觉得进入这个市场无利可图。如果潜在的进入者不知道现有企业的成本，那么它就有动力去寻找所有可用的信息去推测现有企业的成本，而现有企业就会有动力去提供一切可以推测出它是一个成本很低的供应商的信息，即使它实质上是一个成本很高的供应商。

商业洞察

沉没成本和原始社会

原始社会如弗得台地地区的古拉丁美洲普韦布洛人的解体，困扰着一代代科学家。多种关于这一案例的解释被提出，这些解释从社会、政治和经济因素的结合到气候因素（比如干旱）都有。但也可能仅仅是沉没成本的效应导致了原始社会的衰落。原始社会的一个趋势是坚持之前的投资，尽管这个投资可能是坏的决策。他们倾向于一旦在定居点上投入时间和资源，就不放弃定居点，即使资源已经开始变得稀缺。[5]

掠夺性定价

限制性定价有时也被认为是**掠夺性定价**（predatory pricing），在国际环境下还会被认为是倾销。掠夺性定价是以一个极低的价格（低于变动成本）销售产品以将现有的竞争者驱逐出这项业务，然后提升价格以挽回损失的利润。那么一项业务可以采取这种战略吗？它可以将价格降低到成本以下以驱逐出竞争者，再在竞争者离开市场后提高价格吗？难道不会是更高的价格不断地吸引新加入者而居统治地位的现有企业只能不断降价，最后的结果是一直保持低价？

根据一项研究，在枢纽机场拥有接近垄断地位的航空公司可以运用它的规模将低成本的运输企业赶出它们的市场。[6] 比如，1995 年精神航空（Spirit Airlines）进入被西北航空公司控制的底特律—费城市场。精神航空开始是以 49～139 美元的价格提供每日往返一次的航班。西北航空以同样的价格反击。结果是西北航空公司的收益下降，但是它重新赢得了整个市场。在 1996 年年末，精神航空公司放弃了这一市场。数月以后西北航空停飞了所有的低价航班，它的收益回到竞争前的水平。这项研究列举了 12 个案例，在这些案例中刚起步的运输企业的价格达到具有统治地位的既有企业的一半——使主要的航空公司以降价回应。在两年之内，一半新加入的运输企业因为不能盈利退出了这一市场，而大多数既有企业得以挽回损失。

那么为什么其他刚起步的航空公司不在西北航空提价的时候进入这个市场，或者说为什么新加入者的威胁没有阻止既有的企业提高价格？一个原因是刚起步的航空公司不良的绩效，投资者不会给一个刚起步的公司提供资金。已经知道既有企业资金雄厚，而且如果可以稍后挽回损失，它可以承受暂时的利润损失；投资者拒绝卷入与既有公司的斗争。但是真正的问题在于进入航空业受到联邦政府和机场的严格控制；既有企业已经接近垄断了。为了进入航空业，即使有也只是少数刚起步的公司能获得着陆许可。[7] 而西南航空的跑道遍布各个主要机场——最长的跑道从中心位置开始。

掠夺性定价战略可能导致掠夺者比被捕食者的成本要高。大体上说，掠夺性定价不像是一种消除竞争的有利可图的方法，即使它可能使一个企业空着手离开市场。为了挽回在掠夺期间的利润损失，掠夺者必须具有在竞争者退出后可以持续提高价格的能力。除非进入极端困难，这种情况才会发生。既有企业永远不能挽回损失，因为一旦它提高价格，新的竞争者就会进入。[8]

假设企业从事的是高固定成本、低边际成本的业务，竞争会使价格降至边际成本以使最弱小的企业离开市场。存活下来的企业得以提高价格，因为高固定成本会造成进入壁垒。即使从表面来看，这也不像是掠夺性定价。

一个只拥有几种产品的企业也会以极低的价格出售产品甚至最初会免费送出产品，只有在消费者意识到这种产品时才会提高价格。这也不是掠夺性定价，而是市场渗透——进入新市场的试图，尽管它看起来很像是掠夺性定价。

小　结

在这章，我们讨论了几种制造进入壁垒的战略。你可能注意到在这些讨论中，我们采取的把一个企业的行为孤立起来的视角：一旦一个企业采取某种行为，其他企业不会有所反应。这不是一个十分真实的情形。在下一章中，我们将讨论企业有所联系的情况。

案例回顾

沃尔玛的掠夺性定价

这个案例要解决的是有人声称沃尔玛在药品方面使用掠夺性定价将其他药店赶出这一行业。为了证明掠夺性定价，法庭必须决定在价格低于成本的情况下，哪些行为可以被认定为非掠夺性的以及是否存在破坏竞争的意图。最重要的因素是补偿。当竞争被消除时，价格最终提高了吗？

裁决最初是倾向于独立药店的利益的。但是，最后这一判决在阿肯色州高级法院被逆转为倾向于沃尔玛的利益。沃尔玛承认以低于成本的价格销售，但是否认掠夺性定价的指控。沃尔玛的 CEO 戴维·格拉斯（David Glass）说阿肯色的零售商 Bentonville 经常以低于成本的价格销售一系列产品，包括像佳洁士牙刷和李施德林漱口水这样的著名产品。但是，他坚称以低于成本的价格销售并不违反法律或者破坏竞争。

掠夺性定价是降低价格至成本以下以试图强制竞争者退出这一行业。一旦竞争者离开，既有企业会提高价格以弥补损失和获取额外利润。如果既有企业在现有竞争者离开市场之后提高价格，乍看是不是像掠夺性定价？其实不是。如果现有竞争者被赶出市场之后既有企业提高价格，那么如何阻止新的企业进入这个市场？那么掠夺性定价最少应该包括两个方面：极高的进入壁垒和低于成本的定价，紧随其后的是现有竞争者被赶出市场之后既有企业提高价格。但是即便在这个案例中，低于成本的定价也不能被认为是掠夺性的。正如沃尔玛所说，它经常将一些商品视为损失领导——以低于成本的价格销售吸引消费者，这些消费者会购买其他更多带来利润的商品。

本章小结 ▪

1. 对于国家来说，成功的绩效是以人均收入这一生活标准的指标来衡量的。

2. 对于企业来说，成功的绩效以经济利润来衡量。

3. 战略就是做出决策。每一个国家或者企业的行为都要做出权衡——一些东西的获取只能以放弃别的东西为代价。意识到机会成本的权衡与之有关。

4. 生产可能性曲线或者最佳选择边界说明了涉及战略的权衡。

5. 无论企业的战略是什么，最佳选择边界代表着最有效率的利用资源的方式。

6. 短期战略涉及位于边界上和边界内的位置选择，而长期战略涉及边界的向外移动。

7. 战略涉及决策。五力模型指出了管理者设计战略时必须关注的领域，但这不是理想的构建战略的模型。它仅仅关注商业运营的外部环境。资源基础观是企业制定战略时关注内部环境和能力。VRIO/VRIN 框架说明了战略必须涉及找到有价值的、稀缺的、不可模仿的资源或者能力并良好地组织它们以使利益最大化。

8. 最常见的既有企业的战略是提高进入壁垒，进入壁垒可以是品牌名称、声誉、保修和沉没成本。

9. 获取稀缺资源构成进入壁垒。

10. 定价构成进入壁垒。掠夺性定价是试图以低于成本的价格销售商品或者服务以将现有竞争者驱逐出市场。这个战略要求掠夺企业能够以提高价格的方式补偿损失，而在阻止竞争时制定掠夺性的价格。限制价格是制定一个足够低的价格，这个价格下其他企业不会进入。

关键术语 ◀■

生产可能性曲线（PPC）
独特的能力（distinctive capabilities）
最佳选择边界（best practice frontier）
可替代的能力（reproducible capabilities）
比较优势（competitive advantage）
需求价格弹性（price elasticity of demand）
五力模型（five forces model）

VRIN/VRIO
资源基础观模型（resource-based model）
限制价格（limit price）
核心竞争力（core competency）
掠夺性定价（predatory pricing）
可持续竞争优势（sustainable competitive advantage）

练 习 ◀■

1. 一个企业可以在分配资源时利用比较优势吗？哪些因素赋予一个企业比较优势？

2. 在何种情况下，低成本和高质量两种战略存在着一种权衡？在何种条件下这个有效率的边界对于两种战略来说是不合适的？

3. 什么是最佳选择边界？它与比较优势是如何联系的？

4. 为什么对几乎所有的公司来说增长是一种主要的战略？如果变成坚持有意义吗？使用经济利润公式来得出答案。

5. 杰克·韦尔奇被认为是通用电气的伟大领导者。他的战略是使企业获得大量一系列不同的业务线，这些业务的基本要求是成为相关行业内的 1 号或者 2 号竞争者，这个战略被认为是十分明智的。尽管十分成功，韦尔奇的战略是否存在一些基础性的瑕疵呢？

6. 下列是不同公司采取的战略的例子：
   a. 成长——AHERF；
   b. 裁员——雅芳，Sara Lee；
   c. 多元化——沃尔玛，百事可乐；
   d. 抓住合适的市场——星巴克，Jiffy Lube；
   e. 外包生产——宜家，耐克；
   f. 整合生产——阿玛尼，蒂凡尼；
   g. 成本领先——起亚，Motel 6；
   h. 质量领先——宝马，Four Seasons；
   i. 驱逐竞争者——飞利浦·莫里斯，微软；
   j. 创新者——沃尔玛，西南航空，Enterprise；
   k. 模仿——宏碁电脑，施乐。
   解释它们可能在最佳选择边界的什么位置。

7. 国家战略与企业战略有何异同点？

8. 利用你所了解的关于星巴克的资料，应用 VRIO/VRIN 框架评价星巴克。使用五力模型评价星巴克。五力模型和 VRIO 模型有区别吗？解释一下。

9. 假设有两个竞争企业 A 和 B。它们可以选择不同的战略——低价和高质的组合。下面的表格展示了每个公司的最佳选择边界。

A 的可能性

价格	质量
0	12
1	8
2	4
3	0

B 的可能性

价格	质量
0	6
2	4
4	2
6	0

对于 A 来说，1 单位的高质的成本是什么？

对于 B 来说，1 单位的高质的成本是什么？

对于 A 来说，1 单位的价格的成本是什么？对于 B 来说，1 单位的价格的成本是什么？哪个公司应该执行高质战略，哪个公司应该执行低价战略？解释一下。

10. 得州仪器曾经宣布了一个随机存储器的价格，这个价格直到公告的两年后才生效。几天后，Bowmar 宣布它将以低于得州仪器的价格生产这种产品。几周后，摩托罗拉公司也宣布它将以低于 Bowmar 的价格生产这种产品。又过了几周，得州仪器宣布它的价格是摩托罗拉的一半。另外两个公司宣布将不再生产这种产品。你认为得州仪器在真正降价的两年前就宣告降价的原因是什么？

11. 解释增加广告支出战略是如何阻止市场进入的。

12. 可口可乐和百事可乐持续统治了市场一个世纪之久。通用汽车和福特汽车则丧失了它们的统治地位。这两个案例间的区别是什么？

13. 现在一个快餐企业垄断了大学的学生会。垄断厂商每年支付 7.5 万美元以维持垄断地位。这个企业每年获得 29 万美元的经济利润。另一家快餐企业试图也进入这个市场为学生提供食物。第一个企业的经理打电话给大学的校长，请他保持第一个企业的垄断地位。为了保持这一垄断地位，第一个企业愿意支付多少钱？

14. 一个先行者统治了整个市场，年收益是 4 000 万美元。平均的总成本是 2 000 万美元，其中 1 900 万美元是固定成本。这个先行者如何阻止其他企业进入市场？

15. 何时限制价格是有用的？这个价格是如何做到限制其他企业进入的？

16. 下列数据代表一个企业在特定运输市场上的具体情况。

总产出	总收益（美元）	总成本（美元）
0	0	1 000
1	1 700	2 000
2	3 300	2 800
3	4 800	3 500
4	6 200	4 000
5	7 500	4 500
6	8 700	5 200
7	9 800	6 000
8	10 800	7 000
9	11 700	9 000

a. 何种价格可以使收益最大化？

b. 何种价格可以使利润最大化？

c. 固定成本是多少？

d. 这个公司的一个主要竞争者大量减少收益。这个企业打算以掠夺性定价驱逐出其他企业。其他企业的成本结构如下所示：

总成本（美元）	2 000	3 000	4 000	5 000	6 000	7 000	8 000
总产出	0	1	2	3	4	5	6

什么价格可以将这个企业驱逐出市场？为了将竞争者赶出市场，既有企业的成本是多少？这个企业可以通过提高价格挽回损失吗？

17. 解释完全竞争、垄断、垄断竞争和寡头的不同。

18. 为什么一个企业想阻止别的企业进入？一个垄断厂商需要花费多少才能阻止别的厂商进入？

19. 解释为什么掠夺性定价在实际生活中很难起作用。

注 释 ▪

1. Based on "How Merck Healed Itself" by John Simons, *Fortune*, February 7, 2008.

2. Quoted in John Seely Brown, "Research That Reinvents the Corporation," *Harvard Business Review* (January/February 1991): 102–111.

3. If the dealer network is a competitive advantage, why would the government force GM and Chrysler to eliminate a significant part of their dealer networks when the government took over the companies in 2009?

4. These are called exclusive dealing arrangements. The courts have ruled that unless exclusive dealing can be proven to lessen competition or close the market, it is not illegal.

5. Marco A. Janssen, Marten Scheffer, and Timothy A. Kohler, Sunk-Cost Effects Made Ancient Societies Vulnerable to Collapse, Santa Fe Institute Working Paper February 2, 2007.

6. Clinton V. Oster Jr. and John S. Strong, "Predatory Practices in the U.S. Airline Industry" (January 2010 (ostpxweb.dot.gov/aviation/domestic-competition/predpractices.pdf), and U.S. Department of Transportation, Domestic Competition Series, "Dominated Hub Fares" (Washington, DC: U.S. Government Printing Office, January 2001) (ostpxweb.dot.gov/aviation/domestic-competition/hubpaper.pdf).

7. Predatory pricing has been the basis for antitrust action. In 1999, the Department of Justice's antitrust division filed suit against American Airlines for predatory pricing at its Dallas–Fort Worth hub, where it carried 77 percent of all nonstop passengers at the time the suit was filed. During the 1990s, new airlines such as Vanguard, Sun Jet, and Western Pacific occasionally offered stiff competition on flights to second-tier cities such as Wichita, Kansas City, and Colorado Springs. In each case, American responded by drastically cutting its fares until the fledgling was driven from the route. Then American raised fares and reduced service to accommodate the declining number of passengers. The suit was dismissed by the judge because it was not proven that American was selling below-average variable cost.

8. Price discrimination often looks like a policy of dumping or predatory pricing. A firm offers a different price in different markets for the same item. This could merely be the result of reacting to consumer desires, that is, price elasticities of demand rather than strategies directed to drive rivals from the market.

第8章
当其他公司做出反应时

案例

纽特牌甜味剂

　　阿斯巴甜（Aspartame）是一种低能量、高甜度的甜味剂，最为人熟知的是美国孟山都公司出品的纽特牌甜味剂（Nutra-Sweet）。[1]这种材料是健怡可乐和百事轻怡可乐在 20 世纪 80 年代大获成功的关键原因，为孟山都公司创造了巨大的利润。如此巨大的利润空间通常会吸引潜在竞争者进入。然而，由于阿斯巴甜的技术受到专利保护，而且制造这种甜味剂十分困难且成本高昂，没有潜在竞争者可以进入该领域。孟山都公司具有一项非常独特的能力——垄断优势。该公司也创造了另一项策略性资源——纽特甜味剂品牌及"漩涡"商标。然而，孟山都公司的专利即将到期失效。于是，荷兰甜味剂公司（Holland Sweetener Company）开始在荷兰赫伦兴建一座阿斯巴甜工厂，意欲挑战孟山都公司在阿斯巴甜市场上的霸主地位。荷兰甜味剂公司是日本东曹株式会社（Tosoh）和荷兰国家矿业公司（Dutch State Mines，DSM）共同出资设立的合资企业。

1. 孟山都公司该如何做？
2. 荷兰甜味剂公司该如何做？

策略中的博弈论

　　如果一家公司打算做些什么，那么它究竟该如何做才能防止竞争对手做同样的事或者采取抵制行动？沃尔玛公司的竞争优势是它的存货管理系统。基于这一竞争优势，沃尔玛决定采取低价策略。这一策略的制定是基于沃尔玛对其竞争对手可能采取的行动的预期。如果沃尔玛的高管预计竞争对手可能会迅速采取同样的行动，他们则可能选择另一种策略。不过，他们的判断是在其他公司能够赶上之前，沃尔玛能够在未来几年内保持其低成本优势带来的利润。

管理者在做出决策时，不仅要考虑现有的竞争对手，而且要对潜在竞争对手可能采取的行动进行预判。以这种相互依赖关系为重点的市场结构就是寡头垄断，不过这种相互依赖关系也存在于其他类型的市场结构中。在寡头垄断的情况下，所有管理者都聚焦于本公司自身的处境，但是如果管理者能够站在竞争对手的立场，专注于竞争对手可能针对本公司所采取的行动将是一种非常有益的做法。经过一系列经济学研究，这种做法被发展为著名的**博弈论**（game theory）。

博弈论将策略行为定义为行动间的相互依赖，一方所采取的行动受到其他各方行动的影响。[2]这一过程既可以是比较简单和直观的，也能以复杂的数学形式展现出来。因此，虽然博弈论、零和博弈、囚徒困境已经成为人们日常生活中津津乐道的话题，但博弈论本身依旧属于学术研究的范畴。[3]博弈论能够帮助管理者了解相互依赖关系在商业活动中的重要性，以及策略决策不能孤立地做出。博弈论广泛应用于国防部署、国家经济发展计划和国家政策的制定。在政府与企业的交易、企业之间的互动，以及企业与其雇员、供应商和顾客之间的关系中，博弈论都发挥着重要的作用。

在当代的商业环境中，适当了解博弈论的知识是非常有益的。

下面我们举一个能阐明博弈论是如何把看上去混乱的情形梳理清楚的例子。由于大多数新闻杂志每周的封面新闻几乎都是一样的，因此人们往往认为它们之间是串通好的。让我们试着理解这其中所体现的策略。假设每个星期《新闻周刊》和《时代周刊》都要挑选能够吸引潜在读者注意的封面新闻。在某一周有两条重要的新闻，一条关于全球变暖（用 GW 表示），另一条是关于参议院的一起丑闻（用 S 表示）。《新闻周刊》和《时代周刊》都必须在不知道对方如何选择的情况下选出本周将要采用的封面新闻。假设对这两本杂志的利润估计如下：

两本杂志都选择 S 新闻，则利润都是 1 000 万美元。

两本杂志分别选择 S 新闻和 GW 新闻。选择 S 新闻的杂志利润为 1 500 万美元，而选择 GW 新闻的杂志利润为 1 000 万美元。

两本都选择 GW 新闻，则利润都是 1 000 万美元。

任何一本杂志都不能在做出自己的选择之前了解对手的动向。如果《新闻周刊》的一位主管说"让我们站在《时代周刊》的角度来考虑问题"的话，接下来将发生什么？很显然，《新闻周刊》的主管会发现他们在《时代周刊》的同行也在做同样的事情。仅仅站在对方的角度考虑往往是不够的，因为一旦你这样做，你会发现竞争对手也会采取同样的行动。正确的方法应该是同时站在自己和对方的角度考虑问题，找到对双方都最为有利的选择。依据这一思路我们不难发现，两本杂志最终都会选择 S 作为封面新闻。

在上述新闻杂志的例子中，两本杂志之间的互动就是博弈。对杂志封面新闻做出决定的编辑是**参与者**（players）。参与者制定的决策称为行动或**策略**（strategies）。给予博弈参与者单位的支付是指采用某个策略所带来的收益或者损失。由于博弈参与者之间相互依赖关系的存在，博弈参与者获得单位的支付既受到其自身策略的影响，也受到其他参与者策略的影响。

单次博弈

在博弈分析中，参与者制定决策的顺序是非常重要的。在**同时博弈**（simulta-neous-move game）的情况下，参与者在不知道对手如何行动的情况下行动。在**序贯博弈**（sequential-move game）的情况下，参与者在观察到对手的行动之后行动。国际象棋是典型的序贯博弈，而猜拳则是同时博弈的一个例子。

博弈可能只进行一次，也可能重复多次。例如，你与其他人玩一局定胜负的纸牌赌博游戏，你就是在进行**单次博弈**（one-period game）。如果你选择三局两胜制，你就是在进行**重复博弈**（repeated game）。

博弈的标准式表达（normal form representation）包括博弈的参与者、参与者可能制定的策略以及参与者制定不同的策略所得到单位的支付。表 8—1 展示了前面提到的杂志案例中同时博弈的标准式表达。参与者有两个：《新闻周刊》和《时代周刊》。支付矩阵列出了参与者可能采取的不同策略及相应的结果。表格中的第一个数字是《时代周刊》单位的支付，后一个数字是《新闻周刊》的。

表 8—1

	《新闻周刊》	
	S	GW
《时代周刊》 S	10, 20	15, 8
《时代周刊》 GW	−10, 7	10, 10

说明：表中列出了《时代周刊》和《新闻周刊》选择 S 或 GW 作为封面新闻时分别获得的支付，在每一个单元格中，《时代周刊》所获的支付在前，《新闻周刊》所获的支付在后。

《时代周刊》和《新闻周刊》都有两个可以选择的策略：选择 S 新闻或 GW 新闻。两本杂志选择不同的策略所获得单位的支付显示在支付矩阵的各个单元格里。单元格中的第一个数字是《时代周刊》获得单位的支付，第二个数字是《新闻周刊》获得单位的支付。关于博弈过程的描述必须特别注意的一点是，《时代周刊》所获得单位的支付严格地取决于《新闻周刊》所选择的策略。例如，如果《时代周刊》和《新闻周刊》的策略都是选择 S 新闻，则《时代周刊》获得 10 单位的支付，而《新闻周刊》获得 20 单位的支付。如果《时代周刊》选择 S 新闻而《新闻周刊》选择 GW 新闻，则《时代周刊》获得 15 单位的支付，而《新闻周刊》只获得 8 单位的支付。

表 8—1 展示的是单次的同时博弈，参与者做且只做一次决策，决策的制定是同时进行的。在本案例中，参与者也无法做出附带条件的决策。例如，如果《新闻周刊》选择 S 新闻的话，《时代周刊》就不选择 GW 新闻，或者如果《新闻周刊》选择 GW 新闻的话，《时代周刊》就不选择 S 新闻。博弈参与者同时做出决策，从而排除了基于对手的决策制定决策的情况。

在单次的同时博弈中，参与者的最优策略是什么？答案恐怕是十分复杂的，但有一个例外——存在**占优策略**（dominant strategy）的情况。如果对于博弈的参与者，不论竞争对手采取何种行动，某一行动策略都优于其他行动策略，则称这一行动策略为占优策略。

在表 8—1 中，《时代周刊》的占优策略是选择 S 新闻。从表中不难看出，如果《新闻周刊》选择 S 新闻，则《时代周刊》的最优选择是 S 新闻，因为这一选择将带来 10 单位的支付，优于选择 GW 新闻所带来的—10 单位的支付。如果《新闻周刊》选择 GW 新闻，那么《时代周刊》的最优选择依旧是 S 新闻，因为这一选择带来 15 单位的支付，优于选择 GW 新闻所获得的 10 单位的支付。总之，无论《新闻周刊》如何选择，《时代周刊》的最优选择都是 S 新闻。因此，S 新闻就是《时代周刊》的占优策略。

在表 8—1 的情形下，《新闻周刊》应认识到《时代周刊》的占优策略是采用 S 新闻，因此，《新闻周刊》可以确信《时代周刊》将在其封面刊登 S 新闻。那么，《新闻周刊》应该采用在《时代周刊》选择 S 新闻的情况下能够获得最大收益的新闻，也就是 S 新闻，从而获得 20 单位的支付。

纳什均衡

同时站在自己和竞争对手的立场上考虑问题，所得到的最终结果被定义为**纳什均衡**（Nash equilibrium）。给定其他博弈参与者的策略，如果任何博弈参与者都不能通过改变己方的策略来提高其自身的支付，那么这一系列策略就构成了纳什均衡。纳什均衡就是指这样一种情况：给定其他博弈参与者的行动，所有博弈参与者都做到他们所能做到的最好。

在表 8—1 所示的博弈中，博弈参与双方的纳什均衡策略就是《时代周刊》选择 S 新闻，《新闻周刊》也选择 S 新闻。双方有改变策略的动机吗？答案是否定的。由于双方没有改变策略的动机，这反过来意味着这一博弈达到了纳什均衡的状态。

纳什均衡可能不止一个。事实上，在某些博弈中可能会出现许多均衡，有时也会出现没有均衡的情况。假设你正在和同事通电话，这时电话断了。你会继续拨电话给她还是等对方来电话？如果你拨电话，你可能听到的只是忙音，因为此刻她也正在给你拨电话。但如果你不拨，万一她不拨怎么办？你的最佳选择取决于对方的行为，反之亦然。在这一问题中存在两个均衡。一个是你拨电话她等待，另一个是她拨电话你等待。问题在于如果事先没有制定好规则，那么你可能会要么碰到忙音，要么等不到电话。为了摆脱这种处境，你可以在通话开始就商量好万一电话中断由哪一方重拨。当然，这种做法是不合适的。没有谁会在每次刚开始通话时说这种话。常见的做法则是一种**惯例**（convention），通常是由最初拨电话的人重拨。[4]

囚徒困境

囚徒困境描述了博弈参与者之间的相互影响（interaction）会导致参与者选择次优的（inferior）策略的情况。假设两家公司必须决定是否在广告宣传上投入更多的资源。在给定的行业内，如果一家企业决定为自己的产品做广告，那么这一需求往往源于以下两个原因：第一，某些没用过此类产品的消费者会通过广告了解这种产品，并开始购买；第二，使用其他品牌的同类产品的消费者会受广告影响转而选择其他品牌。第一种效应会提升整个行业的销售量；第二种效应会对行业内现有的销售量进行再分配。

让我们以香烟行业为例，假设表 8—2 所示的矩阵列出了两家企业可能采取的策略以及相应的结果。表格左上角是 A 和 B 两家企业都做广告所获得的收益，左下角是 A 企业做广告而 B 企业不做时所获得的收益，右上角是 B 企业做广告而 A 企业不做时所获得的收益，右下角是两家企业都不做广告的情况下所获得的收益。

表 8—2

		A 企业	
		做广告	不做广告
B 企业	做广告	A 企业 70 B 企业 80	A 企业 40 B 企业 100
	不做广告	A 企业 100 B 企业 50	A 企业 80 B 企业 90

说明：囚徒困境。双方企业可以做出的选择包括做广告和不做广告。在本案例中，虽然不做广告会使两家企业的境况更好，但它们依然选择做广告。

如果不论 B 企业是否做广告，A 企业都能通过做广告获得比不做广告更高的收益，那么 A 企业就一定会做广告。A 企业将矩阵左侧与右侧所示的收益进行对比发现，无论 B 企业怎样选择，A 企业都能通过做广告挣得更多的钱。如果 A 企业做广告，那么在 B 企业也做广告时可以获得 70 单位的收益。而如果 A 企业不做广告但 B 企业做了，那么 A 企业只能获得 40 单位的收益。同样地，如果 B 企业不做广告，那么 A 企业做广告就可以获得 100 单位的收益，不做广告则只能获得 80 单位的收益。综上所述，A 企业的占优策略就是做广告。对于 B 企业来说，占优策略也是做广告。在 A 企业做广告时，B 企业做广告可获得 80 单位的收益，而不做广告就只能获得 50 单位的收益。在 A 企业不做广告时，B 企业做广告可获得 100 单位的收益，而不做广告就只能获得 90 单位的收益。从矩阵中我们不难注意到，如果两家企业都不做广告的话，它们的境况都会变好。A 企业可以获得 80 单位而不是 70 单位的收益，B 企业可以获得 90 单位而不是 80 单位的收益。然而，两家企业都不敢不做广告，因为一旦己方没有做广告而竞争企业做广告的话，会给己方企业带来更大的损失。这就是"囚徒困境"一词中"困境"的真实含义。

选择做广告并不是上述两家企业处在孤立环境时的最佳策略。然而，博弈论指出企业在做出决策时必须考虑到其他竞争对手可能做出的决策，因此往往不一定选择最理想的策略。企业在做决策时往往处于这样一种两难的"困境"中。

让我们来讨论另一种"困境"——价格战。两家相互竞争的企业要决定为产品制定高价或者低价，具体信息如表 8—3 所示。

表 8—3

		B 企业	
		低价	高价
A 企业	低价	0，0	30，−10
	高价	−10，30	10，10

说明：定价策略。在竞争对手制定高价时，己方都可以通过制定低价获取更大收益。这一博弈中的"困境"是：两家企业都选择了获得收益较少的低价策略。

如果两家企业都制定高价，那么它们所获得的收益会高于都制定低价的情况。另一方面，如果一家企业制定高价而另一家企业的价格较低，这家制定低价的企业会获得原本属于另一家企业的客户并以竞争对手的利润损失为代价获得更高的利润。在这个单次博弈中，纳什均衡策略是两家企业都制定低价，原因如下：如果 B 企业制定高价，A 企业的最优选择就是制定低价，从而获得 30 单位的支付，高于同样制定低价所获得的 10 单位的支付。同样地，如果 B 企业制定低价，A 企业的最佳选择也是制定低价，因为这样所获得的 0 单位的支付优于制定高价所带来的－10 单位的支付。同样的道理也适用于 B 企业。总之，无论竞争对手如何选择，己方企业选择制定低价都要优于选择制定高价。

这一博弈的结果是两家企业都制定低价并获得 0 单位的收益。这样所获得的利润很显然要低于双方都制定高价的情况。纳什均衡策略给双方企业所带来的收益是次优的。

行业标准：合作博弈

由于不知道究竟哪种标准或者制式将成为主流，许多家庭迟迟没有购买高清电视机及相关设备。同样地，直到 2008 年 2 月，许多生产厂商仍在争论究竟应该使用 HD 技术还是蓝光高清技术。最后，HD 技术生产商东芝承认失败并把市场份额让给了蓝光高清技术。如表 8—4 所示，我们假设有两家企业考虑要推出新设备，但不确定应该使用哪种技术。

表 8—4

		B 企业	
		HD	蓝光高清
A 企业	HD	100 美元，100 美元	0 美元，0 美元
	蓝光高清	0 美元，0 美元	100 美元，100 美元

说明：合作博弈。采用完全一致的行业标准或相似的技术会使所有博弈参与者获得更大的收益。如果不这样做，双方最终采取的策略可能无法实现纳什均衡。

如果两家公司都使用 HD 技术，那么它们都将获得 100 美元的收益。同样地，如果两家公司都使用蓝光高清技术，那么它们也都能获得 100 美元的收益。然而，如果两家公司使用不同的技术，它们都只能获得 0 美元的收益。在这种情况下，两家公司该如何决策呢？很明显，如果 A 公司认为 B 公司会使用 HD 技术，那么 A 公司也会使用 HD 技术；如果 A 公司觉得 B 公司会采用蓝光高清技术，那么 A 公司也会做同样的选择。

这个博弈存在两个纳什均衡——两家公司都做同样的选择，都使用 HD 技术或都使用蓝光高清技术。那么在不相互串通的情况下，两家公司应当如何实现纳什均衡呢？它们可以向政府游说，从而制定一个行业标准来保护消费者。例如，所有人都必须采用 HD 技术或者蓝光高清技术。现实中真实发生的情况是，采用蓝光高清技术的索尼公司能够比采用 HD 技术的东芝公司赢得更多的市场份额。从这里不难发现，企业之所以希望能够推出行业标准不一定是为了消费者的利益，也是为了实现利润最大化以及不被赶出市场。

重复博弈：背叛与惩罚

当同样结构的博弈多次重复时，博弈每重复一次，博弈参与者就获得一次支付。假设 A 公司和 B 公司日复一日永不停歇地进行表 8—3 所示的博弈，在这种情况下，我们所讨论的就不仅仅是一次竞争，而是持续不断的竞争关系。当两家公司长期处于表 8—3 所示的情况时，它们就可以通过相互串通来避免背叛。为了达到这一目的，博弈参与者会采用自动惩罚（automatic penalty），也叫做触发策略（trigger strategies）。触发策略是指己方策略的制定基于其他参与者在博弈中的表现。采用触发策略的博弈参与者会持续采取同一行动，直到其他任何参与者采取了会触发己方采取不同行动的行动。

两家或多家企业共同采取的统一定价或其他减少竞争的措施都是相互串通的具体表现形式。惩罚措施可以用来支撑串通行动，防止背叛行为。假设 A 公司和 B 公司都同意制定高价，它们也约定如果任何一家公司背叛了约定，制定了低价，那么另一家公司就可以用从此以后永远制定低价的手段来予以"惩罚"。因此，如果 A 公司背叛了约定，B 公司就会在同一时点开始实行低价，并将一直持续下去。如果双方都没有背叛这个串通协定，那么双方可以持续获得每期 10 美元的收益。如果一家公司制定高价，而另一家公司背叛约定制定了低价，那么背叛约定的公司可以获得一期的收益共计 30 美元，但从此以后永远只能获得 0 美元的收益。

在某一时点背叛串通协定所获得的好处是获取 30 美元而不是 10 美元的当期收益，然而这样做也会带来损失，从这一时点起直到永远，每期收益由 10 美元下降为 0 美元。如果背叛的成本的现值超过了背叛所带来的单期超额收益，那么背叛就是不值得的，因此高价也得以继续维系。

另一种触发策略是**以牙还牙策略**（tit-for-tat），这是人们日常生活中"以眼还眼"行为的一个变种，以其人之道还治其人之身。这一策略要求参与者在第一阶段采取合作行动，然后则模仿对手在前一阶段的行动。以牙还牙是一种非常简单、明确的策略。它绝不鼓励欺骗，同时也绝不会放弃对欺骗的惩罚。以牙还牙策略的问题是，在这种策略下，一次误会有可能演变为彻底的决裂。误会可能被放大，一方对另一方以违约为由实施处罚，由此开始一系列连锁反应。对方一定会同样地回敬过来，而这又激起了第二轮惩罚。在这一策略中，找不到一个接受惩罚而不再继续行动的点。以牙还牙策略所缺少的是一种处罚"现在足够了"的声明机制。

假设有两个竞争对手——大罗和疯伯，他们在实行以牙还牙的价格战策略。一开始双方是和平的，价格也一样。

回合	大罗	疯伯
1	100 美元	100 美元
2	100 美元	100 美元
3	100 美元	100 美元

假设在第 4 回合，大罗将疯伯的行为误解为降价。

回合	大罗	疯伯
3	100 美元	100 美元
4	100 美元	100 美元被误解为 95 美元
5	90 美元	100 美元
6	100 美元	85 美元
7	80 美元	100 美元
8	100 美元	75 美元

由于一次误解的发生，大罗将 100 美元误解为降价到 95 美元，这一结果反复震荡。在第 5 回合中由于误解而导致的 90 美元的价格到了第 6 回合只剩下了 85 美元。以牙还牙策略做出了**承诺**（commitment），但它的动力学机制可能导致误会引起的灾难。

另一种触发策略是**焦土政策**（scorched-earth policy）。当西太平洋公司企图收购 Houghton Mifflin 出版社时，Houghton Mifflin 出版社威胁将放弃自己稳定的作者资源。加尔布雷斯、麦克利什、施莱辛格和其他作者纷纷威胁说，如果 Houghton Mifflin 被收购，他们会将自己的作品授权给其他出版社。西太平洋公司停止了收购，Houghton Mifflin 保住了自己的独立。焦土政策会使某些行动，如背叛串通协定等，引发将一切有价值的东西摧毁的行动。

焦土政策是实现博弈论专家所说的承诺的一种工具。策略行动的设计用来在博弈中改变对手的信念和行动，使之朝着有利于自己的方向。这一行动的显著特点是在这样做的同时，你也限制了自己的行动自由。限制自由是有价值的，它将改变另一位参与者关于你的未来反应的预期，而你则可以利用这一点来获得优势。

商业洞察

博弈论与减肥

当前，博弈论广泛用于各种战略环境中。美国广播公司（ABC）的新闻杂志《黄金时段》（*Primetime*）尝试使用博弈论来解决许多著名减肥节目都没能解决的问题。巴里·纳尔巴夫（Barry Nalebuff）被邀请开发一个可以有效地诱使人们自觉减肥的博弈。在纳尔巴夫所开发的博弈中，实验者被分为两队。其中一队如果能成功减轻体重就会受到正强化（positive reinforcement），也就是正面的激励与奖赏。另一队实验者如果不能在两个月内成功减掉 15 磅体重，他们肥胖的样子就会在一支联赛棒球队主场内的超大荧幕上播出。这一做法应用了博弈论中的确实可信的威胁方法：相比对肥胖所引发的潜在健康风险的担忧，在众多观众面前丢脸的风险才是促使实验者努力减肥的真正诱因。最终，受威胁一队的实验者除两人外，其余都成功减重 15 磅。

事实证明，不仅上述博弈是有效的，采用正强化的方法也是同样有效的。实际上，采用正强化的方法甚至比采用确实可信的威胁方法的效果更好，全部实验者都减到了目标体重。也许能上《黄金时段》杂志本身就是一种很好的激励了，两种方法的对比结果因此受到了干扰。然而，我们确实不能肯定地下结论认为博弈论的方法就一定更好。

也许更加合理的博弈结构应该加上一个确实可信的承诺（credible commitment），一旦目标没有实现就要付出相应的代价。理查德·麦肯齐教授就采用了这种方法，他与一个朋友约定，如果在 10 周内不能减重 9 磅，他就得付给这个朋友 500 美元。最终他

成功了，并且发现这种方法成功地迫使自己
去做一些本来没有任何兴趣的事情。

资料来源：Richard B. McKenzie，"Dieting for Dollars: An Economist Explains His Weight-loss Plan." Friday, January 4, 2008.

确实可信的威胁

参与其中的公司越少，串通行为也就越容易。某行业中如果有 n 家企业，那么每家企业都要监控其他公司的行动，因此总共要实施的监控数为 $n(n-1)$。当企业数量增多（也就是 n 增加）时，总共需要实施的监控数也会迅速增加。如果只有两家公司，那么总共需要实施的监控数为 2；如果有 10 家公司，那么总监控数就飙升到 90。不大的企业数量就会导致监控的成本超过互相串通所带来的好处。在这样的情况下，用来维系串通产出的监控所带来的威胁就不再确实可信了，串通也就失败了。这也就是为什么当存在一个强制执行者时，串通行为更容易发生。强制执行者是指一个能够对所有人进行实质性监控的博弈参与者。对于石油卡特尔——欧佩克组织来说，拥有巨量石油储备的沙特阿拉伯就扮演了这一角色。如果一个国家的产量超过了配额，沙特阿拉伯可以开启其巨大的产能以降低油价。对于有组织犯罪来说，在某些特定地点的某些"家族"扮演着强制执行者的角色。对于毒品卡特尔来说，某个家族或个人就是强制执行者。这些强制执行者制造出确实可信的威胁，一旦发生背叛行为，就会受到惩罚。

品牌以及其他沉没成本投资

一位服务于洛杉矶一家银行的经济学家飞赴西雅图，计划早晨 7 点与一家私人投资公司就双方的一些投资事宜进行洽谈。这位经济学家是在开会前一天的晚上到达的，直到第二天早上起床时他才发现把领带忘记了。他只带了一身深色正装和白衬衫，但是没有领带。他该怎么办呢？只能做一件事，穿好衣服不系领带，然后前往会场（想一想好莱坞明星以及电影《迈阿密风云》（Miami Vice）中唐·约翰逊（Don Johnson）的扮相）。[5] 在前往会场的路上，他走进诺德斯特龙（Nordstrom）大厦旁边的一家卖领带的街边小摊。此时这位经济学家只想买一条能在几小时内不会褪色把衬衫弄脏的领带。于是他买了一条 20 美元的领带，并且戴着它进行了一次成功的会谈。

这个小摊卖给这位经济学家领带的质量会不会很差呢？当然有可能。因为当这位经济学家在会谈结束后气冲冲地跑回来要求退货并赔偿自己被弄脏的衬衫的时候，摊主可能早已逃之夭夭了。如果他能在诺德斯特龙大厦的精品店里买到 75 美元的领带而不是 20 美元的地摊货，他会不会选择购买？同样很有可能，因为他不用担心诺德斯特龙大厦的精品店会卖给他次品。等到会议结束，诺德斯特龙大厦的精品店还在那里，如果卖了次品免不了会被这位经济学家投诉。这个有趣的故事告诉我们，如果希望自己的企业基业长青，那么如果欺诈带来的收益无法抵消这次欺诈给长期收益造成的总损失的话，欺骗客户就是一种非常不值得的行为。诺德斯特龙大厦的精品店有没有可能出售质量较差的商品呢？当然，因为进来的货难免会有一些小瑕疵或其他毛病。对此，诺德斯特龙大厦的解决办法是承诺让客户满意。如果你不喜欢它们的商品，你就可以无条件退货。商家必须随时随地对其售出的产品和服务提供品质保证，为此商家也必须承担相应的费用，而这种费用的发生也将商家售货—顾客购买的博弈关系由单次博弈变为无限次重复博弈。

序贯博弈

在序贯博弈中，每位参与者必须依次而不是同时做出决定，如图 8—1 中的**决策树**（extensive form）所示。图中的圆圈称为决策节点，每一个决策节点意味着在博弈的这个阶段某一个特定的参与者必须就采取哪种策略做出选择。所有的线由决策节点 A 引出，因而该节点是这个博弈的起点。图中右侧各条分支旁边的数字表示了博弈结束后可能获得的支付水平。在同时博弈中，每位参与者的支付水平不仅取决于其自身的行动，也取决于其他参与者的行动。对比图 8—1 所示的决策树与表 8—5，我们不难发现同时博弈和序贯博弈的不同之处。

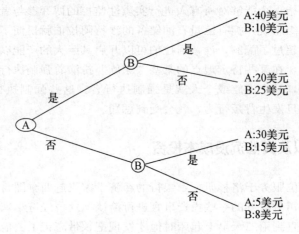

图 8—1　推广形式

说明：当一个参与者在另一个参与者做出决策之前做出决策时，博弈则称为序贯博弈。包含字母的圆圈是决策点，表示哪方需要做出决策。直线表示可能的决策。支付金额在直线尾部表示。

表 8—5

		B公司	
		是	否
A公司	是	A公司 40 美元 B公司 10 美元	A公司 20 美元 B公司 25 美元
	否	A公司 30 美元 B公司 15 美元	A公司 5 美元 B公司 8 美元

说明：同时博弈。博弈参与者必须同时采取行动。表中列出了双方企业在采取不同行动时所获得的支付。

假设两家公司面临要不要对一项新技术进行投资的问题，各种选择的结果如表 8—5 所示。A 公司的最佳选择是什么呢？无论 B 公司怎样做，A 公司选择进行投资都可以获得最大收益，因此 A 公司必定选择进行投资。B 公司同样知晓这一情况，因此就选择不进行投资，从而赚得 25 美元，高于进行投资所赚得的 10 美元。因此，最终的结果是 A 公司赚得 20 美元，而 B 公司赚得 25 美元。

　　现在，假设 A 公司先选择是否要投资新技术，做出决策后再由 B 公司进行选择。这一序贯博弈的博弈树如图 8—1 所示，在 A 公司选择投资情况下，如果 B 公司选择投资就会获得 10 美元收益，如果选择不投资就会获得 25 美元的收益。因此，B 公司必定选择不投资，从而 A 公司所获收益为 20 美元。在 A 公司选择不投资的情况下，B 公司较好的选择是不投资从而获得 15 美元收益，高于选择投资所获得的 8 美元收益。因此 B 公司必定选择不投资，从而 A 公司所获收益为 30 美元。综上所述，在 A 公司先做决策的情况下，A 公司会选择不投资。请注意在上述博弈中，A 公司具有先发优势（first mover advantage）——获得 30 美元的收益，高于两公司同时行动时所获得的 20 美元收益。

将同时博弈转变为序贯博弈

　　在街头小贩和诺德斯特龙的例子中，公司希望顾客将与公司的互动视为无限次重复博弈。卖方对质量保证的承诺的支出使得博弈由单次博弈转变为无限次重复博弈。

　　让我们描述一下两大微处理器生产商——英特尔与 AMD 之间的竞争。在没有无条件的行动的情况下，两家公司会同时选择各自所采取的策略。两家公司必须选择进行低水平还是高水平的营销活动（见表 8—6）。每家企业有两种战略选择，因此就有四种可能的结果。进行高强度的营销战是双方都最不愿意看到的情况。对于双方企业来说第二差的情况是，己方采取低强度营销策略，但竞争企业采取高强度营销。对于 AMD 来说最优的情况是，己方采取高强度营销，但英特尔对营销的投入水平较低。而双方企业对营销都不做太多投入对于英特尔来说则是最有利的状况。低投入是英特尔的主导战略。但对于 AMD 来说，由于该公司可以模仿英特尔的行动，所以最优策略就是高强度营销。于是这一次的均衡点就是表中右上角的位置，英特尔获得了对于其自身来说第二差的支付。

表 8—6

		英特尔	
		高	低
AMD	高	英特尔 1 AMD 2	英特尔 2 AMD 4
	低	英特尔 3 AMD 1	英特尔 4 AMD 3

　　说明：序贯博弈。

　　为了改善这一状况，英特尔必须采取一个战略行动。假设英特尔采取先发制人的行动，它声明将要在 AMD 做出决定前就进行大规模的营销活动。这一行动就将原本的同时博弈变成了序贯博弈。如果英特尔采取低营销策略，然后 AMD 以高强度营销来应对，那么英特尔获得的支付就是 2。如果英特尔采取高强度营销策略，AMD 以低强度营销来应对，那么英特尔获得的支付就是 3，比同时博弈情况下所获得的支付水平 2 要高。承诺采取某行动或者按照一定的规则来应对其他博弈参与者的行动将同时博弈转变为序贯博弈。虽然支付水平不变，但同时博弈和序贯博弈带来的结果是截然不同的。

最后通牒博弈

　　一位经济学家一直在外地出差，直到圣诞节前夜才赶回家。[6]孩子们很不高兴，因为直到现在家里都还没有任何节日装饰。这位经济学家赶紧出门去买圣诞树，来到一家伐木场，发现场主正在把卖不完的树堆成篝火堆。这位经济学家觉得可以在这里以低价买到一棵很棒的圣诞树，于是他指着一棵 12 英尺长、标价 100 美元的云杉，对场主说："我想花 5 美元买这棵 12 英尺的云杉。"这位经济学家料想对于场主来说，挣 5 美元总比烧掉好。那么这位伐木场主是否会接受这一提议？如果场主说"给我 50 美元，你把树拉走，否则我就烧了它"，这位经济学家该怎么办呢？如果他相信这位场主，那么低于 50 美元的价格就会被拒绝，他什么也得不到。考虑到这位场主的策略，这位经济学家的最优策略是给场主 50 美元，因为这样就可以获得那棵树了。而且因为你打算付给场主 50 美元，他的最优选择就是接受这一提议。于是，这一序贯的讨价还价过程达到了一个纳什均衡，这位经济学家获得了一棵树，而伐木场主获得了 50 美元。不过由于此人是一位经济学家，他也可能会觉得 5 美元无论如何也比什么都没有强，坚持只能为这棵树付 5 美元，于是场主就把树拖进篝火堆里烧掉了。这位经济学家的策略错在哪里？

　　这位经济学家可能认为场主的威胁只是虚晃一枪，是不可信的。可问题是这一威胁实际上是可信的。假如此人事先就明白人们在进行讨价还价时都会要求一个"公平合理"的解决方案，那么他就会知道这一威胁理所当然是真实可信的。而人们要求的所谓"公平合理"往往意味着各方都能得到差不多的分成。最后通牒博弈告诉我们，在进行讨价还价时，人们在心中对于是否"公平合理"都会有一个标准。如果给予他们的分成不够合理，他们会选择拒绝这一出价，即使这样意味着最终什么也得不到。

　　举一个买车的例子。经过仔细的调查，购买者发现对于他喜欢的那款车，经销商的成本是 20 000 美元。这个购买者对这款车的估价是 25 000 美元。于是，购买者和经销商围绕着这 5 000 美元的差价进行讨价还价。假如购买者向经销商发出一个"要么接受，要么走人"的报价，"我为这款车付 20 001 美元，如果你不接受，那么我就马上离开"。如果该经销商相信了这一威胁，那么他考虑到 1 美元的盈利无论如何比没有利润强，就会选择接受报价。

　　假如讨价还价的顺序倒过来了，现在是经销商威胁购买者，"有其他人也想买这辆车。除非你立即付给我 24 999 美元，否则我马上把它卖给其他人"。那么如果购买者相信这一威胁，他购买这辆车就意味着他获得了 1 美元的额外收益，因为实际成交价格比购买者的估价低 1 美元。

　　如果双方都没有理由相信这一威胁是可信的，那么最终双方很有可能会将这 5 000 元的差价大致进行平分。这是一种"合理"的分摊。

风险

　　博弈论的分析有时是非常复杂的。许多这种复杂的分析超出了管理者所需要的范围，不过还是有一个议题值得我们在这里讨论，那就是风险。很多商业决策在没有完全信息的情况下作出，管理者和企业就是在冒险。几乎任何一项商业决定中都包含不确定性。销售商不了解潜在顾客对产品或服务的赋值，因此不知道将价格确定在什么水平才不会失去顾客。雇主在聘请新员工时，并不知道他的工作能力。供应商在向制造商真正供货之前，也并不了解供货的成本到底是多少。那么，在不能确切知道接下去的结果时应该怎样决策？

在面对不确定性时，首要的决策要素是各种可能结果间相对的可能性。先将不同决定的各种可能的结果列出来，测算每一种可能的赋值，在此基础上再计算各种结果的**预期价值**（expected value）。例如，假设博弈是抛硬币。如果有头像的正面朝上，你会赢100美元，而背面朝上则没有奖金。每次抛出获胜的机会是1/2。这一事件的预期价值是多少？平均支付是 50 美元，因为每次头像朝上的机会是1/2。每次抛硬币的预期价值等于事件发生的概率并以事件发生时的支付加权，再加上事件不发生的概率并以事件不发生时的支付加权。在本例中，预期价值等于：

$$(100 \times 0.5) + (0 \times 0.5) = 50$$

下面我们分析一下起步型小公司太阳国航空公司的案例。太阳国航空公司从1999 年 6 月 1 日起正式由一家包机运输商转变为固定航班营运商。6 天之后，一位西北航空公司的高级经理向西北航空的员工发出了一份电子备忘录，"在接到新的通知前停止向太阳国航空公司提供任何配件，本通知立即生效"。太阳国航空公司的一位高级主管批评说，这一行动是针对该公司的一次竞争性攻击，是对一项旨在保持航空营运吸引力的传统的侵害。他指出，如果营运商相互之间不提供紧急配件方面的支持，将会对整个航空产业造成损害，许多航班将会出现长时间的延误。其他两家主要的航空公司的官员也表示，在航空公司间配件和工具的协作是普遍的并且对于整个产业是有利的。在每个航班可能降落的城市储备充足的配件库存的成本将会高得惊人。此后几天时间里，太阳国航空公司在明尼阿波利斯、圣保罗和底特律至少有 7 个航班出现了长达数小时的延误，因为该公司不得不花费数小时从别的城市调取配件和工具。太阳国航空公司的经理沮丧地承认，如果西北航空公司这样做的目的是打击太阳国航空公司，给它的顾客造成不便，那么它的确得逞了。

太阳国航空公司在这里犯了什么错误？假设太阳国航空公司和西北航空公司的关系如图 8—2 所示，太阳国航空公司必须决定是否进入航空市场。如果太阳国航空进入了而西北航空没有作出反应，太阳国航空将获得显著的收益，比如 6 000 万美元。但是，西北航空真的会无动于衷吗？在作出进入航空市场的决定前，太阳国航空公司应当瞻前顾后。它应当认识到如果自己从包机服务商转变为航线经营者，可能会导致西北航空公司业务的重大损失，数额也许高达 5 000 万美元。不过，如果西北航空公司给太阳国航空公司的运营出难题，那么它的损失可能会大大减少，比如只有 2 000 万美元。西北航空公司可以采取的做法包括拒绝向太阳国航空公司提供配件支持。太阳国航空公司可以预见到西北航空公司可能会采取破坏航空业传统而拒绝提供配件的做法。

当然，这里的结果取决于对博弈最后的假设和未来的结果。例如，因为其他航空公司拒绝与之交易，西北航空的成本比我们描述的更高，那么这个因素也需要考

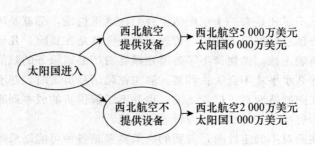

图8—2　确定条件下的序贯博弈

说明：通过瞻前顾后地观察，概括出最佳路径的分支线路。这些都是确定条件下的。

虑进去。重点是，在序贯博弈中，参与者必须瞻前顾后。太阳国航空公司并没有这样做，没有假设过去发生的情况在未来还有可能继续。

请注意，序贯博弈也可以看成是一种齐全决策。也许太阳国航空公司可以采取一系列的步骤逐步转型为一家航线运营商，这样它就可以在此过程中逐步探知西北航空公司可能的反应，同时又不必在情况不明时投入全部的资金。

在太阳国航空公司准备进入市场同西北航空竞争的案例中，假设太阳国航空公司相信西北航空公司采取报复行动的概率是50—50。太阳国航空公司进入市场的预期利润将是：

$$0.5 \times (-5\,000) + 0.5 \times 6\,000 = -2\,500 + 3\,000 = 500（万美元）$$

在这一案例中，经过瞻前顾后的分析，结论是太阳国航空公司仍然应当进入这一市场，因为进入后至少还有500万美元的利润。不过，如果假设发生改变，则结果也将因此变得不同。现在假设太阳国航空公司相信西北航空公司采取报复行动的概率为75％，则太阳国航空公司进入这一市场的预期价值将变为：

$$0.75 \times (-5\,000) + 0.25 \times 6\,000 = -3\,750 + 1\,500 = -2\,250（万美元）$$

在这一例子中，如何计算西北航空公司采取报复行动的概率是一个关键要素。太阳国航空公司从哪里获得这种数据？这些数据来自对竞争对手处境的深入分析。太阳国航空公司也许已经了解西北航空公司兑现承诺的声誉在其他市场中是有价值的，或它同政府、供应商和顾客的关系。在这种情况下，75％的概率是正常的。或者太阳国航空公司已经了解到西北航空公司的新经理不再可能花钱对太阳国航空公司进行报复，在这种情况下，报复的概率可能很低。在着手采取行动之前，太阳国航空公司应当已经获取了关于西北航空公司采取某种行动的概率。

人们对待风险的反应取决于人们对风险的厌恶程度。如果你有两种机会可供选择，一种是保证赢得50美元；另一种是有机会赢得100美元，但是你也同样可能一无所获。你会选择哪一种机会？后面这种机会的预期价值是50美元，但可能得到100美元，也可能一无所获。绝大多数人会选择确定的结果，即赚取50美元。在预期回报相同时，人们会偏好确定的结果。用经济学的术语来说，当预期回报相同时，偏好确定结果的人称为风险规避者。假定在这一案例中，这笔确定的奖金减少了。那么奖金少到什么程度你才会转而偏好选择赌博的方式呢？你对风险越厌恶，奖金需要减少的幅度越大。

在50美元和你所选择的价位之间的差额称为**风险溢价**（risk premium）。例如，假如降到 40 美元之后你就愿意接受赌博的方式，则你的风险溢价为 10 美元。风险溢价是衡量你对待这一特定赌注的谨慎程度的指标。在任何情况下，风险溢价的定义都是预期赌博的回报与确定获得的在参与者眼中等于赌博回报的金钱数额之间的差额。风险溢价为下面的问题提供了答案：你打算放弃多少钱来逃避这一风险？

风险溢价的大小取决于个体的心理——人们有多谨慎或愿意冒险。它还取决于事件发生的概率和潜在损失的大小。同一个个体对于不同的风险可能得出不同的风险溢价，而不同的个体面对同样的风险也可能得出不同的风险溢价。

风险规避和风险溢价的数值是通过观察人们的行为获得的：人们购买保险的多少、农民种植庄稼的数量、人们选择的车型、职业选择，等等。心理学家发现，妇女、老人、已婚人士和长子（女）更倾向于规避风险。佣金销售人员的风险承受力高于平均水平，政府雇员和银行业人士对风险的厌恶高于平均水平。研究还发现，CEO 比低层管理者更愿意承担风险，小企业的经理比大企业的经理更愿意承担风险，拥有研究生学历的经理比大学学历或高中学历的经理更愿意承担风险。[7] 富人和成功人士的风险厌恶水平总是比穷人或不成功的人士更低。

假设一位顾客总是购买同一品牌的洗涤液，现在市场上出现了一种新的品牌。一位规避风险的顾客在预期价值相同时总是偏好确定的结果，而不会尝试不确定的结果。因此，假如顾客认为新品牌和旧品牌一样好，他将不会购买新品牌，因为使用新品牌有风险。顾客偏好确定性——当前的品牌。

认识到顾客厌恶风险心理的企业会努力克服这一心理。新洗涤液的价格也许比现有品牌的价格更低。企业也可能提供免费试用以吸引顾客尝试。或者，企业会大做广告，以使顾客相信新品牌的品质好过旧品牌。

风险规避还可以用来解释为什么著名的连锁店比本地店更加成功。顾客在城镇间旅行时对本地的商店一无所知，但他可能会发现自己所熟悉的品牌。在这种情况下，即使本地商店提供的产品的品质高于全国性连锁店，但全国性连锁店的优势却是自己的知名度——风险更低。

小　结

博弈论是思考战略情境的一种手段。在某些情境下要根据竞争对手的行动选择己方的行动，这时如果仅凭直觉做事就会走入歧途。博弈论要求参与者必须同时站在己方和竞争对手的角度考虑问题，从而消除了直觉可能带来的错误。本章只是对博弈论这门博大精深的学问进行了粗浅的介绍，但是本章为几种常见的博弈类型提供了一些应对思路和方法。一些博弈论的情境和术语，如囚徒困境、可信承诺、确实可信的威胁以及沉没成本是每个人都应该熟悉的。

案例回顾

纽特牌甜味剂

然而，荷兰甜味剂公司错误地估计了孟　山都公司的反应。随着纽特甜味剂在欧洲专利到期，荷兰甜味剂开始攻击欧洲市场，但是孟山都公司采用降价的手段进行了猛烈的还击。在荷兰甜味剂上市之前，阿斯巴甜的价格是每磅79美元。在荷兰甜味剂的产品上市之后，价格降到每磅22美元。在这样的价格水平下进行销售，荷兰甜味剂公司是亏损的。这家公司能够幸存下来全靠说服了欧洲法庭对孟山都公司课以反倾销税。

在美国，荷兰甜味剂公司受到可口可乐和百事可乐公司的邀请进入当地市场。但是，荷兰甜味剂公司再次错误地判断了博弈中的价值所在，它没有弄明白这两家公司的真实意图。无论可口可乐还是百事可乐其实都无意采用普通的阿斯巴甜，因为谁也不想成为第一个将纽特甜味剂商标从产品上撤下的企业。如果其中一家这样做了，另一家随时准备利用这一点大做文章，夺取市场份额。可口可乐和百事可乐想要的其实只是降价。在这方面它们得到了满足：孟山都公司的新合约为两家公司每年节省了2亿美元。荷兰甜味剂公司在博弈中增加的价值为零。它不具备独特的能力，但是它的入场对于可口可乐和百事可乐却具有重大价值。[8]它本来可以利用这一价值来为自己创造价值。荷兰甜味剂公司的经验说明了参与者在进入博弈之前评估自己为博弈增加的价值的重要性。你能够增加的价值越高，你就会做得越好。如果你不能增加什么价值，那么你就不大可能做得好，除非你发现了博弈中的某些参与者能够从你的进入中获益。这些参与者也许愿意为你支付参与费。假如上述条件均不具备，你最好还是自问一下是否有必要参加这一博弈。

本章小结

1. 博弈是一种参与者具有策略相互依赖性的情景。它的构成包括参与者、参与者的感受、博弈遵循的规则和博弈的边界。

2. 博弈的规则可以是法律或政府的规定，也可以是社会习惯或由参与者自己制定。

3. 博弈的边界是博弈进行的范围，包括本地博弈、全国博弈、全球博弈，等等。序贯博弈是参与者按先后顺序行动的博弈。每一位参与者都必须进行瞻前顾后的分析。

4. 同时博弈是所有参与者同时采取行动的博弈。每一位参与者都会首先自问是否存在占优策略或劣势策略。

5. 占优策略是不论参与者B如何行动，参与者A总能获得最佳结果的策略。

6. 占优策略对于参与者来说并非最佳的策略。

7. 均衡策略是任何一位参与者都不希望改变形势的策略。

8. 纳什均衡发生在单次同时博弈的情况下，此博弈所带来的支付往往比参与者进行串通所带来的支付要低。

9. 在无限次重复博弈中，惩罚措施和触发策略的使用能够使博弈参与者达成并强化串通协议。

10. 当参与者间的互动要持续一段特定的时间时，在最后时刻常常会发生欺骗问题。这一情况能够让我们更加明白触发策略对于包含无限次重复博弈的合作协议的维持作用。

11. 在序贯博弈中，参与者必须弄清楚声称将要带来某种特定结果的威胁是否真实可信。

12. 囚徒困境是每一位参与者都拥有占优策略但结果却导致无效率均衡的博弈。避免囚徒困境的方法只能是承诺的反复交易。

13. 承诺中包含沉没成本，诸如保证、担保和广告开支，等等。承诺还包括可信的行动，例如不怕打价格战。

14. 合作可能是反复博弈的结果。

15. 在合作协议中往往会产生对欺骗的激励。必须实行严格的措施保证杜绝欺骗。以牙还牙策略就是一种强制的机制，不论对方如何做，你都会以其人之道还治其人之身。焦土政策是别无选择时的一种选择。

16. 博弈中的不确定性是计算各种可能

的行动方案的概率，然后得出预期行动或预 期行动的价值。

关键术语 ■

博弈论（game theory）

参与者（players）

策略（strategies）

支付（pay offs）

同时博弈（simultaneous-move）

序贯博弈（sequential-move）

单次博弈（one-period game）

重复博弈（repeated game）

标准表达式（normal form representation）

占优策略（dominant strategy）

纳什均衡（Nash equilibrium）

惯例（convention）

触发策略（trigger strategies）

以牙还牙（tit-for-tat）

承诺（commitment）

焦土策略（scorched-earth policy）

博弈树（extensive form）

预期价值（expected value）

风险溢价（risk premium）

练 习 ■

1. 假设你是一家小镇加油站的所有人兼操作员。在过去20年里，你和对手成功地将价格控制在较高的水平。你最近听说你的对手将在2周内退休并关闭加油站。你今天将怎样做？

2. 下列哪一种情况可以获得先行优势？

a. 麦氏公司推出了市场上第一种喷雾干燥式速溶咖啡。

b. 几家美国厂商共同推出高清晰度电视机。

c. 沃尔玛在阿拉斯加诺姆镇开设了一家商店。

d. 默克公司上市一种名为Arogout的药物，这是世界上第一种治疗溃疡的有效药物。

3. 在一项单次博弈中，如果你做广告并且你的竞争对手也做广告，你们两家都可以获得500万美元的利润。如果你们两家都不做广告，你的对手会获利400万美元，而你会获利200万美元。如果你做广告而你的对手不做，你会获利1000万美元，而你的竞争对手获利300万美元。如果你的竞争对手做广告，你不做广告，你将获利100万美元，而你的对手将获得300万美元的利润。

a. 为这一博弈建立支付矩阵。

b. 你是否拥有一项策略，不论竞争对手如何做你都会予以采用？

c. 你的竞争对手是否拥有一项这样的策略？

d. 博弈的解或均衡状态是什么？

e. 为了让对手不做广告，你愿意向对手支付多少？

4. 你和你的竞争对手必须同时决定周报上的广告价格。如果你们都公布低价，每家可获利3美元。如果你们公布的价格不一样，高价者将损失5美元，而低价者将获利5美元。

a. 在不做反复交易的情况下找到均衡解。

b. 现在假设可以进行反复交易，再假设利率为10%，结果将如何？

5. 你打算进入一个由垄断者控制的市场。你目前的经济利润为0美元，而垄断者的经济利润为5美元。如果你进入市场而垄断者发起价格战，你将损失5美元，而垄断者将获利1美元。如果你们都不打价格战，两家都可以获得2美元的利润。在这一博弈中存在两个可能的解或均衡，请指出是哪两个。

6. 企业 1 和企业 2 是仅有的生产和销售 X 产品的公司，都需要决定广告投入的多少（同时且独立地进行决策）。销量和利润既取决于己方公司的广告策略，也取决于竞争对手的行动。两家公司都可以选择低水平的广告投入，也可以选择高水平的广告投入。如果两家公司都选择低水平的投入，那么两家公司都将获得 6 000 万美元的利润；如果两家公司都选择高水平的投入，那么两家公司都将获得 2 000 万美元的利润；如果两家公司一个选择高投入，一个选择低投入，那么选择低投入的公司将获得 4 000 万美元的利润，而选择高投入的公司将获得 9 500 万美元的利润。使用纳什均衡的概念，思考以上博弈存在几个纳什均衡并将其全部列举出来。

7. 考虑下列在参与者 1 和参与者 2 之间进行的博弈，参与者 1 要在策略 U，M，D 中做出选择，参与者 2 则在策略 A，B，C 中做出选择。为什么这个博弈的标准表达式与本章其他博弈有所不同？这个博弈最可能出现的结果是什么？

参与者 2

		A	B	C
参与者 1	U	6, 3	4, 4	5, 5
	M	7, 5	5, 2	4, 6
	D	6, 7	8, 2	3, 3

8. 将下列同时博弈转换为 A 公司先动的序贯博弈。论证先动者和后动者各自的价值。

B 公司

战略		是	否
A 公司	是	A 公司 20 美元 B 公司 10 美元	A 公司 20 美元 B 公司 15 美元
	否	A 公司 20 美元 B 公司 15 美元	A 公司 5 美元 B 公司 8 美元

9. 将练习 8 中的同时博弈转换为 B 公司先动的序贯博弈。论证先动者和后动者各自的价值。

10. 下列博弈的均衡解是什么？

参与者 2

		X	Y
参与者 1	A	10, 10	15, 5
	B	5, 15	12, 12

参与者 2

		X	Y
参与者 1	A	0, 0	0, 1
	B	2, 0	0, 00

11. 有两家企业都在研发能够应用于各种视频设备的高清显示技术。由于存在一定的风险，兼容性就变得非常重要。DigiView 公司在其开发的 RemoteHD 技术上处于遥遥领先的地位，而 WebView 则在因特网领域开发了不兼容的 WebHD 技术。两家公司都认为如果它们能采用同样的技术，就都能从这个快速增长的市场获得 2 000 万美元的收入。如果它们采用不同的技术，那么这两种产品消费者都不会购买，两家公司的收入都为 0。如果将一家企业的生产线改造用来生产采用另一家企业技术（非专利）的产品，那么对于 WebView 来说进行这一改造的成本是 1 000 万美元。而如果换成由 DigiView 来进行这一改造，所需成本为 2 500 万美元。两家公司必须同时做出决策。请将上述情况用博弈的标准表达式表示出来，并找出均衡解。

12. 一家公司非常高兴地在某行业占据垄断地位，利润是 1 000 万美元。一个潜在竞争者打算进入这一行业。如果这个竞争者不进入，那么它将获取 0 美元利润，而垄断企业的利润还是 1 000 万美元。如果这个竞争者进入此行业，那么垄断企业必须要么接受竞争者的进入，要么进行反击。如果垄断企业选择接受，那么两家企业都能挣到 500 万美元。如果垄断企业进行反击，那么两家企业都将损失 500 万美元。本博弈由下列决策树表示，请找出其均衡解。

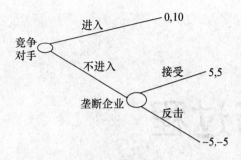

13. 你曾经处于囚徒困境中吗？请说明。你最终摆脱了那个困境吗？请说明。

14. 表 8—1 展示了两家香烟生产商就广告投入的多少所造成的囚徒困境。请说明两家企业该如何从困境中走出来。

15. 纳什均衡是什么？纳什均衡是如何运用于商业策略中的？

16. 路德维希·冯·米塞斯曾经在 1949 年对博弈论发表了自己的看法，而当时博弈论不过刚刚诞生了几年时间。"玩游戏和在市场环境下经商是完全不同的。游戏玩家要变得比对手更机智才能赢得游戏，商人则要为消费者提供他们需要的商品和服务……那些认为经商是一种欺骗行为的人走上了一条完全错误的道路。"（Ludwig von Mises，*Human Action*. London：William Hodge，1949，p. 116.）请解释冯·米塞斯所说的话的含义。

注 释

1. Michael V. Copeland, "The Game Maven of New Haven," *Strategy + Business,* www.strategy-business.com/press/freearticle/07108?pg=3&tid=230, accessed May 5, 2008. Steve Hannaford, "Soft Drinks: Suppliers and Vendors," *Oligopoly Watch: The Latest Maneuvers of the New Oligopolies and What They Mean,* July 11, 2003, www.oligopolywatch.com/2003/07/11.html, accessed May 5, 2008.

2. When students at Princeton were playing poker in the early 1930s, they were being observed by a new member of the faculty, mathematician Johann von Neuman, who then captured their actions in mathematical models. The economist Oskar Morgenstern convinced Neuman that his mathematical structure would help explain economic behavior. The result of their observations was the book *Theory of Games and Economic Behavior* (Princeton, NJ: Princeton University Press, 1947).

3. "I use game theoretic equations in business and in life, not with the expectation that all outcomes will be optimal, but rather that bad decisions will be minimized." See William B. Hakes, "Readers Report, Game Theory Wasn't Meant to Be a Forecasting Tool," *Business Week,* July 13, 1998, p. 9. The chief financial officer of Merck responded to an interviewer's question about Merck's acquisition of Medco and its effects on the attitudes of Merck's competitors by stating that game theory forces you to see a business situation from two perspectives: yours and your competitor's. Nancy A. Nichols, "Scientific Management at Merck," *Harvard Business Review,* 72 (January/February 1994): 97.

4. For more on conventions, see H. Peyton Young, "The Economics of Convention," *Journal of Economic Perspectives,* 10, no. 2 (Spring 1996): 105–122.

5. Yes, I, the author, was that economist.

6. This happened to my (the author's) first economics professor in college.

7. Kenneth R. MacCrimmon and Donald A. Wehrung, *Taking Risks: The Management of Uncertainty* (New York: Free Press, 1986).

8. Think about how Holland Sweetener might have created options and thus created value rather than simply jumping in with both feet.

第9章
企业家与市场过程

企业家与经济自由

世界上所有的国家都有企业家，一群有创造力并敢于冒险的人。然而，并非所有经济体都鼓励本国的企业家发展新产品、新创意和新服务并将其提供给消费者。每个经济体都应该激励企业家承担风险，尝试创新。右图中的虚线展示了经济自由度与创业活动之间的关系。为什么经济自由度越高，创业活动就越活跃？

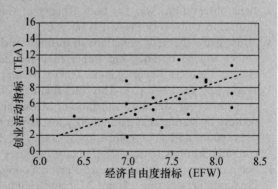

资料来源：From Russell S. Sobel, "Entrepreneurship," in David R. Henderson, ed., *The Concise Encyclopedia of Economics*, Liberty Fund, 2008.

市　场

市场体系调节着每一种交易商品的价格，使该商品的卖家愿意以及能够销售的数量与该商品的买家愿意以及能够购买的数量相等。这个价格告诉卖家和买家为了获得一单位某商品所必须放弃的价值（也就是机会成本），进而也让卖家和买家明白他们的经营活动是否有价值，以及应该专注于哪一项经营活动。日复一日，在没有任何有意识的中央指导下，市场体系诱使人们将他们的才能和资源投入到能够创造出最大价值的地方。人们不用被欺骗、被诱使，就会自觉地在市场体系中扮演自己的角色，追逐他们认为适当的目标。为了使自己的财富最大化，工人选择最能体现其能力和精力的价值的培训和职业发展道路。为了获取利润，生产者提供消费者认为最有价值的产品和服务，并尽可能降低成本。为了增加他们的财富，资源拥有者按照合乎社会需要的方式来配置资源。请读者回想一下第2章关于牛肉是如何从爱荷华州卖到纽约的故事，这样做并不是出于善意或者恩惠，而恰恰是出于个人利益。个人利益要求卖家来服务买家，为买家提供他们需要并且愿意购买的商品和服务。

因为市场的存在，当我们想要某些东西的时候，我们就可以很容易地得到它们。我们每天24小时都可以在离家很近的地方买到几乎所有东西。我们能够买到的商品不仅比几年前的同类商品更好，而且我们能够购买的数量也更多了。生活水平在不断提高，生活的每个方面都在不断改善。人们的预期寿命在过去的一个世纪增加了一倍。脊髓灰质炎、结核病、伤寒、百日咳等疾病被彻底消灭了。

人类之所以能够获得上述成就，市场功不可没，因为市场鼓励人们做他们最擅长的事情并努力提升自己，每个人提高自己生活水平的努力都促进了全社会生活质量的提高，自由的不受约束的市场为人类带来了这一切。当没有任何事情阻碍人们投入到自愿的交易活动中的时候，市场就是自由的。在一个不受约束的市场里，每个人都可以从自己喜欢的卖家那里买到自己想要并且买得起的东西，无论是政府还是其他人都不会干涉你从哪里购买商品和服务，以及你支付的价格水平。

基于比较优势的专业化能够比自给自足带来更大的产出。当然，专业化意味着无法生产所有人赖以生存的东西，更不用说达到富裕水平所需要的产品了。因此为了获得想要的东西，人们必须用自己生产的商品和服务来交换，而这一过程需要一些形式的协调。在市场体系中，这种协调职能不是由权力高度集中的官僚集团来实施的，而是通过追求个人利益的每个个体来实现的。农民养牛是为了将牛卖掉来换取他所需要的一切东西。屠夫包装并销售牛肉是为了赚到钱从而购买一辆汽车、房子或者其他东西。卡车司机负责运输牛肉是为了挣钱来购买一切他想要的东西。最终超市将牛肉卖给消费者。纵览整个过程，牛肉从爱荷华州千里迢迢来到纽约，其间经历了无数次交易，而参与这些交易的许多个体并不想要获取牛肉，而是想要获取其他东西。

市场过程

在第2章中我们讨论了马自达的案例。当1990年马自达车进入美国市场时，小型跑车在南加利福尼亚是一种非常受欢迎的产品。它的建议零售价是13 996美元，这是它在底特律的销售价格。然而，在洛杉矶，它的购买价格接近25 000美元。同一种产品，都是马自达车，在不同的市场——底特律汽车市场和洛杉矶汽车市场以不同的价格出售。一些企业家意识到利润存在于这10 000美元的差价中，因此派出成百上千的大学生到底特律把车开回洛杉矶。在一个相当短的时间内，底特律和洛杉矶的价格差距就缩小了。底特律的销量增加使得其价格上涨，同时洛杉矶销量的上升使得那里的价格下降。价格差距不断缩小，直到这一差距小于把汽车从底特律运到洛杉矶的成本。

正如第 2 章所说，套利是一种运作中的市场过程。它可以保证资源被配置到对其估价最高的应用中——那些无效率的交易、无效率的组织和任何无效率的东西都不复存在了。

为什么自由市场是这样运行的呢？因为它是源于人们都希望使自己的生活变得尽可能富有这一假设。正因为如此，人们会运用自身所拥有的资源从而获取更大的价值。如果有一个能够赚得更多的机会，人们还会把资源放在原处吗？当然不会，因为人们总是希望使自己的财富最大化，总是在寻找途径从而获得更高的回报——更高的薪金、更高的投资回报、更高的租金等。这就是人们把马自达汽车从底特律运到洛杉矶来卖的原因。

市场过程是动态的，因为关于市场的知识不是固定不变的。每个人都基于他们做决定时所拥有的信息来进行选择。人们会依据自己的判断，做出那些能够让他们感到最高兴、获得最多财富的选择。当人们了解了他们的选择所带来的结果以及获得新的信息之后，他们会发现之前的选择不一定是最优的。由于学习过程的持续存在，每个人都在不断改变，市场体系也不会是一个一成不变的、不断延伸的等式。每当有新的信息进入企业家的思考过程，对利益的一次新的或者不同的搜寻就开始了。

动态市场和企业家

根据囚徒困境博弈，企业（参与者）会选择那些对于己方来说并不是最优的策略。即使更好的选择存在且被发现了，但参与者依然选择次优的策略。为什么一家企业明知自己并没有处于最优情境下依旧选择保持现状？考虑一下上一章我们讨论过的香烟企业进行广告投资的困境。两家企业想摆脱这一困境，但它们不可能拿起电话跟对方直接说"嗨，咱们还是别做广告了吧"，因为这样做就造成了违法的串通行为。因此，它们选择支持一些消费者团体为禁止香烟的电视广告而进行的游说。由于这一禁令的施行，两家香烟企业也得以摆脱这一困境。

经济分析中所使用的静态平衡往往会造成一些误导，因为人们常常忽视了这种平衡最多只是一个临时支撑点。企业可能会采取阻止潜在竞争者进入市场的策略，但这种策略很可能只有短期的效果。市场过程是动态的，随着时间的推移而不断发生。企业家通过创新、在不确定环境下做出决策以及重组资产的方式寻求利润，随着时间的推移他们会不断重复这些过程。企业家租用资源，从而组建企业等组织，学习新事物，转变发展方向，改变组织结构，推动自己的生意不断向前发展。

中级微观经济学教材中没有提到企业家的作用。如果所有的企业都能做其他任何企业所能做的事，如果所有的企业都达到了生产可能性边界（最优选择边界）且能一直保持，如果企业总是能够就其投入资源的组成结构和产出水平做出最优选择，那么企业家精神的存在就没有意义了。也就是说，如果企业仅仅是一个投入资源获得产出的黑箱（见图 9—1），那么企业家也就没有必要存在了。

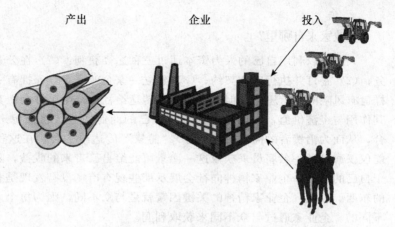

图 9—1 黑箱

说明：传统意义上企业被认为是一个黑箱，人们向其中投入资源，并获取产出。

在有效率且不受约束的市场中，这种如同黑箱的企业是没有理由存在的，所有的商业行为都可以通过契约来完成。但是企业的确存在，这一事实的背后一定有它的原因。诺贝尔经济学奖获得者罗纳德·科斯发现企业会尽量降低"使用价格机制的成本"。[1] 市场交易会带来某些成本，如询价成本、谈判以及执行协议的成本等。在存在企业的情况下，这些成本会相对较低。根据科斯的理论，企业家的一个职能是通过组织、架构、补偿协议以及私人产权的分配来降低"交易成本"。正如我们在第 6 章所论述的，企业家必须在企业内部解决信息传递、激励、监督以及绩效评估等问题。企业的边界是通过权衡内部与外部的交易成本孰高孰低来决定的。

企业家的定义

企业家位于动态经济的中心，在任何可能有利润的地方追逐利益。企业家究竟是什么呢？经济学对企业家最著名的定义应该就是熊彼特的"企业家就是创新者"的观点。熊彼特认为企业家会带来"新的组合"，如新产品、新生产技术、新市场、新的供应来源以及新的产业组合。这些"新的组合"会通过"创造性的破坏"使现有经济脱离原有的均衡。熊彼特认为，重要的不是价格竞争，而是创新竞争，如新产品、新技术的研发，新的供应来源，以及新的组织形式等。企业家不是只负责日常经营的管理者，而是不断求变的创新者。企业家精神可以在企业内部通过创造和应用新产品、新工艺以及新战略来实现，但企业的日常经营管理是完全不需要企业家精神的。

企业家精神也可认为是对盈利机遇的一种"警觉"。由于竞争是一个发现的过程，企业家利润的获得必须有非常强的前瞻性，如能够发现不被其他市场参与者察觉的新事物（如新产品、节约成本的技术等）。关于这个问题的一个很好的例子是套利行为。能够发现可以获取经济利益的套利机会的套利者就可以被看做企业家（回想一下前面讨论过的马自达汽车的例子）。企业家对于新的产品或新的生产工艺会非常警觉，从而能赶在其他人之前迅速填补相应的市场空缺。关于企业家的另一个观点是：他们可以在不确定的条件下做出决策。[2] 在做出决策时企业家对于要做的生意究竟能获利多少其实并不知晓，更不用说能为自己挣多少钱了。因此，企业家也是风险承担者。

企业家来自哪里？

人们可以利用自己的人力资本通过三种途径获利：（1）在公开市场出售劳动服务；（2）签订并执行雇佣契约；（3）建立一家企业。企业家拥有一些很有潜力但同样也有风险的经营思路，但却无法将其传达给社会。由于社会上其他机构无法评估其作用与经济价值，人们常常无法将自己的商业实验（将资源进行某种特定的组合，从而为消费者的需求提供服务）"愿景"传达给社会，在这种情况下人们就不能仅仅通过做一名雇员来获取这一愿景可能给自己带来的收益，除非选择开一家属于自己的公司。企业家精神向社会展示那些现有市场没有发现是有价值或者有需求的东西。因此，企业家精神的关键因素就是与众不同，因为每个人对环境的感知是不同的。企业家通过与众不同来获取利润。

追求利润

企业家购买或者租用资源来组建一家企业，并通过企业制造和销售产品和服务。如果生产和销售的产品和服务超过了所耗费的资源，那么企业家就实现了增值，能够获得利润作为奖励。利润等于总收入（企业产出的总价值）减去总成本（企业消耗的全部资源的价值）。

利润＝总收入－总成本

总收入非常容易计算，将销售的商品和服务的总量乘以它们的价格，$P \times Q$，也可以用总销售金额来衡量。总成本就是为了开发、制造和销售商品和服务所耗费的所有资源的总金额。

经济学家将投入的资源分为三大类：土地、劳动力和资本。这些资源就是为了制造和销售商品和服务所进行的投入。**土地**（land）指所有的自然资源、原材料、陆地和海洋；**劳动力**（labor）包括熟练的和不熟练的工人；**资本**（capital）包括建筑物、设备和库存。因此，总成本就是企业为了使用这些资源所必须付给土地、劳动力和资本提供者的支付量。

土地的成本是为了使用土地所必须支付的租金。衡量土地成本时不用考虑土地的购置价格，而是要考虑土地提供的服务的总价值。租金就是为了使用土地所提供的服务而支付的金额。劳动力成本就是为了使用劳务而必须支付的工资、薪金和福利。资本成本就是为了使用资本而必须支付的金额。让我们换个角度思考这个问题，一家企业使用资源来创造产出，因此，企业的成本就是为了使用这些资源的服务所必须支付的金额。企业并不购买一个工人，而是购买他的服务，对于其他资源来说也是同理。企业的投入并不是购买资源本身，而是使用资源的这些服务。

任何物品和活动的成本就是你为了购买这个物品或者进行这项活动所愿意放弃的东西。当你用 1.6 美元购买一盒牛奶时，牛奶的成本就是 1.6 美元。但更重要的是，牛奶的成本不仅可以理解为 1.6 美元，更可以理解为你原本可以花费 1.6 美元来做的任何事情。回忆一下第 2 章，我们知道这就是机会成本，也就是次优的选择或机会的成本。总之，所有的成本都可以被认为是原本可以选择但却没有选择的次优事物的成本。所以当我们讨论做生意的成本时，我们在衡量做生意的机会成本。

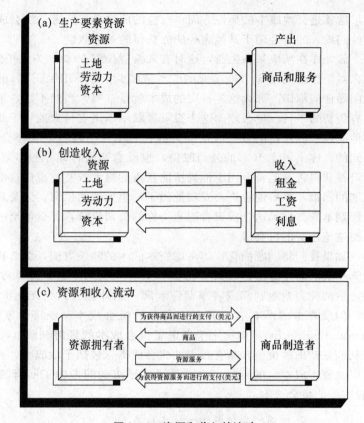

图 9—2 资源和收入的流动

说明：从（a）部分可以看出，三种资源被用来生产商品和服务：土地、劳动力和资本。从（b）部分可以看出，资源所有者出售资源能提供的服务，从而获得收入。土地所有者获得租金，劳动者获得工资，资本所有者获得利息。(c)部分将（a）部分和（b）部分联系起来。人们使用资源来获得收入从而购买他们需要的商品。生产者使用销售商品获得的金钱来支付为生产产品而使用资源所耗费的成本。在人们分配稀缺资源以满足自己的需求过程中，资源和收入在某些企业和资源拥有者之间不断流动。

市场过程最终会导致资源被用在能够获得最高价值的地方。因此如果一位土地拥有者愿意其他人付每月 5 000 美元的租金来使用他的土地，那么使用这片土地的市场价值就是 5 000 美元。社会为这片土地的使用赋予了价值。类似地，如果一名会计愿意接受 60 000 美元的薪金为一家企业服务，那么这名雇员的劳动所提供的服务的市场价值就是 60 000 美元。对于资本成本的衡量也是同样的，但比较复杂的是资本有两个方面——显性的方面和隐性的方面。

企业家必须拥有资金从而购买资本服务，如楼房、机器等用来生产产品和服务的工具和设备。如果有人愿意以 5% 的年利率将 100 万美元借给这家企业，那么对于这家企业来说这 100 万美元资金的成本就是 5% 或者说 50 000 美元一年。5% 的利率是通过借贷融资的成本。如果除了 100 万美元的贷款，这个企业家还使用了 100 万美元的自有资金进行新项目的投资，那么这个企业家使用的启动资金总计 200 万美元。贷款成本是 50 000 美元一年的利息支出。企业家自有资金的成本就是如果将这笔资金用于其他地方所能获得的最高回报。除了以上两种融资方式，企业家还可以通过将一部分企业的所有权卖给他人的方式融资，这也就是"股份"在一个公开上市的企业中所代表的含义——所有权的份额。对于一个企业来说，所有权份额称为**权益**（equity），借款所占的份额称为**负债**（debt）。负债的成本是借款利息，这就是资本成本的显性方面；权益的成本是投资者的机会成本，也就是投资者将他们投入的资金用于其他途径所能获得的最大收益。

假如你在从事某项生意，这时有人希望投资 50 000 美元并获得 10% 的所有权，那么对于你来说这 50 000 美元的成本是多少？你不用保证 5% 的利息，事实上，你不用做任何承诺。那么这笔投资的成本就是 0 吗？当然不是，正如俗语所说，天下没有免费的午餐。你必须向这个投资者默示承诺支付大致等于此人将这笔资金用于其他途径所能获得的最大收益的分红，否则这个投资者是不会愿意提供这 50 000 美元的。你出售了 10% 的公司股份，也就意味着你暗示投资者可以最终收回这笔投资并获得将这笔资金用于他处所能获得的最大收益。也许这个投资者无法得到他预期的回报，事后他也许会发现他做了一笔失败的投资。但是真正重要的恰恰是这个预期本身。如果这个投资者愿意为你的公司投资，那么他至少认为可以从你这里挣回这笔投资的机会成本。

如果我们将问题简化，不考虑资本成本的隐性方面，那么我们就可以得到一种计算利润的简便方法：收入－租金－工资－利息。这种计算方式被用于财务报表中，一般称为营业利润或者净营业利润。该计算方式将产出的价值减去投入的成本，但没有考虑所有者（股东）资本的机会成本。经济学家将其称为**会计利润**（accounting profit），以区别于考虑了机会成本的**经济利润**（economic profit）。经济利润是产出的价值和所有投入的机会成本（包括土地成本、劳动力成本、债务成本以及资本成本）的差额。也就是说，经济利润考虑了所有的成本，包括所有者（股东）的机会成本。

经济利润＝会计利润－资本成本

经济利润是用来衡量企业是否为其使用的资源带来了附加值的指标。经济利润可以是负值、零或者正值。

经济利润是企业家的信号

对于企业家来说，经济利润是一种信号。它告诉企业家是否应为某项经营活动投入更多的资源，或者原本用于某项活动的资源是否应该配置到其他地方。假如我花费 0.7 美元生产一杯咖啡，并以 1.5 美元的价格将其卖掉。那么，我就挣得了**正经济利润**（positive economic profit），也就是说我的盈利超过了机会成本。市场上的其他人发现我的盈利超过了机会成本，认为如果他们放弃现在在做的事情转而去卖咖啡也许可以做得比我更好。相反，如果我的一杯咖啡连 0.65 美元都卖不到，我就会最终放弃这个生意转而做其他事情。当我制作咖啡所使用的资源的成本高于咖啡售价时，我只获得了**负经济利润**（negative economic profit）。

正经济利润会吸引竞争者并增加供给。负经济利润意味着企业家必须寻找其他市场和活动来配置他拥有的资源，同时供给也会减少。在咖啡店的例子中，由于我制作一杯咖啡的成本是 0.7 美元，而我的卖价是 1.5 美元，于是就会有新的竞争者进入并将他的咖啡定价为 1 美元/杯。由于这样定价还是存在正经济利润，于是就会不断有新的进入者将价格定为 0.9 美元，0.8 美元，甚至更低。一旦价格降到 0.7 美元，就没有人有动力继续降价了。最终，咖啡的价格就会等于生产咖啡所使用的资源的总成本，也就是 0.7 美元。竞争要求资源必须以最有效的方式使用。任何无法有效率地使用资源的人都无法在市场中长久坚持。如果你无法以低于0.9美元的价格生产咖啡，那么当价格降到0.9美元以下时，你将不得不退出市场。你使用的资源会流动到它们具有更高价值的地方。

拥有负经济利润的企业如果将其资源用于其他用途，将会产生更多的价值。任何公司都可以在短期内表现为负经济利润，但在长期内持续降低价值的企业将无法生存下去。[3]你会发现即使是在经济繁荣时期，许多著名的企业都具有负经济利润，但如果这种状况一直持续下去，这家公司会最终离开这一行业。通用汽车和福特公司近年来创造的收入都不足以弥补所有的机会成本。换句话说，它们的经济利润为负已经有几年的时间了。

假设你是通用汽车公司的一位投资者。在最近10年经历了4%这一令你无法想象的低年度增长率后，你开始准备改变你的投资。你认识到可以通过卖掉通用汽车的股票而购买其他公司的股票使自己的收入至少翻番。如果很多通用汽车的股东都这样做，通用汽车就无法获得这些资源，它将不得不出局，其资源将被配置到生产率更高的用途上。如果通用汽车多年来一直在摧毁价值，那么它为什么还没有出局？原因是许多投资者认为投资于其他公司不一定会更好。他们认为要么通用汽车能够自己走出困境，要么政府会给予支持从而使通用汽车可以继续维持运营。事实上，在2009年投资者确实发现政府不会让通用汽车走向彻底失败。政府在2009年接管了通用汽车，与公司债券持有人签订了债转股协议，全美汽车工人联合会（United Auto Workers Union，UAW）和政府成为该公司的大股东。

零经济利润和正常利润

竞争会使总收入不断接近总成本，直到它们完全相等。既没有实现增值也没有降低价值的企业的收入足以补偿其使用的所有投入品的成本——但什么也没有剩下。我们必须认识到这恰恰是市场竞争的标准规范——零经济利润企业的投资者无法通过其他投资来获得更高的收益，他们的收益恰好等于机会成本。经济学家称之为**零经济利润**（zero economic profit）或**正常利润**（normal profit）。"正常"一词并不是说很常见，而是说市场（企业家追求利润）会促使其发生。[4]思考一下第2章讨论过的企业家在山顶向登山者出售瓶装水的例子，一旦他获得了正经济利润，会发生什么事情？他会带更多的瓶装水到山顶出售，而其他人也会开始纷纷效仿。增加了的供给量会促使价格不断下降，供给会持续上升直至销售瓶装水的收入仅仅能弥补机会成本。考虑一下苹果公司iPod产品的例子。在最早开始发售的2001年，iPod产品的定价为500美元，但投入品的总成本，包括硬件、屏幕、视频解码器等软硬件的总成本却只有大约145美元。2007年年初，该产品的价格降为300美元。2007年年末，苹果推出了售价仅149美元的新机型。到2010年，价格则进一步降到了100美元。这就是不断进行的市场竞争的具体表现。

创造性破坏——并不总是这样

当星巴克开始在全世界各个角落开设新店的时候，它所面临的一个批评就是它究竟会对小型独立咖啡店造成怎样的影响。不过，简单地认为星巴克的开设会伤害小型咖啡店的生意往往是错的。实际上，对于小型独立咖啡店来说，提升业绩的最好办法恰恰是让星巴克开在自己门店的旁边。咖啡交易杂志《新鲜一杯》的创始人认为，本地咖啡店实际上希望能够在自己门店旁边开一家星巴克。根据美国咖啡专业协会的统计，美国 57% 的咖啡店依旧是小型独立的经营模式。2000—2005 年的 5 年间，在人们原以为星巴克要把小型咖啡店横扫出局的时刻过去很久以后，美国的小型独立咖啡店却增长了 40%，从 9 800 家发展到了近 14 000 家。事实上看起来星巴克会吸引很多新的想要喝咖啡的顾客，但这些人也常常会转而光顾其他独立小店。当星巴克的队伍过长时，一些消费者就会选择前往星巴克旁边的小咖啡馆。星巴克经常比本地咖啡店要贵，而且提供的餐饮种类较少。[5]

负经济利润会使现有企业退出，而正经济利润则会吸引新进入者。采取能够带来正经济利润的策略固然是好事，但一段时间的成功不能保证以后一直都能成功。所有人都希望做有利可图的买卖，因此正经济利润常常会吸引竞争者。竞争过程包含企业家的创新，如一种新产品、一项新服务以及一种做生意的新方法。这种创新会带来正经济利润，而正经济利润则会吸引新的进入者。他们有的选择模仿目前已经成功的企业家，其他人则会尝试在现有基础上继续创新。竞争使得价格不断下降，直到再也没有新的进入者出现，现有的参与者都只能获得正常利润。这一均衡是否达到，达到后均衡状态能持续多长时间，则取决于新产品开发的速度以及其他破坏原有市场的创新活动。

在自由市场环境下，一切已建立的商业地位都可以被挑战，任何市场都可以自由进入。如果现有的市场参与者制造了各种麻烦和人为障碍来阻止新的竞争者的加入，那么市场就变得不太容易进入了。然而，即使在有进入壁垒的情况下依然存在某种创业者优势，如产品设计、产品质量、生产技术和营销渠道等，使得新进入者相比现有企业拥有更大的竞争优势，从而摆脱进入壁垒的围堵。企业往往不知道关乎自身存亡的威胁来自何方，通常情况下，这种威胁来自于企业没有预料到的市场发展趋势。这些新的市场发展趋势使得这些企业的重要性逐渐降低，当降低到一定程度时，企业无论如何努力摆脱困境都为时已晚。

管理者与企业家的对比

由于预计未来铜的价格会上涨，电缆制造商于是购买了铜的期权期货或者现货，我们不认为这种行为是企业家精神的体现，充其量是对现有经济资源的好的管理。同样地，创办新企业也不一定是企业家精神的体现。一家企业可能只不过是基于人们普遍知晓的信息而对市场上已经存在的业务进行了简单的复制，没有给市场带来任何新东西，这样的企业没有体现企业家精神，尽管这些企业同样需要对资源进行合理配置，作为新企业同样面临风险。

管理只是在已知的约束范围内做出日常决策来完成已经设立的目标。它包括对公司拥有或根据合约实际控制的资源的管理工作，管理者则依据资源创造的生产性服务的价值来获得报酬，就像其他形式的劳动一样。所谓的管理职能主要是计算并履行能够满足企业所有者的目标的一系列做法和行动。管理活动通过提升企业运营效率来应对不断改变的外部经济环境。管理者执行一系列日常活动，这些活动往往被认为是日常事务，或者至少是已知的。

　　日常经济活动的不断进行会带来一系列新的信息。依据这些信息来预测新的经济安排的人就是企业家。创新是在一个占主导地位的价格结构的背景下产生的，创新会使原有的价格结构发生改变并产生更多的信息。那些获得正经济利润的人会促使新的竞争者加入，从而扩大供给，改变价格，并在新的价格结构形成过程中逐渐破坏原有的正经济利润。

企业家战略

　　正如第 7 章所讨论的，战略管理的五力分析模型是为了通过限制竞争来获得利润。在博弈论中，企业战略包含与其他博弈参与者的相互影响。根据博弈的不同，其结果可能是限制竞争，可能是建立合作，也可能是做先行者或后发者。而企业家战略则是通过生产过程、产品或其他形式的创新来获得利润。企业家是创新者和风险承担者，对任何有利可图的机会都非常敏感。

先行者

　　企业家所采取的战略似乎理所当然地是成为先行者——第一个进入某个市场或创造一个新市场。但事实上并不总是这样。在做好准备之前盲目冲进市场往往是一个错误的选择。

　　在索尼公司推出其视频录像技术 Betamax 两年以后，日本胜利公司（JVC）才向市场推出了 VHS 技术。尽管如此，通过授权其他企业使用本公司技术，与视频节目生产商建立合作，以及不断根据消费者和录像带出租商的需求进行改进，JVC 最终得以将 VHS 技术确立为视频录像的行业标准，将 Betamax 淘汰出局。

　　能够理解顾客需求、实现创新并根据市场的变化迅速做出调整往往比首先进入一个市场更重要。因特网是最明显的例子，谷歌并不是第一款搜索引擎，亚马逊不是第一家网上书店，eBay 不是第一个拍卖网站。这些公司都专注于了解它们的顾客，不断创新并调整战略以适应市场变化。这些企业作为后发者反而比采用先行者策略获得了更大的优势。

　　回忆我们在第 8 章讨论过的一次博弈，两家公司要决定是否对一项新技术进行投资。当时假设两家公司同时行动。与这一同时博弈相比，序贯博弈提供了衡量先行者价值的标准。根据图 8—1 所示的支付水平，相比同时行动的情况，作为先行者的 A 公司具有先行者优势。不过有趣的是，A 公司的优势恰恰是不进行新技术的投资。作为先行者恰恰意味着不做第一个进入市场的企业。

　　先行者常常会犯一些错误，或者遗漏一部分市场。企业家可以从先行者所犯的错误中吸取教训，从而建立自己的优势。不过，做第二名就一定是一种企业家战略吗？如果所谓的第二行动者确实带来了创新，那么回答就是肯定的。沃尔玛可能不是第一家平价超市，但它第一个采用了存货控制系统。亚马逊和谷歌也都不是第一个先行者，但它们都带来了一些新思路。这些战略才是真正的企业家战略。

　　请记住企业家不仅仅是创造性破坏的制造者和推动者，也是平衡者。企业家将小规模的创新引入市场，不断打破现有的进入障碍，从而将利润降低到"正常"水平。尽管有 3 500 万美元的年销量，但先行者 Pets. com 还是在 2000 年 11 月倒闭了。为什么呢？因为在网上购买宠物食品和配件并不比本地宠物商店带给消费者更多的价值。仅仅成为先行者是不够的，企业家所做的事情必须能够带来价值。仅仅比其他人跑得快并不一定能带来成功。

关于先行者的优势和劣势，学者们已经做了很多研究，但并没有一个确定的结果。一些例子证明先行者确实可以获得优势，如先行者可以建立一个行业标准，或者在其他企业之前建立消费者的品牌忠诚度。然而，成为先行者也有不可避免的缺陷，最大的两个缺陷就是成本和风险。成为市场开拓者需要在研发和市场环节同时进行投资，这样做不仅昂贵，而且风险极大。作为某个市场领域的第一家企业，它无法从其他企业的成功和失败中获得知识。因此，虽然企业家战略要求创新，但往往不是要成为目标市场领域的第一个吃螃蟹者。

企业家的寻租行为

企业家寻求利润不仅可以通过生产性的方式，也会通过非生产性的方式。在漫长的经济史上，海盗和掠夺者想尽各种办法窃取他人的财产。寻求从他人那里获得财富转移或者在不生产任何东西的情况下增加财富的行为就是寻租。这些觉得抢夺他人的劳动成果比自己参与生产活动要更加容易的"寻租者"也常常具备企业家精神。无论是国王的征税官、拦路抢劫的强盗还是严密把持着市场准入的行业协会，他们的寻租行为经常会使带来经济发展的经济活动趋于停止。例如，富有的米兰、安特卫普和马格德堡使它们强大的邻居变得嫉妒和贪婪，因此不断被围攻、洗劫并课以重税。[6]寻租行为对于美国和其他国家的企业来说依旧是一种重要的战略。政府在经济活动中扮演的角色越重要，寻租的机会也就越多。下一章我们将会从政府的视角讨论企业家的寻租行为。

案例回顾

企业家与经济自由

人们普遍认为资本主义比其他经济组织形式的生产力要高得多，因为在资本主义环境下，创业的努力会被引向财富的创造而不是夺取他人的财富。[7]企业家存在于任何社会之中。在政府控制的社会中，具有企业家精神的人会进入政府或者向政府游说，在这种情形下形成的诸如关税、补贴和管制等政府行为无一不在毁灭财富。在政府受到限制、坚持法制的经济环境中，具有企业家精神的人会创造财富。有人认为补贴、税收和管制等政府行为可以增强市场的企业家精神。也许政府可以引导更多的投资流向企业家行为。然而，经济学家发现像风险投资基金那样向市场注入资金并不一定会促进企业家行为。资本是流动的，资金会自然而然地流向那些不断涌现、有创意并有盈利潜力的市场领域。这也就意味着在制定经济发展政策时，鼓励更多的个人企业家行为要比吸引风险投资更加重要，因为资金虽然能提高新企业的存活率，但却无法带来新的创意。关于企业家精神的最新研究表明，政府政策应致力于对基本的政府机构进行改革，从而创造一个能让更多有创造力的个人不断发展壮大的环境。这样的环境必须具备明确定义并严格保护的产权、较低水平的税负和管制、健全的法律和金融系统、适当的合同执行以及有限的政府干预。

■ 本章小结 ——■

1. 企业家就是那些不断创新、对机遇无比警觉并且承担风险的人。

2. 企业家在经济中的角色是不断带来变化并使其提供的产品和服务达到合格的一致的状态。也就是说，企业家不断通过创新对现有市场进行创造性的破坏；或者进入新的市场，带来稍微不同或稍有提高的产品和服务，从而降低价格和不正常利润。

3. 由于现有市场还不够完善，企业家可能会被迫创办自己的公司。如果没有大量的投入，企业家就无法将他的愿景有效地向市场传达。

4. 会计利润等于收入－土地成本－劳动力成本－债务成本。

5. 经济利润等于收入－土地成本－劳动力成本－债务成本－资本成本，也等于会计利润－资本成本。

6. 企业家寻求利润，这种对利润的寻求也是市场过程的关键因素。它将资源配置到可以获得最大价值的地方，并使价格下降至总收入恰好等于总生产成本的水平。

7. 正经济利润意味着收入超过了所有的成本，包括投资者的机会成本。

8. 正经济利润会吸引其他竞争者进入这个有利可图的市场。

9. 竞争最终会使经济利润降为零，这也称为正常利润。

10. 政府有时也会呈现出企业家精神，其表现形式不是创造新产品和财富，而是将一个领域的财富转移到另一个领域。此时的政府是寻租企业家。

■ 关键术语 ——■

土地（land）
劳动力（labor）
资本（capital）
权益（equity）
负债（debt）
会计利润（accounting profit）

经济利润（economic profit）
正经济利润（positive economic profit）
负经济利润（negative profit）
零经济利润（zero economic profit）
正常利润（normal profit）
寻租（rent seeking）

■ 练　习 ——■

1. 定义企业家精神。它与管理有什么不同？你认为下列事例是企业家行为还是管理？

a. 比尔·盖茨开发了微软操作系统。

b. 史蒂夫·乔布斯开发了 iPhone。

c. 沃伦·巴菲特成功的投资。

d. 沃尔玛在小城镇开设门店的策略。

e. 一家公司采用团队制和扁平化管理结构，摒弃层级制管理结构。

f. 美国众议院议长、共和党人纽特·金里奇（Newt Gringrich）于 1994 年创作了《与美国签约》（Contract for America）。

2. 什么是市场过程？企业家在市场过程中扮演着怎样的角色？

3. "盈利机会对企业有着如同鲜血对鲨鱼一般的吸引力"这句话该如何理解？

4. 经济学家是如何解释成本的？"成本的概念要比在收银台支付的金钱丰富得多。"

5. 在《赤裸裸的经济学》一书中，作者写道："价格就像巨大的霓虹灯广告牌那样不断闪烁着重要的信息。"描述市场价格所提供的信息究竟有哪些，创业者在这个广告牌上扮演怎样的角色。

6. 创造性破坏意味着什么？资本主义之所以有效，难道不是因为能使胜利者获得奖赏，而是因为会让失败者受到惩罚吗？与高尔夫球巡回赛和团队竞技体育相比有什么共同点？

7. 信息不对称指的是什么？企业家应该如何应对信息不对称？

8. 列举企业存在的三个原因。其中有没有任何一个能证明命令式的中央集权经济模式是合理的？企业与中央计划经济有什么相似点和不同点？

9. 寻租和腐败是一样的吗？为什么腐败会给经济增长和生活水平带来负面影响？

10. 在本章的讨论中，寻租行为是在与政府打交道时或者在政府内部发生的。那么寻租行为可以在企业内部发生吗？请举一个例子。

11. 请解释为什么黑犀牛越来越濒危。如果上一句话中的"黑犀牛"换成"企业家"，你的答案是什么？

12. 请解释为什么对于企业家来说采取先行者策略是有道理的。

13. 下面这句话的含义是什么？"确实，我们做出的一切决定都需要做一些权衡。"在什么情况下这句话是不对的？在选择是否要成为一名企业家的时候需要做出权衡吗？请解释。

14. 请比较"均衡"战略（在第 7 和第 8 章论述过）和创新战略。请解释。

15. "熊彼特理论中的企业家使利润成为可能，奥地利学派经济学中的企业家则蚕食这些利润。"什么是熊彼特理论中的企业家？奥地利学派经济学中的企业家怎样做才能"蚕食"熊彼特理论中的企业家创造的利润？

16. 有人认为机会成本的概念是经济学思维的核心，理解机会成本能够帮助企业家确定决策的真实价值。这个观点的含义是什么？在下面的问题中，观看 A 戏剧的机会成本是什么？

假设你获得了 A 戏剧的免费门票，而 B 戏剧则在同一时间上演，对于你来说是次优选择。B 戏剧的门票是 40 美元，但在某些特定的日子，你愿意花 50 美元来看 B 戏剧。

● 0 美元；
● 40 美元；
● 50 美元。

17. 本章讨论了企业家扮演的"平衡者"角色。"平衡者"的含义是什么？

18. 同质性资本与异质性资本的区别是什么？为什么当资本是异质而非同质的时候，企业家的存在更加合理？

19. 如果资本是异质的，且具有不变的属性，那么创造性破坏会如何产生？

20. 请解释先行者战略对于企业家来说为什么是或者不是合适的战略？

注　释

1. Ronald Coase first raised the question about why firms exist in a market system in his paper "The Nature of the Firm," *Economica*, 4, no. 16 (1937): 386–405.

2. "Uncertainty" is a situation where the probabilities of possible events cannot be assigned. Risk is a situation where those probabilities can be assigned. This distinction came from Frank Knight in 1921.

3. Unless the firm is supported by government.

4. Managerial accountants refer to zero economic profit as normal profit and positive economic profit as abnormal profit.

5. Taylor Clark, "Don't Fear Starbucks: Why the Franchise Actually Helps Mom and Pop Coffee-houses," www.slate.com/id/2180301/fr/rs, December 28, 2007.

6. Joel Mokyr, *The Enlightened Economy* (New Haven, CT: Yale University Press, 2009), p. 5.

7. William J. Baumol, "Entrepreneurship: Productive, Unproductive and Destructive," *Journal of Political Economy*, 98, no. 5 (1990): 893–921.

第10章
与政府有关的战略

案例

寻租

寻租有多种形式，但基本上可以定义为私营实体向政府寻求优惠待遇的行为。企业福利就是一个非常好的例子。AMD 公司是寻租行为在美国联邦层面的典型代表。大型企业如波音、施乐、摩托罗拉、陶氏化学以及通用电气等都获得了数额巨大的来自纳税人的资金。

政府补助的接受者有保护这些资金流的强烈意愿，进而导致大量的为保护某个专门的利益集团而进行的游说活动。有估计认为，游说使得每年至少有 500 亿美元从纳税人流向企业，这些交易通常是打着为当地社会谋福利的旗号进行的。弗吉尼亚州州长蒂姆·凯恩给了廉价超市 Dollar Tree 20 万美元用来扩大其在切萨皮克市的公司总部。根据媒体报道，政府与 Dollar Tree 的这笔交易大概是这样的：凯恩州长宣布要为切萨皮克市创造 100 个新的工作岗位。同样地，纽约州州长、共和党人乔治·帕塔基批准了一项总计 12 亿美元的补贴和减税计划，帮助 AMD 在萨拉托加县建立一个芯片工厂。这项工程预计将创造 1 200 个工作岗位，并被媒体不断大肆吹捧。然而，却很少有人提及上述计划也意味着每创造一个就业岗位，纽约州的纳税人就要付出 100 万美元的代价。[1]

1. 政府比市场更擅长分辨出成功和失败的企业吗？

2. 政府补贴企业的真实目的是什么？

商业中的政府干预

不受约束的市场会将资源配置到能够获得最大价值的地方，消费者可以购买他们所愿意购买的商品和服务。然而，许多人认为市场无法约束大企业的贪婪。支持政府管制的典型观点认为，政府可以约束商业活动中的非理性，也可以成为维护自由市场经济正常运转的支柱。人们通常认为，如果没有政府控制，某些不择手段寻求利益的企业会伤害个人利益。另一些企业则会攫取市场支配权并利用其垄断地位来限制产量、抬高价格，通过损害消费者来谋取自身利益。从这个观点来看，政府政策应施加于那些"不听话"的企业，引导它们远离那些对自己有利但对社会有害的意图和行为。仅仅为了谋求商业利益而做出的决定被政策制定者基于更广泛、更有利于社会的目标而做出的决定取代了。

许多经济学家认为这个关于政府行为的观点是非常天真幼稚的。无论政府内部还是政府外部的人类都是利己的，都会对成本和收益进行比较，从而判断采取某个行动会使个人利益增加还是受损。那些制定和执行有关商业的公共政策的人同样有提高自身福利水平的动机。为了这一目的，他们通常会满足那些组织严密的、与政治密切相关的特殊利益集团的要求。根据这一观点，对市场进行的干预不会提升经济效率，而是仅仅会使某些特殊利益集团受益。

也许企业家不太在乎市场主导还是政府干预在理论层面上究竟孰对孰错，但是他们一定非常关心政府干预究竟会使自己的企业受损还是获益。他们也会在乎企业是否要投入资源以便从政府行为中获取利益，或者借助政府的力量阻止其他竞争者抢走自己的利益和资源。

政府行为会从很多方面对企业造成影响。税收会改变激励机制，并降低"底线"。政府批准程序及文书工作会增加销售费用、一般费用和管理费用。对于原始资本和工作地点的要求则会影响资源的使用方式。由于政府是经济活动中如此重要的一个参与者，因此企业战略的制定必须考虑政府行为。

寻租竞争

作为一名管理者，如果你认为政府行为都非常仁慈，完全是为了提高经济效率才实施的，那么你只需要考虑自己公司的行动是否有降低效率或给其他企业带来额外成本的地方。但如果你的竞争者利用政府管制或司法程序对你的公司进行限制，甚至夺走你的市场，你该怎么办？没错，你的竞争者就是在进行寻租。作为应对，也许你会聘请一些游说者来保护你自己的利益。那么，你也是在进行寻租。在这个寻租的市场中究竟谁获益了，谁受害了？从某种意义上说，寻租带来的成本是比较低的。在其他条件相同的情况下，组织严谨的小型团体能够从政治过程中获得最大的利益，因为针对一个小团体的优惠政策所带来的成本可以分摊到众多的无组织的人群中去。

请思考一下美国政府要求汽油中必须添加一定比例乙醇的政策，这一政策所带来的数十亿美元的补贴仅仅流向了一小部分人，如玉米种植者、乙醇生产者和销售者等。[2]这项补贴对于他们之中的每个人来说都是一笔巨款。然而，这一补贴的成本却分摊到了补贴受益者以外的全体居民以及外国人的头上。这也是相比其他一些社会问题，乙醇汽油补贴的受关注度很低的原因。

我们假设政府颁布了一项新的法案要求所有经济学家向所有不是经济学家的公民支付补贴。在某国大约有 100 000 位经济学家，也就是说每位经济学家对应 1 000 名普通美国公民。如果每名普通公民都要获得 100 美元的补贴的话，那么每位经济学家就要为这项补贴支付 100 000 美元。因此，经济学家就会对他们高额的税负表示非常不满，并将其上升为一个政治议题。而普通公民则会觉得 100 美元的补贴根本不算什么大事。

　　游说团体的最佳规模是由成本效益分析来决定的。每多一个游说者，游说的影响力就增强一些，但比前一个游说者带来的额外影响力要小。游说者越多，游说所带来的收益就越少，因为游说团体的所有成员都要分一杯羹。因此，单个企业将会是非常有效的游说者，能够获得更多的政府补贴和税收减免。

　　一切政府补贴计划，如对乙醇、糖以及其他农业产品的政府补助，对某些企业的税收减免，以及高速公路通行费收入的分配等的规模都比较小，而且所有的计划都是由一小部分议员发起和推动的，而大多数普通纳税人并不会一项一项地抱怨这些计划带来的额外税负。这就给企业创造了配置资源以获得政府青睐的机会。这种行为称为"掠夺之手"。[3]

商业洞察

游说成本

　　当两个实体都希望获取垄断地位时会引发多少游说行动呢？AT&T 公司为了获得在田纳西州范围内架设并运营有线电视网络的特许权，花费 500 万美元在田纳西州进行游说活动。而最终获胜的田纳西有线通信公司（Tennessee Cable Telecommunications）则花费了 600 万美元。有线电视的垄断经营权可以带来巨额利润。如果垄断利润为 2 000 万美元，那么游说者愿意花多少钱来维持其垄断地位呢？答案是任何不超过 2 000 万美元的数额。AT&T 愿意花多少钱来进入这个市场呢？这取决于 AT&T 进入市场后预期能获得的利润。[4]

　　如果小型集团可以在法律程序之外获得它们想要的东西，那么同样也可以阻止它们不喜欢的事物。创造性破坏将市场过程描述为一个旧的无效率的市场结构不断被破坏、新的更有效率的市场结构不断被创造的历程。这样虽然有利于社会进步，但对于那些旧的市场结构中的就业岗位以及市场活动来说就是不利的。不断受到竞争压力的团体常常会寻求保护。对食品和药品进行联邦层面的监督始于 20 世纪初，国会于 1906 年通过了《洁净食品和药品法案》。产生于这一法案的监督机构美国食品和药品监督局（FDA）现在直接管理着美国 1/5～1/4 的国内生产总值，对食品和药品的准入、营销方式以及生产工艺有非常大的管理权。大多数美国人认为，美国食品和药品监督局的监管对美国人的健康来说是非常必要的。经济学家也认为由于信息是不对称的，生产商对于产品质量的了解要比消费者深入得多，因此这种监管也是合理的。如果只是考虑监管者比消费者掌握更多的产品质量信息这一因素，那么惩罚有质量问题的企业以及要求企业披露产品质量信息等政府监管行为可以提升市场效率。但如果某些行业组织利用政府监管使新企业更加难以进入行业和生产竞争产品，那么市场效率就受到了损害。最低行业标准以及对某些添加剂的禁令会以廉价替代品生产商的利益为代价，使现有生产商获益。州以及联邦的人造奶油使用禁令使得那些希望对人造奶油加以限制的牛奶生产商获益。美国政府之所以颁布肉类检查法案，是为了安抚东部地区的屠夫以及屠宰场希望降低来自中西部大型肉制品生产商的竞争威胁的诉求。1906 年《洁净食品和药品法案》使全国性的食品生产商收益，而使小型本地企业处于不利地位。[5]

反托拉斯政策

反托拉斯政策（antitrust）是指政府为强化"公平的"市场竞争而采取的各种行动。在美国，反托拉斯政策的依据主要是《谢尔曼法案》、《克莱顿法案》和《联邦贸易法案》。1890 年的《谢尔曼法案》规定"任何限制贸易的合约、联合或共谋"都是非法的，并且"垄断或试图垄断或共谋垄断的行为属于重罪"。1914 年的《克莱顿法案》以《谢尔曼法案》为基础，规定了一系列可能产生反竞争效果的行为，包括搭售协议、排他性交易、合并和互派董事的行为。在美国，反托拉斯法主要由两家联邦机构——司法部反托拉斯局、联邦贸易委员会——和每个州的司法部长负责。联邦贸易委员会成立于 1914 年，它的使命是消除任何"不公正"的竞争行为。1931 年，它获得了保护消费者免于不公正或欺骗性对待的权力。

关于反托拉斯法案的传统观点认为，由于大型垄断企业不断产生，企业有能力控制市场，凌驾于消费者之上。为了满足公众的需要，国会通过了《谢尔曼法案》，这是一个观点。另一个观点认为，反托拉斯法案的产生是为了针对某些有政治影响力的企业推动政府通过一项法案，并利用该法案压制竞争对手的行为，换句话说就是寻租。一个非常有名的反托拉斯案例说明了这一观点。在 1991 年标准石油公司案中，该公司被分割成了 33 家独立的组织。标准石油公司一直致力于收购小型企业以实现规模效应，提升其炼油和成品油销售的运营效率。虽然自成立以来标准石油公司就一直在降价增产，它依旧被认定确有垄断行为。无法与标准石油公司直接竞争的小企业不得不联合起来与之抗衡。此外，参议员约翰·谢尔曼（John Sherman）之所以提出这一法案，也是为了击败他的政治对手。谢尔曼已经决意参加 1888 年美国总统选举，而且似乎已经注定要成为共和党候选人了。然而，他一生的政治抱负都毁于钻石火柴公司（Diamond Match Company，19 世纪美国最大的火柴生产商）的拉塞尔·阿尔杰（Russell Alger，共和党人，曾任密歇根州州长及联邦参议员）之手。阿尔杰没有支持谢尔曼，而是支持了本杰明·哈里森（Benjamin Harrison，美国第 23 任总统），而后者最后成为美国总统。为了报复阿尔杰，谢尔曼发起了反托拉斯法案，目标直指钻石火柴公司。[6]

上述讨论的重点在于法律的实施不一定是因为有企业家降低了市场效率，也可能是因为有些企业家太成功了，其他人希望通过寻租来窃取市场份额。因此，管理者必须非常了解法律条文以及什么时候企业可能会因违法而被起诉。例如，某企业正在筹划并购一家曾经的竞争对手。该企业花高价对这起并购进行了尽职调查，并向目标公司进行了出价。于是美国司法部和（或）联邦贸易委员会立即介入，宣布禁止这宗并购。如果这家企业事先知道政府会这样做，它可能早就选择省下这笔巨额开支了。这样的事情发生在了 1996 年的美国来德爱公司（Rite Aid）身上，该公司是美国最大的连锁药店。当该公司决定收购美国第二大连锁药店 Revco 时，来德爱公司在全美有 2 760 家连锁店，而 Revco 则有 2 100 家。在两家公司合并后，其拥有的门店数是与其最接近的竞争者沃尔格林（Walgreen）的两倍还多。联邦贸易委员会以可能影响市场竞争为由驳回了这一并购请求。

史泰博公司（Staples）也曾面临和上述案例类似的情况，该公司曾尝试收购 Office Max 公司，但遭到了联邦贸易委员会的拒绝。有人问史泰博公司的 CEO：

"当尝试进行一次收购时，企业不仅要维持自身正常运营，还要为两家公司合并后的发展做出计划，此外还要与联邦贸易委员会以及美国司法部作斗争。怎样才能同时做好这三件事呢？"这名 CEO 回答说，这是极其昂贵的，"你必须挑选出一些可靠的人全身心投入并购工作。我们有大约 20 个人完全脱离了原有岗位，全职负责并购事宜，其余大多数员工则继续负责手头的原有的工作。此外，我们还要从公司外部聘用很多人，如律师、会计师以及经济学家等。"[7]

有的企业可能会为了改变竞争对手的行为而提起诉讼。例如，英特尔公司将AMD 公司起诉至法庭，控告其非法使用自己的微代码。因此，AMD 公司必须选择继续复制英特尔的微代码还是开发属于自己的替代品。如果它继续复制英特尔的微代码并输掉了官司，那么法庭可能会判决 AMD 不得继续销售使用了英特尔微代码的处理器产品。最终 AMD 改变了自己的行为。

反托拉斯政策的具体操作

政府的反托拉斯政策主要基于对企业市场控制力的衡量。**赫芬达尔-赫施曼指数**（Herfindahl Hirschman Index，HHI）是计算集中度——一家或几家公司在市场上的支配地位的指标。该指数的计算方法如下：

$$HHI＝（规模）^2＋（规模）^2＋\cdots＋（规模）^2$$

式中，（规模）^{2} 是企业规模的平方。一个产业中，如果 5 家企业每家拥有 20％的市场份额，则 HHI 指数为 2 000。如果最大的企业拥有 88％的份额而其他 4 家各占3％，则 HHI 指数为 7 780。HHI 的数值越大，个别企业对市场的主导程度越高。

在企业合并的案例中，政府会计算合并之后的 HHI 指数，看合并后这一数值是否太高或增长幅度太大。1992 年，司法部和联邦贸易委员会发布针对水平合并的准则，披露了自此以后反托拉斯当局对可能的合并对产业竞争影响的判断方法。这一准则规定，如果在合并后 HHI 超过 1 800，则凡是导致 HHI 增加值超过 100点的合并将被认定为创造或加强了市场权力或有助于市场权力的出现。但是，准则中也规定了如何克服这种反竞争认定的方法，这就是"如果进入该市场是如此容易，市场的参与者在合并后无论独自还是集体均不可能将价格保持在合并之前的水平以上并获得利润，因此合并不太可能创造或加强市场权力或有助于市场权力的出现"。换句话说，在符合受管制条件的合并中，不仅市场必须受到集中控制，占主导地位的企业还要在缺乏强有力的低价竞争者压力的情况下保持价格增长。

无线通信市场与赫芬达尔-赫施曼指数

美国政府关于无线通信行业竞争状况的年度报告显示，该行业的集中度正急剧上升。美国联邦通信委员会（FCC）指出，美国的两大通信运营商 AT&T 和 Verizon 占有60％的市场份额和用户，并且这个比例仍在不断上升。和它们最接近的两个竞争者——T-Mobile 和 Sprint 则控制着另外 40％的市场。因此，自美国联邦通信委员会从 2003 年开始测算赫芬达尔-赫施曼指数（HHI）以来，该指数已经上升了 700 点，增幅为 32％。

近年来的一些兼并收购使得该行业更加集中，如 AT&T 与 Aloha，T-Mobile 与 Suncom，Verizon Wireless 与 Rural Cellular，以及 Verizon Wireless 和 Alltel。因此目前的无线通信行业 HHI 指数为 2 848。美国司法部将 HHI 指数超过 1 800 的行业认定为"高度集中的"行业。美国联邦通信委员会虽然一直致力于增强无线通信领域的市场竞争并提升在宽带通信时代的用户满意度，然而高达 2 848 的 HHI 指数犹如一盏显眼的警示灯，不断告诫着行业过度集中可能带来的问题。

基于不同的平台（如苹果 iPhone，黑莓，安卓，Palm 以及 Windows Mobile），四大运营商在 2008—2009 年之间推出了近 70 种新智能手机。2009 年 12 月，消费者已经可以在苹果商店选择超过 10 万种应用程序，安卓平台的应用程序也达到了 15 000 款。

资料来源：Government report：4 cos. control wireless market，August 26，2010 By Joelle Tessler www.physorg. com/news 202053465. html.

联邦贸易委员会对上述准则的遵守并未表现得一以贯之。2001 年，该委员会批准了价值 30 亿美元的 AmeriSource Health 公司和 Bergen Brunswick 公司的合并。这次合并将 HHI 指数提高到 2 700，增加了 450 点。不过，这一次联邦贸易委员会支持了企业的声明，美国第三大和第四大处方药批发店的合并可以产生合并前不可能达到的效率。然而，联邦贸易委员会的规定并不是前后一致的。它允许波音公司同麦道公司合并，尽管这次合并的结果是造成美国商用飞机制造市场事实上的垄断。世通公司收购 MCI 通信公司的行为却受到了严重怀疑，联邦贸易委员会经过检查认为合并将造成新公司控制 50％的互联网骨干市场。南方太平洋和联合太平洋的合并得到了批准，尽管合并后的企业将获得大部分铁路线的控制权，但其他合并却被禁止。那么，禁止某些合并而批准另一些合并的标准是什么呢？现实的情况是法庭和政府当局对法令的解释随着政府变换而改变。因此，管理者必须掌握现政府对反托拉斯行为的立场。

到了里根任总统的 20 世纪 80 年代，反托拉斯行为唯一的法律目标就是价格限定（price fixing）。在长达 10 年的时间里，这一政策变成了政府实际上不采取反托拉斯的行动。自此之后，反托拉斯官员一直在争辩说反托拉斯行动的对象不限于价格限定。这些行动包括：搭售，强迫顾客在购买一种产品时必须购买另一种产品（回忆微软的案例）；排他性交易，压迫分销商放弃竞争对手的产品（在针对安海斯-布希啤酒公司和柯达公司的政府诉讼中这是主要的诉因）；设定产业标准，一种标准成为主导的标准或者只有一种标准被使用（微软的 Windows 操作系统属于这种情况）。

针对可能违反反托拉斯法的行为的诉讼可以由司法部、联邦贸易委员会、州司法部长或私人原告发起。1941 年以来，司法部和联邦贸易委员会一共发起了近 2 800 件诉讼案。然而，1970 年以后，私人诉讼的数量超过了司法部和联邦贸易委员会加起来的数量，其比例是 10：1。

反托拉斯法的目标是通过限制大企业的反竞争行为"创造一个公平的游戏场"。近 80 个国家颁布了类似的法律，尽管限制的程度有所不同。每个国家的反托拉斯法针对的都是本国企业，但是这样的法律也会影响到外国企业进入本国市场的能力，甚至因此无法进入外国市场。例如，同一国家里两家企业的合并或联盟会影响其他国家的竞争。以波音公司为例，这家民用飞机制造商收购了处境不佳的麦道公司。这一合并得到了美国反托拉斯当局（联邦贸易委员会和司法部）的支持，但欧盟竞争委员会却对此表示谴责，认为这一合并将减少欧洲市场的竞争，损害波音公司在欧洲的竞争对手——空中客车公司。来自不同国家的两家企业的合并也会在各自国家的市场产生不同的影响。例如，英国航空公司和美国航空公司的联盟在美国被视为有利于竞争，而在英国则被视为损害竞争。

同其他国家相比，美国对商业行为的限制在条款上是较为严厉的。当 20 世纪二三十年代美国开始适用"本身违法原则"时，大多数欧洲国家还根本没有反托拉斯法，卡特尔盛行。即使在今天，许多国家仍然支持在美国被禁止的卡特尔和企业间的合作行为。

国家间在反托拉斯法方面的差异有部分原因可以由第二次世界大战后各国的成长和发展来解释。欧洲和日本的经济在战争中受到了严重的损害。作为战败者，德国和日本被盟国占领，它们的法律由占领国进行了重写。因此，它们国内的反托拉斯法很像是美国的法律。然而，由于欧洲和日本关心的不是大企业，而是太小的、无法在国际市场上竞争的小企业，它们从未运用过反托拉斯法。企业只有实现一定的规模才能获得规模经济效应，从过去几十年的情况来看，似乎只有美国企业达到了这一标准。因此，在美国政府担心企业规模太大的时候，其他国家却在拼命扩大其企业的规模。只是在 20 世纪 70 年代之后，欧洲国家才开始像美国 40 年代以来那样建立和执行反托拉斯法。随着欧盟的崛起以及各成员国反托拉斯法的逐渐趋同，欧盟在反托拉斯问题上越来越激进。在 2007 年针对微软的反托拉斯诉讼中，欧盟法院要求微软支付 6.3 亿美元的罚款，与竞争对手共享通信代码以及销售没有捆绑 Windows Media Player 的 Windows 产品。欧盟法院还认为，微软确有借助垄断优势进军服务器软件市场的企图。微软所受的判决表明与美国的反托拉斯机构相比，欧盟的反托拉斯机构允许政府对市场进行更多的干预。

竞争战略意味着企业必须开发一种独特的具有市场价值的能力。为了增加股东的价值，企业往往必须实现差异化，扩大规模以实现规模经济，或组建联盟。然而，这些竞争战略也可能会被政府的反托拉斯机构看成是反竞争性的。近年来，战略联盟和其他形式的合作成为企业战略中越来越重要的部分，但是协作的安排往往会引来反托拉斯当局的调查。如果政府将无过错的行为视为反竞争性的，就会出现问题。例如，在过去的 10 年中，曾经发生过针对下面情形的反托拉斯行动：航空公司使用公告票价的票据交换行；化学和制药产业中专利产品的许可协议和再谈判；竞争酒店间共享信息；婴儿食品公司通过产业贸易协会交换广告和营销计划；在线债券交易和外汇交易产业的某些合资企业。

企业可能认为自己有权禁止竞争对手利用自己的设备和配件，但是像惠普、利盟、佳能和爱普生这样的打印机制造商在 2002 年却受到欧洲管制当局关于在墨盒销售上做出反竞争行为的调查。这些企业在欧洲的市场份额受到打击，因为许多企业将原始的墨盒重新装上墨粉，然后以新墨盒几分之一的价格在市场上销售。这些大企业的反击方法就是在墨盒中安装一种"杀手"芯片，令墨盒无法重装。欧洲的管制当局认为，这种做法是反竞争性的。

企业间的信息交换，即使是非正式的讨论，有时也会引起反托拉斯当局的注意。有时管理者会聚在一起讨论别的事情，但无意中也可能交换了他们不应当交换的信息。例如，在某一案例中，法庭支持了对几名房地产经纪人限价行为的定罪，因为其中一名经纪人在同其他经纪人的聚餐中讨论了改变佣金费率的问题。此后的几个月中，参加聚餐的房地产经纪人相继调整了各自的佣金费率。[8] 在另一个案例中，联邦贸易委员会指责被告的代表同竞争企业的官员会面并且邀请对方就双方均生产的产品实行限价。管理者辩称他们只是到竞争对手的工厂参观竞争对手的低成本制造工艺。他们会面的本意不是为了讨论价格问题。[9]然而，控方指责说，被告很快就开始讨论价格了。在另一个案例中，政府禁止航空公司使用同一个票据交换行公告票价。尽管这样的安排有助于旅行社方便地获得票价信息，但司法部认为 8 家航空公司使用计算机化的票价交换系统不合理地限制了国内航空旅游业的价格竞争。

竞争者之间的讨论经常发生在正常的商业过程中，企业间的联系包括同竞争对手组建的合资公司、正在考虑合并的竞争企业以及其他正式的联系。管理者在这种联系中必须考虑反托拉斯的法律和政策，可能需要在企业中创造适当的内部结构或组织设计来保证信息的流动不会被理解为反竞争性的。同样，试图同竞争对手谈判建立某种联系的管理者必须谨慎，注意应该透露哪些信息、在什么时间透露和向谁透露。

在交易之前同潜在合伙人的谈判内容在反托拉斯执法中是很重要的证据。当水平竞争者进行合并讨论而最后未能达成交易时，就会出现这种问题。

关于哪些竞争对手可以获得许可，哪些许可可以交换，哪些条款可以写进许可协议，政府都有规定。根据政府的准则，允许你的主要竞争对手以许可协议的形式销售你的产品可能被视为减少竞争的行为。

利用专利主导市场可能也会被视为反竞争的行为。专利政策允许专利持有人拥有排他性的使用权，但只要市场上存在同专利产品竞争的产品，这就不一定是问题。如果缺乏这类替代品，管理者在使用专利时就要小心一些了。大型制药企业在 2001 年就因为利用专利限制基因药物进入市场而受到调查。

了解反托拉斯当局将检查或禁止哪些行为是非常重要的。但防卫并不是利用反托拉斯法的唯一途径。有时在市场上无法获得的效果可以通过法律行动来获得。[10]每年由私人部门提起的反托拉斯诉讼是政府的 10 倍。[11]拒绝交易是最常见的案由，其次是水平限价、搭售或排他性交易以及价格歧视等。

即使双方没有对簿公堂，起诉本身也可能获得改变行为的效果。CIBA Vision 公司同意和私人原告们达成和解，并不是因为它认为起诉有充分的依据，而是因为诉讼涉及的成本和干扰超过了和解的成本。有时甚至仅仅是反垄断起诉的威胁就足以改变公司的行为。

国际监管

管理者还需要了解国际性的反托拉斯和管制当局。世界贸易组织（WTO）是由关贸总协定（GATT）于 1995 年创立的解决国际性贸易纠纷的组织。到 2007 年，WTO 拥有 150 个成员。WTO 在下述领域中制定和执行协议：海关管理、环境限制、知识产权和倾销。

倾销

通常情况下，对外国企业不满的企业或产业会向本地机构提起诉请，然后由原告或政府向 WTO 提起诉请。根据 WTO 的定义，**倾销**（dumping）指的是企业在外国市场上销售的产品的价格低于在本国的售价。在美国，倾销投诉由两个政府部门负责：一个是商务部，它负责认定一家企业是否属于外国企业，其销售价格是否低于公平价值，幅度如何；另一个是国际贸易委员会（ITC），它决定美国的产业是否受到外国企业的损害。诉案始于美国企业向商务部进口管理办公室提起诉请，后者检查提交的诉请，决定是否应当开始正式的调查。如果诉请被接受，案件就会被交给国际贸易委员会，它会先作出一个临时的判断，认定受影响的美国企业是否受到倾销进口产品的损害。如果国际贸易委员会认定存在损害的事实，则案件将退回商务部，启动全面的调查。

美国是世界上最大的反倾销措施采用国，名列第二的是欧盟，它针对 150 个项目实行了反倾销措施。反倾销是国内企业对付外国竞争者的常用武器。1916—1970 年，美国每年平均发生 15 起反倾销案。到了 20 世纪八九十年代，这个数字上升为每年 60 起。从 90 年代后期到 21 世纪初，这个数字大约为每年 50 起。这一趋势同样表现在世界范围内。在 80 年代，全世界发生了 1 600 起反倾销案，是 70 年代的 2 倍。此后，反倾销案的数量还在不断上升。[12] 在大多数情况下，是非曲直并不是很重要。只要国内的企业能够获得本国政府的支持对外国企业实施处罚或诉诸 WTO，国内企业就会从中得利。

根据 WTO 的规则，各国有权对销售价格低于"正常价值"——指本国国内的价格或生产成本——的进口产品征收反倾销税。经济学理论意义上的"倾销"指的是企业在外国市场上销售的产品的价格低于它的平均可变成本。而在现实中，只要产品售价低于本国产品，通常就会引起反倾销诉讼。然而，当企业在多个国家销售产品且面对不同的市场需求时，在外国市场的售价经常会低于在本国市场的售价。

如果一家公司在两个市场销售产品，其中一个市场的消费者对价格较为敏感（需求弹性较大）而另一个市场的消费者对价格不太敏感（需求弹性较小），那么该公司会在两个市场进行不同的定价。在需求弹性较大的市场产品价格会较低，而在需求弹性较小的市场产品价格则会较高。在需求价格弹性较大的市场适当降价可以吸引更多的消费者，从而提升收入水平。在需求价格弹性较小的市场适当提价虽然减少了顾客数量，但提价带来的收入增加超过了顾客减少造成的收入损失，从而最终提升了收入水平。

假设某产品在欧洲需求弹性较低而在美国需求弹性较高。为了使利润最大化，生产该产品的欧洲公司会在欧洲制定高价而在美国制定低价。但是，在美国市场这个利润最大化策略会被同样生产该产品的美国企业提起反倾销诉讼。

企业也可以提起反倾销诉讼。例如，20 世纪 90 年代的亚洲金融危机损害了美国的纺织产业，因为亚洲货币的贬值导致了亚洲纺织品的价格下降。来自亚洲国家的人造纤维织物的进口增加了 51%，而从亚洲进口的所有纺织品在 90 年代末期增加了 35%。美国纺织工业求助于针对亚洲供应商的反倾销行动来减缓竞争。2008 年的金融危机使得全球反倾销案的数量达到了历史新高，各国都试图通过反倾销手段来保护本国产业。发展中国家提起了大部分反倾销诉讼，但发达国家征收了最多的反倾销税。印度是最活跃的国家，所提起的反倾销诉讼占全球总数的 29%。仅仅是在 2008 年 12 月这一个月内，印度就对热轧和冷轧不锈钢产品进行了反倾销调查，涉及 19 个国家。除了日本以外，中国、南非和泰国这三个发展中国家也都是反倾销调查的对象。美国和欧盟是最经常使用反倾销税的两个经济体。例如，2008

年 12 月欧盟对进口自中国的蜜饯果脯以及进口自白俄罗斯、中国和俄罗斯的电焊管、铁管和非合金钢管征收反倾销税。反倾销行动经常激起反诉的措施。政府经常代表企业进行反诉。20 世纪 90 年代中后期的贸易赤字增长促使美国政府提起针对欧盟和其他国家的歧视美国产品的诉讼。例如，美国指责欧盟以政府对一个航班管理系统的支持向空中客车公司提供了不公正的补贴。美国政府还指责欧盟对版权和商标的执法使美国的奶酪和葡萄酒产业受到不公正的对待。印度则因为刁难打算在当地设厂的美国汽车公司而受到指责。美国政府还指责韩国采取不正当的限制手段妨碍美国建筑企业投标机场工程和限制牛肉进口。这个清单还可以继续列下去。

贸易和关税

对于很多行业和企业来说，国际竞争都是一个巨大的困扰。因此，通过寻租行为争取政府对外国产品进行进口限制或者征收关税，从而保护自身利益经常是值得的。捕虾业近期的发展就很好地说明了小型利益集团是如何以牺牲公众利益为代价谋求自身利益的。美国捕虾业者近期请求美国政府扩大其 H-2B 签证计划，从而允许更多的外国劳工及其家人来美国从事不超过一年的临时性工作，到期不得延长。然而，政府每年只发放 66 000 份这种签证，有限的名额在每年头三个月就用完了。如果捕虾业者雇用美国工人，那么他们就不得不承担更高的成本。因此，捕虾行业一直试图游说政府实施某种类型的外籍劳工计划。此外，美国政府还对来自越南和中国的虾类产品分别征收 93％和 113％的进口关税，因为捕虾行业认为这些国家的捕虾业是享受政府补贴的，从而可以以低价倾销。不久之后，美国商务部又把印度、泰国、厄瓜多尔和巴西纳入了征税的名单。贸易保护措施导致虾类产品价格居高不下，最终只能由广大的消费者来承担。捕虾行业成为唯一的受益者。[13]

针对捕虾行业的行为，有竞争者指出，热带气候以及虾类养殖的发展使得外国生产者比美国同行更有效率，价格更低。然而在寻租活动中，获胜者不是最有效率的生产者，而是最有效率的寻租者。

有时某些小型团体所寻求的政府优惠待遇会与另一些小型团体的利益相冲突，因为前者享受的优待所带来的成本必须由后者承担。这时不同寻租者之间的争斗就不可避免地发生了。以钢铁为原料的生产企业（例如汽车、电器制造商）反对对进口钢铁征收关税，而钢铁制造商则大力支持。汽车制造商也许会反对对钢铁征收关税，但会支持对进口汽车征税。在寻租是竞争性的且没有准入限制的情况下，寻租所带来的额外收益会由于竞争而降为零。即使进行了寻租，寻租带来的收益也仅能弥补寻租所引发的成本。"高于正常"的寻租收益是不存在的。同任何竞争情形一样，如果一家企业能够造成进入障碍或者创造一些为租金提供者（如政府主管部门等）所青睐的特性，那么这家企业就能维持一定的寻租收益，直到这些进入障碍失效为止。当然，企业家也会寻找途径绕开这些进入障碍。

经济管制

管制主要有两种类型——经济管制和社会管制。经济管制专注于单个行业。从政府干预某一产业或某些企业的价格和产出水平，到政府直接参与经营管理都是经济管制的范畴。社会管制适用于所有的行业。它指的是政府规定绩效标准、工作场所健康和安全标准、辐射标准，以及许多适用于所有产业或多个产业的产出和工作的标准。

最大的经济管制还是政府对自然垄断（natural monopoly）产业的管制。自然垄断是规模经济的一种结果，最大的企业的生产效率要比其他较小的企业高得多。[14]当规模经济效应贯穿整个市场时，最后就会只剩下一家供应商。由于居于垄断地位，这家企业就会提高价格赚取超额利润，并且阻止其他企业进入这个市场。因此，政府希望通过管制使自然垄断的企业像一家完全竞争的企业一样进行定价和销售。在美国，许多自然垄断行业都受到了管制，如铁路、航空运输、公用事业以及货运业等。软件业也常常被认为是一个自然垄断的行业，因为制造第一套软件的成本很高，但复制成本非常低，生产量越大，平均成本就越低。这一观点常常被用来解释微软目前对个人电脑软件市场的统治地位，以及为了避免微软对免费软件的自然垄断而对其采取管制措施的必要性。

回报率管制

联邦和州政府都有管制机构，绝大多数产业在两级政府中都受到管制。管制机构告诉自然垄断企业它该怎样定价以及必须销售的数量。管制委员会定价的做法是先计算平均会计成本，再根据公平的资本回报率加上一个加成——这称为回报率管制。回报率管制指的是由政府规定企业的定价和必须销售的数量。必须接受回报率管制的产业包括电力、电信、卡车运输、铁路、航空和有线电视。回报率管制是这样进行的：假设一家电力企业拥有 3 亿美元资产，管制当局允许它赚取 10％ 的回报率，则这家电力公司被允许赚取的会计利润为 3 000 万美元。这家公司的价格和数量将只允许它赚取这么多的利润——前提是顾客能够获得满意的服务。

回报率管制的一个问题是：它可能导致企业提升成本、降低运营效率。如果企业可以提高用来计算会计利润的资产总量，那么它就可以挣更多的钱。基于管制当局的监督严厉与否，受管制的企业可能会建造过于豪华的大楼，购买奢侈的家具和装饰品，以及购买更多的设备等，从而促使管制当局允许企业提价。

网络效应

微软的统治地位主要是由网络效应（network effects）或网络外部性（network externalities）造成的，和规模效应关系不大。对于微软来说，生产成本高于销售成本，但低于市场价格。这就是微软能够获得如此大的利润的原因。尽管如此，要求对微软进行管制或者将其分拆的严肃呼声依然存在。

自然垄断源于企业的成本状况，而网络效应则源自商品**标准化**（standardization）给消费者带来的好处。网络效应或网络外部性表明如果网络越大，新加入的成员就能获得越多的好处。因此如果只有一个网络，那么这个产品就被标准化了——每个用户使用的产品都是一样的。许多产品同时具备这两种特性，如操作系统软件和电话网络。

网络效应会带来两种可能的影响，从而引发更多的政府管制。如果一家企业能够在其他企业进入市场之前积累足够多的动力，那么它就能凭借较低的平均成本在市场中占据支配地位。有人认为只要能够成为第一个进入者就可以控制整个市场，无论是否提供最优质的产品或者经营效率最高。也就是说，市场可能被低水平的技术和低效率的企业控制甚至垄断。

关于网络外部性的一个常用的例子是 VHS 技术对 Betamax 技术的彻底压制。人们普遍认为 Betamax 技术更胜一筹，但是 VHS 技术现在不仅控制了市场，而且成为市场上唯一使用的技术。为什么会这样呢？网络外部性对此的解释是 VHS 碰巧遇到了好的机会。当 VHS 和 Betamax 第一次在市场上出现时，没人知道哪种产品更好。不过由于某些原因（或者根本没有原因），购买 VHS 的人比购买 Betamax 的人稍微多了一些。[15] 于是当人们向他们的朋友打听究竟该买哪种制式的盒式磁带录像机时，得到的答案是 VHS。于是就有更多的人开始购买 VHS，因为大部分朋友用的也是 VHS。与此同时，录像带租赁店也在不断涌现，对于店主来说同时进 VHS 版本和 Betamax 版本的录像带是完全没有道理的。在做了粗略的市场调研后，大多数店主选择进 VHS 版本的录像带。这反过来又鼓励更多的录像机消费者购买 VHS 制式的产品。久而久之，起初很小的差距最终演变为 VHS 技术垄断了市场，而 Betamax 技术则彻底淡出了。

另一个广泛用来说明网络外部性带来的潜在无效率的例子是打字机键盘。打字机的键盘布局模式称为"QWERTY"（键盘上的第一行字母是 QWERTYUIOP）。虽然早期的键盘有多种不同的布局，但最终 QWERTY 布局模式成为标准，因为对于早期的打字员来说这样的安排是最有效的。打字员不能录入得太快，因为早期的打字机上的按键经常会卡住。于是生产商发现将键盘设计成 QWERTY 布局就可以适当降低录入速度，从而使打字机正常运行。但是几十年以后，按键卡住已经不再是个问题，将键盘的布局改成其他更有效率的模式看起来似乎也变得合理了。[16] 而且，市场上确实也出现了一种可以使录入速度更快的 Dvorák 键盘。然而，QWERTY 键盘布局已经形成了一个牢固的网络。已经习惯 QWERTY 布局的人们不想再适应新的布局模式了。

另一个关于网络外部性带来的潜在无效率的例子是人们大多使用 Windows 操作系统而不是"更好"的 Mac 操作系统，大多使用内燃发动机汽车而不是"更好"的蒸汽动力汽车，大多使用轻水核反应堆而不是"更好"的惰性气体反应堆。这些例子说明不能指望自由市场去选择最好的技术。如果赢得市场竞争的企业所采用的技术恰好就是现有的最先进的技术，这只能说是一种巧合。第一种得到发展的技术、第一种被接受的标准或者第一种吸引顾客的产品都有着不可逾越的优势，即使后来又出现了更优秀的竞争者。许多经济学家认为在通行"QWERTY"原则的环境下，市场是不能信任的。如果一个产品已经建立了网络，那么新产品将很难替代它。

这是不是意味着随着人类社会技术水平的不断提高，运气的作用就会越来越大，市场也会越来越没有效率呢？并不是这样的。关于网络效应的许多观点和论调是有问题的。请考虑一下 QWERTY 键盘的例子。难道采用不同布局的键盘就一定不会在某些领域取得成功吗？生产不同布局键盘的企业就不能指望这些产品赚钱了吗？学习新的指法并不是那么难。实际上，其他布局的键盘确实与 QWERTY 键盘进行了市场竞争，只是没有赢过 QWERTY 键盘而已。我们再来比较一下 DOS 和 Mac 这两个操作系统。Mac 操作系统要比 DOS 贵很多，而且苹果公司没能对 Mac

操作系统进行广泛的市场推广。事实上，消费者并不会永远执着于某一个操作系统。他们先把操作系统换成了 DOS，之后又将其抛弃转而使用 Windows。相对较差的 VHS 制式取得了成功，仅仅是因为运气吗？不是的。消费者选择性价比最高的产品，从而选择了 VHS。索尼拒绝许可其他企业生产采用 Betamax 系统的录像机，使得 Betamax 的价格更昂贵。消费者选择了价格较低的 VHS 技术，因为 Betamax的技术优势对于他们来说并不那么重要。然而，那些认为值得为 Betamax 的高清画质支付更高价格的电影专业人士依旧会选择 Betamax 技术的产品。但是，VHS 技术在整个市场中占据了支配地位。

其他一些与网络有关的例子也值得一看。电报业曾经历迅猛的发展，美国的电报网络在 1846—1852 年之间扩展了 600 倍。最早的线路连接各大城市，之后再向中小城市以及农村扩展。然而，这个庞大的网络却未能让电报控制全部的通信市场。这个网络变得越来越贵，因为每条新线所增加的用户越来越少。电话的发明将电报网彻底淘汰了。

美国在线（America Online，AOL）最初的发展是非常迅猛的。随着互联网越来越流行，AOL 为人们提供了一个享受互联网的简便途径，它还为那些将 AOL 推荐给朋友使用的用户准备了特别的奖励。为了留住用户，AOL 允许用户使用单独的聊天室，查看同样使用 AOL 的好友目前有谁在线，以及把发给其他 AOL 用户的邮件在对方查看之前撤回。新用户不断加入 AOL 的网络，因为他们的朋友也在用 AOL。AOL 的经验又被网上相亲服务复制了。如果只有很少几个人使用，那么网上相亲服务对潜在用户来说没有太大价值，因为在为数不多的几个用户中找到合适的伴侣几乎是不可能的。这一服务的市场需求也就很低。但随着注册会员数不断增加，会员的价值也不断增加。这个网络越大，会员的价值也就越大，对于单个用户来说转向其他网络的成本（不再与大型网络连接的机会成本）也就越大。这个例子说明了垄断会导致整个市场被一个网络主导。不过为什么实际上 AOL 不是唯一的因特网服务提供商（Internet service provider，ISP），网上相亲网站也不止一个？部分原因可能是人们喜欢有所选择。当有产品在市场上占据支配地位，市场被标准化之后，人们就没有选择余地了。因此，如果人们非常喜欢多样性，那么网络外部性就不太可能存在于整个市场。

除了消费者喜欢差异化这个原因，一家公司或一个网络必须实现规模经济，以尽可能降低成本。2002 年，AOL 是最大的因特网服务提供商，然而到了 2005 年它就远不是最大的了。问题在于虽然网络外部性为 AOL 提供了发展动力，它自身的能力却不能满足全部的市场需求。于是，沮丧的顾客不得不转而选择其他的提供商。如果 AOL 实现了规模经济，降低了成本和价格并提升了客户价值，那么 MSN 和其他产品其实根本无法与其竞争。对于网络相亲服务来说，实际上用户想要更多和他们同一类型的人，但希望总人数能少些。因此今天我们看到有各种类型的服务，有的是基于共同的宗教信仰，有的是基于共同的爱好，如体育、音乐和艺术等，有的则是面向不同的年龄段，等等。

社会管制

社会管制通常适用于所有的产业。例如，所有的企业都必须符合 OSHA 标准或 EPA 的要求。在过去的 50 年里经济管制逐渐减少，而社会管制则不断增长。处理社会管制事宜的新政府机构不断设立，原有的政府机构也不断被赋予新的职能。

在美国，负责社会管制的政府部门包括：

- 职业安全与健康管理局（OSHA），提供工伤和职业病保护。
- 消费产品安全委员会（CPSC），提供最低限度的产品安全标准。
- 食品和药品管理局（FDA），负责食品、药品和化妆品的安全。
- 公平就业机会委员会（EEOC），关注劳动者雇佣、晋升和解雇。
- 环境保护局（EPA），负责空气、水和噪声污染。

社会管制的不断增加

《联邦记录簿》在电话本大小的纸上记录了联邦政府的社会管制机构，总共用了 25 000 页。联邦层面的社会管制活动每年的管理费用超过了 150 亿美元。企业的合规成本估计超过 3 000 亿美元。仅仅是企业为遵守环境保护法规所付出的成本就超过了 2 000 亿美元。[17] 除了直接的合规成本外，还有机会成本。例如，FDA 对新生物科技的冗长的批准程序阻碍了农业的发展，也将很多生命置于危险之中。对电信产业的规制和约束使得美国的光纤通信发展落后于其他国家。美国联邦政府对经济的管制所造成的成本估计已经超过每年 6 000 亿美元。

管制为什么会出现呢？一种说法是为了纠正市场失灵，如外部性、公共品和信息不对称等。大多数支持社会管制的观点都认为如果没有政府干预，公众的利益就会受损。在美国，每年有超过 10 000 名工人死于工伤；许多城市的空气污染问题愈发严重，引发癌症及其他疾病，因此社会对医疗保健服务的需求也增加了；每年都有数百名儿童死于存在设计缺陷的玩具；不公平解雇时有发生；全球变暖正在不断破坏生态环境。有观点认为如果没有政府管制，这些问题只会变得更加严重，给社会带来难以估量的损失。

如果没有 EPA，汽车生产商所造成的外部性会被内部化吗？如果没有 FDA，医药行业长期存在的信息不对称问题会导致逆向选择以及道德风险吗？总之，如果没有这些规章制度和管制机构，社会大众还能受到保护而不被那些试图寻租的企业伤害吗？

寻租和社会管制

另一个关于管制的观点认为，管制的目的是以社会大众的利益为代价，使某些小型的特殊的利益集团获益。由特殊利益集团所兴起或执行的环境政策的经典案例是 1977 年《大气清洁法案修正案》，该法案要求烧煤的电厂使用净化器。根据该法案，环境保护局要求所有的煤厂达到二氧化硫的排放标准。原来的标准是每百万单位 BTU（英国热量单位）煤释放不超过 1.2 磅二氧化硫，这可以通过多种途径实现。尽管这一标准表现出充分的弹性，但管制产生了完全不同的地区效果。绝大多数美国东部的煤由于含硫较高属于"脏"煤。相反，西部的煤则较为清洁。如果使用西部的煤，电厂和其他烧煤的机构不必安装联邦政府规定的净化器就足以达到排放标准。由于净化器成本太高，许多中西部的企业发现将西部的低硫煤运来要比使用邻近的"脏"煤更廉价。1977 年，政府对《大气清洁法案》进行了修订，东部高硫煤的生产商试图游说政府规定必须安装净化器。修订后的法案要求烧煤的企业同时满足排放标准和技术标准。法律还特别包含了"新资源绩效标准"，要求每个工厂实现"按比例减少排放"。换句话说，不论所使用的煤如何清洁，凡是新的工厂都要安装净化器。此举消除了低硫煤生产商的比较优势。

正如前面关于反垄断法的案例所说，管理者必须熟悉规章制度，无论是作为一种防御手段还是作为一种战略选择。在受管制的领域中，寻租通常表现为寻求政府的干预以使某一特定产业获得比较优势。通过限制市场进入或减少产出，管制通常会减少竞争、创造卡特尔并且提高回报。关税和许可限制是寻租者经常寻求的管制措施。

通过和"公共利益集团"合作，企业或产业可以增强寻租活动的力量。例如，在环境领域中，环保活动家可能会偏好一项加强有害垃圾管制的政策，而有害垃圾处理企业将这种管制视为扩大市场的机会。有害垃圾处理理事会（HWTC）受到上述因素的鼓励，参加了环保集团所提起的一系列旨在迫使环境保护局对废机油实施更严格管制的诉讼。这些努力的结果可能会要求废机油在丢弃前必须经过处理，为 HWTC 的成员带来更多的生意。如果废机油管制被纳入有害垃圾管制中，则处理的成本将上升，潜在环境责任保险的风险也会上升。其主要的结果会是将小型的回收机油的企业挤出市场，减少回收、循环和再生机油的比例。

氯氟烃（CFC）一度是使用最广泛的制冷剂。事实上，在全世界每一台空调、冰箱和冷风机里都有氯氟烃。氯氟烃还可以作为澄清剂、起泡剂和气溶胶罐的推进剂。在联合国发起保护臭氧层协议的谈判后，美国国会于 1978 年立法禁止在气溶胶罐中使用氯氟烃。有趣的是，管制并未受到 CFC 产业的抵制。世界最大的 CFC 生产商杜邦公司呼吁在全球范围内淘汰 CFC。外国的 CFC 生产商开始夺走杜邦公司的市场。在全球淘汰 CFC 的背景下，消费者将别无选择，只能用杜邦公司和其他美国公司开发和拥有专利权的替代品取代 CFC 和依赖 CFC 的相关设施。其他国家也采取了行动，抬高了全部淘汰 CFC 的成本。

其他例子还包括[18]：

● 未来可持续能源行业委员会（Business Council for a Sustainable Energy Future）是一个由使用天然气、风能、太阳能和地热能的发电厂及关联企业组成的联盟。该委员会正在游说政府大幅减少温室气体的排放。

● 环境技术委员会（Enviromental Technology Council）是有害垃圾处理理事会的继承者。该委员会希望政府将某些类型的垃圾（如荧光灯管等）纳入对有害垃圾的监督管理。

● 负责任热处理联盟（Responsible Thermal Treatment，ARTT）是从有害垃圾处理理事会分离出来的，主要成员是一些垃圾焚化企业。这个联盟希望禁止在水泥窑中焚化有害垃圾，从而彻底打败其最难对付的竞争者。

● 几家主要的公用事业公司日前向政府游说，希望能够在加利福尼亚州和美国东北部销售电动汽车。此外，它们还寻求政府出台政策对购买电动汽车的行为进行补贴，补贴带来的支出则由当地纳税人承担。

● 美国政府授权生产的新配方汽油为化工企业创造了巨大的获利机会，而乙醇生产商试图通过游说政府在这笔大生意中确保一定的利益分成。

● 水土保持计划（Conservation Reserve Program）的主要目的是通过退耕还林减少耕地面积，进而抬高农产品价格。事实上，这个计划对于控制水土流失没有任何帮助。

这样的例子还有很多。鉴于人们对环境问题和全球变暖的兴趣，任何与减少全球变暖和改善自然环境沾边的管制都能吸引一些支持者。一个伪装成环境保护的贸易保护主义行为的例子是欧洲经济共同体（European Economic Community，EEC）于 1989 年对来自美国的使用了牛生长激素的牛肉颁布的进口禁令。没有任何可信的科学证据证明含有牛生长激素的美国牛肉会带来任何健康问题。然而，欧洲经济共同体禁止进口美国牛肉的理由是担心会给公众健康带来威胁。

美国也曾经用环境标准来限制外国产品的进口。当汽车行业的公司平均经济油耗（corporate average fuel economy，CAFE）标准于 20 世纪 70 年代开始施行时，美国国会否决了其他降低油耗的方法，因为采用这些方法可能会鼓励汽车进口。CAFE 标准对于国外高端汽车生产商，如梅赛德斯-奔驰、宝马和沃尔沃来说是一种歧视性政策，因为这些高端汽车生产企业生产的汽车品种有限，车辆尺寸也比较统一，没有太小的车型。CAFE 标准中的指标是指企业生产的全部车型的平均水平，对于那些不生产小型低油耗汽车的生产商（尤其是只生产高档汽车的外国高端汽车生产商）来说就是刁难了。

案例回顾

寻租

美国在控制污染上的花费已经超过了国内生产总值的 2%，这个数字还在不断上升。随着环境监管成本的不断上升，寻求可以创造出细分市场或者减少竞争的监管政策对于很多企业来说正在成为一项越来越有利可图的投资。

在受管制的领域中，寻租通常表现为寻求政府的干预以便某一特定产业获得比较优势。通过限制市场进入或减少产出，管制通常会减少竞争、创造卡特尔并且提高回报。环境监管有助于寻租，因为这将带来产出的减少和进入障碍，被管制的企业和各种各样的环境组织都可以从中获利。例如，环境法规给小企业带来的负担要大于大企业。对于小企业来说，合规所造成的固定成本如果平均到每单位的产出要比大企业高得多。因此，管制保护大公司免受来自小公司的竞争。企业也可以凭借管制来大量获利。著名农业企业 ADM 公司（Archer Daniels Midland）在谋取政府补贴方面一直非常成功。它目前是政府对乙醇生产行业每年 20 亿美元补助的最大受益者。

为什么州政府和市政府总是在尝试挑选成功的企业和失败的企业，难道是为了诱使企业带着政府补贴前往本州或本市吗？中央政府难道比市场更有能力挑出成功的企业和失败的企业吗？麦基诺中心（Mackinac Center），一个位于密歇根州的智库机构，分析了密歇根州最引人注目的企业补助计划实施者——密歇根经济发展局（Michigan Economic Growth Authority，MEGA）的表现。该智库分析了 2004 年总共 127 个目标完全可衡量的补贴项目，发现最终达到预期的项目只有 10 个。"MEGA 是众多伪装成经济计划的政治计划之一。这些计划成功地为政客们提供了掩护，却没能创造新的就业机会。"那些经济发展委员会和政府机构实际上就是特殊利益集团，或者是小型的特殊利益集团的代言人，专注于谋求政府补贴。然而，普通纳税人是一个很大的群体，而且他们对于政府发放了哪些补贴并不十分注意。

资料来源：Based on "Corporate-Welfare Queens (and Kings)" by John J. Miller. *National Review*, March 19, 2007.

本章小结 ■

1. 当政府干预经济时，经济利润就受到了影响。制度和管制可能会提高产品销售成本以及一般管理费用。对工作场所和资本的要求可能会影响资本成本和劳动力成本。

2. 政府干预经济可能是为了解决市场无效率的问题，也可能是为了给某些特殊利益集团谋利。

3. 反托拉斯政策是通过管制可能反竞争的某些行为来加强竞争的一种努力。

4. 经济管制指的是规定某一特殊产业的价格和产出。社会管制指的是对产品和工作场所设定健康和安全标准，以及针对所有产业的环境和运营流程。

5. WTO 负责解决国际贸易纠纷。反倾销是最常见的诉诸 WTO 的主题。

关键术语 ■

反托拉斯政策（antitrust）

赫芬达尔－赫施曼指数（Herfindahl-Hirschman Index，HHI）

网络效应或网络外部性（network effects or network externalities）

倾销（dumping）

标准化（standardization）

练　习 ■

1. X 公司通过广告宣传、创新以及高质量的产品和服务建立了强大的品牌信誉。假设 X 公司建立了一个排他性的经销商网络，但其中一位经销商打算同时销售 X 公司和竞争对手的产品。如果 X 公司终止其经销商资格，这是一种促进竞争的行为还是反竞争的行为？

2. 如果联邦通信委员会根据自己设计的标准分配广播许可权，这是否会比拍卖许可权的效率更高？

3. 下列规定分别属于哪一种政府政策：反托拉斯、经济管制和社会管制？谁是受益者？

　a. 美容师教育标准；

　b. 公共会计师资格；

　c. 酒类销售许可证；

　d. 司法部的指导意见；

　e. 大气清洁法案；

　f. 营养与标志法。

4. 一些航空公司的管理者呼吁对本产业实行管制。为什么航空公司的管理者会喜欢在管制下经营？

5. 讨论有关社会管制不必要的主张。在完全竞争和垄断的产业结构下，主张是否会不同？

6. 假设垄断者实行了价格歧视，而一场诉讼阻止了这一做法。结果有可能导致效率降低吗？请解释。

7. 20 世纪 90 年代，司法部起诉了几所大学，因为它们采取集体行动限制奖学金的规模。请解释为什么被指控的大学限价行为可能会对学生的利益造成损害？

8. 假设一名消费者雇用 Bekins 搬运公司将个人财物从加利福尼亚搬到犹他，而 Bekins 公司在搬运过程中损坏了价值 3 000 美元的东西并且拒绝赔偿。愤怒的消费者说："应该有一部法律来管管这些事。"请对此进行评论。

9. "日本人在每个方面都胜过我们。我们必须采取和他们一样的行动。我们必须允许和鼓励企业间接合作并且在政府和企业间发展伙伴关系。首先应当着手的是航天工业。我们应当将航天工业中过剩的资源转为民用，例如环境和健康产业。"请评价这段话。

10. 运用下表中的 HHI 数据回答问题：

世通公司收购斯普林特的影响（长话业务、数据传输和骨干网市场的 HHI）

	长话业务总计	消费长话	商业长话	长途数据传输总计
合并前	3 209	4 133	2 921	1 730
合并后	3 881	4 441	4 105	2 290
增长	672	308	1 184	560

a. 根据司法部的指导准则，哪些合并可能被批准？

b. 对这一结果给出经济学解释。

c. 请用数据说明为什么这一结果在经济上可能是不合理的。

11. "政府行为往往被认为是无效率的。事实上，如果我们事先知道政府行为的动机，那么它的做法会和我们的预期完全一致。"这句话是什么意思？这句话的作者举的例子是 DMV——一种完全不考虑消费者的市场垄断。这个类推是恰当的吗？垄断企业会在乎消费者的想法吗？完全竞争环境下的企业与 DMV 可以说是两个极端，企业在处理员工和资产时是否也存在类似的两种极端情况？请举例。

12. "除非有一个非常令人信服的理由，否则政府不应该成为某个产品或服务的唯一提供者。"你认为发放驾照只能由政府来做的令人信服的理由是什么？

13. 请解释诸如许可证要求和移民限制的管制措施为什么会出现，以及这些管制措施为什么仍在施行中。

14. "掠夺之手"可能仅仅被描述为一个非常重要的企业战略。请解释这一战略究竟是什么，并说明企业应该为之配置多少资源。

15. 什么是自然垄断？你能想起一个自然垄断的例子吗？如果能，请解释你为什么认为它是自然垄断。

16. 网络外部性是什么？为什么具有网络外部性的企业没能成为垄断者？

17. 2010 年联邦通信委员会关于无线网络市场的报告还做了下列表述："大约有 90 万农村居民完全没有使用移动通信服务。另外 250 万居民仅被一家无线网络提供商的网络覆盖。"为什么这个报告会提到农村居民？农村居民与很高的 HHI 指数之间有没有关系？

18. 请解释为什么寻租的竞争会逐渐减少租金，使非正常租金消失。

19. 你认为究竟是大企业还是小企业会实施更多的寻租行为？请解释。

20. 随着企业规模增大，企业内部寻租行为也会增多。这个说法是如何支持"企业的最优规模"这一观点的？

注　释

1. Larry Rulison, "Waiting for AMD—AMD hasn't yet decided to build a chip plant in Malta; the reason why isn't entirely clear," December 23, 2007 www.nydailynews.com/blogs/dailypolitics/2007/12/odds-and-ends-157.html.

2. The growth of ethanol as a fuel source in the United States has resulted from tremendous subsidies at the federal, state, and local levels. The biggest single item is the Volumetric Ethanol Excise Tax Credit (VEETC), which grants a tax credit to blenders who combine ethanol with gasoline, in the amount of 51 cents per gallon of pure ethanol blended. But this is only part of the story. In addition to the direct subsidy from the VEETC, many states reduce motor fuel taxes on favored fuels, and there are numerous separate subsidies and tax breaks for investment in the infrastructure required for biofuel production. There is also a large implicit subsidy in the form of the mandate from the Energy Policy Act of 2005 that 4 billion gallons come from renewable fuels in 2006, rising to 7.5 billion in 2012. The impact of these mandates on the price of ethanol is greatly amplified by the 54-cents-per-gallon tariff currently in effect for imports of ethyl alcohol intended for use as a fuel. Finally, there are significant direct agricultural subsidies for farmers that reduce their water, fuel, and other costs below market. The subsidies currently sum to about $1.38 per gallon of ethanol.

3. Andrei Shleifer and Robert W. Vishny, *The Grabbing Hand: Government Pathologies and Their Cures* (Cambridge, MA: Harvard University Press, 1998).

4. Tom Humphrey, "Lobbying Costs Hit $11M in AT&T, Cable TV Industry Battle," KnowNews.com, Tuesday, November 20, 2007 http://www.knoxnews.com/news/2007/nov/20/lobbying-costs-hit-11m-in-att-cable-tv-industry.

5. James Harvey Young, *Pure Food: Securing the Federal Food and Drug Act of 1906* (Princeton, NJ: Princeton University Press, 1989). Gary Libecap, "The Rise of the Chicago Packers and the Origins of Meat Inspection and Antitrust," *Economic Inquiry*, 30 (1992): 241–262.

6. D. T. Armentano, *Antitrust Policy: The Case for Repeal* (Washington, DC: Cato Institute, 1986).

7. Del Jones, "Today's Issue: Some Lessons Learned in an Antitrust Fight. Guest CEO: Thomas Stemberg, CEO of Staples," *USA Today*, March 30, 1998, p. 5B.

8. *United States v. Foley*, 1979-1 Trade Cas. (CCH) 62,577 (4th Cir. 1979).

9. *Quality Trailer Products*, 57 Fed. Reg. 37004, August 17, 1992.

10. R. Preston McAfee and Nicholas V. Vakkur, "The Strategic Abuse of the Antitrust Laws," *Journal of Strategic Management Education*, 1 no. 3 (2004), www.usdoj.gov/atr/public/hearings/single_firm/docs/220039.htm, accessed May 1, 2008.

11. William F. Shughart III, Private Antitrust Enforcement, Compensation, Deterrence, or Extortion? *Regulation*, Cato Institute, www.cato.org/pubs/regulation/regv13n3/reg13n3-shughart.html.

12. World Trade Organization at: www.wto.org/english/news_e/pres07_e/pr497_e.htm.

13. Carolyn Said, "Prepare for Jumbo Shrimp Prices," Wednesday, July 7, 2004 *San Francisco Chronicle/SF Gate* www.sfgate.com/cgi-bin/article.cgi?f=/c/a/2004/07/07/BUG997HET11.DTL Paul Magnusson, "Peeled and Eaten by U.S. Shrimpers," *Business Week*, July 8, 2004, www.businessweek.com/bwdaily/dnflash/jul2004/nf2004078_1187_db045.htm. "U.S. Slaps tariffs on Shrimp Imported from China, Vietnam," *USA Today*, Posted July 6, 2004 http://www.usatoday.com/news/nation/2004-07-06-shrimp-tariff_x.htm, accessed May 2, 2008.

14. Economies of scale refers to a firm producing more output at lower per unit costs as the firm gets larger.

15. This question was first asked by Paul David, "Understanding the Economics of QWERTY: The Necessity of History," in W. N. Parker, ed., *Economics History and the Modern Economist* (London: Blackwell, 1986).

16. See the list of references provided in *The Economics of Qwerty: Papers by Stan Liebowitz and Stephen Margolis*, ed. Peter Lewin, (New York: Macmillan/New York University Press, 2002), including Robert Frank and Philip Cook's *The Winner-Take-All Society* (New York: Penguin, 1996); and Paul Krugman's *Peddling Prosperity* (New York: W. W. Norton & Co., 1994), pp. 221–244.

17. Information on costs of compliance is available from www.sba.gov/advo/research/rs264.pdf and www.cato.org/researcharea.php?display=11.

18. Jonathan H. Adler, *Rent Seeking behind the Green Curtain*, CATO, www.cato.org/pubs/regulation, accessed, June 10, 2007.

第11章
企业该如何做？

案 例

企业社会责任

企业社会责任（corporate social responsibility，CSR）是指企业对所有受其影响的利益相关者都担负着责任，而不是只需对股东负责。企业社会责任已经成为一个重要的政治实体，使得许多企业认为为利益相关者花钱也是一种很好的企业战略。许多公司都有首席社会责任官（chief corporate responsibility officer），并在年报中提供一份年度企业社会责任报告。下面是从三家大型美国企业的年报中摘录的企业社会责任报告。

星巴克——以一种能对社区和环境做出积极贡献的方式去经营企业，对于星巴克来说非常重要。这也是星巴克的公司使命中最重要的六条指导性原则之一。我们每天都在与合作伙伴（公司员工）、供应商和农民一起工作，目的是创造一种可持续的高品质咖啡生产方式，帮助本地社区不断发展、最小化我们的环境足迹以及对顾客的身体健康负责。[1]

美国联邦快递公司——我们非常关心我们所生活和工作的社区。我们致力于有效地履行企业公民责任，在慈善捐助、公司治理以及承担环境义务方面起到示范作用。[2]

Gap——在 Gap 公司，我们认为应该超越商业活动所应遵循的基本操守，接受我们对人类和地球所应承担的责任。我们认为这将为我们的股东、员工、顾客以及全社会带来可持续的、共同的利益。[3]

企业承受的政治压力不仅来自社会，也来自国家。由英国非政府组织 Account Ability和巴西 Fundação 商学院共同推出的责任竞争力指标（Responsible Competitiveness Index，RCI）观察和分析了各国是如何致力于促进负责任的商业活动的。这一指标包括了五大洲的 108 个国家,覆盖了全球 96% 的 GDP。

1. "企业社会责任" 本身是负责任的吗?

利益相关者和股东

企业究竟是应该致力于最大化股东价值,还是应该致力于其他一些目标? 近年来许多人认为企业不应只考虑股东的利益。仅仅关注股东利益会使企业忽视重要的社会问题。例如,2010 年英国石油公司在墨西哥湾发生的钻井平台漏油事故就是由于过于重视股东利益而引发的。

商业洞察

企业究竟为谁而存在? 是股东还是利益相关者?

只有 3% 的日本管理者认为,企业即使不得不裁员,也要坚持向股东发放红利。也就是说,在日本,员工是放在第一位的。然而,认同上述观点的管理者在德国有 41%,法国为 40%,美国和英国则都是 89%。另外,在日本有 97% 的受访者认为企业的存在是为了所有的利益相关者。持同样观点的受访者在德国占 83%,在法国占 78%,在美国占 76%,在英国占 71%。[4]

将公司的实力最大化

价值最大化意味着管理者所做出的一切决定都应能够提升公司的长远市场价值(对公司进行全面收购所需要付出的总价值)。增值意味着消费者对公司全部产出的价值评估要高于公司所有要素投入的价值。价值最大化对社会是有益的。如果公司的产出实现了增值,那么社会也会因这些产出而获益。

当然,我们这里讨论的是自愿交易。强制的交易无法用来评估社会价值。当交易是自发进行的时候,我们知道生产投入品的所有者对这些资源的估值是低于或者等于购买这些投入品的企业所支付的价格的。否则,这些资源的所有者是不会将其出售的。因此,对于社会而言,这些投入品的机会成本不会高于购买它们的公司所付出的总成本。同样地,企业生产的产品和服务的社会价值至少等于它们的售价。否则,人们就不会购买这些产品和服务了。

利益相关者理论也必须实现最大化利润的目标

致力于股东价值和利润最大化是企业造福社会的最好途径,这一观点可能是违背很多人的直觉的。这些人认为追求利润最大化的企业是不会在乎它们的行为是否会对员工、消费者、社区以及环境造成危害。企业应该使所有利益相关者的利益最大化。**利益相关者**（stakeholder）是指所有与企业有联系或者受到企业影响的个人和实体。美国劳工部部长罗伯特·莱克（Robert Reich）是众多主张"新企业公民"理念的政治家之一。这一理念要求企业对经济活动变化带来的社会成本和收益负责。作为一个促使企业更加关心员工的经济鼓励措施，罗伯特·莱克主张给予"达标"的企业减免税收的优惠。企业应当拿出总工资支出 2％的资金用于提升员工技能水平，为员工提供良好的退休金和健康福利，员工分红，离职培训以及帮助被解雇的员工另谋新职。莱克建议对那些没能尽到维持本公司就业岗位责任的企业额外征税，并应将其送入"企业耻辱堂"（corporate hall of shame）。[5]

企业社会责任的另一个问题是企业可能根本无法履行社会责任。如果一个管理者要同时做好以下所有事情：本年利润最大化，提高市场占有率，实现利润在未来几年的持续增长，保证员工的健康和安全，以及为本地社区做出贡献，那么这个管理者该何去何从？他不可能同时实现各个方面利益的最大化，他必须做出权衡。

对一切消费者认为重要且愿意配置资源的地方，企业都要做出反应。企业必须能够诱导消费者购买它的产品和服务。如果一家企业被认为是不道德的、不合格的企业公民，那么消费者就不愿意与它做买卖，最终这个企业要么改变自身的行为，要么退出市场。如果消费者认为值得为一项行动配置资源，乐意为之掏腰包，那么企业就应当响应。企业对资源的管理应该使资源在这家企业创造的价值高于这些资源在其他企业或者用于其他用途所能创造的价值。也就是说，企业必须使资源的增值最大化。如果没能这样做，自由市场环境下这些资源就会被重新配置到能够创造更大价值的地方去。股东价值最大化、利润最大化、增值最大化——这些概念反映了企业的目标是创造价值的理念。利润或者价值的最大化与企业应当关心其利益相关者是不矛盾的。事实上，管理者应当按照以下原则处理与所有利益相关者的关系：企业应当投入资源努力满足所有利益相关者的要求，但前提是消费者对这些努力所带来的成果的估值必须高于投入资源的总成本。

利润最大化的实例

经济学家得出了企业利润最大化的法则：令边际收益等于边际成本。只要公司生产的产品和服务的价值大于投入的资源的总成本，那么公司就应该坚持其一贯的做法，生产更多的产品和服务。正如第 1 章所说，经济学家非常重视增量和边际的概念。例如，如果生产一单位产出增加的成本低于销售这一单位产出获得的收入，那么生产这一单位产出将增加利润。相反，如果生产一单位产出增加的成本高于销售这一单位产出获得的收入，那么生产这一单位产出将降低利润。所以，生产和销售额外一单位的产出所获得的收益等于额外的成本时，利益达到最大化。

边际成本是生产额外一单位产出增加的成本（生产额外一单位的产出所需要的资源的总价值）；边际收益是多销售一单位产出获得的收益（社会对多销售的这一单位产品的估值）。当边际收益大于边际成本时，生产更多则会增加利润。相反，当边际收益低于边际成本时，生产更多则会降低利润。因此，当供销售的数量产生的边际收益等于边际成本，即 MR＝MC 时，利润就达到最大化。

利润最大化法则（MR＝MC）如表 11—1 所示，其中列出了产出、价格、总收入、边际收益和利润。假设该公司的各个方面以及所有利益相关者对该公司的看法都包含在总成本中了。根据表中的数据,第1单位产出需要1 000美元的成本才能销售出去,因此第1单位的边际成本(额外成本)为1 000美元。售出后,第1单位产出带来的收益为1 700美元,因此边际收益为1 700美元。由于边际收益大于边际成本,所以企业卖出第一辆自行车比不卖出好。

表 11—1   **利润最大化**

(1) 总产出 (Q)	(2) 利润 (P)	(3) 总收益 (TR=PQ)	(4) 边际收益 (MR)	(5) 总成本 (TC)	(6) 边际成本 (MC)	(7) 总利润 (TR−TC)
0	0	0	0	1 000	—	−1 000
1	1 700	1 700	1 700	2 000	1 000	−300
2	1 600	3 200	1 500	2 800	800	400
3	1 500	4 500	1 300	3 500	700	1 000
4	1 400	5 600	1 100	4 00	500	1 600
5	1 300	6 500	900	4 500	500	2 000
6	1 200	7 200	700	5 200	700	2 000 最大利润
7	1 100	7 700	500	6 000	800	1 700
8	1 000	8 000	300	7 000	1 000	1 000
9	900	8 100	100	9 000	2 000	−900

第2单位产出需要额外的800美元才能卖出,带来1 500美元的额外收益。对于第2单位产出,边际收益超过边际成本。因此企业生产2单位产出比不生产或只生产1单位更好。

直到第6单位产出被出售,利润一直在增长。销售第7单位产出的边际成本为800美元,而边际收益为500美元。由于边际成本大于边际收益,如果卖出第7单位产出,利润会下降。公司可以通过出售6单位产出实现利润最大化,此时的边际收益等于边际成本。

如果我们知道边际收益和边际成本,确定销售数量和应收取的价格就非常简单了。问题在于边际收益和边际成本通常是不知道的。会计不报告这些数据。会计在活动和部门间分配成本,他们不计算多生产一单位产出而增加的成本。另外,管理者根本不考虑边际收益和边际成本,对于一家生产上百万单位产出的企业来说,额外一单位产出看起来微不足道。

尽管会计没有提供边际成本的信息,而且管理者声称他们不关注边际成本与边际收益,但是这些概念仍然要在他们的决策制定中发挥作用。例如,考虑航空公司如何为其服务定价。座位的价格由于飞行时间、周六是否过夜、在哪里买票等而有很大的差异。通常,航空公司会以很低的价格在飞机起飞前卖掉空座位,事实上,这一价格会低于每位乘客的平均飞行成本。西南航空公司的每乘客平均成本是产业中最低的成本之一,大约为每英里0.07美元,而公司仍然将飞行距离为1 000英里的座位以25美元的价格出售,为什么?因为25美元比1分钱都不挣好多了。另外,增加1位乘客而增加的成本几乎为0。这样,这一座位的边际收益(25美元)远远超过了边际成本(几乎为0)。西南航空公司的管理者明白这一点,不是因为他们知道边际收益大于边际成本,也不是因为他们计算了边际成本,而是因为他们明白这样做能获得更多的利润。利润最大化规则MR=MC可能不会挂在经理人的嘴边,或写在他们的手册里,或者写在墙上,但它确实描绘出了他们的行为。它提供了一个理解商业行为的框架。

竞争和价格

市场上寻求利润的行为表现为竞争。竞争将无效率的企业逐出市场，并且确保资源被配置到价值最高的地方。如果一家企业没能以最有效的方式利用资源，或者没有利用资源创造出最高的价值，那么这家企业就会被其他更有效率的企业取代。

竞争使价格水平不断靠近生产成本。[6]正如第 9 章所讨论的，如果生产一杯咖啡的成本是 0.7 美元，某人以 1.5 美元的价格出售。那么就会有其他人进入这个市场，但此人的售价可能只有 1 美元。然后又继续会有新的咖啡卖家加入，价格继续降到 0.9 美元。这一过程不断重复，直到咖啡的价格最终降到 0.7 美元。竞争要求资源以最有效的方式配置。所有不能以最有效的方式配置资源的人都无法在市场上坚持很久。如果你不能以 0.7 美元的成本生产咖啡，那么当价格低于你的成本时，你是无法长久支撑的。

当一家企业能够获得正经济利润时，其他企业也会进入这个行业与现有企业竞争，于是现有企业就无法再维持原有的正经济利润了。在卖咖啡的例子中，价格从1.5 美元逐渐降到 0.7 美元，这个价格仅能恰好弥补生产咖啡的成本，经济利润降为 0。竞争使价格逐渐降到恰好等于生产咖啡的成本的水平。

为了创造和维持利润，你不仅需要开发出更好的产品，还要能够持续不断地改善它。当存在竞争时，任何懈怠都是不允许的。这也就是竞争是一个学习的过程的原因。竞争促使人们不断开发出新的更好的产品，不断进行技术创新。没有竞争，市场和产品就会变得同质化，所有人提供的产品和服务就都没有明显的区别。企业销售的商品的命运是掌握在市场手里的，企业无法为自己的产品制定一个与竞争对手不同的价格。

市场势力

竞争对社会是有益的，因为竞争将资源配置到价值最高的地方，消费者可以以最低的价格买到一切他们需要的产品。然而作为一名管理者，你一定希望能够为自己和你的投资者保留一部分产品的增值。为此你必须做的事情是将自己与其他竞争者相区别，让你的产品与其他竞争者的不同，甚至是独一无二的。作为管理者，你一定希望能限制竞争，希望在能获得利润的同时不用担心其他企业抢走你的生意。总之，你希望获得市场势力（market power）。事实上，对于你来说最好的情况是成为唯一的提供商，也就是垄断者。怎样才能成为垄断者呢？最盛行的方法是通过政府进行寻租。假设政府向我发放了一张许可证，允许我在某地段独家经营咖啡店，其他竞争者都不允许进入，于是我就有了垄断经营权。也就是说，在我经营的这片区域，我是唯一的咖啡供应商。此时的咖啡价格就变成了生产成本加上顾客由于不愿意去更远地方的咖啡店而愿意多付的价格。如果顾客认为不绕路去更远的地方喝咖啡这件事情的价值是 1 美元，那么我的咖啡售价可以定为 1.7 美元。政府的经营许可是一个进入障碍，使得我的定价可以高于竞争价格。

为了维持垄断地位，人们一般愿意支付多少钱用于寻租？事实上人们会付出绝大部分垄断带来的额外利润,因为即使如此也比完全竞争情况下的零经济利润要好。

垄断存在的主要原因在于政府。大多数垄断企业都是政府创造和维持的。15—17世纪,政府通过授予特殊利益集团垄断的权利以换取它们的部分利润而增加了收入。哥伦布(Christopher Columbus)从西班牙女王伊莎贝拉(Queen Isabella)那里得到了垄断的权利;哈得逊湾公司从英国国王那里得到了垄断的权利;那个年代大多数探险者和商船都被授权垄断。现在,政府授权的垄断包括美国包裹服务公司(U. S. Postal Service)——一家垄断的邮件递送公司、联邦储备银行——垄断的美国货币供应者。另外,专利可以提供政府创造的垄断。例如,葛兰素威康获得了艾滋病防护药(AZT)的专利,这样它就合法地成为17年间这种药物的唯一供应商。许可证和执照也可能产生诸如机场外的出租车服务和在球场外面开小卖部的垄断。星巴克有时会在大学获得咖啡专营权,在这种情况下,大学就像政府一样赋予了星巴克垄断经营的权利。

许多企业通过寻租获得专营权。寻租行为本身并不创造或增加价值,而是将价值从一方转移到另一方。与完全竞争市场相比,政府垄断提供的产品和服务使消费者付出的更多而获得的更少。对于全社会而言,寻租减少了价值。然而对于某些企业来说,寻租行为带来的利润有时比扩大再生产更多。

从理论上说,垄断可能是由于成本条件而不是政府行为产生的。例如,在成本允许时,自然垄断就会发生。自然垄断的基本理论中包含沉没成本的概念。沉没成本是指为了进入市场而必须付出,但一旦离开市场就无法挽回的成本。只要想进入某个市场提供产品和服务,沉没成本就是无法避免的,即使提供的产品和服务根本无人购买。现有的企业已经为沉没成本进行过投资,而新企业为了进入这个市场必须对沉没成本进行投资。由于害怕这些投资会血本无归,这些新企业可能会选择不再进入这个市场。对于现有企业来说,它们已经付出了沉没成本,而且随着企业的扩大,每单位产出的沉没成本水平在不断下降。企业越大,所能制定的价格越低。这种情况限制了竞争。新进入的企业必须比现有企业规模更大,才能消除沉没成本造成的劣势。

自然垄断企业的例子并不好找。电力企业常常被认为是自然垄断的,因为发电存在规模经济。因此,有人认为政府应该对电力等行业进行管制。然而,在很多存在很大的规模经济的行业里,新技术的涌现常常很快就打破了规模经济带来的垄断利益。电力行业也不例外,在很多国家电力行业已经被成功地取消管制和私有化,竞争起到了和其他行业完全一样的作用,将利润逐渐降低到正常水平。电信行业也被认为是自然垄断,然而数量众多的新进入企业反驳了这一观点。

然而,管理者的目标是使本公司的产品和服务与众不同,也就是说降低本公司产品和服务的可替代性。企业渴求市场势力,从而在不损失客户的情况下按照自己的意愿制定价格。

差异化和市场势力

管理者希望避免产品同质化,希望获得产品独特性带来的好处,希望拥有一些垄断优势。如果一家企业能够创造一些其他公司无法轻易复制的特性,那么这家企业就会获得一定的垄断优势。竞争依然会存在,但特性是无法被完全复制的。于是,利润不会降为0,而是变为0加上这个特性的价值。因此,企业的一个基本战略就是寻找可以让企业在一段时间内维持非正常利润的特性。

企业都希望将自己的产品与竞争对手的产品相区别。消费者认为产品的差异性越强，企业就越能为产品制定高价并获得正经济利润。让我们想想星巴克是怎么做的。星巴克可以以高于成本很多的价格来销售咖啡，是因为它不仅仅提供了咖啡这个商品。星巴克创造了自己的品牌和名声，其他人难以模仿，这就是星巴克独有的特性。人们去星巴克消费不仅仅是为了喝一杯咖啡，更是为了享受星巴克独特的氛围以及种类繁多的各式饮品。到目前为止，还没有其他企业能够完全复制星巴克的成功。然而，由于其他企业也能进入咖啡店这个市场，所以价格也因竞争而不断下降，直到星巴克的咖啡售价与其成本之差恰好等于消费者对星巴克的独有特性的估值为止。只要公司的特性对消费者来说还有价值，那么这家公司就能继续赚取非正常利润。

因此，对于企业来说一个非常重要的战略就是创造独有的特性。所有的企业、生产商、销售商、经纪人、代理人和贸易商都试图使他们提供的产品和服务与众不同。即使是那些本身并不具备差异性的产品，如金属、粮食、化学制品、塑料和货币等，它们的生产商和销售商也同样在追求差异化。对于无差别商品来说，差异化体现在公司的各个层面，如销售、服务、员工素质和精神面貌以及公司办公室的外观，等等。企业努力实现其自身和产品的差异化，是为了使竞争对手难以抢走它们的生意。

成功的差异化可以降低需求的价格弹性。这对企业意味着什么？这意味着企业可以在不发生收入损失（弹性较高）的情况下提高价格。多年来，英特尔公司对其微芯片收取的价格高于竞争对手，而这些微芯片大同小异。英特尔能够做到这一点是由于其成功地实现了自己的差异化——Intel Inside。

品牌使得一种产品与其他产品相区别。品牌是购买决策背后的一个关键因素[7]，平均占消费者总购买决策的 18%。此外，最强势品牌（根据品牌在购买决定中的重要程度来衡量）的价格平均比最弱势品牌的价格高出 19%。[8]

当人们没有完整、充分的信息时，经济学家就会说获得信息的成本很高，或者说消费者要通过仔细阅读杂志或亲自到商店里比较产品、试用不同类型的产品或者从专家手中购买建议来搜寻信息。所有这些活动都需要时间，在某些情况下还要花钱。认识到消费者搜寻信息的成本很高，企业通过提供信息和提高其产品的熟悉程度使其产品差异化，从而有机会扩大生意。这可以通过促销、摆放和包装即营销实现，还可以通过投入资源建立一种形象或品牌来实现。例如，希望公众认识到自己稳定的企业可以投入资源建立一座巨型的建筑、漂亮的办公室或大型广告牌。大型购物商场中的服装店尽管是租来的，但它比街角的小商贩稳定得多。建在 Knight's Bridge 和 Kensington High Street 的 Harrod 公司的大型建筑非常著名，吸引了大量游客。某些产品质量高的一个重要信号是它的保证或担保。保诚保险公司（Prudential Insurance）用"石头"（the rock）、Allstate 公司用"友好之手"（good hands）表示其可靠性。虽然这些标识与公司的实际服务没有什么关系，但它们展示了消费者认为有价值的一个方面——在未来依旧可以享受服务，因此现在的服务体验可以用来评价未来的服务水平。

律师和金融咨询师需要展示成功的形象。谁愿意聘用不成功的律师或金融咨询师呢？因此，这些律师和咨询师会花大笔钱把办公室设在市中心的建筑物里，他们会穿着昂贵的衣服，提着昂贵的公文包。想象一位著名的经纪商穿着休闲服装出现在纽约银行中谈论金融工具是一种什么效果。显然，他差异化了（实际上是贬低了）自己的产品。银行官员不可能相信一个不认真的人作出的决策。难怪在 IBM 早期，托马斯·沃特森（Thomas Watson）要求其销售人员穿着成为 IBM 标志的套装——白色衬衫、黑色领带和黑色西装。

当消费者无法预先收集产品质量的属性时，声誉或品牌名称在这种市场中就具有很高的价值。如果消费者拥有完全信息，那么企业就没有动力去创立品牌或差异化其产品。阿司匹林就是阿司匹林，而不会出现拜耳的阿司匹林。品牌向消费者提供了信息，它是质量或可靠性的信号。创立品牌的目的是提高消费者忠诚度，并降低需求的价格弹性。消费者转换品牌的意愿越低，需求的价格弹性就越低。尽管其价格高于竞争品牌的价格，对某一品牌或企业忠诚的消费者仍然会购买这一品牌或企业的产品。

担保（guarantee）和保证（warranty）可以成为质量的指示器，能够将企业与其竞争对手区分开来。担保很难仿造。劣质产品经常出故障，使得企业的担保成本极高。因此，产品质量越高，企业提供的担保就越好。如果一家企业制定了担保政策，其他企业要么跟进，要么必须承认自己的产品质量较低。如果一个潜在的竞争对手不能模仿现有企业的担保，它就会首先考虑不进入市场。如果企业能够作出类似的保证并胜过它，那么当这家企业进入市场时，它会提供更好的担保。这就是日本汽车生产商在 20 世纪 70 年代对美国汽车生产商所做的。美国汽车生产商没有提供日本生产商那样广泛的担保，结果，消费者很快就发现"日本制造"意味着高质量。

我们知道，如果社会认为企业进行某项活动所带来的产出的价值大于该企业进行该活动所需要投入的资源的价值，那么企业就会投入资源从事此项活动。因此，企业会投入资源用于创造品牌或其他为用户提供信息的活动，前提是消费者对这些活动的估值高于企业投入的资源的成本。

退出

如果一个企业发现社会对该企业的产出的估值低于该企业投入资源的价值该怎么办？如果一个企业做出了非效率的决定或者没有达到其他公司的效率水平，那么它就只能获得负经济利润。如果这种情况在短期内发生，那么该公司就必须决定是继续坚持经营直到能将公司变现（通过破产清算或兼并收购）为止，还是临时停止运营。无论企业是纯粹的竞争者还是一家垄断企业，它都可能处于负经济利润状态。例如美国包裹服务公司，在它的历史中，很少获得正经济利润。垄断企业获得负经济利润时会发生什么呢？这要视情况而定：政府可能会向垄断企业提供补贴，或者垄断企业暂时关闭，或者彻底退出这一行业。在后面的情况下，垄断企业与其他企业没什么不同。企业是暂时关闭还是彻底退出依赖于一系列因素，这些因素涉及企业是完全竞争者、垄断者，还是其他类型的企业。

考虑具有如表 11—2 所示的固定成本、可变成本和收益的 3 家企业。**固定成本**（fixed cost）是指那些不随产出变化而变化的成本，如租金和与雇员签订长期雇佣协议情况下的劳动力成本。**可变成本**（variable cost）是指那些随产出变化而变化的成本，例如电费、水费、燃料费和材料费等。尽管这 3 家企业都损失 300 美元，但它们作出的决策却大不相同。A 企业决定继续生产并销售其产品；B 企业决定停止一段时间的经营；C 企业决定尽快撤出。差别在于 A 企业的收益足以支付其可变成本。如果停止经营，它的损失将更大——1 100 美元而不是 300 美元。B 企业的情况不同，因为它不能支付其可变成本。如果停止经营，它只损失 100 美元，而如果继续经营会损失 300 美元。C 企业的收益足以支付其可变成本，但企业认为未来只能亏损。它可以继续经营到被清算为止，然后退出这一行业。对于前两家企业而言，除非长期前景一定会得到改善，否则它们也会退出这一行业。

表 11—2　　　　　　　　　　　　　　　暂时关闭

固定成本	可变成本	收入	利润	决策
[A] 1 000	100	800	(300)	继续经营
[B] 100	1 000	800	(300)	暂时关闭
[C] 600	500	800	(300)	继续经营/退出

如果公司持续亏损，那么临时关闭就会变成破产清算。为了能够继续经营下去，企业必须能够在长期带来增值。如果一家没有效率的企业借助政府提供的补贴或设置的进入障碍来维持经营，那么企业和社会的价值就会受到损失，因为资源不能得到有效的利用，不能配置到价值最高的地方，最终会导致经济衰退。许多采取中央计划经济模式的国家都曾有过这样的经历。

时间对价值的影响

为了使利润最大化，企业是否应该投入资源扩大自身规模以限制新进入者？是否应该投入资源塑造自己的品牌？是否应该投入资源来创造属于自己的独一无二的特性？事实上，利润最大化所应遵循的简单而直接的规则是：只有当社会对某活动的产出的估值大于企业为进行此活动而投入的资源的成本时，企业才有必要投入资源进行这项活动。也就是说，如果为某项活动额外投入的 1 美元资源带来的价值大于 1 美元，那么就应该毫不犹豫地进行这项活动。

上述利润最大化规则在现金流、利润以及成本随着时间不断变化的情况下同样适用。想要知道某个活动使社会受益还是受损，必须弄清楚该活动未来的产出价值是否可以弥补当前投入的劳动力、资本和材料等资源的成本。利率告诉了我们这一问题的答案。利率告诉了我们现在放弃一单位商品而在未来某个时间重新获得这一商品的成本。

现在将 1 美元存起来，1 年后再取出的价值如下：

$$终值（future\ value）=1\times(1+r)$$

式中，r 是利率。一年后收到的价值 1 美元的资源在今天的价值就是它的现值。计算如下：

$$现值（present\ value）=1/(1+r)$$

对于一个人来说，如果他未来一切收入的现值达到了最大化水平，那么他就达到了他最富裕的状态。对于企业来说也是如此。如果一家企业将未来所有预期利润的现值最大化了，那么这个企业的经营者就做到了最好。

如果引入风险因素，上述分析的过程和结果也不会发生改变，因为现在的金融市场已经允许人们以一定的价格购买和销售风险。当这样的金融市场存在时，我们要用风险调节利率（risk adjusted interest）来计算现值。因此无论是在长期的情况下还是在信息不完善的情况下，管理者的法则都是企业的价值最大化。

非正常净收益模型

经济利润为零时的利润水平称为正常利润，因为市场竞争最终会导致总收入等于总的机会成本。当经济利润为正时，收入大于投入资源的总成本。二者的差异被认为是"非正常"的，因为在市场竞争非常充分的情况下，这种差异只能暂时存在。将利润逐渐压缩到正常水平的过程不是立即完成的。这个过程所花费的时间取决于市场的进入难度以及企业的差异化程度。

非正常净收益模型是财务人员评估企业价值的一种方法。[9]根据这一模型，企业的市场价值等于它的账面价值（股东权益的账面价值）加上未来预期经济利润的现值。公式如下：

P_0＝公司目前的账面价值＋未来预期经济利润的现值

未来预期经济利润就是未来每一年的预期会计利润减资本成本。下一年的预期会计利润减资本成本就是下一年的非正常净收益。

企业的价值

企业的价值就是现在的所有者为维持所有权所愿意支付的金额，也是新的所有者为了购买企业的所有权所愿意支付的金额。[10]对于一个公开上市的企业来说，它的价值就是它的市值——公司每股股票的价格乘以发行在外的总股数。对于未公开上市的公司来说，由于缺少实时更新的市场价值数据，因此很难对它们估值。但一家公司的价值至少等于它的变现价值，也就是将公司的资产全部出售所获得的总金额。[11]

企业的市场价值是社会对企业未来盈利能力的估值，它考虑了公司资产的生产能力、员工的技能水平以及品牌的价值等因素。由于一家持续获得负经济利润的企业最终会被变现，因此这家企业的价值就是将企业的资产全部出售所获得的总金额。能获得正经济利润的企业会具有一定的市场价值，价值的大小取决于企业的非正常利润预计能维持多久。

经济利润和股票价格

经济利润与股票价格的走势是否有关？[12]非正常净收益模型告诉我们：答案是肯定的。然而，我们看一眼股票市场的真实表现就会得出否定的结论。为什么会有这种差异呢？在每个给定的年份，有些绩效突出的企业股价上涨超过了市场平均水平，另一些绩效同样优秀的企业却低于市场平均水平。这一现象产生的原因是股票市场会对未来进行预期。股票的价值完全取决于投资者对公司未来能创造多少经济利润的预期。过去的利润水平仅仅在预测未来企业的绩效时有用。

当我们对企业在过去一段时间内的市场表现进行分析时，随着时间起点的不断提前，那些现在表现优秀的企业（持续创造大量经济利润的企业）过去的市场表现就越来越优于当时的市场预期；现在表现不佳的企业过去的市场表现就越来越差于当时的市场预期。经济利润只是衡量企业在一年时间的绩效，而仅仅分析一年的情况无法形成一个趋势。然而，对一段时间（一般是几年）内的经济利润进行分析就能更好地描述企业的绩效演变趋势，这也是股票市场所关注的内容。未来所有预期经济利润的现值告诉了我们一家公司是在创造还是在减少价值。

如果经济利润和股票价格之间的关系需要足够长的时间才能显现出来，经济利润还是有价值的信息吗？投资者会有耐心花 10 年甚至更久的时间来对企业的绩效进行预测吗？事实上，经济利润确实是有价值的信息，而投资者确实没有等待 10 年的耐心，而且他们也不需要等待这么久。当投资者考虑是否购买某公司股票时，他们往往只关注这家公司在未来一天、一周、半年或者一年内的绩效。因此，所谓"股东价值最大化"往往意味着以损失长期利益为代价使短期利益最大化。[13]

短期盈利主义

虽然看起来投资者买入公司股票后会在短时间内出售，以追逐短期利益，但认为这种追求短期盈利的行为一定是有害的，一定会牺牲长期利益就不恰当了。这种行为会给其他人创造套利机会。由于公司的长期价值会被低估，而短期价值会被高估，因此投资者可以通过期货和期权等金融工具在远期买入公司股权，而在近期卖出公司股权。这将平衡公司的长期和短期市场价值。因此，以牺牲企业的长期利益为代价过分追求短期利益会使股东价值下降，公司的发展前景变差。

假设一位投资者在考虑投资两家公司 A 和 B。A 公司的 CEO 准备执行一个能在下一年提高利润但在随后几年会导致损失的计划。B 公司的 CEO 关注长期并希望增加每一年的利润。这样做的结果是 B 公司在下一年增加的利润不如 A 公司多。投资者知道了两个 CEO 的经营方向后，会在心里这样想：我只会在下一年持有 A 公司的股票，在那以后我不想持有它。但我不想成为最后一个卖出的。我希望成为第一个卖出 A 公司股票并购买 B 公司股票的人，以便当每个人都要购买 B 公司的股票时，我可以获得最大的升值。因此，我应该在年底前——或许是 11 月——卖出 A 公司的股票。但其他人可能预期到我的行为，他们会在 10 月卖出。因此我要在 10 月前卖出——9 月、8 月……

将卖出时间提前这一过程会持续下去，直到投资者意识到获利的唯一机会是根本就不购买 A 公司的股票，而是现在就去购买 B 公司的股票。当所有投资者都这样做时，A 公司的股价会立刻开始下降，而不是下一年才开始下降，B 公司的股价也不必等到下一年而是立刻开始上涨。股价反映了预期的长期经济利润流（economic profit stream）。

这一例子假设投资者确切地知道 A 公司与 B 公司会怎样做。事实上，无论对于个人还是对于整个市场来说，对未来绩效如此明确的判断是不存在的。如果每个人都有完备的知识和全面的信息，那么股票交易也就不会存在了。要发生股权交易，买家和卖家必须对企业未来的绩效有不同的看法。如果人们对于某企业未来的看法是一致的，为什么有人会想从其他人那里购买股权呢？[14]

投资者必须获取信息，并对企业未来的绩效做出预期。由于股价反映了预期的经济利润流，因此股东价值就是企业的现在以及未来预期经济利润的反映，股东价值最大化就意味着经济利润最大化。这并不是短期的战术，而是要聚焦于企业长期的绩效。提高企业的长期绩效不仅仅是要提高收益，更是要使收益与资本成本之差最大化。

股票的价格取决于它自身的供求关系。股票的卖家和买家都是基于对企业未来绩效的预测来对股票进行估价的。如果卖家和买家要进行股权交易,那么他们必定对股价的未来走势有不同的看法,或者是怀着不同的目标持有股票的。买家希望他所持有的股票能比其他股票上涨更多,而卖家则一定希望他所持有的股票不如其他股票上涨得多。如果买家和卖家有相同的观点,那么就没有理由进行任何股票交易了。[15]

股票的价格是由市场(买家和卖家)对企业未来绩效的预期决定的。价格一旦确定,如果任何事情都没有改变,那么股价也不会改变。是什么因素导致股价波动呢?答案是预期的调整。非正常净收益模型告诉我们,当对未来净利润的预期上升时(如公司宣布的收益高于预期所导致的未来净利润预期上升),公司(或股票等)的市场价值也会上升,反之则相反。然而,产生影响的不仅仅是预期收益,更重要的是预期收益超过资本成本的部分,也就是非正常净收益。当资本成本 r 提高时,在其他因素保持不变的情况下,市场价值就会下降。

当市场预期提高时,更多的投资者打算买入而更少的投资者打算卖出,因此股价就会上涨。因此,当企业做得比预期要好,那么股价就会上涨;如果企业的表现不如预期,那么股价就会下跌。

从 20 世纪 90 年代中期至 2000 年,思科公司创造了丰厚的经济利润,这可以从其股票的价格中体现出来。思科公司 2001 年市场价值的变动反映了其现实表现与预期表现的关系。由于对思科公司的期望较高,公司比预期做得更好非常困难,而且短期内尽管思科公司的利润很高,但股价的涨跌无法确定。实际上,尽管思科公司的收益和利润增长高于市场整体,但 2000 年 3—6 月,思科的股价下跌了40%,从高点的每股 80 美元下跌到每股 50 美元。2010 年 8 月正值全球经济衰退,思科宣布公司正从低谷中强势反弹,总收入与上年相比增加了 27%,净利润更是增加了 79%。然而,思科公司的股价却从近 25 美元下跌到了 22 美元。在几个季度的强劲表现之后,分析师认为思科的收入增长应该比 27% 更高。而思科则辩称之所以没有达到分析师所预测的收入增长水平,是因为 6 月中旬公司业务受到了欧债不断恶化的负面影响。

如果一个企业能获得非正常利润,那么它能保持多久?答案取决于市场竞争者以多快的速度将经济利润降为零。衰减率(decay rate)是指非正常净收益降为零的速度,也是企业家进行创新或以其他方式与现有企业竞争的速度。衰减率取决于行业竞争的激烈程度。在相对容易进入且企业众多的市场中,经济利润一般是难以维持的。当企业具有一定的竞争优势,可以使其他企业难以与之竞争时,该企业就能将经济利润维持一段时间。但所有的企业最终都会丧失它们的优势。企业家总是能找到跨越进入壁垒的方法。因此衰减率对于企业价值的衡量具有极为关键的作用。衰减率告诉人们究竟达到什么水平才能说经济利润是正的。

案例回顾

企业社会责任

在过去的大约 10 年里,企业责任得到   了大多数高层管理者,尤其是总部位于欧洲和美国的跨国公司管理者的高度重视。现在很难找到有哪个大型跨国企业的年报声称自己的存在仅仅是为了获取利润，这些企业一般都会在年报里宣称自己除了盈利以外，还为其他利益相关者提供了各种各样的帮助和服务。这些年报经常自豪地讲述公司为改善社会和保护环境所做出的努力。但是，这些报告都是真的吗？也就是说，企业高管真的会将企业的资源配置给利益相关者而不是股东吗？

如果将 1 美元投入一项活动，而社会认为这项活动的价值大于 1 美元，那么进行这项活动就会带来增值。如果社会认为环保活动是有价值的，而且将这一价值体现为购买进行环保活动的企业的产品和服务，那么股东利益最大化和履行社会责任就相互一致了。企业必须将 1 美元投入任何能够创造大于 1 美元价值的活动。如果管理者将 1 美元配置到了社会并不认为有价值的活动中，那么管理者实际上就是在降低价值，使得企业和社会都受到了损失。利益相关者理论不能与股东理论有任何差异。只有投入资源的成本小于产出的价值时，在企业社会责任上的花费才是负责任的。

本章小结 ■

1. 企业的目标是价值最大化。价值是指企业产出的价值减去投入资源的总成本。

2. 利益相关者理论认为企业必须能够满足所有利益相关者的要求。然而，这一理论未能解决面对不同利益相关者不同的目标，企业究竟该如何权衡的问题。

3. 企业会为了满足某个利益相关者的要求而向其配置资源，然而这样做的前提是社会对这一行动带来的产出的估值必须高于企业投入的成本。

4. 企业通过使边际收益等于边际成本来使利润最大化。如果最后一单位产出带来的边际收益超过了它的边际成本，增加产量就可以提高利润。相反，如果最后一单位产出带来的边际收益小于它的边际成本，不生产这最后一单位产品就能提高利润。

5. 竞争会使价格下降，直到价格等于机会成本。也就是说，最后销售的一单位商品的价格会等于边际成本。经济利润为零。消费者以最低的价格获取了他们所需要的。

6. 管理者希望能获得正经济利润。为了实现这一目标，管理者会尝试减少竞争。具体来说，管理者可以争取政府支持获得垄断地位，或者为自己的企业和产品创建独有的特性，以实现差异化。

7. 任何消费者认为有价值的东西都可以认为是企业或者产品的差异化因素。品牌、办公室和办公大楼的外观、公司所在的位置等都可以成为将自己与竞争者相区别的独有特性。

8. 当存在规模经济时，规模可以成为一种进入障碍。对原始资本的要求、沉没成本的存在以及分销渠道的难以获得都可以作为阻止新进入者的障碍。

9. 考虑现金流和服务随时间的变化不意味着目标的改变。这只是说我们需要考虑预期未来所获利润的现值，而不仅仅是一次性获得的利润。同样地，只要风险是可以在资本市场上自由买卖的，未来现金流或服务流的不确定性也同样不会带来任何改变。

10. 当企业的收入无法弥补可变成本时，企业就应当停止运营。如果这一状况长期持续，那么就应该将企业变现，将资源配置到其他地方。

关键术语 ———▪

利益相关者（stakeholders）

固定成本（fixed cost）

可变成本（variable cost）

终值（future value）

现值（present value）

练 习 ———▪

1. 现在的技术允许消费者向任何供应商购买电力。事实上，可以在消费者的电表箱中安装一台微型电脑，从而自动地向最便宜的电力供应商购买电力。这对电力供应商来说意味着什么?

2. 电话服务和电力是什么类型的产品?

3. 服务营销是当前商界的流行词。它是营销的一个分支，专注于服务。为什么服务营销与产品的营销有所不同?

4. 事实上广告并没有给消费者提供什么信息，为什么企业还要花费巨资做广告呢? 例如，一则广告展示了直布罗陀巨岩（Rock of Gibraltar，位于伊比利亚半岛南端英属直布罗陀的由一块巨型石灰岩构成的海岛，是当地的旅游胜地），并鼓动人们"拥有一块属于自己的巨岩之石吧"，这则广告告诉了我们什么?

5. 为什么许多公司不以更低的价格租用办公楼，而是斥巨资修建属于自己的摩天大厦呢?

6. 拜耳出品的阿司匹林与其他厂家生产的产品化学性质完全一样。为什么消费者仍旧愿意花 2 倍的价钱买拜耳的产品呢?

7. 为什么公司会请名人为它们的产品宣传? 为什么塔可钟快餐店会请奥尼尔来用餐? 为什么耐克公司会请老虎伍兹穿耐克鞋?

8. 当社会对企业进行某活动所带来的产出的估值高于企业投入的资源的成本时，企业就应该投入资源从事这项活动。这句话的含义是什么?

9. 请解释当企业在决定是否要临时停止运转时，固定成本、可变成本和收入这三个指标的关系。

10. 使用下列边际收益和边际成本的数据，决定利润最大化的价格和产出水平。

产出	边际成本（美元）	边际收益（美元）
0		
1	30	80
2	50	80
3	80	80
4	120	80
5	170	80

11. 在长期有没有可能获得正经济利润?

12. 品牌在经济活动中扮演怎样的角色? 为什么企业会投入资源发展一个品牌?

13. 请解释为什么边际成本＝边际收益时利润达到最大化。

14. 非正常净收益模型是什么? 在这个模型中，企业家在什么地方出现了?

15. 请解释为什么有时管理者不应只专注于短期绩效而忽视了长期绩效。在什么时候管理者可以专注于短期绩效?

16. 沃尔玛维持了多长时间的正经济利润? 星巴克呢? 有没有其他企业家通过创新或其他方式与沃尔玛或星巴克进行竞争?

17. 企业究竟是应该使利润最大化还是使利益相关者的价值最大化? 请解释。

18. 美国全食超市（Whole Foods Market）的所有者约翰·麦凯（John Mackay）认为，公司应该使利益相关者的价值最大化。他举了他的公司的例子。他将公司的一部分利润投入社区慈善活动，而他的公司依旧很能赚钱。请解释为什么麦凯是错的。

19. 米尔顿·弗里德曼曾说，公司的社会责任就是赚取利润。请解释为什么弗里德曼是正确的。

20. 企业究竟是应该使当期利润最大化还是应该使未来利润流的现值最大化？企业在对未来利润流进行预期时，应对未来多少年进行预期？如果一名 CEO 随时都会因绩效不佳而被解雇，他为什么还要专注于长期利润，而不是短期？

注 释

1. www.starbucks.com/aboutus/csr.asp, accessed April 29, 2008.
2. www.fedex.com/us/about/responsibility/community/index.html, accessed April 29, 2008.
3. www.gapinc.com/public/SocialResponsibility/socialres.shtml, accessed April 29, 2008
4. www.soxfirst.com/50226711/stakeholder_vs_shareholder_capitalism.php, accessed April 14, 2008.
5. Robert Reich, *Supercapitalism: The Transformation of Business, Democracy, and Everyday Life* (New York: Knopf, 2007).
6. Remember, costs refer to all opportunity costs.
7. Stephanie Coyles and Timothy C. Gokey, "Customer Retention Is Not Enough," *The McKinsey Quarterly,* No. 2 (2002) (www.mckinseyquarterly.com/search_result.asp), December 18, 2002.
8. Laura Blackwell, "Brand Name Influence for Consumer Electronics Losing Luster," *PC World,* pcworld.about.com/news/Jul112006id126377.htm. According to the Vertis Customer Focus 2006 Home Electronics study, only 29 percent of survey respondents called brand name the "most important" factor aside from price, whereas in 1998, 58 percent said it was the most important.
9. The abnormal net income model is also known as the residual net income model, the Feltham-Ohlson model, and the Edwards and Bell-Ohlson model.
10. Firms that are expected to earn positive economic profit would have a market value in excess of the accounting value of stockholders' equity called the book value. They will have market-to-book ratios greater than one. Firms that are expected to earn near zero economic profit will have market-to-book ratios close to one, and firms expected to earn negative economic profit will have market-to-book ratios that are less than one. (*Note:* The median market-to-book ratio, as of the end of 2006, of firms in the pharmaceutical industry was 4.59. In contrast, the median ratio of firms in the airline industry was 1.57.)
11. Liquidation value and book value are sometimes confused; liquidation value is not necessarily equal to book value. The book value of a corporation is the *shareholders' equity* (assets minus liabilities) divided by the number of outstanding shares. Consider a company owning a 30-year-old building. That building might have been depreciated fully and is carried on the books for 0, while it might have a resale value of millions. In this case, the book value understates the liquidation value of the company. On the other hand, consider a fast-changing industry with a three-year-old computer equipment which has a few more years to go before being fully depreciated, but that equipment couldn't be sold for even 10 percent of its book value. Here the book value overstates the liquidation value.
12. Several studies have examined the relationship between economic profit (as measured by EVA, Economic Value Added) and stock price performance. One study followed 241 firms over the period 1987–1993 and found that three accounting measures—return on assets, return on equity, and return on sales—as well as EVA are correlated with stock returns. However, it found that EVA is more highly correlated with stock prices than the other measures. Perhaps even more suggestive of the importance of economic profit is that the turnover of executives is more closely related to EVA than to the accounting measures, suggesting that managers are better served to focus on economic profit than accounting profit. See Kenneth Lehn, and Anil K. Makhija, "EVA & MVA as Performance Measures," *Strategy and Leadership,* 24, no. 3 (May 1996): 34.

13. Many executives claim that the pressure to perform each quarter forces them to ignore long-term payoffs and focus only on short-term results. The CEO of Bell & Howell noted: "When the typical institutional portfolio in the U.S. has an annual turnover rate of 50% and some smaller ones have turnover rates of more than 200%, it is no surprise that American business is hobbled compared with foreign rivals. The pressure for short-term results puts unnecessary hurdles in the way of sound management." Another CEO agreed: "The only pressure I have on me is short-term pressure. I announce that we're going to spend half a billion dollars at Courtland, Alabama, with a hell of a payout from redoing a mill and my stock goes down two points. So I finally caved in and announced I'm going to buy back some stock, which makes no sense." G. B. Stewart III, *The Quest for Value* (New York: HarperCollins, 1991), p. 56. A study by Michael Porter concluded that excessive emphasis on short-term results was stifling investment and undermining U.S. competitiveness and that the problem had worsened in the 1970s and 1980s when institutional ownership and takeovers were growing. Porter decried the impatient U.S. investors and praised the patient German and Japanese investors. Michael Porter, *Capital Choices* (Cambridge, MA: Harvard Business School Press, 1992); and "Capital Choices: Changing the Way America Invests in Industry," *Journal of Applied Corporate Finance*, 5, no. 2 (1992).
14. This is assuming everything else between investors is the same.
15. Assuming that investors are identical otherwise.

第4篇
解决问题的分析工具

第12章
需求和收益管理

了解顾客[1]

　　一家典型的超市在任何时间都会有约3万种商品在同时销售。超市的管理者不仅要决定超市销售怎样的商品组合，而且要决定如何摆放所有的商品，以及在每天的不同时间如何为商品制定不同的价格。一般情况下，价格是基于商品成本的加成，价格变化的唯一原因是成本变化。当你预订酒店房间时，你会发现同样的房间基于你是否在政府工作、是不是美国退休者协会（AARP）或其他组织的成员以及住宿天数是否超过一天等因素有不同的标价。为什么酒店不干脆只制定一个价格呢？

　　除了上述例子，企业在与消费者打交道时还会面临各种各样的问题。企业往往对它

们的顾客了解不多。例如，公司往往只是依据部分销售人员和产品经理的看法来定价。即使是梅赛德斯-奔驰这样的企业，当它即将在德国市场推出一款A级轿车时，将价格定在了29 500马克，这一定价的依据仅仅是公司认为30 000马克是消费者的一个重要的心理关口。企业咨询师指出，价格变动对利润的影响远远大于产量和成本变动对利润的影响。假设产量不变，价格提高1%会使营业利润增加8%～11%。

　　1. 上述案例是否告诉我们大部分企业都应该提价？

　　2. 是不是大多数企业都没能做到更好地了解它们的顾客，从而增加自己的利润？

价格、销量和消费者选择

　　利润等于收入减去成本。显然，利润是决定公司成败的重要因素。收入取决于

消费者，因此我们必须了解消费者对于企业的各个方面是如何作出反应的。在怎样的价位下消费者才会购买产品？消费者愿意为产品支付多高的价格？消费者对企业或者产品忠诚，还是受到一点很小的刺激就会转而选择其他产品？我们是否拥有不同类型的顾客和细分市场？究竟是吸引新顾客更好，还是维持老顾客更好？服务有多重要？广告对消费者的行动有多大影响？对上面这些问题以及其他更多类似问题的回答就是对顾客的定义。

消费者行为的本质就是做出选择。由于人们的收入和财富有限，因此他们必须选择购买什么以及购买多少。如果他们把钱花在某处，那么这笔钱就无法花在别处了。经济学的一个基本假设是每个人都在使自己的满足程度最大化。经济学家不在乎每个人如何定义"满足程度"，他们只是明确了每个人都有一系列偏好。给定某个人的偏好，经济学家就知道这个人会努力获取最大的满足程度。也就是说，每个人会配置自己的收入，从而获得最大的愉悦感、满足感或者幸福感。如果早上花 1 美元喝咖啡能比花 1 美元喝碳酸饮料带来更大的愉悦，那么就应该把这 1 美元用于买咖啡。经济学家指出如果人们花钱购买了某物而不是其他，那么他们的行为就体现了他们的偏好。

假设人们可以选择任意的商品组合，那么他们就会选择他们所偏好的商品组合，并能指出哪些商品组合对他们来说是无差异的。无论我们的收入有多少，我们都可以购买各种各样的产品组合，每一次选择都体现了我们的偏好。

假设阿尔伯塔每天都在当地的星巴克里购买 2 杯咖啡，价格是每"高杯"1.5美元。如果有一天，阿尔伯塔走进星巴克发现价格提到了 1.75 美元，她会怎么办？她决定在每周二和周四只买一杯咖啡。于是，价格的提高导致她每周少买两杯咖啡。对于大多数人来说都是这样的：当成本增加而收入不增加的时候，人们就会少买那些变得更贵的产品。在街头购买可卡因的价格降低 10%，就会导致吸毒者增加 10%。香烟价格上涨 30%，会使吸烟人数减少 25%。

产品价格和实际购买量的关系称为需求定律。需求定律的内容如下：在其他条件保持不变时，商品和服务的价格上升，则商品和服务的消费量就下降。需求定律之所以称为"定律"，是因为它在任何环境下都适用。

某物品的货币价格并不是这件物品的总成本。成本是为了得到某物所必须放弃的总价值。当你从西尔斯购买了一台跑步机时，你的成本不仅仅是跑步机的售价，还包括运输和安装费用（如果你自己运输和安装的话，就是你将跑步机运回家并自己安装好所耗费的精力和时间）。当你购买一盒牛奶时，成本就是牛奶的价格加上运送这盒牛奶所产生的运费以及你为了购买牛奶所耗费的时间和精力。当公司雇佣员工时，成本就是付给员工的工资、福利以及公司为培训、监管员工所投入的资源。如果一件物品的价格上涨了 10%但购买它所需的时间减少了 50%，那么该物品的实际成本很可能下降了。这也是为什么需求法则在描述产品价格和消费量之间的关系时，要强调"其他条件保持不变"这一前提。

弹性

需求法则说明当物品的价格上升时，购买量就随之下降。如果价格上升 10%，购买量会下降多少呢？对于管理者来说，知道公司的消费者是否对价格敏感或是否愿意支付更高一点的价格来购买公司的产品是极其重要的。拜耳、可口可乐、柯达、施乐、IBM 和微软公司都是知名的品牌。这些公司的产品价格一般来说都高于不太知名的企业的产品价格。这是由于与普通产品相比,人们更喜欢使用名牌产品。品牌产品的价格能够比其竞争对手高多少?答案依赖于消费者对价格的敏感程度。

经济学家已经设计出了衡量消费者根据企业的产品或服务的不同属性而改变购买行为的指标。这些指标称为弹性。我们在前面几章已经探讨了需求价格弹性。除此之外,弹性还有很多种。弹性是通过产品或服务的某一属性改变一个固定的百分比而导致的购买量变化衡量的。用百分比的形式表示弹性是为了把所有的商品和服务置于同一基础之上。例如,比较汉堡包价格的 1 美元变化与汽车价格 1 美元的变化没有什么意义,但比较汉堡包价格发生 10% 的变化与汽车价格发生 10% 的变化却是有意义的。让我们来看一看最常使用的弹性指标。

需求的价格弹性

需求的价格弹性(price elasticity of demand)是衡量当产品的价格发生变化时消费者改变购买量的一个指标。需求的价格弹性越大,消费者对价格变化的反应也越大,即当价格发生变化时,他们对该产品的购买量的变化越大。相反,需求的价格弹性越小,消费者对价格变化的反应也越小。

需求的价格弹性是需求数量的百分比变化与产品价格百分比变化的比值。[2]

全球星加拿大公司(Globastar Canada)是一家在加拿大提供卫星无线通信服务的公司。当公司试图收取每分钟 1.5 美元的费用而其他公司每分钟收取 0.8 美元的费用时,公司发现消费者对价格是敏感的。消费者纷纷转向费用较低的公司,导致全球星加拿大公司几乎破产。如果每分钟通话的价格上涨 1%,打电话的次数下降 3%,则电话需求的价格弹性为 3。[3]

$$e^d = \frac{\% \Delta Q}{\% \Delta P} = -3$$

需求可以是**有弹性**(elastic)、**单位弹性**(unit-elastic),或者**无弹性**(inelastic)的。当需求的价格弹性大于 1 时,我们就说需求是有弹性的。例如,如果录像带租赁的需求价格弹性是 $e^d = 3$,则是有弹性的。当需求的价格弹性等于 1 时,则需求被称为具有单位弹性。例如,如果私人教育的价格上涨 1%,私人教育的需求量下降 1%,则需求的价格弹性等于 1。当需求的价格弹性小于 1 时,我们说需求无弹性。在这种情况下,价格上涨 1%,需求量的下降小于 1%。例如,如果汽油的价格上涨 1%,而汽油的购买量降低 0.2%,则需求的价格弹性为 0.2。[4]

需求曲线表示某物品在各个价格水平的购买量,反映了商品或服务的价格和需求量之间的关系。纵轴表示价格,横轴表示数量。由于需求曲线只有两个象限——价格和需求量,因此其他可能会影响需求的因素都假设其保持不变。

需求曲线的形状依赖于需求的价格弹性。完全弹性的需求曲线是一条水平线,表示消费者可以在单一主导价格下购买他们想要的任何数量,如图 12—1(a)所示。对那些已经完全商品化(commoditized)的产品的需求就是完全弹性的。例如,对计算机磁盘驱动器的需求就可以被认为是完全商品化的。生产磁盘驱动器的厂商很多,计算机生产商并不关心自己的机器里面安装了谁的磁盘驱动器,消费者也不知道自己的磁盘驱动器是谁生产的。因此,当一个品牌的磁盘驱动器价格上涨时，计算机生产商将转向另一个品牌。完全弹性的需求意味着即使价格发生最小的变化，也会导致消费者以极大的数量改变其消费，事实上，他们会全部转向价格最低的生产商。

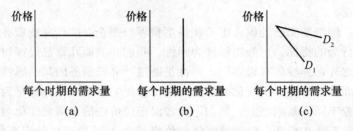

图 12—1　需求曲线

　　说明：需求曲线体现了价格和需求量之间的关系。纵轴代表价格，横轴代表数量。（a）完全弹性需求：需求对价格非常敏感，只要价格发生极小的变化，就会导致需求数量完全的变化。（b）完全无弹性需求：不论价格如何变化，需求量保持不变。需求完全对价格的变化不敏感。（c）选择性的需求曲线：D_1 和 D_2 代表向下倾斜的需求曲线。D_2 比 D_1 具有更大的弹性，因为 D_2 在每一价格下的需求弹性都比 D_1 大。

　　完全无弹性的需求曲线是一条垂直的直线，它表明消费者面对价格变动时不能或不会改变他们的购买量。对于一个瘾君子来讲，海洛因就是这样一种完全无弹性的商品。他们会在任何价格上购买足够满足毒瘾的数量的海洛因。图 12—1（b）展示了完全无弹性需求曲线。

　　在这两种极端的情况之间是大多数商品的需求曲线的情况。图 12—1（c）画出了两种需求曲线。一种相对比较平缓，即 D_2，另一种相对陡峭，即 D_1。[5] D_2 的需求弹性比 D_1 大。

价格弹性与收入

　　很明显，销售收入是经济利润的重要组成部分——没有销售收入就没有利润。需求的价格弹性告诉我们当价格变动时会发生什么。总收入（以 TR 表示）等于产品价格乘以销售量：$TR = P \times Q$。如果 P 上涨 10％ 而 Q 下降超过 10％，则总收入会由于价格的上涨而下降。如果 P 上涨 10％ 而 Q 下降小于 10％，则总收入会由于价格的上涨而增加。如果 P 上涨 10％ 而 Q 下降 10％，则总需求不随价格的变化而变化。[6]

　　因此，如果需求无弹性，则价格上涨会导致收入增加；如果需求有弹性，则价格上涨会导致收入下降；如果需求是单位弹性的，则价格变化不会引起收入的变化。如果需求有弹性，则企业为了增加总收入会降低价格；如果需求无弹性，则企业为了增加收入会提高价格。

　　什么原因使得一种产品的需求有价格弹性而另一种产品的需求无价格弹性？这依赖于有多少替代品（substitutes）、这一商品有多贵以及我们讨论的时期有多长。例如，对 Amazon. com 和 BN. com 提供的服务的需求具有很强的价格弹性，因为能够转向其他产品而不会丧失最初商品的质量或其他品质。同样，Amadeus 石油公司正在西澳大利亚的佩斯建造一座生物柴油提炼厂，可以把家畜饲养业的副产品——低价值的动物脂肪转化成高质量的柴油燃料，直接替代从石油中提炼出的柴油。一旦投入运营，柴油的需求价格弹性将极大地提高。

　　相比之下，当一种产品的替代品很少时，其需求的价格弹性就很低。毒品上瘾的人很难找到替代品满足他们的毒瘾；商务旅行者对他们的旅行航线和次数也无法找到很多替代品。结果，对这些商品的需求相对来说是无弹性的。盐的来源只有两种——湖盐和海盐，二者可以看做完全替代品。然而，雪佛龙公司和德士古公司发现这两种盐在提纯系统中的表现差异很大。当海盐的价格相对于湖盐上涨时，两家公司不得不支付更高的价格以保障海盐的供应。

当某个商品有许多完全替代品时，就可以认为它被商品化了。这意味着该商品的需求弹性很大，甚至是无穷大。价格弹性之所以无穷大，是因为如果产品价格上涨一点点，消费者会立即转而购买其他替代产品。对于消费者来说，某产品和其替代品没有任何差别。因此，即使价格提升 10 美分（假设运输等其他成本保持不变），也会使所有顾客转而选择竞争对手的产品。当你的产品商品化后，你对于它的价格是完全没有控制力的。你必须把价格定在和其他竞争者同样的水平上，任何更高的价格都会使你失去所有的顾客。

当一种产品的需求无价格弹性时，企业可以提价而不损失太多的业务。当需求无价格弹性时，提价能增加收入，这也是企业不断尝试将产品和服务差异化的原因。产品和服务的差异化程度越高，替代品就越少。

在图 12—2 中，某商业化产品的需求曲线是 D_1。该产品的经销商采取了改变产品价格弹性的策略。为了改变产品的价格弹性，经销商必须使顾客确信该产品与其他竞争对手的产品是不同的。该经销商实施了一个成功的广告推广计划，从而将产品的需求曲线变成了 D_2。差异化程度越高，需求曲线的斜率就越大，需求价格弹性就越小。此外，需求弹性越小，企业就可以在不大量损失业务的情况下将价格抬得越高。

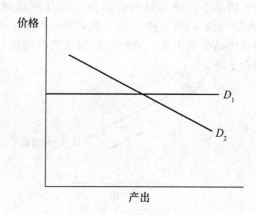

图 12—2　改变价格弹性

说明：D_1 是完全弹性需求的情况。企业如果提价就会失去所有的顾客，因为该企业生产的产品是一种"商品"（commodity），它有非常多的完全替代品。企业实施了一项广告宣传活动来改变产品的形象。如果宣传活动取得成功，消费者就会开始觉得该企业的产品并不是一种"商品"，可以替代它的产品也变少了。于是，需求曲线斜率增加，变成 D_2 的样子。

替代品的数量和相似度是决定需求价格弹性的关键因素，此外还有两个因素会对弹性造成影响，其中一个因素就是衡量价格弹性的时期长短。如果我们指的是一个很短的时期，那么大多数商品和服务相对来说都是无价格弹性的。在更长的时期中，会有更多的替代品。例如，在 1 个月内对汽油的需求价格弹性很低，在这么短的时期内找不到好的替代品。然而，在 10 年内，对汽油需求的弹性就会大得多。时间延长使消费者有机会改变其行为以更好地利用汽油，并找出汽油的替代品。考虑的时期越长，对任何产品的需求弹性就越大。

汽油的需求价格弹性

大多数研究证明，在一年内美国的汽油需求价格弹性为－0.26 或更小。也就是说，汽油价格每上升 10%，需求就减少 2.6%。在更长的时期中（超过一年），需求价格弹性为－0.58，也就是说汽油价格每上升 10%，长期需求就减少 5.8%。如果汽油的实际价格逐渐上升，并最终保持在高于原价 10% 的水平，带来的结果就是总的交通量在一年内下降 1%，在长期（大约 5 年）会下降 3%；汽油的消费量在一年内会下降 2.5%，在长期则会下降超过 6%。此外，燃料的使用效率会在一年内提升 1.5%，在长期则会提升约 4%。[7]

其他需求弹性

由于需求不仅受价格影响，还受其他因素影响，所以还有一些弹性指标来衡量当其他因素中的一个发生变化时对需求产生的影响。我们可以计算**需求的收入弹性**（income elasticity of demand）、**需求的交叉价格弹性**（cross-price elasticity of demand）、广告弹性、促销弹性，等等。

图 12—3 展示了价格以外的因素发生变化所造成的影响。例如，当收入增加时，人们会倾向于多购买某些产品。多买多少取决于需求的收入弹性。同样地，如果某产品的替代品价格上涨，该产品的需求就会增加，而价格变得相对昂贵的替代品的需求则会下降。

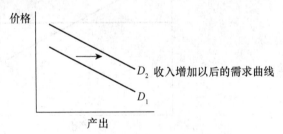

图 12—3　价格以外的因素发生变化

说明：需求曲线表示的是在其他条件保持不变的情况下价格和需求量的关系。保持不变的因素包括收入、广告、预期、品味、偏好以及其他一切可能会影响需求的因素。如果上述因素中的任何一个发生变化，需求曲线也会发生变化。例如，D_2 是收入增加后的需求曲线。两条需求曲线之间的距离反映了需求的收入弹性。

需求的收入弹性

1929—2007 年美国经济的总产出（实际国内生产总值，RGDP）如图 12—4 所示。你从这张图中观察到了什么？它显示了美国经济的两个重要特征。一个是美国经济多年来一直在增长；另一个是增长是不稳定的。在有些时期经济快速增长，在有些时期则增长缓慢，有些时期甚至下滑。经济学家对这两个特征进行了研究。他们希望知道为什么经济会增长，以及为什么在某些时期增长较快，而某些时期增长缓慢。他们还研究了通货膨胀，希望搞清楚衰退与高涨的原因。

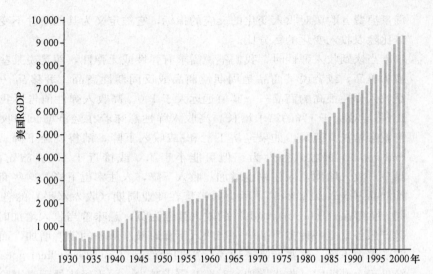

图 12—4 经济增长与商业周期

说明：本图描绘了美国经济每年的真实产出或 GDP。它指出了两个问题：总产出在多年来持续增长，而增长并不稳定。

剔除增长而只留下商业周期，结果如图 12—5 所示。实际上，图 12—5 是美国商业周期图。商业周期对于绝大多数企业来说都很重要。在经济活动高涨时期，收入增长，很多产品的销售增加。在低迷时期，收入无法增长，而很多产品的销售可能下降。但也有一些企业在低迷时期的销售增长，还有一些企业在高涨时期销售下降。对其他企业来说，销售不依赖于商业周期。

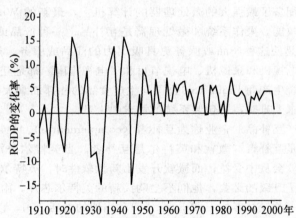

图 12—5 经济周期

说明：将图 12—4 中的增长部分去掉，只留下周期性。

假设有一家专门从事厨房设计、橱柜和厨房用具生产的公司。对新橱柜和厨房用具的需求增长远远超过收入的增长。问题在于，当经济衰退时，该公司就会陷入困境。价格是该公司考虑的一个因素，但价格对其业务的影响不如收入的影响大。该公司必须知道当收入变化时需求会发生什么变化。相比之下，澳大利亚生产冲浪和其他休闲服装的 Billabong 公司的销售似乎对收入增长不敏感。该公司在日本的销售很好，而当时日本的经济正处于衰退之中。管理者想知道收入水平或国民收入增长率是否对其公司的销售有影响。**需求的收入弹性**（income elasticity of demand）这一指标会告诉经理销售对收入变化的敏感程度。需求的收入弹性是一个衡量消费者购买对收入变化的反应的指标，它被定义为其他条件不变时需求变化百分比除以收入变化的百分比。

当谈到收入弹性时，我们不说需求有弹性或无弹性，而是说某些物品是奢侈品或劣等品，或者说某商品是周期性商品或反周期性商品。奢侈品（luxury goods）是收入弹性很高的商品——其值远远大于 1.0。高收入弹性值告诉我们，收入增加 1% 将导致大于 1% 的需求增长。高收入弹性意味着在经济增长和收入增加时，销售就会增长。但是，如果经济下滑和/或收入下降，销售就会下降。正常品（normal goods）的收入弹性为正但可能小于 1.0 或接近于 1.0。旅馆的客户是正常品——收入增加，入住率也增加；收入下降，入住率也下降。这些商品也称为周期性商品（cyclical goods），因为其销售在商业周期（收入水平）的各个阶段各不相同。劣等品（inferior goods）的收入弹性为负，意味着当收入增加时，需求下降。[8] 破产服务就是一种劣等品——当收入下降时破产服务的销售增加，而当收入增加时它的销售下降。这些商品还称为反周期性商品（countercyclical goods），因为当经济处于上升阶段（收入增加）时，其需求减少，而当经济处于衰退阶段时，其需求增加。Billabong 公司的服装似乎是无周期的，甚至在收入没有增加时其需求也会上升，至少在 2001—2002 年是这样的。这可能是由于 Billabong 公司处在潮流的中心，全世界的年轻人都想加入 Billabong 公司的变革中，或者可能是由于 Billabong 进入了一些新市场，因而 2001 年公司在澳大利亚或北美的收入没有增长的情况下实现了发展。

交叉价格弹性

在配备了最强大的微处理器的计算机上，最新的 Windows 操作系统才能充分发挥其效能。操作系统和微处理器是互补品。一种产品或服务的**互补品**（complement）是使这种产品或服务更具吸引力的商品或服务。热狗和芥末、汽车和汽车贷款、电视机和录像机、电视节目和《电视指南》都是互补品的例子。加拿大快餐包装系统生产商 Liqui-Box 公司与生产食品的杜邦加拿大公司就是互补的。当对食品的需求上升时，对包装系统的需求也上升。

生产互补品的企业称为**互补者**（complementor）。杜邦加拿大公司和 Liqui-Box 公司就是互补者。微软和英特尔是互补者。当英特尔公司开发出一种更快的芯片时，微软会从中受益；而微软开发出新款软件时，英特尔也会从中获利。除非消费者感到了升级的必要，他们不会购买新的英特尔芯片。由于这个原因，英特尔找到了其他一些互补者如 ProShare 公司和当地的电话公司，以增加对视频应用的需求，扩展其微处理器芯片的应用范围。

1913 年，通用汽车、哈德逊公司（Hudson，1908 年开始生产汽车，1954 年并入美国汽车公司）Pacrard 公司、威利斯-奥夫兰德公司（Willys-Overland，成立于 1912 年的汽车公司）联合固特异轮胎公司与 Prest-O-Lite 车用灯具公司，组建了林肯高速公路协会，修建了美国第一条由大西洋海岸至太平洋海岸的高速公路。[9] 公路与汽车是很好的互补品，因此汽车销量大增，这反过来又增加了对道路的需求。1916 年，联邦政府第一次开始投资修建公路，到 1922 年，第一批 5 条横贯大陆的高速公路竣工。[10]

互补品与**替代品**（substitutes）是商业中的重要方面。企业会寻找互补者而远离替代者。一家企业不希望自己的产品有大量的替代品。替代品越多，需求的价格弹性越大。

需求的**交叉价格弹性**（cross elasticity of demand）衡量产品和服务是互补品还是替代品。相近的替代品相互都具有很高的正交叉价格弹性。当一种产品（比如Trek 牌自行车）的价格上涨时，对其他自行车（如 Specialized 牌自行车）的需求量就会上升。如果两种品牌的自行车被大多数消费者认为是相同的，那么一种品牌的价格发生微小的变化会极大地影响另一个品牌的需求量。互补品具有负的交叉价格弹性。如果电影票的价格上涨，爆米花的消费量就会下降。电影和爆米花是同时消费的——它们是互补品。如果交叉价格弹性接近 0，则这些商品的相关性不大——实际上它们既不是替代品，也不是互补品。

交叉价格弹性定义为一种商品需求变化的百分比除以另一种相关商品价格变化的百分比。如果一家企业生产的产品与其他产品具有很高的正交叉价格弹性，那么它必须清楚相关企业在做什么。一种改变需求的战略会显著地影响相关企业。联合百货公司（Federated Department Stores）使用的价值定价法（value pricing）和每日低价策略影响了其他百货店和专业商店。竞争对手需要快速响应，否则就会受到联合百货改变需求战略的挤压。然而，即使可口可乐的价格上涨，对煤炭、石油和其他能源的需求也不大可能改变。这些产品不是替代品。位于加拿大安大略的Genesis 微芯片公司涉足微芯片领域仅仅几年的时间。作为一家相对较小的公司，它不得不时刻对英特尔这样的大公司保持警惕。英特尔产品的价格下降会极大地影响对 Genesis 公司产品的需求。

对任何影响需求的因素都可以计算弹性指标。例如，企业希望得到广告支出对需求的影响或销售人员如何影响需求之类的信息是很正常的，对这些弹性的计算与价格弹性、收入弹性和交叉价格弹性的计算类似。

弹性估计

计算机技术使企业能够获得更多关于消费者和需求弹性的信息。考虑一下石油产业。一些石油公司由于其品牌而定价较高，而其他企业则将目标确定为提供最低价格。更多的零售商则考虑其地理位置、管理费用因素，试图将价格制定在略低于其竞争对手价格的水平，并且按相对统一的标准提高或降低各种等级石油的价格。[11]如果提高或降低价格，通常要对所有等级的汽油价格都进行相同的调整。但如果只是拍脑袋决定价格的话，是无法获得最大收益的。计算机技术使得零售商可以很容易地确定价格弹性关系。通过对每天存储在一个持续更新的数据库中不同现场的定价因素的评估信息来建立弹性模型。这一过程始于输入模型要用到的历史价格、数量和竞争数据，并通过每天更新数据进行微调。根据定价研究公司 MPSI 系统公司的研究，单个零售商的弹性，一般的为 6，中等的为 4.5，最好的为 3，即价格变化 1％，将导致一般零售商的销售下降 6％，中等零售商的销售下降 4.5％，最好零售商的销售下降 3％。

计算机技术正在使许多低利润行业通过更好地理解其消费者增加利润。超市就是一个很好的例子。KhiMetrics 和 Customer Analyst 等公司提供可以从收银台收集详细信息的技术手段，然后将这些信息反馈到中央计算机并进行分析。分析结果可以用来在明天、下一周或下个月为产品进行定价。

软件公司为企业提供定价模型，甚至为那些同时销售超过 3 万种商品的企业如超市提供定价模型。这些软件公司提供一种它们称为"收入管理"的服务。其成果是显著地改善了收入。KhiMetrics 公司发现其客户的毛利润率提高了 1.9%，由 3% 提高到近 5%。[12]

石油零售商、超级市场和其他许多企业由于更好地了解了其消费者而正在提高利润。计算机技术使得企业可以保存每个消费者的记录——他们喜欢什么、不喜欢什么，他们对价格的敏感性，等等。企业的管理者不懂得弹性，企业在竞争中将处于劣势。

案例回顾

了解顾客

企业是不是经常没能获取最大的收益？答案是肯定的。正如我们在本章分析的，消费者对价格的反应取决于许多因素。企业只有熟知这些影响因素，才能真正理解消费者的行为。只有在需求价格弹性小于 1 或者无弹性的情况下，提价才会使收益增加。令人惊讶的事实是，大多数公司的定价方法都是即兴的、随意的。2001 年 10 月，位于美国的专业定价协会（Professional Pricing Society）对其会员企业进行的一项调查显示，38% 的企业试图基于价值、成本或者竞争来定价，25% 的企业只考虑价值与竞争，18% 的企业采用成本加成或其他基于边际或投资回报率的公式来定价，剩下的企业则采取其他方法定价。

基于现有的技术水平，这些随意的定价方法会给企业造成很大的损失。了解顾客不仅仅是猜测顾客的心理，而是需要获取并使用信息。了解顾客的科学称为收益管理。例如，收益管理系统（RMS）提供商将团体优惠管理、客户历史信息管理以及应用服务提供商（application service provider，ASP）技术综合起来，为宾馆提供了一种平价的、自动化的增加收益的方案。信息被收集、分析并最终以非常容易检索的方式存储起来。

大多数收益管理系统是"实时"的，每一笔交易的信息都会被迅速输入一个大型的数据库，并可以根据需要随时调用。例如，加拿大贝尔集团（Bell Canada）的数据库不仅可以调取顾客的历史信息，还可以分析顾客是否有更换运营商的风险。了解顾客的一个重要内容是知晓顾客何时对竞争者的服务感到满意或者打算弃用，从而根据不同的情况加以应对。

越来越多的公司正在提供收益管理系统。Satmetrix 公司的产品提供了衡量顾客忠诚度的工具，帮助使用该产品的公司决定该如何维持或者提高顾客忠诚度。从本质上说，该产品衡量的是需求价格弹性——需求价格弹性是否足够低？品牌和产品忠诚度是否存在？SAP-KhiMetrics 公司为大型零售企业客户提供了科学的实时定价系统。数据通过扫描条码的方式进行收集，经过定价系统的分析后，得出价格弹性、交叉价格弹性以及其他指标，最后根据这些指标进行定价。SAP-KhiMetrics 公司发现，客户企业通过使用这些技术手段了解顾客，使利润得到了大幅增加。

本章小结

1. 理解你的消费者。这一术语意味着理解需求曲线并清楚弹性指标的价值。

2. 需求的价格弹性是关于消费者对价格变化的敏感度的衡量指标。

3. 在收入和需求价格弹性之间存在一种关系。当需求的价格弹性小于1（无弹性）时，提高价格会增加收入。当需求的价格弹性大于1（有弹性）时，提高价格会减少收入。

4. 替代品越多，时间越长，某一物品在消费者预算中的比重越大，需求的价格弹性越大。

5. 收入弹性衡量需求对收入变化的敏感程度（价格和其他因素保持不变）。周期性商品是需求的收入弹性为正的商品。非周期性商品是需求的收入弹性接近0的商品。反周期商品是需求的收入弹性为负的商品。

6. 交叉价格弹性衡量两种商品间的关系。负交叉价格弹性意味着一种商品或服务的价格提高，另一种商品或服务的需求下降。这些商品称为互补品。正的需求的交叉价格弹性意味着商品是替代的——当一种产品的价格提高时，另一种产品的需求增加。

关键术语 ▪

需求的价格弹性（price elasticity of demand）
有弹性（elastic）
单位弹性（unit-elastic）
无弹性（inelastic）
需求的收入弹性（income elasticity of demand）
周期商品（cyclical goods）

反周期商品（countercyclical goods）
互补品（complements）
互补者（complementors）
替代品（substitutes）
需求的交叉价格弹性（cross elasticity of demand）

练 习 ▪

1. 对于下列商品或服务配对，确定哪一种的需求价格弹性更大，并解释原因。
● 咖啡/星巴克咖啡；
● 公立大学的学费/私立大学的学费；
● 急救室的医疗服务/常规身体检查；
● 下午的电影/晚上的电影；
● 处方药/非处方药。

2. 不管一个人生活在哪里，水都是必不可少的，但不同地区对水的需求是不同的。在一项研究中发现，美国各地区对水的需求的价格弹性在0.39~0.69之间。

a. 为什么水的需求对价格无弹性？

b. 在那些户外用水占相对较大部分的地区，价格弹性高一些，为什么？

c. 在夏天人们对水的需求比在冬天大。解释原因。

3. 公共交通的支持者认为，这一服务在大都市中应该免费提供，以减少污染和交通拥堵。经济学家的推测认为，公共交通需求的价格弹性为0.17。经济学家还发现，它与汽车的交叉价格弹性为0.10。

a. 公共交通免费对于使用公共交通服务意味着什么？

b. 公共交通免费对于使用汽车意味着什么？

4. 在美国，政府机构估计汽车需求的收入弹性在2.5~3.9之间。

a. 这意味着什么？

b. 如果收入增加10%，汽车的购买会发生什么变化？

5. 请解释为什么在完全竞争的情况下需求曲线为一条水平线？

6. 许多零售商会利用短期降价来吸引消费者，包括短期内赔本销售某些商品。企业为什么会赔本销售？

7. 需求曲线向下倾斜，请解释原因。

8. 在下列情况下需求曲线会如何变化？

a. 收入提高；

b. 顾客数量增加；

c. 替代品数量上升；

d. 人们预期产品价格在不远的未来将会下降；

e. 人们预期产品价格在不远的未来将会上升。

9. 经济学家发现烟草价格每上升 10%，烟草消费量就下降 4%。美国的许多州都额外征收了 100% 的烟草税用于教育投入。这一政策是否合理？请解释。

10. 使用下列需求函数，计算需求价格弹性、与产品 x 的交叉价格弹性以及收入弹性。

$$Q = 8 - 2P + 0.10I + P_X$$

式中，Q 是需求量；P 是产品价格；I 是收入；P_X 是产品 x 的价格。假设 $P = 10$ 美元，$I = 100$ 美元，$P_X = 20$ 美元。（提示：找到需求量，然后使用计算弹性的公式——变化的百分比除以变化的百分比，来计算弹性。）

11. 一家公司发现，公司产品的需求函数是：

$$Q = 10 - 2P + 0.2I + 2A$$

式中，Q 是每月对其产品的需求量（千件）；P 是产品的价格；I 是人均可支配收入指标；A 是每月的广告费用（千美元）。现在，$P = 5$ 美元，$I = 50$，$A = 10$。

根据上述信息，计算下列指标：公司产品的需求量，需求价格弹性，需求收入弹性以及广告弹性。（使用计算点弹性的公式。）

提示：公司产品的需求量：将已知条件代入题目中给出的需求函数即可求出需求量。价格弹性：使用计算点弹性的公式 (dQ/dP) (P/Q)。收入弹性：使用计算点弹性的公式 $(dQ/dI)(I/Q)$。广告弹性：使用计算点弹性的公式 $(dQ/dA)(A/Q)$。

12. 如果一家企业有两类顾客。一类顾客希望新品一推出就马上购买，另一类顾客则比较有耐心。这家企业应该如何为它的产品定价？

13. 在什么情况下企业为大量购买产品的顾客提供折扣是合理的？

14. 日本车在美国市场的需求价格弹性比在欧洲市场要大。日本汽车生产商应该如何定价才能获得最大利润？

15. 假设一个巨无霸汉堡包的价格上涨了 0.5 美元，一辆宝马敞篷跑车的价格上涨了 5 000 美元，巨无霸汉堡包的顾客和宝马敞篷跑车的顾客究竟谁的反应会更激烈？请解释。

16. 为什么电影院要对老年人提供折扣？

17. 请解释为什么需求价格弹性是负值？声望品（prestige goods）的价格越高，其需求量越大，那么声望品的需求价格弹性是怎样的？上述两种说法是否相互矛盾？请给出理由。

18. 使用弹性的概念，解释"市场势力"的含义。

注　释

1. A simple Internet search on pricing and profit margins will bring up a multitude of companies now consulting on how to determine prices. The following is an interesting survey on pricing: *Pricing for Profit … the Critical Success Factors,* www.policypublications.com/pricing_for_profit.htm.

2. $e_d = \partial \ln Q_d / \partial \ln P = [\partial Q_d / Q_d] / [\partial P / P]$, where e_d represents the price elasticity of demand, $\partial \ln Q_d$ is the percentage change in the quantity demanded (the derivative of the logarithm of quantity demanded, which is the change in Q_d divided by the base quantity demanded or the initial quantity demanded), and $\partial \ln P$ is the percentage change in price (the derivative of the logarithm of price, which is the change in price divided by the base price or initial price).

3. Notice that we say 3 rather than −3. According to the law of demand, whenever the price of a good rises, the quantity demanded of that good falls. Thus, the price elasticity of demand is always negative, which can be confusing when one is referring to a "very high elasticity" (a large negative number) or to a "low elasticity" (a small negative number). To avoid this confusion, economists use the absolute value of the price elasticity of demand and thus ignore the negative sign.

4. Note that the price elasticity of demand is always negative because of the law of demand.

5. Demand curves need not be straight lines. The straight line is used to illustrate demand concepts because it incorporates most of the important aspects of demand.

6. These are based on very small incremental movements. When using larger discrete amounts, the results are only approximate. For instance, if price is $1 and quantity is 100, then revenue is $100. A 10 percent rise in price to $1.10 and a 10 percent fall in quantity to 90 means that revenue is $99.

7. Molly Espey, "Explaining the Variation in Elasticity Estimates of Gasoline Demand in the United States: A Meta-analysis," *Energy Journal*, 17, no. 3 (1996): 49–60. Phil Goodwin, Joyce Dargay, and Mark Hanly, "Review of Income and Price Elasticities in the Demand for Road Traffic," *Transport Reviews*, 24, no. 3 (2004): 275–292.

8. Notice that while the price elasticity of demand is always negative, the income elasticity can be negative, zero, or positive.

9. Drake Hokanson, *The Lincoln Highway: Main Street Across America* (Iowa City: University of Iowa Press, 1988).

10. Farmers wanted all-weather, farm-to-market roads. Motorist groups and the automobile industry wanted hard-surfaced, interstate roads. The Post Office Department Appropriations Bill, enacted August 24, 1912, appropriated $500,000 for an experimental program to improve post roads. The funds would be made available to state or local governments that agreed to pay two-thirds of the cost of the projects. Continued lobbying by automobile manufacturers and their suppliers led to the interstate system in 1956.

11. Keith Reid, "The Science of Pricing," *Business and Management Practices*, 5, no. 2 (March 2000): 33–35.

12. Interview with Ken Ouimet, founder of Khi-metrics, September 2006.

第13章
成 本

规模的问题

公司的规模必然意味着商业中的优势吗？沃尔玛是全世界最大的企业雇主。它借助比竞争者更好的经营在许多市场上建立了地位。随着它的发展壮大，它开发了与供应商之间的购买杠杆。另一方面，它对社会的影响、给员工的待遇以及与供应商的关系，都给公司带来了负商誉。最近，它的最高管理层为了让它成为一个更有责任感的企业公民，公布了许多措施和建议。

英国石油公司的CEO认为，公司不仅应当维持世界性的经营，而且应当成为优秀企业公民的模范。但是，英国石油公司的规模出现了问题。得克萨斯州的一次爆炸事件导致15人死亡，并且接下来的调查发现了许多安全隐患。随之而来的是该公司在阿拉斯加的经营中存在重大环境问题。这些问题都归因于这个组织的复杂性。[1]

1. 为什么规模并不意味着持续的成功？
2. 为什么CEO都想扩大公司规模？

产量和生产率

成本指的是生产产品所需要的资源的成本。资源的生产效率越高，那么生产一定数量的产品所需的资源也就越少。生产率的定义是单位资源所能生产的产品。劳动生产率指一定条件下生产产量与工人工作小时数的比率；土地生产率指一定条件下生产产量与土地量的比率；资本生产率指生产产量与总资本的比率。总之，生产率是指从输入转化为输出的效率。图 13—1 显示了 1949—1999 年间美国的生产率提升和人均 GDP 水平。[2]

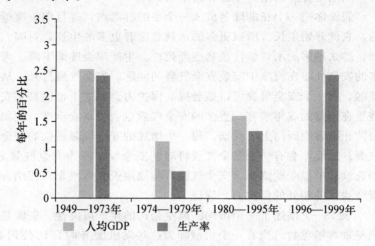

图 13—1　生产率的提高对生活水平具有重大影响

说明：生产率提高与经济增长之间呈正相关关系，当生产率提高时，生活水平也随之提高。

在 1850 年的美国，一个四口之家需要 1 800 个工作时来满足他们一年的食物需求量。现在，只需要 250 个工作时。自 1900 年以来，年平均工作时从 3 100 小时降低至 1 700 小时，人均 RGDP 从 4 800 美元增至 35 000 美元。类似地，如果一个公司在将输入转化为输出时更高效，即生产率更高，那么它也可能更加成功。并且如果某一部门的生产率是其他部门的 2 倍，那么生产率更高的部门就会赚取更多的收入。

生产率的提高源于什么？它来源于资源质量的提高——尤其是技术变革和人力资源。新的技术使资源变得更有效。安装在汽车中的计算机使问题可以更容易、更准确地得到解决。计算机使得医生可以更快、更准确地做出医疗诊断。但技术变革不仅仅是指计算机，技术变革不仅包括资本的效率，还包括管理、沟通、信息、金融市场等的效率。沃尔玛的成功秘籍，即它的存货控制系统，几乎被所有的公司效仿。这个系统在顾客进行购买时会先读取最小库存单位（SKUs），将其反馈到电脑中，记载购买者购买行为和倾向，并且向供应链中的每个人提供反馈。

从生产到成本

一般，当生产率上升时，成本就会降低，这是由于同样数量的产出耗用的资源减少了。相反，当生产率降低时，成本会上升，因为相同数量的产出耗用的资源增多了。由于全部资源的变化导致的生产量的变化，称为全因素生产率；在其他条件一定的情况下，某一种资源的变化导致的产量的变化称为边际生产率。在大多数情况下，谈论边际生产率更合理，因为一个公司不可能在同一时间变更所有的资源；它们的空间固定，或者它们不能在几个月或几年内开设新的经销店或工厂，也不能迅速改变劳动合同。当一个公司在不能增加所有资源的情况下增加了产量，那么该公司正面临**边际收益递减**（diminishing marginal returns）规律的作用。边际收益递减规律是指某种变动的资源增加，并且与固定数量的其他资源相结合，那么边际生产率会先上升，然后逐渐降低。你不能不断地为固定数量的资本和土地注入劳动力，还期望劳动的生产率会保持增长。

假设你把一个花的球茎放入一个小的容器内，并且用土壤覆盖好它。对它浇水后，它就开始生长。所以更多的水就意味着更多的生长，对吗？显然不是。众所周知，越来越多的水只会让植物逐渐死亡。生产率会逐渐下降。考虑一下为了提高乘客的安全性而在汽车中安装安全气囊的问题。安全气囊打开，从而防止乘客与汽车接触。第一个安全气囊可以显著提高保护力。第二个也提高了安全性，尤其是对那些坐在前排的成年乘客。更多的安全气囊也会提高安全性，例如，侧边的安全气囊会防止乘客撞到门上而受伤。每一个增加的安全气囊提供的安全性都要低于前一个气囊。最终，会有一个安全气囊将减弱安全性，因为安全气囊之间会有干扰作用。当连续的单位变动资源（安全气囊）与固定资源（汽车）相结合时，产量（安全气囊所提供的额外的保护力）降低了。

表13—1描述了一个虚构的航空公司的生产可能性。资源是机械师和飞机，产出是乘客里程数。当有一个机械师为这些飞机服务时，该公司有5架飞机时可以获得30 000英里的里程，有10架飞机时则产生100 000英里的里程，有15架飞机时则产生250 000英里的里程。当有两个机械师为这些飞机服务时，产出都会在原来的基础上增加，有5架飞机时会产生60 000英里的里程，以此类推。航空公司可以通过机械师和飞机的不同组合来实现相同的产出量，例如，3个机械师和10架飞机，2个机械师和15架飞机，或者1个机械师和20架飞机，都会产生340 000～360 000英里的里程数。其他的产出量水平也可以通过许多种类似的组合得到实现。

表13—1　　　　　　　　　　　生产和边际收益递减

可以使用机械师和飞机的不同组合形成的总产量（每日乘客里程数，以千为单位）的组合。如果一种资源是固定的，例如将飞机的数量固定为10，那么增加机械师数量就会使产量增长，但增长的数额逐渐减少。这就是边际收益递减。

机器数	飞机数							
	5	10	15	20	25	30	35	40
0	0	0	0	0	0	0	0	0
1	30	100	250	340	410	400	400	390
2	60	250	360	450	520	530	520	500
3	100	360	480	570	610	620	620	610
4	130	440	580	640	690	700	700	690
5	130	500	650	710	760	770	780	770
6	110	540	700	760	800	820	830	840
7	100	550	720	790	820	850	870	890
8	80	540	680	800	830	860	880	900

该航空公司使用了什么样的组合呢？这取决于航空公司目前的情况。假设该航空公司以前租赁或者购买了10架飞机，并且至少一年内无法改变飞机的数量。那么，航空公司在这一年内可以改变它的机械师数量，而不能改变它的飞机数量。因此，航空公司的选择就只有表13—1中"10架飞机"的那一列。在短期中，该公司可以增加某些资源而非全部资源。这就意味着，在公司将投入转化为产出的过程

中，公司的效率会越来越低，这是因为它不得不将不断增长的可获得资源与固定的不可获得资源相结合。随着公司的扩张，它雇用了更多的员工，拥有更多的机器和存货，并且一定可以使这些额外的资源得到发挥。

表 13—1 显示，只要一种资源固定，另一种资源是变动的，那么递减的边际收益就会得到体现。例如，当飞机数量固定为 10 架时，第一个机械师使总产出由 0 增加到 100 000 英里里程。将机械师由 1 个增至 2 个，那么总产出就会增至 250 000 英里，增加了 150 000 英里。第三个机械师会将总产出增加至 360 000 英里，增加了 110 000 英里。第四个机械师会将总产出增加至 440 000 英里，增加了 80 000 英里。资源的单位变动产生的边际产出是递减的。

边际收益递减规律定义了至少一种资源固定时的成本和产出间的关系。假设在这个航空公司的例子中，每个机械师的成本是 1 000 美元，并且这是航空公司的唯一成本。然后，当我们增加产量的时候，注意总成本发生了什么变化。当产量增加时，总成本也增加，但这两者增加的比例不同。起初，总产出的增长速度大于成本增长速度；然后，成本比产出增加得更快。

单位成本和边际成本这两个关于成本的信息在经济分析中非常有用。**平均总成本**（average total cost，ATC），或者单位产出成本，等于总成本除以产出量。表 13—2 中的第 3 列列示了平均总成本：当产出量增长时，平均总成本先下降后上升。**边际成本**（marginal cost，MC）是产量变化引起的成本变化，等于总成本变化除以总产量变化。实质上，它就是额外生产单位产品产生的额外的成本。如果劳动可变而资本固定，那么边际成本就是指再多生产一单位产品所需的劳动。额外的一单位劳动所生产的额外的产量就是劳动的边际产量（MP）。因此，如果增加的劳动成本用 W 表示，即工资率，而劳动的边际产量用 MP 表示，那么边际成本即

$$MC = W/MP$$

表 13—2 部成本、平均成本和边际成本

总成本（美元）	产出	平均成本（美元）	边际成本[a]（美元）
0	0	—	—
1 000	100	10	10
2 000	250	8	6.67
3 000	360	8.33	9.09
4 000	440	9.09	12.50
5 000	500	10	16.67
6 000	540	11.11	25
7 000	550	12.73	100
8 000	540	14.81	—

a. 这是单位产品边际成本的平均值。前 99 个单位产品的边际成本是 10 美元，这代表产品 1 到 100 的产品组的平均边际成本是 101 美元，产品组 101 到 250，产品组 251 到 360 等也是如此。

表 13—2 的最后一列列示了边际成本；当产量增长时，它也是先下降后上升。平均成本和边际成本先下降后上升的原因就是边际收益递减规律。边际成本和边际生产率间的联系应该是合理的。边际产品告诉我们额外的资源会给公司带来多少额外的产出量。边际成本告诉我们额外的产量耗用多少额外的资源。当边际生产率上

升时，为生产一定数量的额外产出而耗用的额外资源会减少，因此边际成本在下降。相反，当边际生产率降低时，边际成本就提高了。

固定成本和变动成本

最常见的成本列示方法是将成本分为间接费用（SG&A）和直接成本（COGS）。经济学家发现这种成本分类方法对他们的分析来说并不如将成本分为固定成本和变动成本有用。如第 11 章中所述，固定成本是指不随产量变动而变动的成本。另一方面，变动成本是指与产量相关的成本。保险费用、税费和管理人员薪酬都是固定成本。不管生产了多少产品，都必须支付这些费用。由于生产过程而发生的电费属于变动成本，它随产出量的增长而增长。许多资源成本既包括固定成本，也包括变动成本。如果一个公司在产量增加时安排员工加班或者引入更多员工，而在产量下降时减少员工工作时间或员工数量，那么劳动成本就属于变动成本。但是，长期劳动合同规定了在合同期内的劳动成本为固定值，因此在任何短于合同持续时间的时间范围内，劳动成本是固定的。

假设如表 13—3 的前 3 列所示，劳动、资本和土地的成本均已经划分为变动成本或者固定成本。第一列列示了总产出。第二列列示了总固定成本，即不管公司生产与否都需要支付的成本。固定成本为 10 美元，这就是无论是否有产出都应支付的数额。第三列列示了总变动成本——随产量增减而相应增减的成本。总成本，即总变动成本和总固定成本之和，在第四列列示。

表 13—3　　　　　　　　　　　　　　　　**成本明细**　　　　　　　　　　　　　　　　单位：美元

这个表列示了各种成本的计算方法。平均成本（平均固定成本、平均变动成本、平均总成本）等于总成本（总固定成本、总变动成本、总成本）除以产量。边际成本等于总成本的变化除以产量的变化。

产出	总固定成本	总可变成本	总成本	平均固定成本	平均可变成本	平均总成本	边际成本
0	10	0	10				
1	10	10	20	10	10	20	10
2	10	18	28	5	9	14	8
3	10	25	35	3.33	8.33	11.6	7
4	10	30	40	2.5	7.5	10	5
5	10	35	45	2	7	9	5
6	10	42	52	1.66	7	8.66	7
7	10	50.6	60.6	1.44	7.2	8.6	8.6
8	10	60	70	1.25	7.5	8.75	9.4
9	10	80	90	1.1	8.8	10	20

边际收益递减规律定义了每个公司在短期内成本和产出间的关系，不论这是一个年入百万的大企业还是一个小型独资企业。

成本曲线

对表 13—3 的平均总成本和边际成本两列进行描点绘图，我们得到了图 13—2。

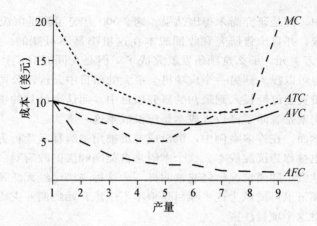

图 13—2 由于边际收益递减，平均总成本(ATC) 曲线和边际成本(MC) 曲线是 U 形的

说明：曲线由表 13—3 中的数字描点产生。MC，AVC 和 ATC 都是先下降后上升。AFC 持续下降。MC 与 AVC 和 ATC 在它们的最低点与之相交。

平均成本和边际成本的曲线都是 U 形的；当产出量增长时，单位成本和边际成本都是先下降然后逐渐上升。不管公司从事什么，也不论公司的规模有多大，每个公司在短期内的成本曲线都是 U 形的，因此这些曲线的形状是非常重要的。这个 U 形来源于边际收益递减规律。随着连续相等数量的可变资源与一个固定数量的资源相结合，产量起初会迅速增长，然后较缓慢地增长，最后逐渐减少。这意味着等额的产品增量起初不会需要许多额外的资源，但是逐渐地，等额的产量增量会需要更多的可变资源——这加速了成本的增长。在每一个由不断增长的资源与固定数量其他资源相结合的情况下，额外的产出量都会先增长然后逐渐减少。换言之，由于一个公司必须为每个员工或者每单位的可变资源支付费用，随着产量的增长，它的成本首先会缓慢增长，但是接下来随着产量的增长，成本会增长得越来越快。这就解释了为什么平均总成本和边际成本的曲线都是 U 形的。

经营杠杆和沉没成本

固定成本和变动成本的比率称为经营杠杆，它展现了公司的战略性事项。当经营杠杆较高时，公司的灵活度较低。即便公司的销售额暂时处于低水平，它仍然必须支付高额的固定成本。通用汽车公司买断了现存的美国汽车工人联合会的合同，就是为了降低它的经营杠杆。未买断这些合同前，通用汽车公司面临巨额的固定成本，这使得它经常陷入负债经营。

新技术使得一些公司可以通过对劳动力的安排来改变它们的经营杠杆。它们将工人从固定的轮班变成根据店里顾客的数量而随时安排。沃尔玛，Payless Shoe Source，RadioShark，Mervyns LLC 都在实施这样的体系。在一段时间内，以 15 分钟为单位记录一家商店的销量，将得到的数据与之前的数据相比较。顾客需求越高，员工数量越多，反之则相反。当员工数量和时间安排随着产量的变化而变化时，此时与固定时间工作固定时长的员工相关的固定成本就变成了可变成本。[3]

沉没成本是指已经发生的、不能再收回的成本。这些成本之所以被称作沉没的，是因为它们消失了并且是不可收回的。由于它们消失了并且不可收回，它们就不应当影响决策。例如，假设某公司投资 2 000 万美元到一项与新抗癌药物相关的研究中，但是研究尚未得出结果。这 2 000 万美元就是沉没成本，因为这项研究尚未完成，并且出售研究和收回成本在这里都是不可能的。但是，假设再追加投资 4 000 万美元，那么这项研发就完成了。但是，同时我们还假设这额外的 4 000 万美元也可以投入到另一个成功机会更大的项目中。这个公司该怎么做？如果由于认为大量资金已经投入到最初的研究项目中，而认为最初的项目应该继续实施，那么该公司就是忽略了已投入成本是沉没成本这一事实。

然而，在许多案例中，沉没成本都被用来解释后续行为。这被称为沉没成本谬论，也被称为沉淀成本。这个术语来自英国和法国政府对协和式飞机的联合开发的持续注资，即便情况已经非常明显——这种飞机已经无法带来经济收益。虽然英国政府私下里可能认为这个项目是根本不应该开始的商业灾难，但是鉴于政治原因而依然对这个项目注资。

沉没成本经常参与战略决策。开发商认为在将要开始工作、创建基地、清洁场地时，出资人一旦支付了大额资金之后，除了尖叫和抱怨之外再无其他办法。如果一个项目被中止了，那么出资人就会遭受不可挽回的损失，不仅仅是金钱上的，还包括名誉上的。很少有建造到一半的桥梁。一旦建造项目开始了，沉没成本就太高，以致原来的决策不能被推翻。

商业洞察

一个建造商对沉没成本的看法

乔纳森·沃德（Jonathan Ward），一个建造商，最近写了他关于沉没成本的经验。他认为人类似乎是唯一不理解沉没成本概念的动物。如果一只猫毁坏了一个鸟巢并吃掉了孵化中的小鸟，那么鸟类就会立即建造一个新巢并下蛋。它们不会浪费时间找出罪魁祸首。它们也不会上电视脱口秀来边哭边诉说他们的不幸遭遇，或者试图寻死觅活。它们会继续它们在做的事情。沃德说，要知道什么情形是无法改变的，以及什么时候应当放弃一个计划，这点很重要。他还认为，在了解你现在的情况下，你必须不断问自己：你一开始是否应当对这个充满风险的经营项目投入资金。如果你的回答是否定的，那么你就应该改变方向。[4]

规划周期：长期规划

固定成本的存在表明公司是受限制的；在一定期间内公司是无法改变一种资源的。这个时间期间就称为**短期**（short run）。短期也称为**"经营期"**（operating period），表明该公司确实处于经营中。任何经营中的公司都会面临一些固定成本。**"长期"**（long run）或者**"计划期"**（planning period）都是一个足够长的期间，在这个期间内，一切都是可变的。在长期内，是不存在变动成本的。

索尼公司的创始人盛田昭夫（Akio Morita）1955 年来到美国销售他的公司开发的小型晶体管收音机。[5]他收到了一个看似极具诱惑的订单：一个连锁店愿意购买接近 100 000 台收音机。[6]让人惊讶的是，盛田昭夫拒绝了。为什么呢？一种可能性是盛田昭夫知道索尼没有足够的能力生产那么多收音机，接受这样的订单是有风险的。索尼的可能产量是一个月低于 1 000 台。100 000 台的订单将意味着雇佣并训练新的员工，并且进一步增加设备。这可以用图 13—3 的 U 形曲线来解释。在曲线的左端，5 000 件产品的单位成本很高。对于 10 000 件产品而言，其单位成本比 5 000 件产品的单位成本略低。但是，随着产品的数量增加，单位成本会逐渐增长。在 100 000 件产品的情况下，单位成本是极高的。

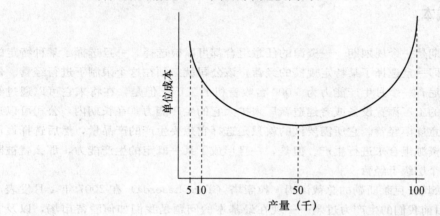

图 13—3　盛田昭夫的长期平均总成本曲线

说明：该公司目前的经营规模是每年生产 5 000 单位产品。要想将它增至 100 000 单位产品，就要求生产容量或者公司规模增长。

　　盛田昭夫必须决定是否扩大公司的规模，而不只是简单地增加更多的员工或者获取更多的原材料，而是要增加所有的资源。只有在长期，一个公司才可以选择是搬迁，还是建立一个新厂，或是购买更多的工厂。管理者在制定公司计划时，可以选择任意规模的工厂或建筑，也可以选择其他资源的任意组合，这是因为所有的资源在长期都是可变的。实质上，管理者在长期比较了所有的短期情形。在短期或者说经营期间，管理者可以决定是否生产、生产多少，但是不能扩大制造工厂的规模，不能改变工厂所在地，也不能进入新市场或离开一个市场。在长期，管理者可以扩张、收缩、搬迁、进入新市场、离开旧市场，甚至放弃经营。

　　在图 13—4 中，我们注意到如果盛田昭夫将生产能力提高到 $SRATC_2$ 的位置，那么无论公司决定生产多少产量，该公司都不得不沿着这条曲线经营。假设订单没

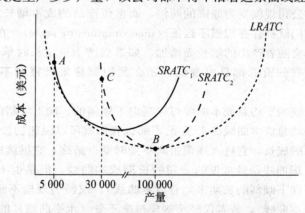

图 13—4　长期的和短期的平均总成本曲线

说明：运用 SRATC 曲线代表的生产力水平，可以高效地生产 5 000 单位产品。每年要生产 100 000 单位产品，就要提高规模。但是，一旦增大规模到了 $SRATC_2$，就几乎不可能再回到 5 000 单位产品的产量，那样做的代价是巨大的。

有这么多，该公司回到生产 5 000 单位产品的情形，那么它的单位成本就会是极高的。事实上，该公司将不得不经历一个多年重组的过程来摆脱超额的生产力，从而使该公司能够从 $SRATC_2$ 曲线移动到 $SRATC_1$ 曲线。

长期成本

长期是一个规划期——资源的任意组合都可以被选择。一旦选择了某种特定的组合，即一旦选择了某特定规模的经营，该公司就必须在这个限制下进行经营。例如，索尼有一个月生产能力为 5 000 台收音机的工厂。但是，在将来它可以通过给它唯一的工厂添置设备或者建造新厂来扩大它的生产能力。在长期内，公司可以选择以任意规模经营。它所需要做的就只是选择它想要生产的产品量，然后选择最低成本的资源组合来进行生产。但是，一旦形成了某一既定的生产能力，那么就被限制在那个层级上经营。

戴姆勒-克莱斯勒的总裁汤姆·拉索塔（Tom Lasorda）在 2007 年 1 月发表声明，"目前我们的生产力过剩……现在最基本的问题是我们如何看待市场，以及它的方向。"[7] 他在考虑调整结构，寻找他认为的最合适的经营规模。他认为目前公司的经营是低效的；在长期内改变生产力将会提高效率。但是，他指出，生产力的变化要与公司对市场的预期一致。2007 年，戴姆勒-克莱斯勒对市场的预期的结果是舍弃克莱斯勒部门。克莱斯勒公司仍然没有取得成功，它最终在 2009 年被美国政府接管。

规模经济与规模不经济

如果公司规模翻倍，包括生产力在内的所有资源翻倍，而产出增长不止一倍，那么我们就称存在**规模经济**（economies of scale）。在这一情形中，单位产品的成本随着产量的增长而降低。注意这个概念与边际收益递减规律的区别。当至少一种资源固定不变时，边际收益递减规律是适用的；而规模经济指的是所有资源都发生变化的情形。

当公司规模变为原来的两倍，而单位产品的成本增长到不及过去两倍的水平，那么我们就称存在**规模不经济**（diseconomies of scale）。在这种情形下，单位产品的成本会随着产出的增长而增加。如果当产出量增长时单位产品的成本保持不变，并且所有的资源都是可变的，那么我们就称**规模报酬不变**（constant returns to scale）。

长期的平均总成本曲线可以是向下倾斜的、向上倾斜的、水平的。如果我们画出的平均总成本曲线是 U 形的，那么我们就可以说起初公司处于规模经济；然后，随着它的成长，它进入规模报酬不变时期；最终，它继续成长，进入规模不经济时期。U 形曲线是最常见的公司的长期成本曲线，但是也不排除有公司仅经历规模经济（向下倾斜的长期平均总成本曲线），仅经历规模不经济（向上倾斜的长期平均总成本曲线），或者仅经历规模报酬不变（水平曲线）的情况。

规模经济可能源于使用比小型机器效率更高的大型机器的能力。1892 年，约翰·D·洛克菲勒（John D. Rockefeller）的美孚石油公司统治了煤油的生产。当时，煤油是从原油中提炼出的关键产品，并且是美国出口最多的非农产品。美孚石油公司生产的煤油占整个美国煤油产量的 90%。但是当俄罗斯的里海油田被发现时，就开始从那里将煤油航运到欧洲市场。美孚石油公司害怕将会失去它在欧洲的统治地位。公司必须变得更加高效。为了达到这个目的，它关闭了几个小炼油厂，并且建造了 3 个非常大的新厂。这些新的炼油厂的巨大的规模效应引发了大幅的成本削减。1880 年，3 个日产量为 2 000 桶的工厂以每加仑 2.5 美分的成本制造煤油。1885 年，新厂的日产量为 6 000 桶，此时的美孚石油公司可以以低于 0.5 美分每加仑的成本生产煤油。即便美国产品的运输成本更高，它也可以在欧洲将煤油价格制定在低于里海的煤油价格的水平。

有时，规模经济来源于专门化。公司规模大，就可以使用专门训练的工人，可以在特定活动而非大范围的活动中运用专门的管理方法。但是，规模并不会自动地提高效率。公司规模大，随之而来的专业化通常要求专门化的管理者。员工数量增长 10% 可能要求管理者数量增长超过 10%。需要一个监督其他管理人员的管理者。文书工作增多了。开会更频繁了。投入到非生产活动中的时间和劳动也在增加。无效率的管理并不是规模不经济的唯一原因，但一般都是主要原因。

随着公司规模的增长，规模经济之后通常都是规模不经济。发电的过程是典型的规模经济。一个巨大的工厂发电的单位成本要低于好几个小工厂发电的单位成本。但是，电力的传输就不同了。电力传输得越远，损失的电力就越多，单位传输成本就越高。规模达到某种程度时，规模不经济就超过了规模经济。

许多不同类型的公司都面临相似的问题。"菲尔德太太的曲奇"公司在总部训练所有的管理人员。这个训练期就称作"曲奇学院"。与将曲奇学院的成本分摊到 700 多个直营店相比，它显然实现了规模经济。但是，该公司也面临某种规模不经济，因为生产曲奇的生面团是在一个地方生产然后运输到其他直营店的。生面团工厂可以很大，但是当直营店的位置离工厂越来越远的时候，生面团的运输就引发了规模不经济。

边际收益递减的规律适用于每种资源、每个公司和每个行业。是否会存在规模经济、规模不经济、规模报酬不变或者这三种的任意组合，取决于所处的行业。没有任何自然规律表明一个行业在规模经济之后必然会经历规模不经济。理论上，一个行业仅仅经历规模不经济，仅仅经历规模经济，仅仅规模报酬不变，都是有可能的。

大规模并不总是最好的

规模经济意味着当产出增加时，单位产出成本会降低。那么，看起来似乎大公司总是比较小的公司有优势，但这不是必定的。效率和专业化都是受市场规模限制的。如果一个大公司生产的产量多于一个市场愿意购买的数量，那么这个大公司相对小公司来说就失去了优势。在这种情况下，大公司就无法售出所有必要的产出品从而实现最高效的产出水平。如果需求量不足以购买大公司生产的所有产品，那么生产过多的产品就变得没有意义。

生产受到市场规模限制的例子经常在小的发展中国家出现。在这些国家，制造产品的国内市场是非常局限的。一个行业的最新技术可能涉及一个超出一国理性市场的产量。例如，斯里兰卡在俄罗斯的帮助下建造了一个钢厂。苏联的最小工厂的年产量为 60 000 吨钢材，但是斯里兰卡的总需求量只有 35 000 吨每年。结果，苏联建造的这个钢厂的生产力只使用了 58%。这样的生产率意味着这个钢厂处于低效率经营中。这个钢厂只是被用来使当地政府官员受益，而不是生产低成本钢材。[8]

由于不同国家的市场规模可能不能支持一个公司或者工厂的最高效生产规模，你可能会疑惑为什么这些国家不对行业实行专业化，这样它们可以从极具竞争力的最高效生产者那里获得规模经济效应，并且可以从其他国家购买本国市场中需求太低而不具竞争力的产品。事实上，有证据表明规模经济帮助决定了国家间的贸易模式。但是由于政府经常干预贸易，规模经济并不总是发挥作用的。许多国家不允许从其他国家购入某些特定的产品和服务。结果，当地公司就成为这些产品和服务的唯一来源。当保护主义限制了市场规模的时候，那么受保护的小规模的国内市场可能就导致了低效生产方法的使用。

对单独某个公司来讲，较大的规模并不一定是有利的。虽然公司成长通常是一个公司既定的或者实际的战略，但是它不一定是通往成功的最后方法。大部分公司都会遭遇规模不经济，这为小规模公司打开了市场。的确，随着公司规模更大、更复杂，会产生许多问题，如与官僚主义相关的规模不经济、与季报相关的压力、公司内部的寻租。这些问题就可能促使新的私营企业的数量激增。金融领域就是一个很好的例子。即使已经形成了一些像花旗银行这样的大机构，也会继续产生新的灵活的机构类型。对冲基金、私营股本合作公司，以及主权财富基金（持有制造产品和能源出口者的硬通货储备）的数量都在激增。

范围经济

生产不止一种产品的公司在提高生产率时，可能会发现它们的生产中存在协同作用。例如，埃克森和美孚等石油公司同时生产石油和化学产品；还有其他许多公司会生产一系列的不同产品。当一个公司从生产多种产品中获得了生产优势的时候，我们就称存在**范围经济**（economies of scope）。如果用于生产某种产品的生产设备也可以用于生产另一种产品，或者生产某种产品时得到的副产品可以用于生产另一种产品，或者训练的生产某种产品的员工可以在另一种产品的生产过程中用到他们的训练，范围经济就产生了。

19 世纪 90 年代，三大化工公司拜耳、赫司特、巴斯夫在建造巨大的染剂制造工厂。之前各种不同的染剂都是在不同的小工厂中生产的。新工厂可以使用相同的化学原料来生产上百种不同的染剂。结果就形成了成本的大幅削减。这就是范围经济的一个例子。

当同时生产两种产品的成本低于分别生产这两种产品的成本时，就产生了范围经济。例如，假设化工公司"博世"每年生产 1 000 吨化学药品和 500 吨颜料的成本是 1 500 万美元，而单独生产化学药品的成本为 1 200 万美元，单独生产颜料的成本为 600 万美元。那么，我们就可以认为博世公司存在范围经济。

一般认为，一个广告代理公司生产许多不同种产品的单位成本比仅仅集中于某一种产品时更低。换言之，它可以实行多种不同类型的广告，例如网络电视、实体电视、杂志、特殊印刷媒体、报纸、广播、院外服务等，或者它可以只提供某一种类型的广告。广告代理商通过联合生产实现的成本削减达到了 5%～70%。[9]

通过结合不同的经营来获得"协同作用"是范围经济中的另一个术语。如同规模经济一样，事实上在获取协同作用时总是存在某些严格的限制。20 世纪 80 年代，索尼公司为了加强它的图像软件业务，收购了哥伦比亚电影公司，但是它并未实现范围经济。日立公司发现它从 IBM 购入的硬件驱动业务尚未开始盈利，就变成了一个难题。获得范围经济比通常认为的要更难。将有重叠的部门结合起来看似能够节省资金。但是，要将财务部门、法律部门和人事部门结合起来是非常困难的。通常，如果试图将信息系统结合在一起，会导致一些预料之外的小差错并扰乱提供给客户的服务。

经验曲线

　　规模经济经常与**经验曲线**（experience curve）或者说**学习曲线**（learning curve）相混淆。20 世纪 70 年代早期，一家较大的咨询公司，即波士顿咨询公司，发现成本通常随产量增长而降低；在很多案例中，总产出每增加一倍，成本就会降低 15% 左右。这种现象就称为经验曲线，因为削减的成本被认为是学习并获得经验的结果。[10] 事实上，经验曲线经常与其他几个不同的因素相混合或者相混淆。举例来说，它包含与公司的具体情况相关的学习和与行业整体相关的学习带来的影响，它还包含随公司生产的累积产量而降低的成本和随单位时间生产率（规模经济）而降低的成本。

　　图 13—5 展示了飞机制造和肉用仔鸡两个行业的经验曲线。两条曲线的相同之处是非常明显的，但是成因和含义却完全不同。[11] 航空公司逐渐降低的成本源于对经验的学习，大部分学习是针对波音公司，很大程度上是针对某一种特定的机型。对于肉鸡行业来说，没有经验曲线。在肉鸡的案例中，每只鸡成本的下降是因为在行业范围内广泛采用的新技术，这个新技术通过使用抗生素来实现肉鸡的大批量生产（与在农场散养相比）。因此，图 13—5 中肉鸡的经验曲线是具有误导性的。真实发生的情况是，技术使得每单位产出的成本下降。

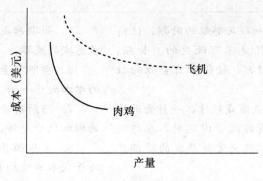

图 13—5　经验曲线

说明：如果某公司在生产某种特定产品时的经验越多导致单位成本越低，那么该公司就有一条向下倾斜的经验曲线，或者说学习曲线。此图中包含两个行业的经验曲线，一个是航空公司，一个是肉鸡生产。

　　经验对一个公司来说是一个重要的优势。在第 8 章中，我们讨论了孟山都农业生物技术公司沿经验曲线行进，并将荷兰甜味剂公司逐出市场。荷兰甜味剂公司面临的挑战就是孟山都拥有巨大的成本优势，因为孟山都花费了过去几十年时间学习怎样削减制造成本。[12] 孟山都开发了一个名牌，制造成本减少到荷兰甜味剂公司的

30％，并且构建了分销网络。这些因素加在一起就意味着荷兰甜味剂公司无法与孟山都相匹敌。

经验曲线上的较低值会引导一些公司去收购在特定活动中更有经验的其他公司。例如，2002年8月，Halliburton Energy Services 并购了 Pruett Industries，目的是收购数据传输系统（DTS）和未来的光学感应元件，从而可以着手准备与现场服务相关的工作。Halliburton 的 CEO 说："Pruett 的大量经验和专有技术使得我们远远位于经验曲线的上方。"[13]

案例回顾

规模的问题

公司规模一定赋予了公司在商业活动中的优势吗？答案是不一定。非常大型的公司会逐渐失去它们的高效率，公司表现也会逐渐变差。原因很明显。在大部分案例中，官僚主义会开始干扰公司行为。间接成本相对总成本增加了，决策制定也变得低效了。用管理上的术语说，就是决策超出了个人的可控制范围。典型的挽救办法是让这个公司消失，或者缩减公司的规模。福特的新任总裁艾伦·马拉利（Alan Mulally）正在做类似的事情。规模不经济可能不是一个像边际收益递减那样的自然规律，但是很少有公司能够摆脱规模过大导致的问题。

但是，大部分管理者和公众都认为公司应当努力发展。近期的经济研究发现，要避免规模不经济几乎是不可能的；发展壮大对大多数公司来说并非一个有利的策略。事实上，公司应当更多地关注利润而少关注成长。确实，也许对大部分公司来说，最佳规模是小规模。大多数公司在不牺牲效率的情况下是很难成长壮大的。[14]

本章小结

1. 短期，是指一段足够短的时期，使得至少一种资源的数量是不可改变的。长期，是指一段足够长的时期，使得所有资源的数量都是可变的。

2. 根据边际收益递减规律，一种资源连续等量变化而其他资源数量固定时，在超过某一个点之后，单位可变资源产生的边际产品会下降。

3. 总成本是固定成本与可变成本之和。固定成本是指不会随产品数量变化而变化的成本。可变成本是指随产品数量变化而变化的成本。销货成本和行政管理成本都既包括可变的部分，也包括不可变的部分。

4. 平均总成本是单位产品的成本，即总成本除以总产量。

5. 短期内成本和产量的关系源于边际收益递减的规律。

6. 当所有资源增加一倍时，引起的产出的增加大于一倍，即规模经济。

7. 当所有资源增加一倍时，引起的产出的增加低于一倍，即规模不经济。

8. 大规模并不总是最好的。最佳规模取决于成本的结构和市场的大小。

9. 经营杠杆是总固定成本与总变动成本的比率。

10. 经验曲线反映了单位产品成本和累积产量（从初始到现在生产的产量）的关系。如果一家公司能利用经验降低成本，那么经验曲线就是向下倾斜的。经验曲线的纵轴是成本，横轴是累积产量。

关键术语 ──■

边际收益递减（diminishing marginal re-
turns）
平均总成本（average total cost，ATC）
边际成本（marginal cost，MC）
经营杠杆（operating leverage）
短期（short term）
经营期（operating period）

长期或规划期（long run or planning period）
规模经济（economies of scale）
规模不经济（diseconomies of scale）
规模报酬不变（constant returns to scale）
范围经济（economies of scope）
经验曲线或学习曲线（experience, or learn-
ing curve）

练 习 ──■

1. 运用下列信息列出总固定成本、总变动成本、平均固定成本、平均可变成本、平均总成本和边际成本。

产量	总成本	总固定成本	总变动成本	平均固定成本	平均可变成本	平均总成本	边际成本
0	100						
1	150						
2	225						
3	230						
4	300						

2. 运用下表来回答下列问题。

产量	总成本	总固定成本	总变动成本	平均固定成本	平均可变成本	平均总成本	边际成本
0	20						
10	40						
20	60						
30	90						
40	120						
50	180						
60	280						

a. 列出总固定成本、总变动成本、平均固定成本、平均可变成本、平均总成本和边际成本。

b. 产量为多少时，边际成本与平均总成本和平均可变成本相等？

3. 描述几种大公司可能面临低效率而小公司不会面临低效率的情形。

4. 为什么不同行业的经济规模或经济不规模的程度不同？

5. 描述边际成本和平均成本的关系。描述边际成本和平均固定成本的关系，以及边际成本和平均变动成本的关系。

6. 考虑一个有既定生产规模的公司。

a. 如果一种强制性的健康保险被强加于

所有的公司，请解释它们的成本曲线会发生什么变化。

b. 如果计划要求每个公司为每个员工提供价值员工工资 10% 的健康保险项目，请解释会发生什么。

c. 如果要求每个公司提供一个 100 000 美元的集体保险项目，不管公司员工有多少，该保险都会覆盖公司的所有员工。相比之下，这个计划怎么样？

7. 解释这个陈述：我们不得不增加产量来分摊间接费用。

8. Express Mail 为客户提供夜间快递服务。它正在尝试作出是否扩大容量的决定。目前，它的固定成本是每月 200 万美元，变动成本是每个包裹 2 美元。每个包裹收费 12 美元，每月有大概 200 万个包裹。如果它扩张，它的固定成本就会增长 100 万美元，变动成本会降至每个包裹 1.5 美元。请问，它应该选择扩张吗？

9. 解释业务外包以及它对一家公司的成本意味着什么。

10. Amazon.com 的总裁杰夫·贝佐斯（Jeff Bezos）说："许多人不了解电子商务在多大程度上存在规模经济。" Amazon 的成本大部分是固定的。而一个普通的零售商为了让销售额加倍，可能要支付加倍的资本支出。"一旦我们的软件中有记载，我们就可以处理很多的客户。"解释这段话的含义。

11. 假设一架喷气式客机飞行 1 200 英里和 2 500 英里，乘客数量为 250，300，350 时的每个乘客每英里的成本（单位：美分）如下[15]：

乘客数	里程数	
	1 200	2 500
250	4.3	3.4
300	3.8	3.0
350	3.5	2.7

a. 如果乘客数量在 250～300 之间，飞行距离为 1 200 英里，那么增加一个乘客产生的边际成本是多少？

b. 如果乘客数量是 300，飞行距离在 1 200～2 500 英里之间，那么再多飞行 1 英里的边际成本是多少？

c. 为了覆盖经营成本，飞行 2 500 英里的费用是多少？

12. 经济学家对成本的解释是什么？下面的陈述是什么意思："成本的概念远比你递给收银员的美元和美分要丰富得多。"

a. 成本等于机会成本与沉没成本之和。

b. 成本是为了得到某物而必须放弃的东西。

c. 成本是雇员的机会成本的价值。

d. 成本是直接的和间接的。

e. 成本是直接的、间接的和沉没的。

13. 为什么大公司可能比小公司效率更高？

a. 大公司由于相对优势可以实现更多的专业化和贸易。

b. 大公司有规模经济。

c. 如果规模不经济，大公司可能比小公司的效率要低。

d. 大公司进行购买行为时有数量折扣。

e. 以上均对。

14. 以下哪项最好地解释了"厨师多了烧坏汤"？

a. 规模经济；

b. 规模不经济；

c. 边际收益递减；

d. 边际收益递增；

e. 需求定律。

15. 当产量为 10 时，平均固定成本为 40 美元，平均总成本为 100 美元，那么当产量为 10 时，总变动成本等于：

a. 40 美元；

b. 60 美元；

c. 600 美元；

d. 6 000 美元。

16. 如果经验使得单位成本降低了，但是这个结果最终面临边际递减的产品，这意味着什么？

17. 市场先行者是否能够从经验获取中得到可持续的优势？请解释原因。

注 释 ▪

1. Martin LaMonica, "BP CEO: Today's Clean Tech not Nearly Enough," March 4, 2008, www.news
   .com/8301-11128_3-9885351-54.html.
2. Evan Koenig, "Productivity Growth," Federal Reserve Bank of Dallas, *Expand Your Insight,* March 1,
   2000,
3. Kris Maher, "Wal-Mart Seeks New Flexibility in Worker Shifts," *Wall Street Journal,* January 2,
   2007, p. A1.
4. Jonathan Ward, "Don't Be Afraid to Run from a Job That's not Right for You," *Remodeling Magazine,*
   January 1, 2007, www.remodeling.hw.net/industry-news.asp?sectionID=149&articleID=416777.
5. Shlomo Maital, *Executive Economics* (New York: Free Press, 1994) discusses Morita's trip
   to America.
6. In fact, a purchasing agent at the Bulova watch company saw the miniature radios and said
   he would take 100,000 of them, provided he could market them under the Bulova name.
   This was a huge order, far larger than Sony's total capitalization at the time. But Morita
   wanted to build Sony into an international brand, so he turned Bulova down. See John
   Nathan, "Akio Morita," Time Asia, *TIME* 100, 154, no. 7/8 (August 23–30, 1999), www
   .time.com/time/asia/asia/magazine/1999/990823/index.html, accessed February 24, 2008.
7. *Wall Street Journal,* January 13–14, 2007, p. A13.
8. Jayantha de Silva, "Unravelling the Mess," *Ministry of Defence,* April 12, 2008, www
   .defence.lk/new.asp?fname=20080220_02; "The Snags That Slow Down Soviet Steel," *Busi-
   ness Week,* September 19, 1977, p. 82, www.businessweek.com/index.html.
9. A. Silk and E. Berndt, "Scale and Scope Effects on Advertising Agency Costs," National
   Bureau of Economic Research, Cambridge, MA, Working Paper No. 3463, October 1990.
10. Boston Consulting Group, "Perspectives on Experience," Boston Consulting Group,
    Boston, MA, 1968.
11. As someone said, the only thing the two industries have in common is wings.
12. Adam M. Brandenburger, Barry J. Nalebuff, and Ada Brandenberger, *Co-Opetition*
    (New York: Doubleday, 1997), p. 70.
13. "Halliburton Advances Strategy in Reservoir Performance Monitoring," *PR Newswire,* August 15,
    2002.
14. ideas.repec.org/p/esi/evopap/2007-03.html; academic.csuohio.edu/yuc/perf03/03-zipf_us_firm_
    size.pdf; econpapers.repec.org/paper/cwlcwldpp/1457.htm
15. S. Breyer, *Regulation and Its Reform* (Cambridge, MA: Harvard University Press, 1982). It
    is pointed out that these data were approximately what Boeing said its 747 would cost to
    operate in 1977; see Edwin Mansfield, *Applied Microeconomics* (New York: Norton, 1997).

第 5 篇
组织外的视角

Looking Outside the Firm

第14章
利润最大化机制

分析

对于信用卡公司来说，什么样的客户是最好的？公司希望的是有良好的债务情况及信用卡使用习惯并每月还清余额的客户还是经常有余额而且从来没有还清过的客户？只在每周一到周五不停飞行并且从不提前规划的商务旅行者和提前很长时间做好旅行规划而且时间很灵活、每天都可以出行的游客相比，谁更受航空公司的欢迎？一个企业的目标是寻找一个价格和销量的组合来使利润最大化。当企业间有着不同的定位和客户，制定不同的价格往往比所有企业统一定价要好一些。当不同的客户为同样的产品或者服务支付不同的价格时，称为个性化定价或者价格歧视。一个大航空公司的经济研究部估计了从洛杉矶到北京的商务旅行者和游客的价格需求函数，如下表所示：

商务舱	经济舱
$Q_A = 2\,100 - 0.5P_A$	$Q_B = 8\,800 - 4P_B$

1. 上面提供了哪些信息？
2. 航空公司应该制定怎样的价格？

利润最大化的黄金原则

企业家都是追求利润的。他们推出一个创意，创建一家公司，雇用一个经理人，然后使公司上市，最后出售股份。本章中展示的是标准的新古典主义经济学的方法。利润最大化是一个直接的目标，但这主要被认为是管理者的职能而不是企业家的。管理者必须决定产出的数量和制定何种价格才能将这些产出全部出售。这与我们的主题并不直接相关，因为它涉及如何分配资源的选择——资源的数量、组织结构、文化、地理位置等。但是，一旦这些东西确定，就假定它们不能变化。这样利润最大化的简明、直接的原则是：一直扩大产出直到社会赋予最后一单位售出的产品的价值与生产这一产品的资源数量相等为止——即使边际利润与边际成本相等。

销售环境：市场结构

有人说，商业行为只是一堆数字而已。这是因为企业的行为取决于进入的难易度和最终竞争者的数量。利润最大化或者说成本最小化的条件并不因时而变，它对所有的企业都是一样的，因为此时卖方环境和企业的决策已纳入考虑的因素中。回想一下，奥地利研究方法关注竞争流程，而不是停留在 $MR = MC$ 上的决定。奥地利方法同样也没有利用新古典主义经济学将卖方环境分为四种市场结构。虽然如此，但是如果仅以教育学的观点来看，对于市场结构的检验即使是对奥地利人也是有益的。

表 14—1 回顾了商业行为所处的四种市场类型的特征。市场类型的名称在第一列中列出。剩下三列分别是市场类型的特征——进入情况、企业的数目、企业产品的类型。不同的产品被消费者认知为拥有其他卖方的产品所没有的特征的商品。标准化的产品被消费者认为是完全一样的；这些产品经常被定义为日用品。

表 14—1   **卖方环境的特征**

市场结构	进入情况	企业的数目	产品类型
完全竞争	容易	非常多	标准化
垄断	不可能	一个	一种
垄断竞争	容易	多	差异化的
寡头	有障碍	很少	标准化或者差异化的

完全竞争

完全竞争是一种被认为拥有大量企业的市场结构——由于市场规模实在是太大了，以致一个企业无法对市场造成影响。在完全竞争的市场结构下，所有的企业销售完全一样的产品，而且任何人都可以随意地进入或者离开这个市场。因为巨大的企业数量，消费者对于在哪里购买商品或者服务有很多选择，而且消费者去别的地方购买产品或者服务没有额外的成本。因为产品是完全相同的，所以顾客不会偏好一种产品或品牌多于另一种产品或品牌。事实上，这个市场结构下没有品牌——只有完全相同的通用的产品。

垄断

垄断的市场结构意味着市场上只有一个供应商提供产品或者服务。没有公司可以进入这个行业，也不能与垄断企业竞争。

垄断竞争

一个垄断竞争的市场结构有以下特征：大量的企业、容易进入和差异化的产品。每一个品牌从某种程度上讲，都是与其他企业不同的。比如 Nature Valley Granola 不是 Wheaties，Sam Adams 啤酒也不同于 Budweiser，Milker 和 Moosehead。产品的差异将完全竞争的市场与垄断竞争的市场区分开来。

寡头

寡头就是只有很少的几个企业提供产品或者服务的市场。每一个公司都大到足够影响其他的企业。当一个企业降低价格时，将会影响到其他企业的销售情况；当一个企业引入新产品或新技术时，也会影响其他企业。寡头厂商既可以是生产差异化产品的企业——比如说汽车企业，也可以生产相同的产品——比如说钢铁生产企业。

利润最大化的图形

市场是所有企业和消费者的总和。它由一条向下倾斜的需求曲线和向上倾斜的供给曲线表示，这看起来似曾相识。如图 14—1 中的左图所示。当我们研究一个企业在完全竞争市场上出售的产品时，我们研究的只是众多参与者中的一个并将它孤立出来。请牢记，这是日用品市场——企业间或者产品、服务间没有任何差异。完全竞争市场上的单个企业必须以市场决定的价格出售产品或者服务。没有任何一家企业会提高价格，因为没有人会从提价的企业那里购买商品，而且它也不会有降价的动机，因为它可以以市场价格卖出所有它想卖的产品。这就是为什么一个企业被称为价格接受者。

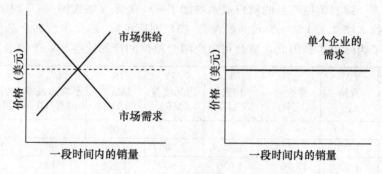

图 14—1　日用品市场和单独的企业

说明：在完全竞争市场或者日用品市场上，市场的需求和供给决定了单独的公司的需求。

水平的需求曲线意味着边际收益就是价格——每一单位额外销售的产品增加的收益与售出时的价格相等，而所有的产品以相同的市场价格出售。需求曲线和边际收益曲线是两条重合的水平线。

在一个完全竞争市场上，个体公司必须选择产量来使利润最大化。这个价格是由市场决定的，记为 P。公司会选择边际收益 MR 与边际成本 MC 相等时的数量。边际收入是公司销售的每一个额外的产品以市场价格售出时的价格。因此，对一个完全竞争市场上的个体公司而言，需求与价格是相同的，而价格与边际收入相同。

对一个在除了日用品市场外的任意市场上销售的公司而言，需求曲线是向下倾斜的，因为为了销售更多，价格也就要更低。向下倾斜的需求曲线意味着这个公司拥有某种程度上的"市场势力"。图14—2显示了不完全竞争市场上的一个公司。图中是产品的平均总成本曲线和边际成本曲线以及消费者的需求曲线和边际收益曲线。第一单位产品的销售成本为1 000美元；第一单位产品的边际成本是1 000美元。当售出之后，第一单位产品带来了1 700美元的收入，所以边际收入为1 700美元。当边际收入高于边际成本时，这个公司销售第一单位的产品比不出售的状况要更好。

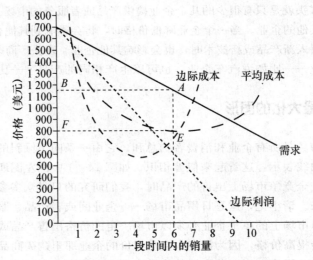

图14—2 收入、成本和利润

说明：在边际收入和边际成本相等的点，利润是最大的。

第二单位产品的销售成本增加了800美元（如表第（8）列所示），出售带来的收入增加了1 500美元（如表第（5）列所示）。第二单位的产品使得边际收入超过了边际成本。因此，该公司生产两个单位的产品比生产一个或者不生产要好。

(1) 总产量 (Q)	(2) 价格 (P)	(3) 总收益 (TR)	(4) 平均收益 (AR)	(5) 边际收益 (MR)	(6) 总成本 (TC)	(7) 平均总成本 (ATC)	(8) 边际成本 (MC)	(9) 总利润 (TR—TC)
0	0	0	0	0	1 000	—	—	−1 000
1	1 700	1 700	1 700	1 700	2 000	2 000	1 000	−300
2	1 600	3 200	1 600	1 500	2 800	1 400	800	400
3	1 500	4 500	1 500	1 300	3 500	1 167	700	1 000
4	1 400	5 600	1 400	1 100	4 000	1 000	500	1 600
5	1 300	6 500	1 300	900	4 500	900	500	2 000
6	1 200	7 200	1 200	700	5 200	867	700	2 000 利润最大化
7	1 100	7 700	1 100	500	6 000	857	800	1 700
8	1 000	8 000	1 000	300	7 000	875	1 000	1 000
9	900	8 100	900	100	9 000	1 000	2 000	−900

利润在持续上升，直到第六单位产品被售出。销售第七单位产品的边际成本是800美元，而边际收入是500美元。由于边际成本大于边际收入，如果销售第七单

位产品，就会使利润降低。该公司可以通过销售 6 个单位的产品来使利润最大化，也就是采取的销售量等于使得边际收入等于边际成本的销售量。

利润最大化的产量是使 $MR=MC$ 时的产量；产量为 6 单位。为了说明总成本、收入、利润和价格，我们从 $Q=6$ 的点作一条垂直的线，与平均总成本曲线 ATC 相交，再往上与需求曲线相交。这条垂直的线与平均总成本曲线的交点代表单位产品的成本。再从平均总成本曲线向纵轴作一条水平线，这样就构成了一个矩形 $06EF$。矩形的面积即总成本，等于平均总成本乘以数量。

回到 $Q=6$ 和那条垂直线。垂直线向上与需求曲线的交点即价格，即顾客愿意为这个数量支付的价格。从需求曲线上往纵轴作一条水平线，得到的是总收入，$PQ_1=06AB$。从总成本 $06EF$ 中减去 $06AB$，得到的矩形是 $EFBA$。这就是总利润。

图 14—2 提供了大量关于商业行为的信息。不同公司的需求曲线不同，或者更陡峭或者更平缓，这取决于需求的价格弹性。成本曲线的位置也可能不同，因为这取决于成本环境。但是忽略这些因素，这个图就是一个公司的大致情况。当边际收入与边际成本相等时，利润是最大化的。管理者或者股东做每个决策时都要比较边际收入和边际成本。该公司应当增加广告支出吗？如果这样做的边际收入大于边际支出，那么就应该。决策制定过程不应是令人惊讶的。它也是你做决策的方法。你通过比较你做某件事情的边际收入（你的额外利益）和你做这件事的边际成本来做决策。如果你的边际收益超过了你的边际成本，那么你应该做这件事。

利润最大化的简单数学

利润最大化也可以用某些直接的数学方法来说明。需求是由一系列对客户支出有影响的变量来表示的，这些变量称作**需求的决定因素**（determinants of demand）。需求的公式如下：

$$Q_x = f(P_x, I, P_y, T, Pe_x, N)$$

式中，P_x 是商品 x 的价格；I 是收入；P_y 是其他商品的价格；T 是口味和偏好；P_e 的商品 x 在未来的某一时刻预期达到的价格；N 是消费者的数目。

每一个需求维度关于需求数量的变动的效果如下所示。因为 ∂ 代表变化，所以 $\partial Q_x / \partial P_x$ 的意思是 x 的需求数量变化除以 x 的价格变化。

商业洞察

需求的决定因素的影响

$\dfrac{\partial Q_x}{\partial P_x} < 0$ 是需求变化的规律

$\dfrac{\partial Q_x}{\partial I} > 0$ 是正常品或者奢侈品 < 0 是低等品或者反周期产品

$\dfrac{\partial Q_x}{\partial P_y} < 0$ 是互补品 > 0 是替代品

$\dfrac{\partial Q}{\partial T} > 0$ 消费者偏好更多的技术

$\dfrac{\partial Q_x}{\partial Pe_x} < 0$ 预计将来价格会下降 > 0 预计将来价格会上升

$\dfrac{\partial Q_x}{\partial N} > 0$ 如果购买者的数目增加，那么

需求的数量就会增加，反之亦然

弹性

弹性有两种定义：

1. 点弹性；
2. 弧弹性。

点弹性是指价格变动很小的情况下引起的其他值的变化，而弧弹性是指价格变化很大引起的其他值的变化。这是根据可得的信息并将潜在的价格变化的大小也考虑进去得出的评价。

$$点弹性 = \partial \ln Q / \partial \ln P = [\partial Q / \partial P][P/Q]$$

$$弧弹性 = \frac{Q_2 - Q_1}{P_2 - P_1} \times \frac{P_2 + P_1}{Q_2 + Q_1}$$

边际收益

需求公式表明需求数量是价格和影响需求的因素共同作用的结果。在最简单的直线形式下，$Q = g - hP$，其中，g 和 h 是参数，P 是产品的价格。经济学家一般使用相反的形式来表达需求，将 P 变为自变量：$P = a - bQ$，其中，a 是纵轴截距，$-b$ 代表需求曲线的斜率。

总收益就可以通过反需求函数乘以 Q 得到：

$$TR = P \times Q = (a - bQ) \times Q = aQ - bQ^2$$

边际收益是总收益的变化除以数量的变化：

$$\partial TR / \partial Q = MR = a - 2bQ$$

注意到 MR 与需求曲线有相同的纵截距等于 a，但是其斜率是需求曲线的 2 倍。换句话说，在直线形需求曲线下，MR 曲线比需求曲线下降的速度要快 1 倍。这导致的一个差异是，如果一个企业降价，MR 下降的速度是 P 下降速度的 2 倍。这意味着对于任意直线形需求曲线，边际收益曲线与代表数量的坐标轴的交点位于原点和需求曲线与数量轴的交点之间。

例 1

考虑以下线性生产函数：$Q = 11 - P$。需求曲线的斜率是 1，P 每变化一美元都会使斜率变化 -1。反需求函数是：$P = 11 - Q$，总收益函数是 $PQ = 11Q - Q^2$。

边际收益为：

$$\partial TR / \partial Q = 11 - 2Q$$

价格弹性是 $(\partial Q / \partial P)(P/Q)$。这告诉我们，价格弹性就是反需求曲线的斜率乘以 P 与 Q 的比率。使用简单需求函数 $Q = 11 - P$，弹性的第一个部分就是 $\partial Q / \partial P = -1$。代入具体的 P 和 Q 就会产生点弹性。举例而言，如果 P 是 1，Q 就是 10。这意味着价格为 1 时的价格弹性就是

$$(-1)(0.1) = -0.1$$

在 $P=10$ 时，$Q=1$。在本例中，价格弹性就等于

$$(-1)(10)=-10$$

例 2

现在来看一个稍微复杂的需求函数，对于产品 X

$$Q_x=100-3P_x+4P_y-0.01I+2A$$

式中，A 是广告；I 是收入；P_y 为相关产品 Y 的价格。假设 X 产品 25 美元一双，而 Y 产品 35 美元一双，公司利用了 50 分钟的广告，消费者的收入是 20 000 美元。广告、收入和 Y 的价格共同决定了需求。

价格弹性就是：

$$(\partial Q/\partial P)(P/Q)=-3(25/Q_x)$$

这意味着我们必须决定 Q_x 的值，即 X 的数量。我们可以通过将决定需求的各个变量代入需求公式：

$$Q_x=100-3\times25+4\times35-0.01\times20\,000+2\times50=65$$

将 $Q_x=65$ 代入弹性公式，我们可以得到弹性等于 $-3(25/65)=-1.15$。

收入交叉价格弹性也是由相似的方式产生的。比如，X 和 Y 间的交叉价格弹性是：

$$(\partial Q_x/\partial P_y)(P_y/Q_x)=4\times(35/65)=2.15$$

因为交叉价格弹性是正的，所以这两种商品是替代品。

收入的弹性是：

$$(\partial Q_x/\partial I)(I/Q_x)=-0.01\times(20\,000/65)=-3.081\,5$$

因为收入弹性是负的，X 是低质的产品或者反常的产品；这意味着收入的增加会减少需求的数量。

利润最大化的计算

现在让我们来找到使利润最大化的价格和效率。设利润是 π，那么

$$\pi=TR-TC=TR(Q)-C(Q)$$

这个等式将总收益和总成本看成是销量的函数。这包括完全竞争的情况下和其他市场结构下价格由企业想出售的产品数量决定——此时的两种情况。我们发现，边际收益等于边际成本时的产量可以实现利润最大化。使利润关于产量的导函数为 0：

$$\partial\pi/\partial Q=\partial TR(Q)/\partial Q-\partial C(Q)/\partial Q=0$$

$\partial TR(Q)/\partial Q$ 就是边际收益，而 $\partial C(Q)/\partial Q$ 是边际成本。这个等式告诉我们为使利润最大化，我们要使边际成本等于边际收益。

如果价格与销量无关（即我们在完全竞争市场上计算边际收益），那么

$$\partial PQ/\partial Q-\partial C(Q)/\partial Q=P-MC=0$$

或

$$P=MC$$

如果价格与产量无关，这对所有处在非完全竞争市场上的企业都适用：

$$\partial TR/\partial Q=\partial P(Q)Q/\partial Q=P+Q(\partial P/\partial Q)$$

商业洞察

凸性

使用数学，我们将使经济的概念变得更加简单。然而，数学需要严格的假设。其中的一个假设就是凸性。凸性假定拥有一项由两种商品组合组成的资产的价值大于两种商品本身的平均值。如果有两种商品，食物和海洛因，假设你偏好 x 单位的食物和 y 单位的海洛因，凸性意味着相比任何一种商品你想要的 x 单位的食物和 y 单位的海洛因的线性组合更好。成瘾妨碍了凸性。凸性在商品不可分割的时候也有意义，因为没有人想要半辆汽车。

在凸性的情况下，需要用细小的调整、反复的试验、一点点的提高来使事情更好。因此经济学家认为边际的概念是决策过程中的重要概念。这个凸性的假定有多合理呢？它是合理的，但也是有缺点的。心理学家发现人类对于凸性有天生的偏见。比如，将你认为有吸引力的两张面孔结合起来就是有凸性的。如果将两个美丽女性的面孔用电脑技术合成起来，人们肯定乐于见到这个结果。[1]

然而，现实世界中的很多事实并不与凸性保持一致。比如，凸性意味着专门化、没有好处。如果把我能做的所有事情当做一个凸性的组合，那么每个人都会乐于自给自足——自己做所有的事情。这样，凸性就是无意义的；因为人们就是互相分工并从分工中获得好处，从而与其他人交易。凸性的决策不是一个选择。比如，管理层从一个战略转向另一个战略就不与凸性一致。在凸性的条件下，管理决策以增量的方式移动，一期又一期地一点点移动，而不是直接移动到另外一个平台上，反之亦然。这与我们所观察到的事实不一样。我们经常发现同样的管理团队又从另外一个决策回到最初的决策。凸性的局限太大而不能应用于所有的事情。另一方面，假设凸性适用于大多数情况，这使我们能够以数学的方法解释很多现实中的现象和经济概念。

我们再次使边际收入等于边际成本，但是不完全竞争的公司的边际收入包含两个部分：多售出一个单位产品的价格——P 和降低所有商品的价格引起的对收入的影响——$Q(\partial P/\partial Q)$，此为负值。换言之，$P>MR$，并且由于 $MR=MC$，$P>MC$。这是完全竞争公司和有市场势力的公司间的一个主要区别。

当一个公司在完全竞争或者日用品市场销售时，一旦该公司盈利了，就会有竞争者进入市场。当竞争者进入，价格就会被压低，直到价格恰好覆盖机会成本或者价格等于边际成本。但是该公司能保持它的特性的价值的时候，价格就被压低到机会成本与特性价值之和的水平。在这里，$P>MC$。当没有竞争者进入的时候，价格就不会被压低。公司会通过寻找 $MR=MC$ 的点来使利润最大化，在这个时候，$P>MC$。

经营规则

所有公司都选择在使得 $MR=MC$ 的产量水平上进行经营。但是，并非所有的公司都会在这个点上盈利；有的公司也可能会亏损，在这种情况下，$MR=MC$ 代表的就是损失最小化的点。图 14—3 所示的公司并不在盈利。如果它在 $MR=MC$ 的点上经营，那么它就在使它的损失最小化，它的损失为距离 AC。

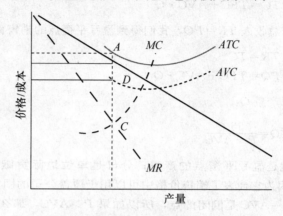

图 14—3　损失

说明：当边际收入与边际成本相等时，利润是最大化的或者损失是最小化的。

亏损是短期的，但是公司的行为将取决于它未来的前景。目前，它在赚取足够的收入来支付变动成本 D。因此，图中 DA 代表的量就可以用来支付一些固定成本。换言之，收入超过变动成本的数额可以用于支付一些固定成本。如果公司预期业务在未来会有所提升，那么该公司将在损失的情况下继续经营。如果它认为情况并不会变好，那么该公司的所有者将试图尽快放弃这个业务。

下表列举了三种情形。情形 A 中，收入为 700 美元，固定成本为 1 000 美元，变动成本为 800 美元。该公司可以选择继续经营并维持 1 100 美元的损失，或者选择倒闭并支付 1 000 美元的固定成本。最后它选择的决策是倒闭。情形 B 中，收入为 900 美元，固定成本为 1 000 美元，变动成本为 800 美元。如果它继续经营，就会有 900 美元的损失；如果倒闭并支付固定成本，就会有 1 000 美元的损失。这里比较好的选择是继续经营。情形 C 中，收入为 2 100 美元，固定成本为 1 000 美元，变动成本为 1 000 美元。它赚取了 100 美元的利润。

情形	利润（美元）	固定成本（美元）	变动成本（美元）	决策
A	700	1 000	800	关闭
B	900	1 000	800	经营
C	1 900	1 000	800	经营

我们注意到公司决定关闭公司还是继续经营的时候，考虑的是收入是否超过变动成本。在图 14—3 中，价格超过了平均总成本，意味着该公司通过经营支付了全部的变动成本和一部分固定成本。如果价格低于平均变动成本，那么该公司选择立即倒闭会比较好。

盈亏平衡点

当总收入等于总成本时，公司在经济上就达到了盈亏平衡。那么公司盈亏平衡的产量是多少呢？总成本是：

$$TC=TFC+TVC$$

由于总变动成本 $TVC=AVC \cdot Q$，那么

$$TC=TFC+AVC \cdot Q$$

由于总收入 $TR=PQ$，我们得到盈亏平衡点的销售额为：

$$TR=TC$$
$$PQ=TFC+AVC \cdot Q$$

计算产量 Q：

$$Q=\frac{TFC}{P-AVC}$$

这就是盈亏平衡点的产量；分母是**单位边际贡献**（contribution margin per unit），因为它代表了销售价格中可以用于覆盖公司的固定成本并提供利润的部分。记住，$P=AVC$ 是倒闭的点，所以如果 $P>AVC$，那么该公司将继续经营，而如果 $P<AVC$，那么该公司将倒闭。

销售额最大化

许多公司声称它们想提高市场份额，扩大规模，而不是使利润最大化。公司通过寻找边际收益为零时的数量和价格，使总销售额（总收益）最大化。正的边际收益意味着降低价格可以带来额外的销售额；负的边际收益意味着提高价格可以带来额外的销售额。建立一个线性需求方程，收益的最大化就如图 14—4 所示。

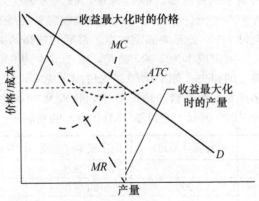

图 14—4 收入最大化

说明：收益最大时的产量就是 $MR=0$ 时的产量。

公司的市场份额是市场上由该公司构成的销售额所占比例。

市场份额＝收入/市场规模

并且 ∂ 市场份额$/\partial Q=0$，$\partial TR/\partial Q=0$，假设市场规模不变。

因此，假设市场规模是一定的，那么如果一家公司销售额增加，其他公司的销售额就会下降。在这种情况下，市场份额最大化也就等同于总收益最大化。市场份额战略与收益最大化战略是相同的。

寡　头

寡头的问题很特殊，因为企业间可以互相影响。我们将考虑三种寡头的代表：古诺模型、弯折的需求曲线和卡特尔模型。

古诺模型

古诺模型是以经济学家古诺（Augustine Courtnot，1801—1877）的名字命名的，这是寡头的第一个代表模型。古诺假定市场上只有两个公司出售相同的产品。他永远假设边际成本为 0。接着在试图最大化利润的过程中，每个企业都假定另一个企业将产出保持在既有水平不变。他得出的结果是：这两个公司将会轮流做出决策，直到每个企业供给 1/3 的市场份额。

我们假设市场需求是 $Q=a-bp$，而 $b=1$，总成本为 0。A 公司决定供给的数量取决于 B 公司做什么。如果 A 公司说，我将供给 $Q=a$（$p=0$ 时，市场的需求数量）与 B 公司企业愿意供给的数量之差的一半的数量的产品。这意味着

$$Q_A = \frac{a-Q_B}{2}$$

B 公司也会说同样的事情：我会供给企业 A 的供给与 a 之差一半数量的产品：

$$Q_B = \frac{a-Q_A}{2}$$

使用这两个等式可以解得两个产量，我们有

$$Q_A = \frac{a-(a-Q_A)/2}{2} = \frac{0.5a-Q_A}{2}$$
$$2Q_A = 0.5a - 0.5Q_A$$
$$2Q_A - 0.5Q_A = 0.5a$$
$$1.5Q_A = 0.5a$$
$$Q_A = a/3$$

解得的 Q_B 的最终结果跟 A 一样，$Q_B = a/3$。古诺模型的结果是所有的企业没有更改的动机时的结果。[2]

弯折的需求曲线模型

所有的公司都知道需求的原则。这样，它们知道当价格下降时消费者会购买更多的所有的产品（收入效应），并且会将对一部分较高价格的商品的购买替代为对较低价格的商品的购买（替代效应）。但是在寡头市场上的企业可能并不知道市场对于它们的产品的需求曲线的形状，因为这个形状取决于其竞争者是如何对别的竞争者进行反应的。为了知道它们的需求曲线的形状，它们必须预测它们的竞争者是如何对价格变化做出反应的。

我们来看汽车生产企业的情况。假设通用汽车的生产成本下降了（它的边际成

本曲线向下移动），它需要决定是否要降低汽车的销售价格。如果通用汽车不考虑其他汽车企业的反应，它会直接降低汽车的售价以使 MC 曲线与 MR 曲线相交。但是通用汽车公司怀疑图 14—5 中的需求曲线并不代表市场的真实情况。取而代之的是，通用汽车相信如果它从现有的水平 P_1 上降低价格，其他的汽车企业会跟随以匹配这种战略。如果其他的公司也降低价格，通用汽车的汽车的替代效应就不会发生。换句话说，通用汽车公司不能达到图 14—5 中预计的 D_1 的份额，而是需求数量沿着 D_2 增长（以低于 P_1 的价格）。另外，通用汽车怀疑如果其他企业都不提高价格，它是否需要提高汽车的价格。在这个例子中，价格提高会使通用汽车的收益持续下降。这是收入效应和替代效应同时造成的。需求数量会沿着 D_1 下降。因此通用汽车公司的需求曲线就是 D_1 和 D_2 的结合。在价格高于 P_1 的情况下是 D_1，在价格低于 P_1 的情况下是 D_2，是一个在 A 点弯折了的需求曲线。这个弯折造成了根据两条需求曲线产生的两条边际收益曲线间有一段距离。这样，同样的生产数量下 $MR=MC$。而如果其他企业不跟随通用汽车，通用汽车的销量会增至 Q_2。

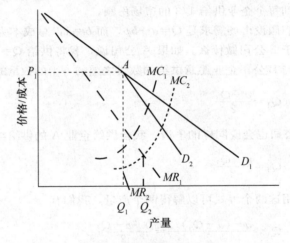

图 14—5　弯折的需求曲线

说明：企业想象的价格和产量确定的点是由 $MR=MC$ 决定的 P_1 和 Q_1 点。边际成本下降时，企业降价。因为其他企业会匹配这种降价，所以销售额不增加，而当其他公司不跟随降价的时候，销售额会从 Q_1 上升到 Q_2。

那么通用汽车公司应该做什么？它应该制定价格使 $MR=MC$ 吗？但是需求曲线的结果是 MR_1 和 MR_2 的组合。曲线一直向下倾斜到弯折点为止。然后我们向弯折点以下移动，曲线变成合适的边际收益曲线。注意到通用汽车的边际成本曲线，MC_1 和 MC_2 与 MR 曲线交于价格和产量相同的点，P_1 和 Q_1 点。这样通用汽车的战略就是什么也不做：即使成本变化，也不改变价格。

弯折的需求曲线的数学例子

弯折的需求曲线需要两个需求函数，一个是降价时的函数，一个是提高价格时的函数。

价格增加：$P_I = 7 - 0.025Q_I$

价格下降：$P_D = 10 - 0.01Q_D$

假设边际成本是 $MC = 2 + 0.05Q$。我们可以找到总收益，然后将边际收益与需求联系起来。

$$P_I Q_I = 7Q_I - 0.025Q_I^2$$

$$P_D Q_D = 10Q_D - 0.01Q_D^2$$

所以，价格上升时边际收益是 $MR = 7 - 0.05$，价格下降时边际收益是 $MR = 10 - 0.02$。使两个需求相等，我们可以得到弯折点的价格和数量。

弯折发生在 $Q = 40$ 时，这时价格是 6 美元。在 $Q = 40$ 时，$MR_I = 7 - 2 = 5$。在 $Q = 40$ 时，$MR_D = 10 - 8 = 2$。因为在 $Q = 40$ 时，$MC = 4$，那么 MC 与 MR 曲线相交，相交的点就在 MR 曲线的缺口上。

卡特尔模型

当互相竞争的企业达成一致的合作来制定实现联合利润最大化的价格和产量时，**卡特尔**（cartel）就产生了。假设两个公司组成的卡特尔（双头垄断）拥有以下边际成本函数。

$$MC_A = 25Q_A$$

$$MC_B = 6.25Q_B$$

市场的需求函数是

$$Q = 1\,200 - 0.10P$$

重新改写边际成本函数，我们得到

$$Q_A = 0.04MC_A$$

$$Q_B = 0.16MC_B$$

现在我们希望把边际成本函数加起来得到卡特尔的边际成本函数：

$$Q_A + Q_B = Q = 0.20MC$$

所以卡特尔的成本为：

$$MC = 5Q$$

接下来，我们需要利用卡特尔的反需求函数（将 P 作为 Q 的函数）计算 MR：

$$P = 12\,000 - 10Q$$

所以

$$MR = 12\,000 - 20Q$$

利润最大化的产出由 $MC = MR$ 得出

$$5Q = 12\,000 - 20Q$$

那么

$$25Q = 12\,000 \quad 或 \quad Q = 480$$

将 $Q = 480$ 代入需求函数，我们得到

$$P = 7\,200（美元）$$

我们知道两个企业加在一起的最佳产能是 480，它们加在一起的边际成本与它

们所在市场的需求曲线的边际收益相等的点就是产量 Q。卡特尔内的企业利用各自的 MC 曲线以利润最大化的条件来决定每个公司的生产水平，以在它们之间分配 480 的总产能。

因为卡特尔的 $MC = 5Q$，那么对于卡特尔企业来说，利润最大化时的成本为 $5 \times 480 = 2\,400$（美元）。将卡特尔的 MC 函数换成每个公司的 MC 函数，这样最终得到 480 个单位产品在各个公司间的分配结果。

$$Q_A = 0.04 \times 2\,400 = 96$$
$$Q_B = 0.16 \times 2\,400 = 384$$

这三种垄断模型——古诺、弯折的需求和卡特尔——远不是寡头模型的全部，它们仅仅是用来阐述寡头市场是相互联系的例子。因为一个企业的行为足以影响到其他企业，因此它们都需要把互相的行为考虑进去。达成一个共同的解决方案的难度增大了过程的复杂性。

案例回顾

分析

关于信用卡客户数据的分析测试数以千计并已经运行了两年之久。结果发现，最有利可图的客户是那些大量借钱，但是余额清偿很慢的客户。但是，信用卡行业对这些客户和那些使用很少的额度，而且每期很快还清的客户一样对待。针对不同的客户采取不同的待遇，分成不同的盈利类型，Capital One 可能会极大提高利润。这称为价格歧视。

航空公司的案例说明了识别消费者及其需求并用以提高利润的方法。一个大航空公司的经济研究部估计出了从洛杉矶到北京的商务旅行者和游客的需求函数。拥有需求函数可以得到他们的边际收益。

商务舱	经济舱
$Q_B = 2\,100 - 0.5P_B$	$Q_T = 8\,800 - 4P_T$
$MR_B = 4\,200 - 4Q_B$	$MRT = 2\,200 - 0.5Q_T$

如果对于每一个乘客的边际成本是 200，什么样的价格和多少乘客能使利润最大化？

利润最大化时的定价是 $MR_T = MR_B = MC$ 时的定价

$$MRB = 4\,200 - 4Q_B = 200$$

这意味着 $QB = 1\,000$。

$$MR_T = 2\,200 - 0.5Q_T = 200$$

这意味着 $Q_T = 4\,000$。

价格则通过将满足利润最大化条件的产量代入需求公式得到。结果是，$P_B = 2\,200$（美元），$P_T = 1\,200$（美元）。

这就是价格歧视的结果。它表明航空公司可以将市场细分为两个部分，而这两个部分的顾客也不可能互相交易——换句话说，不可能共谋。那么价格歧视带来了超过统一定价的利润吗？

在统一价格的情况下，每个市场细分的需求函数要加在一起。以术语 Q 来表示总的需求并将两部分需求加在一起，得到 $Q = 10\,900 - 4.5P$，边际利润是 $(10\,900/45) - (2/4.5)Q$。使边际利润与边际成本相等，得到 $Q = 5\,000$。将 Q 代入总的需求函数，得到 $P = 5\,900/4.5 = 1\,311$（美元）。这样当统一定价 1\,311 美元时，利润是 $6\,555\,556 - 1\,000\,000 = 5\,555\,556$（美元），比实施价格歧视时 600 万美元的总利润要少。

本章小结

1. 一切公司的供给规律是供应数量使得公司的边际收入与边际成本相等。这时利润最大化。

2. 利润最大化可以通过图表或者数学公式说明。在两种情况下，都是要寻找使得边际收入等于边际成本时的数量和价格。

3. 经济学家考虑了四种市场模型，来解释可能的商业行为。这些模型分别是：完全竞争、垄断、垄断性竞争和寡头垄断。

4. 完全竞争阐明了日用品市场。市场是自由准入的，商品和服务是完全相同的。竞争的结果是价格会被压低，直到收入等于机会成本。

5. 垄断性竞争中，当公司使它们的产品差异化时，就会产生竞争。如果一家公司成功地创造了一种社会认为有价值的特性，那么该公司就能够赚取经济利润，此经济利润等于社会赋予这个特性的价值。

6. 寡头垄断中，少数几个大公司控制了整个市场。垄断中，一家公司是市场上的唯一的供应商。

7. 在寡头垄断中，公司间是相互依存的。一家公司的行为会严重影响其他的公司。因此，公司之间会互相作用。

关键术语

需求的决定因素（determinants of demand）
单位边际贡献（contribution margin per unit）

卡特尔（cartel）

练　习

1. 使用下面的成本公式，创建一个表格，列出数量分别为 5，10，15，20 和 30 时的 TC，TVC，TFC，ATC，AFC，AVC 和 MC。

$$C = 100 + 60Q - 12Q^2 + Q^3$$

2. 在一条标准的 U 形平均总成本曲线上方画一条完全弹性需求曲线。然后再画上边际成本曲线和边际收入曲线。找出利润最大化的点，$MR = MC$。指出该公司的总收入和总成本。

3. 从边际收入和边际成本的角度描述利润最大化。

4. 运用下列信息计算总收入、边际收入和边际成本。指出利润最大化时的产量。如果价格是 3 美元，固定成本是 5 美元，变动成本是多少呢？该公司会生产多少产品？

产量	价格	总成本	总收益（PQ）
1	5	10	
2	5	12	
3	5	15	
4	5	19	
5	5	24	
6	5	30	
7	5	45	

5. 公司的利润是收入与成本的差额，如下列公式所示：

$$利润 = P(Q)Q - C(Q)$$

式中，P 表示价格，它取决于要销售的产量；Q 是产量；C 是成本，取决于生产了多少产品，$C(Q)$。找出使利润最大化的价格和数量。

6. 需求公式为 $Q=100-0.5P$。成本公式为 $TC=C=100+60Q+Q^2$。

a. 计算 MR 和 MC。

b. 论证 MR＝MC 时的产量可以使利润最大化。

c. 推导边际收入和需求的价格弹性间的关系，以及利润最大化的价格和数量永远不会成为需求曲线上的单位弹性点。

d. 使用问题 b 中的信息，论证利润最大化的价格和数量不会出现在需求曲线的非弹性部分。

7. 当公司赚取正的经济利润时，解释这个竞争过程。

8. 解释垄断性竞争和寡头的公司的区别。这个区别对价格和数量以及对经济利润意味着什么？

9. 某公司估计其产品的需求函数如下：

$$Q=8-2P+0.10I+A$$

式中，Q 是每月的需求量，以千为单位；P 是产品价格；I 是消费者收入指数；A 是每月的广告支出，以千为单位。假设 $P=10$ 美元，$I=100$，$A=20$。

根据以上信息，计算下面的值：需求的数量，需求的价格弹性，需求的收入弹性，广告弹性。

10. 某垄断商出售的产品的市场需求和边际成本函数如下：

$$需求\ QD=100-2P$$
$$边际成本\ MC=1.5Q$$

根据以上信息，计算利润最大化时的价格和数量，以及收益最大化时的价格和数量。

11. 你开始了一项新的与教育相关的业务。你一个月的固定成本是 1 800 美元，变动成本是 48 美元。你每学期收费 16 美元。你可以以 66 美元每学期的价格提供服务。根据以上信息，计算盈亏平衡点的每日产量。经营一段时间后，你的变动成本增加到 50 美元。这对于盈亏平衡点的产量意味着什么？

12. 完全竞争性市场上交易的某种产品的市场供给和需求函数如下：

$$QD=40-P$$
$$QS=-5+4P$$

根据以上信息，计算市场上的均衡价格和数量。

13. 现在假设练习 12 中的竞争市场是垄断的。计算对于垄断商而言的价格和数量。

14. 如果某垄断商（利润最大化）的产量水平使得边际收入、边际成本，以及平均总成本是相等的，那么经济利润是：

a. 负值；

b. 正值；

c. 零；

d. 从已知信息无法判断。

15. 作出一条有市场势力的公司的需求曲线。描绘该公司赚取正经济利润的情形。利用图形说明当有竞争者进入市场并与该公司竞争时会发生什么。

16. 证明垄断商有可能遭遇负经济利润。

注　释

1. John Kay, *Culture and Prosperity: Why Some Countries Are Rich but Most Remain Poor* (New York: HarperCollins, 2004), p. 180; J. L. Langlois, L. Roggman, and L. Musselman, "What Is Average and What Is Not Average about Attractive Faces?" *Psychological Science* (1994): 214–220.

2. A situation in which each firm's strategy is optimal, given the strategy chosen by the other player, is called a Nash equilibrium, named after Nobel Prize winner John Nash.

第15章
定 价

玉米片定价

与全国性品牌相比，菲尼克斯的一家玉米片生产商更具竞争优势，因为它的价格更低，质量更好。但是，这家地方性企业还是密切关注全国性的大品牌企业，因为这些全国性的大企业相对于自己的规模非常庞大。当全国性企业更新了玉米片的价格时，菲尼克斯的这家制造商相信它也要有所改变。它为了让自己的产品更加低廉而牺牲了产品的质量，以为这样可以保住它的价格优势。当全国性大型企业将某种特定的玉米片定为1.59美元时，这家企业便把相应产品的价格定为1.29美元，保留30美分的差价。一段时间过后，全国性大型企业把产品价格提升至1.89美元，为了仍保持30美分的差价，菲尼克斯的制造商也将价格抬高到1.59美元，而正是因为这个改变使这家企业倒闭了。

1. 为什么一家企业拥有更低的价格，但还是在竞争中失败了？

2. 为什么同样的价格增长幅度却使消费者购买高价格商品更多，低价格商品更少？

如何定价？

面对竞争压力时，企业通常的战略包括降低价格、引入新产品、进行产品多样化或者并购其他企业，但对于企业而言最重要的决策则是它的价格策略。管理人员明白商品定价非常重要，但只有很小比例的企业会做实质性的市场调研，而且在所有进行市场调研的企业中，有 1/3 的企业不知道如何处理市场调查中的数据[1]，以至于很多企业放弃了定价的职责——"市场决定价格"，"我们只要盯住对手的价格"，"价格取决于成本"。

边际收益与边际成本

定价看起来十分简单，不是吗？只要计算出边际收益等于边际成本时的需求量，再根据需求量就可以确定价格。尽管这是解决定价问题的基本方法，但它其实非常复杂：企业有可能生产多于一种产品；企业试图迎合不同的有利可图的市场；企业不得不考虑它的价格变动会使对手做出何种举动；企业不得不考虑其价格的高低是否会影响消费者心目中的产品质量；企业不得不考虑较高的定价是否会吸引其他市场的竞争者进入市场；企业不得不考虑市场最低价格是否暗示了产品的质量也是市场最低，等等。事实上，这些复杂的问题都是存在的。所以对于管理者来说，把重要的方面都考虑周全是很困难的。很多企业利用软件来帮助它们处理这些问题。

比如，汽油的零售商就用高科技的方法定价。一些零售商依靠品牌的实力将价格定得较高，而另一些则以价格低廉而出名。但是总体而言，大部分零售商的价格只是比对手略低一些，而对于不同级别的汽油，其价格升降幅度基本一致。

零售商可以通过计算机计算价格弹性。首先查看历史价格、规模和竞争者数据，并根据每日数据更新进行连续微调。预期规模、价格变动对规模的影响和对手价格变动的影响都可以计算出来。这种技术可以让加油站每天调整价格 5 次或 5 次以上。

不仅是汽油零售商会使用定价的技术。在一家普通的超市中，不借助计算机而为超过 30 000 种不同商品进行定价看起来是不可能的，没有人能仔细关注每个商品，确保它们的边际成本和边际收益是相同的。但是，计算机软件通过记录价格弹性的方法可以帮助企业定价。

加油站和超市的管理者可能没有发现，定价技术能够帮助他们确定实现最大化利润的价格水平。但这确实是事实。对每一个商品而言，价格的制定都是通过找到边际收益等于边际成本的需求数量的方法。可是如果你向管理人员询问定价方法，很少有人会清楚地说出边际收益或边际成本。大部分人会提到成本加权定价、价值定价或者其他术语，即使他们在依靠软件来确定最优价格。

个性化定价

正如刚才提到的，高科技使企业定价更加准确。在很多情况下，它们可以根据每天的时刻、天气的温度或者其他变量等对每一个客户进行个性化定价。图 15—1 中标识出了一些产品的需求和供给。价格 P_1 是由需求和供给的交点决定的。在需求曲线之下和市场价格之上的部分表明很多消费者愿意为获取商品而承受更高价格。但是，这些消费者不用支付高价，因为他们只需支付市场决定的价格。这个区域称为**消费者剩余**（consumer surplus）。

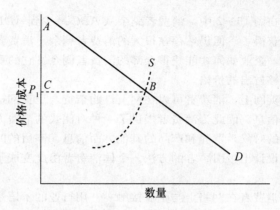

图 15—1 消费者剩余

说明：一个商品或一项服务的市场价格表示为 P_1。而消费者愿意且能够为此商品或服务付出更高的价格，这可以从需求曲线位于市场价格以上的部分看出来。图中的 ABC 部分就是消费者剩余。

企业想要拥有消费者剩余部分的利润而不愿让消费者分享。一种获得消费者剩余的方法是**个性化定价**（personalized pricing）。目录零售商甚至可以在没有科技辅助的情况下获得消费者剩余。它们发送的目录销售相同的商品，但是却给出不同的价格。那些居住在挥金如土的区域的消费者就很不幸了，因为他们只能看到较高的价格。Victoria's Secret 和史泰博使用这种战略已有许多年，但是现在个性化定价变得更为精确了。网络程序可以识别每一个个体消费者，记录他过去的购买价格，根据历史记录为他定价。当一个消费者在亚马逊网购物时，他对图书和音乐的喜好会被记录下来，在下次登录时为他推荐补充性和替代性的产品。在 2000 年劳动节的周末这段较短的时间里，亚马逊网基于每个消费者的需求弹性提出了不同的价格。换句话说，每个消费者购买同样的商品但支付不同的价格。面对消费者的不满，亚马逊网放弃了这项计划。[2]

如图 15—2 所示，当一个企业具有强大的市场力量（如通过增加差异化）时，需求曲线向下倾斜。因此企业能根据边际收益等于边际成本算出需求量，并依据其进行定价。这个定价会高于上面通过需求与供给交点确定的价格，导致消费者剩余

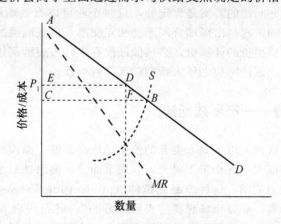

图 15—2 根据市场力量定价

说明：相比完全竞争市场上的企业，拥有强大的市场力量的企业收取更高的价格，而销售更少的商品。这时消费者剩余从 ABC 降到 ADE。

的减少。在图 15—2 中，消费者剩余从 ABC 减少到 ADE，CEDF 这部分消费者剩余被企业获得了。但仍然存在很大的消费者剩余，消费者支付市场决定的价格仍能拥有收益。企业如何才能获得全部的消费者剩余？它的要价必须准确地反映消费者愿意和能够付出的价格。

在豆荚网上，消费者可以在网上订购杂货，豆荚网提供每单位商品的价格、原料和营养信息，因此为消费者提供了一种对比式的消费方法。当顾客点击鼠标，即考虑价格的时候，营养和产品的其他方面信息、停留的时间都会被记录，厂商便可利用信息设计出吸引顾客的方法。个体消费者由此变成了一个实体，而不是一群消费者中的一员。

每个消费者在网络上与企业接触——用行业的术语来说即"一对一营销"——使得企业可以个性化定价。本质上讲，企业的任务是找出任何一个顾客愿意并且有能力支付的价格，并且力图为每一个顾客制定这个价格。[3] 每个消费者都接受不同的价格称为**完全价格歧视**（perfect price discrimination）。如果将消费者分为不同的组，使得每组内的消费者拥有相似的需求价格弹性，然后企业针对不同组消费者为同样的产品制定不同的价格，这称为三级价格歧视。**二级价格歧视**（second-degree price discrimination）是指企业不能识别每位消费者心中认为的每一单位商品的价值，但是企业可以把商品单位分组，进而对不同的组收取不同的费用。批发折价就属于二级价格歧视；消费者购买少量商品需支付高价，而购买较多的商品便可以支付低价，当然，购买商品越多则支付价格越低。

当企业提供商品或服务的价格超过成本时，就可以获得经济收益。为了使收益最大化，企业会依照边际收益与边际成本相等来确定价格和数量，让所有的消费者支付相同的价格，这种定价方案称为单一价格或一致价格。

当存在消费者需求价格弹性不同的两个市场时，对两个市场的定价完全相同无异于"有钱不赚"。实际上，可以通过提高需求价格弹性较低的市场的价格来获得利润。

如果两个舱位的飞机比一个舱位的飞机好，三个舱位则比两个舱位好吗？四个舱位比三个舱位好吗？对每个乘客收取不同的价格比对不同组乘客收取不同的价格好吗？这些问题的答案是肯定的，只要企业可以有效地维护市场细分。换句话说，卖方必须确定这些市场细分间不会相互交易，彻底地跳过卖方。比如假设电路城为老年人提供半价的计算机，必须保证没有年轻人想购买这款计算机，因为年轻的潜在客户会出钱让一位老年人帮助购买这种机器。

自我选择——产品线延伸

硅石代理人以 54.95 美元的价格销售高级铁，而次级铁标价为 49.95 美元。它们的生产成本差异小于 1 美元，本质上而言，高级铁只是增加了一点点特征使它可以立即投入使用。这种**产品线延伸**（product-line extension）使得企业可以增加利润，因为有一部分市场想要"得到最好的"。硅石代理人如何才能找到这些人并把他们与其他人区分开呢？他并没有区分，实际上他是任由消费者自我选择。

美国福特汽车公司曾经推出了 Taurus 的两种型号，分别是基本型 GL 和升级型 LX，一些消费者抱怨道 GL 的价格对于老顾客来说太贵了。福特回应的方式并不是降低 GL 的价格，而是推出了另一种低价的车型 G。[4]

出版商提供了首版精装本，之后也推出了平装本。这些都称为产品扩展。产品扩展与价格歧视类似。鉴于企业不能很好地区分消费者，推出价格不同而本质相似的产品可以任由消费者进行自我选择，并将之区分，最终使他们为相同的商品支付不同的价格。

你也许会说产品扩展不是一种通过边际成本等于边际收益的方式确定价格的方法，但实际上它是。利益最大化是通过定价和产品扩展实现的，其中的每一件商品的边际收益都等于边际成本。

$$MR_1 = MC_1$$
$$MR_2 = MC_2$$

高峰负荷定价

可口可乐的管理人员无意中透露出他们的设想，在自动贩卖机中安装一种芯片使可乐的价格随温度的升高而上涨。[5] 尽管随之而来的抗议迫使可口可乐放弃这种策略，但使用**高峰负荷定价**（peak load pricing）对企业来讲并不少见。使用同种设备生产的企业如果在不同时期面对不同的需求量，便可以通过高峰负荷价格获得收益。高峰负荷价格是一种价格歧视，它以在高峰时定价高，在非高峰时定价低为手段。

电力的定价也是高峰负荷价格的一个例子。工作日的下午和傍晚的用电量最多，供电企业必须拥有满足客户需求的设备，但是这也意味着这些设备在非高峰时期将闲置。因此企业更希望保持设备需求的平稳水平，这样在一周中可以有近乎一致的使用量。

如果可以以较低的成本储存电量，企业便可以建造发电量为平均用电量的设备，这样也就使高峰和非高峰时期供电量的边际成本没有多大的区别了。

商业洞察

剧院的高峰负荷价格

高峰负荷价格可以使用的条件是存在明显的区分。在流行期提高价格，在非流行期降低价格，直到这两者间的区别消失。企业家不愿使用高峰负荷价格也是可以理解的：大多数消费者认为这种方式不公平。然而，剧院似乎成功地应用了高峰负荷价格。剧院有便宜的日场戏和昂贵的晚场戏，但晚上却有更多的观众。非常奇怪的是，正如经济学家布赖恩·卡普兰（Bryan Caplan）指出的，周末的日场戏比平日的晚场戏更加火爆。或许更加合理的安排方法是对周五、周六和周日制定较高的价格，而在周一至周四进行打折活动，或者周末和平时的日场戏价格不同，或者日场戏和非日场戏的价格不同。为什么剧院只使用两个价格呢？[6]

成本加成定价

考虑以下两种陈述：（1）产品价格必须达到成本的 2.5 倍；（2）在餐厅，食品的标价是其直接成本的 3 倍，啤酒是 4 倍，而白酒则达到其成本的 6 倍。这些描述代表了大部分企业的定价方式。这称作**成本加成定价**（cost-plus pricing）（也称作全成本定价或固定毛利率加成定价）。

成本加成定价有多种不同的方式，但基本都包括两个步骤。第一步，企业先估计生产并销售产品的单位成本；第二步，企业在预估成本的基础上进行加成。加成是为了将无法归属到特定产品的成本考虑进来，并给予企业投资者一定回报。英特尔公司首先预估了其微处理器的需求，接着根据需求确定了单位产品的成本。最后，基于其预测的成本，再观察一下其主要竞争对手 AMD 公司的举动，最终确定其产品的价格。强鹿也是如此，先确定产品的成本价，再确定向经销商出售的价格。然后，经销商根据其面向的特定市场的状况，酌情确定其市场价格。甚至诸如雪佛龙或德士古那样的石油企业，也是根据原油价格、提炼所需添加剂的成本以及其他竞争者的定价，来确定其石油产品的零售价格的。

当一个企业使用成本加成定价时，价格就可以如下表示：

$$P = 平均成本 \times (1 + 加成幅度)$$

式中，加成幅度是用百分比表示的。例如，这一加成幅度可以代表预定利润率，或者目标收益率。那么，成本加成定价是否能使企业利润最大化呢？遗憾的是，在多数情况下并不能。

要想使通过成本加成定价获得的企业利润最大化，那么加成幅度就必须设定得非常精准，以使在这一价格下边际收入正好等于边际成本。要想通过成本加成定价最大化企业利润，企业必须使用边际成本而非平均成本，并使加成幅度等于[7]

$$[1/(1-1/e)] - 1$$

然而，企业管理者了解到加成幅度必须通过上述方法精准设定的可能性有多大呢？微乎其微。然而，只要企业管理者对客户需求非常敏感，不通过上述方法也可以使企业利润最大化。因为当需求弹性下降时，加成幅度便增大，价格就提高了。相反，需求弹性越高，加成幅度就越小，价格也就越低。

结构

宝来威康（现在的葛兰素威康）于 1987 年将其抗艾滋药物 AZT 引入市场，却备受冷遇。随着开创性的医学技术突破，AZT 第一次给予了艾滋病患者存活下去的希望。然而，AZT 的导入价格为每年 12 000 美元。虽然宝来威康进行了大量的宣传攻势来辩解其定价的合理性——其中包含为开发 AZT 而花费的大量研发成本，然而异常消极的市场反应还是威胁到了产品的出售，甚至企业声誉本身。[8] 之后在 1991 年，百美时施贵宝（Bristol Myers Squibb）将一种与其类似的抗艾滋药物引入市场，其品牌名称为 Videx。这种药的药效不及 AZT，其标价也仅仅为每月 150 美元，即每年 1 800 美元。然而，公众的反应异常兴奋，同性恋权利组织还称赞施贵宝的行为可以作为世人的楷模。

为什么差距这么大呢？这主要因为 Videx 获得了巨大的感知优势。Videx 面世时，人们可以将其价格与 AZT 的价格进行比较，而当 AZT 刚刚面世时没有任何参照物可以进行比较。这种具有参照物的决策环境对于决策者而言具有重大的影响。这种决策环境会影响价格的需求弹性。简单来说，对于价格的感知。

举例而言，当消费者预订旅馆的房间时，旅馆的预订接待员通常先报高峰期的最高收费，然而告知他们打折后的收费。旅馆是用这种方法给消费者设定一个较高的参考价格。如果消费者最初的参考价格很高，那么消费者就会将参考价格与实际价格间的价差看作其支付的获益。相似地，航空预订也会在告知折扣价及其相关旅游限制之前，让顾客了解这条航线最高的机票价格。在书面广告、广播或电视广告中，旅店和航空企业都会想方设法引导顾客把较高的参考价格与折扣价格进行比较。例如，"票价打五折"或者"同伴免费"这类常见的广告形式都显示了 50% 的折扣。

但人们总是乐于看到这个差距变得更大。然而，参考价格与实际价格的差距的设定要根据实际情况而有所不同。试想对于下列两种情况：

> 一个人 A，在办公室的足球比赛中赢了 100 美元，然而在同一天，他又不小心弄脏了公寓的地毯，需要向房主赔付 75 美元。另一个人 B，在办公室的足球比赛中赢了 25 美元。那么 A 和 B 谁更快乐呢？

大部分人都认为 A 更快乐，虽然 A 和 B 最终都只得到 25 美元。那么我们再将上述情况略加修改：

> 一个人 A，他不小心弄脏了公寓的地毯，需要向房主赔付 100 美元。另一个人 B，在办公室的足球比赛中赢了 25 美元，然而在同一天，他也不小心弄脏了公寓的地毯，需要向房主赔付 125 美元。

在这个情况下，大部分人认为 B 更快乐，虽然 A 和 B 都亏了 100 美元。我们可以把这种心理推及市场中的消费行为，人们总会比较其"购物篮"中的获利或者损失。如果加总而言消费者获利，就如同第一个例子，人们会偏向于那些使获利与损失分开的组合，因为这样这个获利在消费者眼中会被放大。100 元的获利和 25 元的损失总是比 75 元的获利更具吸引力。同样，如果加总而言消费者损失，就如同第二个例子，那么人们也会偏向于那些使获利与损失分开的组合，因为这样损失在消费者眼中会被缩小。

几个月来，旅店开始征收每晚 1.5～7 美元不等的"能源费"，因为能源的价格上涨了，于是旅店就直接将涨价转嫁给了消费者。旅店认为，它们可以提高旅店房间的价格而不被消费者责备。但消费者的反应并不乐观。那些希望一次性听完所有坏消息的人表示，旅店老板价格策略真是烂极了。他们认为旅店老板应该一次性把所有费用加在一起。旅店老板错误地以为消费者只会责怪能源收费而不会责怪旅店。

奇零定价（odd pricing）是把价格定在仅仅比最适整数价位小一点的定价方法。例如，2.98 美元相对于 3.00 美元或是 499 美元相对于 500 美元就是奇零价格。奇零定价法的使用是基于参考价格理论的。499 美元的标价让消费者觉得比 500 美元的参考价格实惠得多。再者，因为损失要比同等的收益更让人敏感，奇零定价法不会将价格定在参考价格之上。[9]

对消费者来说，放弃他们所拥有的资产的痛苦比得到他们没有的资产的快乐要大得多。买家想要保持现状，留住他们已有的资产。这意味着如果消费者认为他们已经拥有这件产品，那么他们的需求的价格弹性将会下降。因此，只要让消费者在购买前哪怕是暂时感觉这件产品是他们自己的，就能影响他们的消费决策。如果能说服消费者把商品带回家试用一下，他们就会考虑购买这件商品。等付款期一到，消费者就不愿意退回商品了，因为他们觉得把它退回去等同于失去了自己拥有的东西。家居装饰和家具店常用的一个策略就是鼓励消费者把一件家具带回家，看看它用起来怎么样。这同样是先买后付的方式。举个例子，在假期，零售商常常提供分期付款计划，把付款时间延迟 90 天，好让消费者对商品的心理价位达到他们的参考价。健身俱乐部、健身中心和减肥诊所经常提供免费的或者名义上收取少量费用的初期体验会员服务。

出版商结算所将接受其直接邮寄推销的人定位为"入选者"，并告知如果他们再不返回报名表就会损失数百万美元。出版商结算所试图给消费者这样一个印象：如果他们不提交报名表，他们就将失去他们拥有的资产。

更复杂的情况

我们到现在所讨论的是企业单一定价销售单一产品的情况。这是经营者面对的最简单的定价情况。但正如我们所讨论的，很多企业都没有采用最佳策略实现定价。当情况更复杂时会发生什么呢？例如，假设一家企业要把很多种产品卖给很多不同类别的消费者，或者一家企业需要依据其竞争对手的价格进行定价，而不能独立定价。我们现在来考虑这种更复杂的情形。

捆绑销售

有线电视供应商面临一个困难的定价情况。它们销售很多频道，而消费者感兴趣的频道又不尽相同。例如，假设 Cox 有线公司只有 1 和 2 两个频道，观众只有 A 和 B 两类。A 类观众更爱看 1 频道，B 类观众更爱看 2 频道。

假设 B 类观众愿意为 1 频道每个月支付不多于 12 美元，为 2 频道每个月支付不多于 12 美元；A 类观众愿意为 1 频道每个月支付不多于 20 美元，为 2 频道每个月只支付不多于 4 美元。

如果两个频道分开销售，那么 Cox 公司最多可以得到每类观众愿意支付的价格之和。如果 Cox 给 1 频道定价为 20 美元，那么只有 A 类观众愿意购买。要想让 B 类观众购买频道 1，Cox 就必须把价格定在不高于 12 美元的价位上。由于 Cox 不能分离 A，B 两类观众，它就必须对所有消费者制定统一的价格。因此，1 频道的总收入是

$$TR = (Q_A + Q_B) \times 12$$

式中，Q_A 表示 A 类观众的人数；Q_B 表示 B 类观众的人数。

相似地，Cox 只能以 4 美元向 A 类观众出售 2 频道，所以 Cox 只能把 2 频道定价为不高于 4 美元。2 频道的总收入是

$$TR = (Q_A + Q_B) \times 4$$

现在考虑如果 Cox 打包出售 1，2 两个频道，即把两个频道绑在一起会发生什么。Cox 将会把价格定在 24 美元，也就是可以吸引消费者打包购买 1 频道和 2 频道的最低价。在捆绑销售的情形下，$TR = (Q_A + Q_B) \times 24$。这就叫做**纯捆绑销售**（pure bundling），因为购买这两个频道的唯一方式就是将它们打包购买。纯捆绑销售并没有产生价格歧视——所有的消费者都支付的是同样的价格。

混合捆绑销售

在上述例子中，Cox 有线公司只以捆绑形式销售两个频道。但是，通常通过让消费者拥有在捆绑产品和单个产品之间做选择的权利，销售者可以赚取更高的利润。例如，假设 Cox 公司对每个消费者每个频道每月承担 5 美元的边际成本。这每个月 5 美元的边际成本高于 A 类观众愿意对 2 频道支付的价格。以低于成本价把 2 频道卖给 A 类观众是毫无意义的。由于 A 类观众愿意以不高于 20 美元购买 1 频道，那么把 1 频道以 20 美元卖给 A 类观众就是行得通的。B 类观众不会以高于 12 美元的价格单独购买 1 频道，但愿意支付最高 24 美元一起购买这两个频道。如果把 1 频道的价格定为 20 美元，把 1 频道和 2 频道的打包价格定为 24 美元，那么总收入为 $TR = Q_A \times 20 + Q_B \times 24$，利润为 $Q_A(20-5) + Q_B(24-10)$。

将这种情况与只以 24 美元提供打包频道的情况相比较。每个频道的边际成本为 5 美元的纯捆绑销售的总利润为：

$$TR = Q_A(24-10) + Q_B(24-10)$$

Cox 提供**混合捆绑销售**（mixed bundle）的利润比提供纯捆绑销售的利润更高。

实际上，捆绑销售是一种很常见的定价策略。在旅游业中，将航班和海滨度假胜地的房间打包出售对商务旅客比对度假者更具吸引力。相比以更高的价格购买航班和附带的假期，商务旅客相对更可能单独选择航线。度假者会偏好捆绑销售。有线电视的捆绑销售有很多。它提供一个由若干频道捆绑而成的"基本"包裹，然后以额外价格提供一些不同的频道包裹。宝洁公司、吉列公司、舒适公司和其他一些公司会定期进行捆绑销售。剃须刀和剃须膏打包、洗衣粉和洗手液打包，等等。微软的 Office 软件包包括几种程序，如 Excel 和 PowerPoint，以及 Internet 浏览器，每种原本都可以单独销售。麦当劳和其他快餐店提供不同的套餐，例如几种食品加一杯饮料，定价低于单独购买的价格。

搭售

搭售（tying）是捆绑的一种形式。搭售是涉及产品组合买卖的任何需求中最常见的一类条目。购买主产品（受绑商品）的顾客必须购买一样或几样对于主产品必要的补充商品（被绑商品），通常主产品是耐用品，比如说一台复印机，而副产品是非耐用品，比如打印纸或墨盒。移动电话企业将它们的商品和服务进行搭售——一个电话搭配一个激活码和专属的呼叫服务。

了解顾客的着重点可以在构造合适的搭售时正确定价。如果顾客在搭售中对某一特征的价格更为敏感，则厂商应相应定价，通过让商品表现出低价来吸引那些对价格敏感的购买者。

品牌替换

当厂商生产或者提供不止一种商品和服务时，必须通过考虑全部商品和服务的影响来设置其价格和数量。现在来看一个例子，有两种相关产品，A 和 B，它们的销量相互影响。A 产品随销量变化的边际收益由两部分构成：因 A 产品销量变化而导致的 A 产品边际收益变化和因 B 产品销量变化而导致的 A 产品边际收益变化。类似地，B 产品的边际收益也包含两个部分。A 和 B 相互依存的关系可以是正相关、负相关或者不相关。如果考虑两种产品是替代品，则一种产品销量的增加将会导致另一种产品总收入的减少。

举个例子，假设宝洁公司对其市场上的洗衣液定义为两个部分——个人装和家庭装。假定宝洁生产两种不同大小的包装——5 盎司装和 10 盎司装。让我们也假设洗衣液的边际成本是每盎司 10 分，没有其他的花费。如果宝洁将 5 盎司装的产品定价为每瓶 2.5 美元，10 盎司装的定价为每瓶 6 美元，一个家庭将会用一大瓶代替几小瓶。用市场语言来讲，小瓶装是大瓶装的品牌替换。当一种产品的销量是通过减少另一种同型产品的需求而产生的时候就会发生**品牌替换**（cannibalization）。

品牌替换的发生是因为宝洁无法将两个市场分开——即区分家庭用和个人用。由此可见，宝洁必须设计两种分量并分别定价来使家庭用的消费者自主地选择大瓶装。宝洁公司使它的销量和价格满足 $MR_A = MC = MR_B$。其复杂之处在于两种产品是相关的，这意味着小瓶装的销量会影响到大瓶装，反之亦然。边际收益等于边际成本用公式表示为：

$$MR_A + MR_{AB} = MC = MR_B + MR_{BA}$$

式中，MR_{AB} 表示 B 的销量对于 A 的边际收益的影响，反之对于 MR_{BA} 亦然。

另一个例子，吉列公司，主要销售剃刀、刀片、化妆品和文具，以及博朗个人护理用品、博朗家用电器和清洁型电动牙刷。它的剃刀和刀片包括 Sensor，Altra Trac 二号，Good News 和 Daisy Plus，其他的每个都包含一些不同的品牌。有可能钢笔和电动剃须刀不存在互补关系，但是在 Altra Trac 二号剃刀中存在。实际上，当吉列生产一款新的剃刀时，棒形剃刀和刀片的销量都会下降，吉列公司在决定怎样给它的新型 Trac 二号剃刀定价时，不得不把品牌替换考虑在内。

多元化产品

对于具有多元化产品的厂商而言，其利润最大化策略很容易理解——找到一个 i 使得 $MR_i = MC$。对于每一个产品来说，即在边际收益等于边际成本时设置价格。然而，我们必须警惕产品间是否具有相关性。因为如果两种产品是互补品或是替代品，一种产品的价格变化就会可能影响其他产品。这时如果只关注一种产品并为其定价，是无法达到企业最大化利润水平的。厂商销售多元化商品时，必须通过弄清所有产品的利润率来决定边际收益与边际成本相等的点。

超市更好地说明了这个策略。货架空间分配给了不同种类的产品，例如肉类、奶制品、罐装食品、冷冻食品和农产品等。显而易见，超市提供了多元化产品，它通过使每种产品的 $MR = MC$ 来达到利润最大化。假设对于一种产品来说，边际收益小于边际成本，而对于另一种产品，边际收益大于边际成本，很明显，减少前者的产量并提高后者的产量才更经济。这就是超市所做的，增加边际利润高的产品，如熟食、内置面包店和植物景观，减少边际利润低的产品。我们发现当面包店的价格上涨时，奶制品的销量就会下降，超市必须同时决定面包和奶制品的利润最大化价格。一些厂商现在也开始对零售商使用这样的定价方法。比如 SAP-Khimetrics

运用上述方法确定了 30 000 多种产品的价格。

关联产品

　　厂商经常生产关联产品。关联产品是指对于生产者而非消费者而言相关性较大的产品。对于关联产品，一种产品的变化会引起另一产品的成本或可用性发生变化。关联产品有很多，包括空气中的液氧和氮气，牛肉和牛皮，原油中的汽油和燃油。

　　关联产品的定价要比单个产品稍微复杂一些。首先，有两条需求曲线。每条需求曲线的特征都不一样。一种产品的需求可能比另一种大。消费者对一种产品的价格弹性也可能大于另一种产品（因此对价格变化更为敏感）。更复杂的是，产品由于生产相关，所以共用一条边际成本曲线。此外，它们也有互补品（使用同一原料不同部分）和替代品（使用统一原料同一部分）之分。所以，关联产品生产的比例可能是固定的，也可能不固定。

　　关联产品以固定比例生产时（例如牛皮和牛排），一种产品的产量不同于当它以变动比例生产时的产量。事实上，使关联产品中 B 产品利润最大化的生产数量和市场价格与仅仅只考虑 B 产品利润最大化时所确定的市场价格和生产数量完全不同。

企业间的相关性

　　采用定价策略的一般都是具有市场势力的企业。[10]也就是说，这些企业处于非完全竞争市场。并且，采取这些策略的企业的行为不受竞争对手的影响。在大多数市场中，企业不可能完全特立独行。当一家企业定价时，它的竞争对手会采取相应的策略尽力抵消其影响（这就是寡头垄断）。例如，如果一家企业降低价格，它的竞争对手也会立刻降低价格。其结果就是形成价格战，直至竞争对手的价格降到竞争水平或者一些企业被迫退出市场。这也是有联系的企业不愿在价格方面竞争的原因。第 8 章中讲述的囚徒困境证实了价格竞争的问题。

囚徒困境

　　设想下面一种情况：企业考虑是否在广告方面加大投入。一家企业为产品做广告后产品的需求将会增加，原因有二：第一，之前从未使用过这种类型产品的人在了解后可能会购买。第二，一些使用其他品牌的这种商品的用户可能会更换品牌。前者增加了这个行业的销量，而后者则是对行业现有销量进行再分配。

　　让我们假想两家办公用品商店——史泰博和 Office Max 之间的潜在的价格战。两家商店都有核心的忠诚用户和对价格敏感的顾客。它们在考虑如何为一件受欢迎的产品定价。市场调查显示，两家商店都清楚面对对方商店的不同定价情况它们以某种方式应对后的结果。但它们必须在尚不清楚对方商店的定价时为自己的产品定价并宣传。根据两家商店的具体做法，它们可能得到或多或少的利润，如图 15—3 所示。

Office Max

	较低	较高
较低	Office Max 70 史泰博 80	Office Max 40 史泰博 100
较高	Office Max 100 史泰博 50	Office Max 80 史泰博 90

（左侧标注：史泰博）

图 15—3 价格战

说明：Office Max 发现，无论史泰博的选择如何，低价永远是自己的最优选择。而史泰博也发现，低价是自己的最优选择。

如果史泰博和 Office Max 都选择降价，Office Max 和史泰博将分别获得 70 和 80 的利润；如果史泰博选择低价，Office Max 选择高价，史泰博会获利 100，而 Office Max 只能得到 40；如果史泰博选择高价，Office Max 选择低价，Office Max 获利最多。如果两家商店都选择高价，则它们都能获得高利润。显然，两家商店在都选择高价的情况下会获利最多。但由于不清楚对方会采取何种策略，两家商店都不愿冒险采取高价而让对方占据大部分的市场份额。它们观察回报推测对方可能会采取低价。因此，自己选择较低收益比选择高价而对方选择低价要好得多。

矩阵左上角的解决方法表明，两家商店的利润都比它们同时采取高价时的利润低。两家商店陷入了所谓的囚徒困境中。

通过合作，两家商店可以走出囚徒困境并增加利润。例如，它们同意制定一个更高的价格，也就是统一价格。

但问题是：在美国统一定价是违法的。因此两家企业应该找到一种不明确统一定价，但与之有相同效果的方法。一种含蓄的统一定价是建立**符合竞争条款**（meet the competition clause），在这种情况下企业对于满足竞争对手给顾客提供的条件留有选择权。这减少了竞争对手之间抢夺客户的动力。简单来说，符合竞争条款被看做"我们不能低于市价出售"和"低价保障"。企业和顾客达成协议，如果顾客发现一个低于其他任何商店的价格，这个商店会调整售价并按一定比例退款。

另一种防止统一定价但最终会得到固定价格的方法是**最惠消费者待遇条款**（most favored customer clause），这保证了客户可以得到企业给所有消费者中的最优价格。如果一个消费者得到了一个较低的价格，那么其他所有享受最惠待遇的消费者都能获得这个最低价格。当企业采取最惠消费者待遇条款时，要经受低价的压力。企业告诉消费者："我也想给你低价但我做不到，如果我给你低价，也要给其他人低价。"有时行业的竞争导致一家企业成为价格领导者，行业内其他企业跟随价格领导者定价。在这个例子中，如果 Office Max 是价格领导者，它会制定一个较高的价格，史泰博跟随这个价格定价。与在价格战中纠缠相比，这种合作方式使两家商店获益更大。

非价格竞争

极少有企业只在价格方面竞争。大多数企业会或多或少地尝试通过产品差异化使自己与众不同。为什么要这么做？因为价格竞争往往导致商品化，其结果是零经济利润。除非一家企业的成本能够比其他企业更低，否则价格竞争带来的只是所有企业接近于边际成本的售价和零经济利润。如果企业能够使产品差异化或让自己与众不同，它将会获得更高的利润。

例如，Linear 公司建立了一个让全世界羡慕的利基市场。[11] 它生产了 7 500 个能为一长串顾客解决问题的产品。它放弃了目前世界电脑中广泛应用的数字芯片，转而生产作用很小的模拟芯片。很多生产成本不到 50 美分的 Linear 公司芯片售价为 1.5 美元或 2 美元。Linear 公司的芯片售价怎么能远高于它的边际成本？2006 年，Linear 公司凭借 110 亿美元的销售额获得了近 40％ 的利润。它超过了微软和谷歌，这两家企业的盈利率分别占到各自销售额的 26％ 和 24％。而它在 2007 年甚至获得了更大的成功。它是怎么做到的呢？它创造了一个没有替代者的利基市场，需求的价格弹性非常低。

既然 Linear 公司发展得如此之好，有可能发生什么呢？竞争者就会进入这个行业来争夺利润。得州仪器正在努力研制类似产品，台湾立琦和得克萨斯州奥斯汀的 Freescale Semiconductor 也将目标瞄准了 Linear 公司。如果真的有其他竞争者进入，Linear 公司的利润就会下降。其 CEO 说因为产品线宽广，他们的企业并不是那么容易复制的。如果它只有一种产品，那其他企业就可以为这一种产品进行竞争。然而，因为它有多款芯片，并且每一款都是为一位不同的客户设计的，他认为这对于其他企业来说是比较难以竞争的。但只要经济利益存在，企业就会想方设法地寻求利益。如果 Linear 公司仅仅试图在价格的基础上竞争，它很可能无法与能以更低价格获得资源的大企业抗衡。

派克汉尼芬企业是一家大型工业零件制造商，89 年来它的 800 000 个零件都是通过一种非常简单的方法定价的。[12] 企业经理会计算每个产品的生产和运输成本，然后再加上一个统一固定的比率，通常是 35％ 左右。但从 2002 年开始，这家企业以找到每个产品利益最大化的点来确定价格。这家企业声明仅仅根据客户愿意且有能力支付的金额来定价就使净收益增加了 5 亿美元，资本投资的回报率也从 7％ 提升到了 21％。很多企业正在学习定价在经济利益中扮演的角色。定价不对其实就意味着钱要打水漂了。

案例回顾

玉米片定价

较低的价格有可能成为一家企业的问题甚至是它失败的原因吗？为什么顾问认为当地的墨西哥玉米片的问题是它的低价呢？菲尼克斯墨西哥玉米片的制造商改变了它的产品，降低了质量。实际上，这一举措让消费者的购买成本提高了。虽然标价没有改变，但是玉米片的质量变了。本质上看，质量降低的商品的恒定价格其实就是一个更高的价格。如果消费者的需求是富有价格弹性的，更高的实际价格就意味着更低的销售量和更少的收益。如果菲尼克斯玉米片的制造商能够既保持质量又保证价格不变，它就不会有像现在这样和全国性名牌竞争的问题了。当初菲尼克斯玉米片的制造商可以采取的一个策略就是通过把它的玉米片定位于高品质玉米片，将市场分离成需求价格弹性不同的群体。弹性较低的利基就会让菲尼克斯企业保持盈利。另一个策略就是提供两种类型的玉米片，一种质量较低，一种质量较高，从而吸引两种类型的消费者。

　　为什么两种商品相同的提价会让消费者买更多的高价商品，而更少买价格相对较低的商品呢？全国性名牌商品价格从 1.59 美元提价 30 美分到 1.89 美元，而本土企业也提价了 30 美分，由原来的 1.29 美元到 1.59 美元。两者的不同在于，从 1.59 美元到 1.89 美元价格提高了 19%，然而从 1.29 美元到 1.59 美元价格提高了 23%。更大的涨幅意味着需求更大的变化。价格较高的企业比价格较低的企业价格上涨幅度相对较小，因此从价格较低的企业手中夺得了更多市场份额。

本章小结

　　1. 当一个企业只卖一种产品时，只要顾客不会依价格敏感度被区分，该企业就会通过设定一个使边际收益等于边际成本的单一的或者说统一的价格使利润最大化。

　　2. 当消费者或者消费者群能按照需求价格弹性的不同被区分并且消费者之间的商品再销售能被避免的时候，商家可以通过价格歧视来提高利润，价格歧视经常称为个性化定价。

　　3. 网络使个性化定价变得很普遍，因为商家能够更多地了解消费者的喜好。

　　4. 价格歧视有很多形式。三级价格歧视本质上将消费者分为两个顾客群。完全价格歧视是在最大限度上个性化定价，此时每个顾客支付一个不同的价格。二级价格歧视根据商品或服务的数量的不同而设定不同的价格。

　　5. 利润最大化规则在价格歧视方面体现在设定一个价格使得各个细分市场的边际收益相等同时等于边际成本。

　　6. 产品线扩展是价格歧视的一种形式——以不同的价格提供差别很小的产品。利润最大化规则就是设定一个价格使得每个产品的边际收益等于它的边际成本。

　　7. 高峰负荷定价是价格歧视的一种形式，即一天的不同时段存在不同的价格。此时利润最大化规则就是设定一个价格使得每个时段的边际收益等于该时段的边际成本。

　　8. 成本加成定价在成本的基础上提高标价。成本加成定价策略是一种利润最大化策略，当且仅当价格的涨幅等于 [1/(1−1/e)]−1 时，计算基础是边际成本。

　　9. 捆绑销售就是以一个价格提供不止一个商品或服务。

　　10. 纯捆绑销售指一揽子销售商品或服务。混合捆绑销售指在一揽子销售的同时至少单独销售捆绑产品中的一些部分。

　　11. 搭售是一个通用术语，意指制定价格并销售互补产品的组合。

　　12. 品牌替换指一家企业一种产品的销售会减少同一家企业另一种产品的销售。

　　13. 当各企业间相互联系时，定价策略会变得更加复杂。

　　14. 定价的相互依赖可以通过囚徒困境这个例子来很好地解释。在一个囚徒困境中，参与者被限于只能选择一种次优的解决方法。走出困境的唯一方法就是进行重复的相互作用或者改变报酬。

　　15. 如果为了走出困境而达成的合作性安排失效了，这可能是由于一个参与者试图欺骗其他人而发生的，价格大战就会发生。

　　16. 关联产品是指在生产过程中，一种产品的生产会导致另一种产品的产生。

　　17. 在任何一种情况下，利润最大化就是使边际收益等于边际成本。而关键在于大致明确不同产品、不同产品组合和不同生产过程中的边际收益和边际成本。

关键术语

消费者剩余（customer surplus）

个性化定价（personalized pricing）

完全价格歧视（perfect price discrimination）

二级价格歧视（second-degree price discrimination）

产品线延伸（product-line extension）

高峰负荷定价（peak-load pricing）

成本加成定价（cost-plus pricing）

奇零定价（odd pricing）

纯捆绑销售（pure bundling）

混合捆绑销售（mixed bundle）

搭售（tying）

品牌替换（cannibalization）

满足竞争条款（meet the competition clause）

最惠消费者待遇条款（most favored customer clause）

练 习

1. 试着解释边际收益低于或等于价格的原因。边际收益和价格对于需求价格弹性的依赖有何不同？

2. 为什么一家公司不想定价在边际收益大于边际成本的价位上呢？

3. 现在许多超市都销售品牌产品和自有品牌产品。假设有一家超市的自有品牌的可乐的需求价格弹性小于可口可乐的需求价格弹性。那么这家超市该如何对自有品牌的可乐进行定价？

4. 假如一个工程师设计出一种改善微芯片生产的方法并将生产该微芯片的边际成本由 1 美元降到 0.80 美元。这家公司会将该微芯片的价格降低 0.20 美元吗？

5. 杂志一般通过报摊和订阅方式销售。如《时报》和《体育画报》的广告费用占杂志收入的近一半，而且广告还需根据杂志订阅者的数量来定。那么一个出版商要如何相对于报摊价格来决定订阅价格呢？

6. 一些私人电脑软件会以特殊的折扣卖给学生。其他一些软件会给学生提供比较低的版本。试着解释为什么出版商会为学生提供一些折扣。而开发低版本软件的目的又是什么？

7. 根据弯折的需求曲线模型解释为什么成本的增加可能不会导致产品的产量和价格的改变（运用第 10 章的知识点进行解释）。

8. 有一段时间一家主要的美国航空公司计划所有的航线采用统一的飞机票价，这些票价是根据航程制定的。这样做将会改变在同一时间有很多不同的价位的情况。许多主要的航空公司非常赞赏这项计划并且很快予以采用。然而不久之后，许多航空公司就又开始了飞机票的降价。试着运用囚徒困境解释这种现象。

9. 当一家航空公司宣布要采取一项对国内航线的优惠的降价措施的时候，不到一天的时间，其他航空公司也会宣布采取同样的降价措施。你预料这种价格战的结果会是什么样的？

10. Stargazer Recordings 在两个市场上销售 CD 光盘。生产这种光盘的边际成本是每张 2 美元。每个市场上的需求将用以下函数表达：$Q_1=40-10P_1$ 和 $Q_2=40-2P_2$，这里的 Q 表示的是千张 CD 光盘。

a. 如果公司采用价格歧视，该公司应该生产多少张光盘？每张唱片的价格是多少？利润是多少？它采用的是哪种价格歧视方式？

b. 如果这家公司不能阻止产品的转售，那么它的利润又会是多少？

11. 一家主要的航空公司估计从纽约到巴黎的航班的商务舱和短途旅行机票的需求和边际收益如下：

商务舱：$P=4\,200-2Q$

$MR=4\,200-4Q$

经济舱：$P=2\,200-0.25Q$

$MR=2\,200-0.5Q$

如果每位旅客的边际成本为 200 美元，

那么什么样的票价和旅客量将使公司的利润最大化？试着证明这种情况下的利润大于航空公司采取统一票价时的利润。

12. 试着解释什么是高峰负荷定价。它的目的又会是什么？

13. 试着解释并证明为什么成本加成定价和利润最大化定价可能是不一样的？

14. 什么是结构？如何利用结构改变需求价格弹性？

15. 在学校校园里刚刚设立了两家比萨店：Giuseppe's Pizza 和 Capri's Pizza。两家比萨店面临的定价游戏会在以下内容里进行简单解释：每一家比萨店必须为其双奶比萨选择一个价格（有高、中、低三种可供选择），其每一个选择将取决于竞争对手的选择，如下表所示。利润单位为百美元。

		Capri's Pizza		
		高	中	低
Giuseppe's Pizza	高	60, 60	36, 70	36, 35
	中	70, 36	50, 50	30, 35
	低	35, 36	35, 30	25, 25

a. 这个游戏的纳什均衡是什么？（高，高）组合是一个纳什均衡吗？请解释原因。

b. 如果玩家们第二次玩这个游戏，你预料会有什么样的结果？如果他们一次又一次不停地玩下去，结果又会是什么？试着解释清楚。

16. 一家公司提供两种产品供销售。一旦第一单元已被生产，一种产品的边际成本接近于零。另一种产品的边际成本会随着产量的增加而增加。这两种产品的捆绑销售的效果会如何？该公司对此捆绑产品的定价是多少？

17. 一个汽车经销商对每个消费者、每辆汽车制定不同的价格。这是哪种价格歧视方式的例子？为什么该经销商能够采用这种价格歧视？

18. 亚马逊网和苹果公司最近达成一致决定，以每本 9.99 美元的价格销售电子书。你认为这个价格能够反映出产品的边际成本吗？这个价格过高还是过低？试着解释原因。

注　释

1. Nancy Feig, "The Silent Buzz; Price optimization promises increased profits. But banks remain quiet about their price optimization strategies and technologies," *Bank Systems & Technology,* May 1, 2007, p. 35. Garret Van Ryzin, "Survey-Mastering Management: The Brave New World of Pricing," *Financial Times* (London), October 16, 2000, Monday Surveys MMC1, p. 6. K. Clancy and R. Shulman, *Marketing Myths That Are Killing Businesses: The Cure for Death Wish Marketing* (New York: McGraw-Hill, 1994). Shiv Prasad, "Pricing Element in Marketing, *New Straits Times* (Malaysia), May 26, 2007, p. 37.

2. Amazon.com, www.ocf.berkeley.edu/~elram/competitive-edge.html, accessed May 1, 2008.

3. The firm is attempting to collect the consumer surplus.

4. Jeff Karr, "Balance of Power: America's Most Popular Car Is All New. How Does It Stack Up?" *Motor Trend* (August 1995): 51–60. www.motortrend.com/, accessed February 6, 2008.

5. Coke's New Pricing, *New York Times*, October 29, 1999 topics.nytimes.com/top/news/business/companies/coca_cola_company/index.html?query=VENDING%20MACHINES&field=des&match=exact, accessed April 29, 2008.

6. Bryan Caplan, "Peak Load Pricing at the Movies," September 17, 2006. econlog.econlib.org/archives/2006/09/peak_load_prici_1.html. For more pricing puzzles, see Richard b. McKenzie, *Why Popcorn Costs So Much at the Movies* (New York: Springer, 2008).

7. Profit is maximized by setting marginal revenue equal to marginal cost. Marginal revenue is given by $MR = P(1 - 1/e)$, where e is the price elasticity of demand [if the absolute value of e is used, then the term in parentheses is $(1+1/e)$]. So, $MR = MC$ is $P(1 - 1/e) = MC$ Solving for P gives us a cost-plus pricing rule that is in fact based on profit maximization:

$$P = MC[1/(1 - 1/e)]$$

The cost-plus markup pricing rule is

$$P = MC(1 + \text{markup})$$

8. Jeanne Liedtka, "Burroughs Wellcome and the Pricing of AZT (B)," UVA-E-0075, available at SSRN: ssrn.com/abstract=908128.

9. Interestingly, odd pricing is often thought to be not an application of framing but rather an attempt to trick consumers or to control employee theft. A best-selling marketing textbook, *Marketing: Concepts and Strategies* by William M. Pride and O. C. Ferrell (Boston: Houghton Mifflin, 1995), p. 649, notes that "Odd pricing assumes that more of a product will be sold at $99.99 than at $100. Supposedly, customers will think, or at least tell friends, that the product is a bargain—not $100 but $99, plus a few insignificant pennies." Odd pricing is also explained as an attempt to exploit a psychological bias in T. T. Nagle and R. K. Holden, *The Strategy and Tactics of Pricing*(New York: Prentice Hall, 1995), p. 300: "The belief is that buyers perceive the odd-numbers as significantly lower than the slightly higher round numbers that they approximate." While this rationale seems appealing, it assumes that consumers are pretty dense—that they do not learn from mistakes. Perhaps seeing an odd price once might induce consumers to think that the price was actually a lower number, but wouldn't they eventually learn?

The second rationale of odd pricing—which is more folktale than academic explanation—is that odd pricing is used to minimize employee thefts. The origination of odd pricing is attributed to Macy's around 1862. Early corporate historians stated that the reason Macy's used odd pricing was to control theft by clerks. When a customer gave a clerk an even amount of currency in payment for an item with an odd price, the clerk would have to make change at the cashier's desk, thus reducing the opportunity of pocketing funds.

10. Also called monopoly or market power. The idea is that the firm can raise or lower price as it wishes; quantity demanded will fall or rise, respectively.

11. Linear Home Page, www.linearcorp.com/about_linear.html, accessed May 2, 2008.

12. Timothy Aapell, "Seeking Perfect Prices, CEO Tears Up the Rules," *Wall Street Journal*, March 27, 2007, online.wsj.com/article/SB117496231213149938-search.html?KEYWORDS=pricing &COLLECTION=wsjie/6month.

第6篇

综合思考

Putting It All Together

第16章
知识经济

案例

产业政策还是创新政策[1]

产业政策的本质就是政府在行业中挑选成功者和失败者，对成功者进行资助，而并不对失败者进行扶持。然而，目前有一种观点认为政府应该对新兴行业进行投资，因为这个行业的发展需要大量资金，无法仅仅依靠行业内企业的投资。持此观点的人援引美国国防部先进研究项目局（DARPA）对因特网的前身——阿帕网的开发的赞助的例子。如果政府没有支持阿帕网的开发，那么我们现在可能都没有因特网。单个企业是不会对这些项目进行开发投资的，这主要是因为前期投资额太大，而从开发出技术到商业应用的时间周期太长，企业无法预测到其投资的货币化收益。他们还指出，这种情况在诸如生物技术、纳米技术、机器人技术等新兴基础性技术行业中非常普遍。这些新兴基础性技术的研发投资过于庞大，以致任何一个独立的私人部门都无法承担。因此，政府应该加强其对于这类基础开发项目的支持。

如果美国政府未曾对 IBM、谷歌、甲骨文、Akamai、惠普等企业的技术研发进行初期投资，或大额采购这些公司最早生产的产品，它们最初甚至不能存活下来，更不要说拥有如今世界领先的行业地位了。美国政府应该在深入研究的基础上，有目的、有策略地对一些经过挑选的新兴技术——那些能够带来产业、企业和就业市场全面繁荣，甚至能够推动经济今后 20～30 年发展的新兴技术——进行投资，这类似于一种战略性的赌注。政府需要对诸如机器人技术、纳米技术、新能源技术、生物技术、生物合成技术、高性能计算技术、数字化平台技术（如智能电网技术）、智能交通系统技术、宽带技术和健康信息技术等新兴技术产业进行足够的投资。

1. 政府是否有必要选出成功者和失败者？
2. 你对案例中提出的产业政策是否持反对意见？如果不是，你为什么支持政府

选择行业的成功者和失败者（特别是在自由市场经济体制能够很好地完成这一任务的情况下）？

一切都改变了

20 世纪 90 年代，经济学大师就告诉我们，我们过去所熟悉的一切，在未来都会不复存在。2000 年 1 月 1 号，《华尔街日报》用头条宣布："再见，供给和需求"，同期的《华尔街日报》还声称"传统经济学已然消亡"。美国著名小说家索尔·贝娄（Saul Bellow，曾获诺贝尔文学奖）也评论道："看上去，与供给不足进行抗争已经不再是未来经济的主要问题。每一个人都将得到足够的份额。"这也就是人们所说的"新经济"。但是，这种"新经济"的体制已然半途而废，主要原因是 20 世纪末互联网经济泡沫的破灭。

现在，我们时常提到自己生活在知识经济或学习经济中。但是，我们需要再次强调"一切都已经改变了"的论点。[2] 在知识经济中，知识和信息是这个经济体中最核心的本质要素。在大多数关于知识经济的讨论中，都将最新的信息和通信技术，尤其是数码技术，作为最基础的特性。信息处理技术的改变同时也从四个方面改变了整个经济的前景。第一，众多的商业供应链被破坏或分解。第二，私有产权已经被改变。第三，边际报酬将会增加而不是减少。最后，网络已经成为极其重要的一部分。

供应链的分解

《大英百科全书》从 1989 年 6.5 亿美元总收入、雇用 2 300 名销售人员的巅峰，走到了今天再也不发布财务数据，以及只有大约 300 名雇员的地步。这其中发生了什么？百科全书的内容现在通过网络提供，这使挨家挨户的推销模式不得不被摒弃。同样的现象几乎在每一条供应链中都发生了。

如图 16—1 所示，它展示了一份报纸的供应链的一部分。在互联网盛行之前，记者和广告商把他们的文章和广告寄给文字编辑，然后交给总编，之后是印刷，送货，最后到达读者手中。然而随着互联网的盛行，大多数报纸和杂志开始提供在线阅读服务，这样读者就能够在纸质版报纸之前接触到电子版。此外，报纸和杂志上的一些特殊的版块，比如作家专栏和招聘广告，也可以单独发放到读者手里。

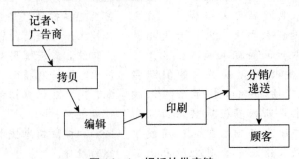

图 16—1 报纸的供应链

说明：新技术将信息与实体商品分开。

在 20 世纪 90 年代之前，无论是销售团队、企业分支机构系统、印刷线、连锁店还是配送车队，都可能是企业的战略资产，成为行业的进入障碍。然而到了 90 年代，这些曾经的战略资产则成为了企业的负债。举个例子来说，人们过去不得不去网点办理银行业务。但是随着自动取款机（ATM）的普及和发展，人们可以不必再去排长长的队伍等待柜员提供服务。现在，ATM 甚至设置到了银行网点以外的地方，这样人们不用去银行就可以办理业务。很多银行业务还可以在互联网上进行。

技术变革的结果是，商品所包含的信息可以从它的实体产品中分离出来。当商品的信息从它的实体产品中抽离出来的时候，这些业务与之前不能分割时相比，就会变得截然不同。一份报纸所包含的信息内容无须依赖一份实体报纸而存在；购买一辆汽车不再需要依赖汽车代理商才能进行；银行业务的办理也无须依赖实体网点才能进行。

音乐的存在也无须依赖实物载体，比如一张 CD。Napster 等公司率先认识到这种 P2P（点对点）的分享模式中的获利机会。Napster 公司专门提供 MP3 格式的音乐，并且建立了一个系统，它的普及性创造了一个巨大的音乐资源库供使用者选择音乐去下载。在可以下载音乐之前，音乐都是依靠实体产品存在的，除非你有设备，否则无法收听音乐。[3]

知识产权和知识经济

实体产品和信息的分离改变了私有产权的分配。这使得"拥有"信息更加困难，并且几乎不可能去执行所有权。假设你点了一份外卖比萨送到你的家里。当它送到之后，你所有的邻居都会过来一起享用它。如果这个情况基本不变的话，你应该不太可能会再去点另外一份比萨。再假设你想出了一个非常棒的点子，就像 $E=MC^2$ 那样经典的命题。一旦这个想法被展示出来，它就是一个公共品。任何人都可以使用这个想法，而且每个人的使用都不会减少其他人对它的使用。

这里面就存在私有产权缺失的问题，一种叫做**知识产权**（intellectual property rights）的缺失。一旦一个创新产品被公开，其他人就会去复制其制作过程，并且出售与之相竞争的产品，同时不用承担整个开发过程的研究费用。以录制音乐和电影为例，复制品的价格可以压到最低，这就意味着在一个自由的市场里，原制作人将不能把产品以一个很高的价格卖出，以使那些创造性工作者的劳动获得相应的补偿。

当信息富有价值，并且可以从实体产品中抽离出来的时候，无论是建立壁垒将之保护起来，还是建立垄断保护其产权都会变得更加困难。通常，信息的创造需要很大代价，但随后的传播过程则几乎是免费的。一旦信息被创造出来，由于无法保护私有产权，它就成为一种公共品。举个例子来说，Metallica 乐队（美国著名重金属摇滚乐队）录制了一张专辑，之后唱片公司通过零售点进行销售。初始歌曲的制作费用是非常昂贵的。但是，一旦第一张 CD 录制完成，之后每一张复制品的边际成本就微不足道了。因此，如果面临竞争性环境，这些音乐的价格就会被拉低至边际成本，从而初始成本将无法赚回。

这个问题普遍存在于所有初始成本高而边际成本低的行业中。制药公司研制新药的初始成本高达数十亿美元。研制出的新药包含极高的信息和知识成本及价值。

但是，一旦这种药物投入市场，制造这种药物的边际成本就几乎为零了。如果公司处于竞争性环境中，其价格最终会被拉到边际成本的水平。而高昂的初始成本就无从弥补了。

图16—2显示了边际成本迅速下降的情形。初始时，这种药品的研发和测试成本都很高昂，可一旦这种药品研发完成，生产更多药品的成本就变得非常非常小。边际成本降到几乎为零的水平，此时公司很难通过制定高价来弥补初始成本。注意图中的 MR 和 MC 曲线最后都趋于零，最终的价格将远低于初始成本。

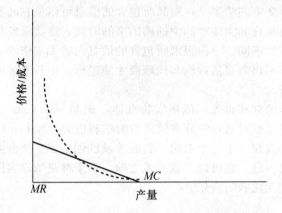

图16—2　开始的成本非常高，然而边际成本很低

说明：MR＝MC，同时二者都几乎等于零。一家公司并不能通过制定高价来获得超额利润，因为它的竞争对手将会促使价格等于MC（就像完全竞争市场那样）。

一旦药品被研发出来，任何人都可以生产并销售。此时还会有企业愿意从事研发工作吗？许多人都不会，这也就是形成政府授权垄断——专利和版权的基础。

对于专利和版权的基本论点是：在一个自由市场中，如果缺乏对于知识产权的必要保护，那么必然不会有足够的投资分配到研发和创新活动上，比如创作或拍摄音乐和电影等。如何解决这一问题？答案是建立严格的私有产权制度。这就是设立专利和版权的基本观点；创新者被授予这样一项私有产权——对于专利产品或流程以及创新活动的版权拥有排他的所有权。[4]

如果政府授权垄断能够被执行，那么它就能够创设私有产权，从而保证权利所有人能从其投资中获益。然而，数字技术在一定程度上削弱了政府授权垄断的可执行性。人们下载音乐并在朋友间传播，音乐作品因此被剽窃，以低廉的价格出售，而创作者并不能从中得到任何回报。电影作品也被以类似的方法下载和剽窃。虽然这种分享行为是违法的，但是出台法律禁止这项行为难度很大，使得这些行为越来越普遍。许多人认为在商店进行偷窃行为是不合法的，也是违背道德标准的。但很少有人认为免费下载音乐也是不道德的。[5]事实上，在第一个例子中，盗贼从商店拿走的是实体产品，而在第二个例子中，信息被从实体产品中分离出来，然后信息遭到剽窃。

免费经济

如果产品的初始生产成本高昂，而随着产量的增加，新增产品的边际成本又几乎为零，专利和版权得不到执行，从而开发者不能够弥补初始成本，以上这些特征是否意味着没有人会加入具有高昂初始成本和极低边际成本的产业呢？是否意味着没有人会去生产新药，没有人会从事音乐和书籍创作，甚至更一般的，没有人从事任何创造性活动呢？答案是否定的。一些企业家仍然会从这种情形中找到获利的机会。

一些新出现的商业模式能够帮助人们解决这一问题。比如，免费赠送那些私有产权无力保护的创新。音乐人士发现，通过免费赠送 CD，他们能够在现场演唱会赚取更多的利润。乐队把免费赠送 CD 当作一种扩张市场的推广方式。这使得他们能够开大型音乐会，获得高额利润，而不是守着极小的市场规模，只能开小型音乐会，赚取极低的利润。仍然固守以往盈利模式的乐队将只能拥有很小规模的听众群体——特别是在越来越多的乐队开始免费发送 CD 的情况下。追随那些免费发送其音乐产品的艺人能够给听众带来如此多的好处，很少有听众还会追随那些以旧的经营模式获利的艺人，没有人会对他们的音乐会感兴趣，会去购买他们的产品，加入他们的粉丝俱乐部。

网站和搜索引擎在建立之初就以上述经营模式运营。它们免费提供它们的服务，而通过广告获取利润。所以，它们的用户越多，就意味着它们可以从广告商那里获取越多的利润。同样，在游戏产业中，增长最快的是那些嵌入广告式的在线游戏和免费试用的大众化多人在线游戏。事实上，谷歌公司所提供的所有服务都是对用户免费的。在一个竞争市场中，价格将会被拉到边际成本的水平，所以如果数字信息的边际成本接近于零，那么数字信息定价为零或接近于零也是自然而然的事了。

那么，那些发明者的情况怎样呢？他们是否会因为无法获得政府授权垄断（如专利）而失去发明创造的激励呢？当然不是。他们所创造的商业模式是以预先付款的形式进行的。能够成为“推向市场的第一人”本身就是一种奖励。对于发明者来说，各种各样的附加利益和短期利益为他们研发新产品提供了激励。产品捆绑销售——两个或三个产品被捆绑在一起作为一个产品销售——就是一种可行的选择，将产品和服务捆绑在一起的搭卖品也是如此。电视广播已经和广告捆绑在一起了，网页、电子书和电影也一样。

商业洞察

吉列[6]

一天，商人金·C·吉列（King C. Gillette）突然想发明一次性的剃须刀片，因为他刮胡子使用的普通刀片已经变得非常钝，而且显然无法像原来那样锋利了。相比使用这样的钝刀片，他想男人们或许可以直接丢弃那些变钝的刀片。1903 年，吉列刀片的第一年销售情形并不乐观，他一共只销售了 51 根剃须刀托和 168 片刀片，在接下来的 20 年中，他使尽浑身解数推销他的一次性刀片。他以极低的折扣将数以百万计的剃须刀销往军队，希望那些士兵能养成使用一次性刀片的习惯，并将这一习惯从战争年代带入和平时期。他将剃须刀打包销往银行，这样银行可以将剃须刀随每一单存款免费赠送。剃须刀和可以想到的所有东西捆绑销售，从威格莱牌口香糖到盒装咖啡、茶叶、糖果，甚至是棉花糖。这些免费赠品帮助吉列销售剃须刀，但是这一策略本身起到了更大的帮助作用。通过免费赠送剃须刀托（显然，单独的剃须刀托是无法剃须的），他为他的一次性刀片创造了巨大的需求。

边际收益递增和网络

如果一个企业拥有建筑和设备，并通过增加员工数量的方式来改变短期产出，那么最初增加的员工边际产量是递增的。然而，尽管任一额外的雇员的增加都会增加产出，但其程度都将低于之前雇员的产出。随着员工持续等量增加，所提供的产品的增量就会下降。正如我们分析的，这就是所谓的边际收益递减。根据边际收益递减规律，当一种生产要素持续增加而其他生产要素不变时，虽然最初边际生产率会上升，但最终还是会下降。所以在资本和土地数量固定的情况下，即使不断地增加人力资源，也无法进一步提高生产率。

现在假设我们把边际收益递减看做一个简单的等式：

$$Q=f(K^* L)$$

式中，K^* 表示一段时间固定的资本。例如，一家管理咨询企业在办公室和设备资源固定的情况下，希望通过多雇用一些咨询顾问的方法来提高产出。但随着雇用的咨询顾问越来越多，边际收益递减规律将开始生效。此处资本包括办公室和办公设备，只要这家咨询企业使用这间办公室，资本就将保持不变。我们假设由于新技术的应用，使得更多的咨询顾问可以既不占用办公室的资源，又能正常工作，保障生产力没有任何损失。此时，方程式就可以表示为：

$$Q=f[(1+a)K^* L]$$

从本质上讲，新的技术增加了固定资本。新的知识在改变固定资本的同时，也影响了边际收益递减的发生。如果 a 保持不变，边际收益依然会递减，但其递减程度与 $a=0$ 时略有不同；如果 a 持续变化，那么每个额外添加的工人所增加的产出是在递增，而不是递减。这就称为**收益递增**（increasing returns）。

图16—3 将收益递增和收益递减进行了比较。在资本固定的情况下，持续增加某种资源只会导致该种资源的生产率下降，这就称为收益递减；如果资本也增加了，这样额外增加的资源和资本都没有导致生产率下降，反而使其增加了，这就是收益递增。在资本固定不变的情况下，新知识的引入将会改变收益递减出现的位置。收益递增的含义是，越大的企业还会更加强大，投入越多，收益也会越多。所

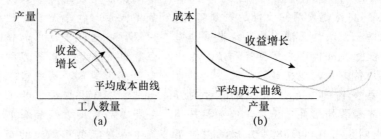

图16—3　收益增长和边际收益图

说明：图16—3（a）显示产品平均曲线下降。曲线表示增加劳动力数量和固定资本将导致收益递减，如向下倾斜的曲线所示。但是当资本数量增长时，产品曲线就会沿箭头方向移动。这就反映了收益增长规律。图16—3（b）中的是平均成本曲线。在U形图中同样也表现出了收益递减的规律，但是随着资本数量的增加，曲线向外移动，表明更多的产出导致平均消费水平降低——收益增长。

以，在收益增长的环境下，垄断可能控制每一个市场，因为大企业可以控制驱动业务规模较小的企业。

人们经常讨论与知识经济相关的**网络效应或网络外部性**（network effects or network externalities）。通过比较传真机和冰箱的例子可以说明网络的概念。有史以来生产出来的第一台传真机价值不是很大，因为没有其他的传真机可以发送传真。每增加一台机器就会增加所有传真机的使用价值，因为所有的传真机形成了网络。当有人购买一台机器时，给其他所有的机器带来的价值就是外部性。因此，就像滚雪球一样，雪球会越滚越大。越多的人买了传真机，越来越多的人就会想要购买传真机——可以用于互相交流。然而，冰箱不具有网络的特性，所以不能形成网络。

网络外部性的意义在于，每新增加一名成员，都将会使该网络的所有成员获益，而不仅仅是只有新加入的成员受益。设想随着网络成员的数量的增加，网络中每个人的价值就会提升。具体来说，假设网络价值与互相联系的网络用户数量成正比，那么如果有 n 个用户，整个网络成员的价值就是 $n(n-1)=n^2-n$。如果单个用户对其他用户的网络价值是 1 美元，那么当网络成员规模是 20 时，其网络价值就是（20×20）-20＝380（美元），而当一个网络的成员规模是 200 的时候，其网络价值就是（200×200）-200＝40 000-200＝39 800（美元）。

因此，如果一个创新者可以将他们的革新包装成网络模式并享受报酬递增，就能获得可观的利润。此外，随着收益递增，利用网络可以更快地赢得市场份额，至少比另一个创新者转换网络或者改变转换网络的成本更快。WordPerfect 是原本领先微软的打字程序。最初，很少有人想从 WordPerfect 转换到 Word。但是由于微软降低了转换网络的成本，越来越多的人就转而开始使用 Word。

内部组织和知识

企业组织通常被认为是一种生产设施，在企业组织中，资本、工人和原材料结合起来生产产品。员工分为生产性员工或非生产性员工。生产性员工从事实际生产，而非生产性员工往往担任的是管理者和高层领导的职位。生产性员工也从事其他一些工作，这些工作比监察性的工作重要得多，特别是在知识经济中。20 世纪 60 年代早期，非生产性员工开始被称为**知识型员工**（knowledge workers）。[7] 而现在，这个词普遍用来描述处理信息和知识的人。

商业洞察

办公室茶聊

在办公室里喝水的地方闲谈曾被认为是浪费时间。现在，许多人都将此视为一起分享经验的有价值的时间。除了有价值的非正式的谈话之外，英特尔公司还特意对知识性员工的社会网络进行了研究，并且在此基础上设计了改进其工作流程的方法。2003 年，汤姆·达文波特（Tom Dawenport）对英特尔信息工作效率委员会（Intel's Information Work Productivity Council）的研究作出了至关重要的贡献。研究指出了企业提高知识工作的效率的方法，并且得出结论，企业绩效最好的员工能够熟练地在工作中建立起有效的知识网络。该委员会是否有可能认为吸烟休息时间也是同样有效率的呢？可能不会，因为吸烟休息时间排除了非吸烟者。[8]

市场对知识型员工的管理

当信息在生产、仓储、运输过程中越来越廉价时，价值创造过程中对知识的需求变得越来越分散。分散化知识（distributed knowledge）是指单个人无法全部拥有的知识。每个人拥有一部分信息，这些部分必须聚集起来才会具有价值。将个体集合起来产生的信息可以用于生产性目的。20 世纪 40 年代，经济学家弗雷德里克·哈耶克（Friedrich Hayek）认为只有市场具有以上功能，计划经济体制则无法完成这项任务。[9]哈耶克批评说，中央计划经济是无效率的，因为它们不能提供生产所需要的信息，只有自由市场能够做到这一点。

这是知识经济体系中的企业所面临的情况吗？知识型员工的增加以及日趋分散化的知识将会对传统的权威关系提出挑战。知识型员工可能成为唯一的决策者，因为他拥有独特的知识，因此知识型员工可能拥有更大的讨价还价能力，从而给组织带来"敲竹杠问题"（hold-up problems）。另外，知识工作的专业性使普通员工对于专家型员工仅有极少的了解，专家型员工很难通过指导工作来实践其权威。权威意味着主管对决策拥有产权，权威限制着一个员工的行为决策，能够否定其意见，甚至开除这名员工。因此，尽管决策可以由受到委派的人做出，决策的所有权还是属于组织中拥有权威的那个人。那么，如果决策权被授予员工，权威又会担任什么角色呢？在知识经济中，经理是不是已经过时了？层级制度和权威是不是已经变得无效率了呢？

层级制度能够有效地解决团队所固有的问题——搭便车和道德风险。或许也是在组织中分配胜任力（例如锦标制）的好方法。但是在一个由知识型员工组成的企业中，层级制度的存在还有意义吗？知识型企业的决策所有权是否与普通的生产型企业不同？

员工个人对他们的知识拥有所有权，然后通过与企业签订合约的方式将这些知识的使用权出租给企业；管理者的职责是将这些知识有效抽离出来，并将其与其他分散的知识整合起来。在自由市场中，分散的知识价格较高，从而知识将趋于整合。但是在企业内部，知识型员工之间不存在知识和自由市场，那么分散的知识是如何整合的呢？这也许就是管理者的主要角色了。[10]管理者应当是知识的抽取者。

监控在知识经济体系中越来越不重要，或者说至少愈发昂贵。如果一个员工比管理者懂的更多，管理者对他的监管是毫无意义的。在极端的情况下，员工的行为即使是可以监测到的，监管者也不明白员工在做什么。在这种情况下，决策权和剩余收益可能更应赋予这些代理人（员工），而不是委托人（经理）。管理所谓的知识型员工在本质上与其他方面的管理并无二致。中心思想就是激励员工按照企业的需要工作。但如果像谷歌这样的知识型企业，以团队的形式完成工作，那么它们就不得不解决搭便车问题，此时，职能分层是一个可行的解决途径。

当管理者在一个新的环境中管理企业时，他们需要思考是什么使一个国家获得成功。明确定义并得到落实的私有产权以及经济自由是一个国家成功的原因。对于企业也是如此，明确定义并得到落实的私有产权以及经济自由是必要的。职责归属和任务分配等事项必须清晰。谁能够做出何种决策必须明确定义。一旦产权被明确定义，所有者就会主动采取行动，提高他们的资产的价值。另外，企业应当通过不干涉决策以及微观管理的方式保障经济自由。

创新者

在哪里能够找到大多数创新者：是新兴的正在成长的企业，还是大型的行业巨头企业？在商业史上，资产雄厚，拥有创新产品、良好的口碑、丰富的金融资源以及强大的分销渠道的大企业被资源少得多的企业侵占了市场地位的事情一再发生。小企业往往就是一项创新的产物。例如，佳能作为一个小企业进入市场从施乐手中夺得市场份额；索尼跟随 RCA 进入电视机市场；CNN 在整个新闻节目网络中也只能称得上是个暴发户而已。通常，对于这种现象的解释是，小企业比大企业更加灵活，较少官僚化。我们经常说，大企业是死于安乐，小企业是生于忧患。更甚的解释基于一个阴谋论，大企业将其创新产品雪藏起来，甚至买断并雪藏那些正处于上升期的小企业的创新产品。（这种理论在第 21 章中有详尽论述。）

尽管看上去很动人，但是这些理论却不能解释一个基本问题：为什么大企业总是比新进入行业的企业或者处于边缘的企业缺乏创新或者说缺乏打破现有运行模式的能力？部分原因可能是企业家更倾向于新建一个企业，而不是为一家大企业提供改革创新。

在许多情况下，对于已经存在的企业来说，进入一个风险领域最好是"三思而后行"。当先进入者的实践显示这个领域的确有市场后，才是这些企业的进入时机。凭借完善的声誉、分销渠道以及其他特质，行业领军企业并不会过分担心市场份额的损失。假设行业领导企业 A 公司和处于上升期的 B 公司在同一天发布各自的研发成果，A 企业将赢得 80% 的新产品销售份额，而 B 企业只有 20% 的份额。进一步试想，如果处于统治地位的企业推迟新产品发行，付出的代价将仅仅是损失非常小的市场份额，但是新企业如果在处于统治地位的企业发布新产品之后发布自己的产品，则仅能得到很少的市场份额。既然如此，行业领军企业率先行动进入新市场的行为就非常罕见了。

另一个关于为什么处于统治地位的企业倾向于后发布创新产品的解释被称作沉没成本效应。沉没成本，如先前所述，是指那些无法得到弥补的支出。你花 50 美元买了一张观看演出的票，且此票不可转售。无论你去不去看演出，这 50 美元已经花出去了。假如你在演出当晚被邀请去一个朋友家共进晚餐，如果你更倾向于去吃晚餐，但却因为买了看演出的票而没有去赴宴的话，你就没有成功地忽略沉没成本。这就是沉没成本效应。沉没成本效应的产生是由于企业对于一项技术的研发投入的资源和组织能力不能被转移到其他技术上。如果企业因为先前对一项技术的投入而拒绝了转移投入到其他技术上，企业就受到了沉没成本效应的影响。这也就是为什么本章自始至终都在强调边际成本和边际收益——因为这二者不包括沉没成本。假设一项研发活动需要 100 万美元的初始投资，而后每年需要追加 200 万美元的投入，直到产品问世。那么企业一旦支付了初始投资，就需要决定是否继续研发。而决策依据是边际收益是否大于边际成本。但需要注意的是，一旦某项投入已经完成，它就不再对是否继续进行后续投入的决策产生影响：已经完成的投入就是沉没成本。

　　20 世纪 50 年代早期，钢铁制造业由于氧气熔炉而发生变化。这种熔炉将煅烧时间从使用平炉的 6～8 小时（从第一次世界大战时期开始保持的工业标准）缩短为 40 分钟。尽管氧气熔炉已经出现，但很少有美国钢铁制造企业采用它。20 世纪 50 年代，美国钢铁制造企业一直使用旧有的设备增加了近 5 000 万吨的产量，直到 20 世纪 60 年代后期，它们才更新了原有的 OH 熔炉。在此期间，世界上其他国家的钢铁制造商已经建立了应用前沿科学生产技术的新工厂。这些新技术的使用带给日本和韩国的制造商成本优势，帮助它们进入美国市场。既然如此，为什么美国的钢铁制造商仍旧投资于看似低效率的生产技术呢？美国钢铁企业虽然研发了一系列基于原有生产方式的技术，但后期，它们对研发技术投入生产的投资不足。同样数额的资金也可以投资于新生产技术。是管理层愚昧无知，不肯忽略沉没成本，使得他们不愿意更新原有技术吗？有一项研究认为确实如此。[11]

　　事实上，在企业事务中，一项对于企业来说的沉没成本可能并不是一项对于个人的沉没成本。企业的 CEO 要向股东或董事会说明成本计算的合理性。而下属的收益来源于与他们工作相关的现有技术，同时，供应商发现生产技术更新会导致它们生意的损失。在这种情况下，是企业内个人成本，而非沉没成本，导致他们拒绝更新技术。在钢铁制造商的例子中，相比原有技术，新技术要使用更多的生铁。因此，离生铁源更近的工厂如果运用新技术，可减少更多的运营成本。但如果使用新技术，工厂需要更换厂址，这将会导致企业内部很多个体、企业的供应商、工厂所在的社区等损失大量收入。因此，美国钢铁制造商承受着巨大的压力（寻租），使得它们无法更新技术。[12] 而日本和韩国的制造商是从零开始做起，它们还没有形成基于原有技术的利益组织，这使得它们可以应用新技术。IBM 公司在开发了个人电脑之后，没能有力地发展这项业务，这正是由于企业内的"主要人士"反对 PC 小组的发展，他们认为 PC 的发展是对其核心权力的潜在威胁。[13]

　　这个观点并不是说规模比较大的现有企业不创新或不率先引进新的技术。例如微软、惠普以及英特尔这些大企业，它们也是其各自市场的创新者。这个观点其实是在探讨大企业不总是创新者的原因。表面上，拥有高市场份额、大量资产和经验的大厂商应该始终是创新者，从而永远维持其经济利益。事实并非如此，正是这种境况给了其他企业家盈利的机会。企业家发现了一种新的方法来做跟大企业一样的生意。这时，企业家会建造新的企业，应用新的技术，从而攫取大企业的利润。经济利益促进了创新，一个企业越成功，它的竞争对手就可能越多。

案例回顾

产业政策还是创新政策

　　1. 政府是否有必要选出成功者和失败着呢？

　　2. 你认同案例中提到的哪些反对工业政策的原因？如果没有，在自由市场已经能很好地选择成功者和失败者前提下，你如何支持政府选择成功者和失败者？

　　政府甄选成功者和失败者本质上是一个中央计划经济模型，但它是无效的。政府不能得知哪些技术将会成功，哪些技术将会失败。由自由市场去抉择才是唯一可以决定成败的方法。让自由市场在无政府干扰的情况下自行运转，这样价格便会包含所有存在的分散信息，从而决定成功和失败。当政府介入选择的时候，会产生可见的和不可见的影响。不可见的影响是说，如果政府没有介入系统，技术创新将会得到发展。如果政府将资源分配到其他地方，一些科学技术将不会产生重大突破。

但又如何解释阿帕网的发展呢？如果没有自由市场的接手，因特网将会演变成法国 Minitaur 系统，变得无效。没有人利用它开发创新或创造新的与众不同的生产技术。也许，像因特网的发展一样，政府部门可以在项目的初期投资，之后离开，放任市场管理。这仍然表明政府可以选出成功者和失败者。

如果没有政府的融资，这种高成本的项目如何能启动呢？比如在音乐圈，P2P 共享基本摧毁了公民在数字化音乐方面的私有财产权，企业或乐队需要建立一种新的商业模式。一个拥有巨额初始投资和较少边际成本的企业，是无法在基于边际成本的竞争中获取利润的。企业必须在其他方面预先获取商机赚钱。乐队可以把数字音乐当做广告宣传，然后通过演唱会赚钱。制药商可以通过专利赚钱。但是如果没有专利，制药商是否可以通过为产品注册商标来赚钱？

本章小结

1. 知识经济是指那些使收集、分散、利用信息成为可能的创新与科技。

2. 赢者通吃是指一个企业或一项技术主导市场。

3. 先行者优势是指第一个进入市场的人有机会主导市场。第一个获得专利的企业可以阻止其他企业进入市场，并长时间地主导市场。第一个拥有正面回馈的网络可以实现规模经济，同时阻止其他企业进入。

4. 在赢者通吃的情况下，第一个进入或者成功者的优势无法保持长久的经营。其他企业从主导企业或网络手中获得经济利益的冲动将会持续增加。科技变革使得新的进入者提升到能够与大企业竞争的水平。

5. 大多数情况下，大企业在创新和引进新技术方面总是慢于新的或刚启动的企业。导致这种情况的原因之一便是沉没成本效应。也就是说，现有的主导企业大量投资于现有的技术，不愿意改变。此外，在很多情况下，一个企业中雇员的利益集将会由于采用新技术而被摧毁，因此他们会努力阻止新技术的使用。

关键术语

知识产权（intellectual property rights）
报酬递增（increasing returns）
网络效应或网络外部性（network effects or externalities）
知识型员工（knowledge workers）

练习

1. 如果 20 世纪 80 年代末 90 年代初的裁员趋势是因为技术变革，这对单个企业的成本意味着什么？如果这种裁员趋势是错误的，企业短期内通过裁员提高生产力而使得长期生产力下降，这对单个企业的成本意味着什么？

2. 有些城市和具体产业紧密相连：亚克朗市和轮胎业，森尼维尔市和计算机芯片，奥兰多市和旅游业，好莱坞和电影产业。这些产业中心是如何形成的？

3. 两家网络企业竞争对于美国和欧洲地区的 HDTV 网络的优势地位，赢家最有可能由生产电视机的规模经济决定。试解释这一说法。

4. 亚马逊是在线图书销售的第一个提议者，它获得了点击销售系统的专利。巴诺书店创立的 BN 紧随其后进入了这个市场。这场战争的结果会是赢者通吃吗？为什么？

5. S3 是一家小型微芯片设计企业，在 1998 上半年遇到一些问题：英特尔公司的专利保护影响了 S3 在微芯片市场上的出色表现。S3 密谋了一个解决方案：高价购买已破产的微芯片生产商指数科技企业。如此，S3 比英特尔更早地获得了专利。请解释为什么 S3 愿意出价 1 000 万美元购买一个已破产的企业。这对英特尔公司的领导地位有什么影响？

6. 1994 年，市值 35 亿美元的艾利丹尼森企业新研发了一种用来制作产品标签的胶片记录仪，因此获得了给宝洁公司的洗发水制作标签的一份合同，该企业显示出很大的发展潜力。但是一项专利分析表明：陶氏化学企业开始进入标签制作市场。艾利丹尼森企业是否应该继续为抓住胶片记录仪带来的市场机会而调配其所需的巨额经济资源？

7. 参考 A，B 两企业必须同时做决策时的报酬情况：

策略		B公司	
		是	否
A公司	是	A公司：30 美元 B公司：10 美元	A公司：20 美元 B公司：15 美元
	否	A公司：20 美元 B公司：15 美元	A公司：20 美元 B公司：15 美元

a. A 企业如果先决策会得到多少报酬？

b. B 企业如果先决策会得到多少报酬？

c. 应如何设计报酬情况使得二者都没有先发优势？

8. 蓝光光碟和 HD 之争与 VHS 和 Beta 格式之争有哪些相似之处？

9. 解释为什么除了职能分层外的其他组织结构在知识经济中更有意义。你能试着证明职能分层有优势吗？

10. 什么是知识产权？它与实物产权有什么不同？为什么数字化是危害知识产权的根源？

11. 在任何创新都有高代价并且复制与推广成本很低时，你将如何推进变革？

12. 为什么经济学家不同意干涉贸易的保护性政策却支持专利和版权的保护性政策？

13. 如何理解信息可以从实体产品中脱离出来？给信息定价有什么意义？

14. 为什么有这么多的数字化产品免费发布？

15. 不存在可以比机器人干得更多的知识型员工吗？近年的知识经济和知识型员工为什么会有重要意义？

16. 什么导致了专利竞争？这样的竞争有利还是有弊？试解释。

17. "市场的美妙之处在于，随着时间的推移，人力和资本资源都会向高生产力的企业转移。在企业里，现阶段的既得利益者才有权决定资源分配。"（Alan Murray，*Wall Street Journal*，August 2010，Weekend。）试评价这个观点。它正确吗？请解释。

18. 经常有人说，目前，急速全球化、加速改革创新、残酷的竞争这些暴风骤雨般的市场力量强化了经济学家约瑟夫·熊彼特提出的所谓的创造性破坏这一概念，因此管理最佳的企业也不能在急速的改革和反应迟钝的冲突中保全。这意味着什么？你同意管理最佳的企业也不能保全这个观点吗？

19. 英国经济学家罗纳德·哈里·科斯在其 1937 年出版的《企业的性质》一书中提出了管理企业的基本逻辑，他说，"交易成本"的存在是企业产生的原因。显而易见，为任何给定的任务寻求合适的员工，或者寻求供给，进行价格谈判，在公开市场中保护商业机密，都是极其复杂和高成本的。企业不能像市场那样善于分配人力资源和资本，而通过减少交易成本恰好弥补了这一点。维基百科的例子对这种企业观点有何启示？

20. 某些管理学大师认为，机构是为了更好地利用群众的智慧而产生的。反馈环节使得产品和服务能够对新信息不断做出回应。改革、创新和调整在日常生活中时常发生。请解释企业内的市场如何应对这些挑战。

注 释 ■

1. This case is based on Stephen Ezell, "The Economist's Strange Attack on Industrial Policy," August 25, 2010, Progressive Fix, www.progressivefix.com/the-economist%E2%80%99s-strange-attack-on-industrial-policy, accessed September 4, 2010.

2. As an example, notice the subtitle in Don Tapscott and Anthony D. Williams, *Wikinomics: How Mass Collaboration Changes Everything* (New York: Penguin, 2006).

3. Lawsuits by the rock band Metallica and other artists eventually put Napster out of business. Roxio purchased the Napster name and currently operates a pay for selection downloading company. Since the original Napster was driven from the market, personal computer (PC) makers—Gateway, Dell, HP/Compaq, and others—have packed their machines with software to download music and movies and, of course, iTunes found a way to provide the service at a very low cost and make a large profit.

4. It is interesting that while economists generally agree that protectionism or barriers to trade is inefficient, they support patents and copyrights. While tariffs and quotas rarely raise the price of goods by more than 30 or 40 percent, patents on prescription drugs typically raise the price of protected products by 300 to 400 percent, or more, above the marginal cost. In some cases, patent protected drugs sell for hundreds or thousands of times as much as the marginal cost. In the case of copyrighted material, recorded music and video material that could be transferred at zero cost over the Internet instead command a substantial price when sold as CDs, DVDs, or licensed downloads. Copyrighted software commands even higher prices.

5. Diane Smiroldo, "Shoplifting vs. Downloading," *NewYorkMetroParents,* September 26, 2007, www .nymetroparents.com/newarticle.cfm?colid=8984, accessed May 1, 2008.

6. Chris Anderson, "Free! Why $0.00 Is the Future of Business," *Wired Magazine,* February 25, 2008, www.wired.com/techbiz/it/magazine/16-03/ff_free.

7. Peter Drucker, *Landmarks of Tomorrow* (New York: Harper, 1959).

8. Doug Cooper and Thomas Davenport, "Are Your Workers Hanging out at the Water Cooler? Relax, It's a Good Thing," *The Globe and Mail* (Canada), December 10, 2007, p. B9.

9. Friedrich Hayek, "The Use of Knowledge in Societies," *American Economic Review,* 35, no. 4 (September 1945): 519–530.

10. Some firms are using internal markets to accumulate the distributed knowledge. See Chapter 18.

11. W. Adams and H. Mueller, "The Steel Industry," in W. Adams, ed., *The Structure of American Industry,* 7th ed. (New York: Macmillan, 1986), p. 102.

12. Sharon Oster, "The Diffusion of Innovation Among Steel Firms: The Basic Oxygen Furnace," *Bell Journal of Economics,* 13 (Spring 1982): 45–68.

13. P. Carrol, *Big Blue: The Unmaking of IBM* (New York: Crown, 1993).

第17章
公司形式与资本成本

自由资本

下面关于企业的信息是从发布在互联网上的企业年报中收集的。

  Flynt Fabrics 一度因为较高的库存量以及很长的提前期（lead time）而遭受损失。通过对该企业内部情况的分析我们可以发现，该公司的实际生产时间大约是 2 天，然而持有 19 天的库存。该公司主管知道，如果通过快速交付产品来降低他们的货物库存量，那么公司在市场上的竞争地位就能显著提高。[1]

  通过将边缘路由（edge routing）、以太网络（Ethernet）以及顾客管理网络（subscriber management）整合到一个可拓展（scalable）的网络平台上，SmartEdge 多服务边缘路由器（MS-ER）使得企业能够在一个密集的多频率网络上传输视频音频以及数据资源。

这个创新性的、目的明确的 Smart Edge 平台通过减少网络元素简化网络结构使公司交易成本的降低成为可能。[2]Yankee Group 通过分析得出：建立一个多用户端的网络，并且公布路径、以太网以及客户管理的整合方式，可以产生可观的 TCO 优势。该研究的焦点在于[3]：

- 总 TCO 优势：22%；
- 资本成本：20.9%；
- 交易成本：52.6%。

Level 5 Networks 研制出了 Ether-Fabric（一种软件全面解决方案）、专用的硅芯片以及高性能的 NIC 硬件。这些科技成果使得 Ether Networks 成为一个即使在将来对网络性能要求越来越高的情况下也首屈一指的高性能处理器网络。根据该公司的说法，Ether-Fabric 是目前唯一一个建立在以太网上具有较高处理容量的互联网络。它在现有的标准下具有 100% 的二元兼容性，同时能够轻易实现 10Gb/秒以上的拓展能力。根据下文我们可以看出，Ether-Fabric 一个重要的特性便是对资本成本的控制。

交易成本以及资本成本的降低—— EtherFabric 除了在目前标准下能够提供完全的向后兼容性（backward com-patibility）——从而极大降低了部署成本——还将必需的服务器数量减少了 50%。这种成本的降低的直接原因是 EtherFabric 在传输网络数据时对主服务器 CPU 资源占用量较少，同时还能够保证服务器之间更快捷的数据交换，以及更快的传输速度。[4]

1. 为什么上述公司要致力于降低资本投入？

2. 资本对于公司的运作是必要的吗？

经济利润和资本市场

经营企业需要资金。企业家需要租用或者购买厂房，购买原料，以及雇用员工。那么企业家从哪里获得这些必需的资金？他可以使用自有资金，或者吸引他人投资（投资者和贷款者）。募集到的资金叫做金融资本，也可简单称为资本。募集资金过程中产生的费用称为资本成本。正如所有产品的价格均由经营该产品的市场决定一样，资本成本取决于资本市场。

现在我们举例阐述一下资本市场的结构——资本的供给与需求。资本的需求是在一定的价格下公司对资本的需求量。假设一家公司有 5 个经营项目需要融资。表 17—1 中列出了每个项目的预期回报以及所需的资金数目。

表 17—1

项目	预期回报（%）	所需资金（百万美元）
1	12	3
2	6	3
3	14	2
4	10	1
5	8	4

根据表 17—1，如果资本成本是 14%，那么资金的需求量只有 200 万美元。如果资本成本是 12%，此时又增加了 300 万美元的需求量，也就是总共 500 万美元的资金需求量。如果资本成本是 10%，那么一共会有 600 万美元的资金需求量。同样地，当资本成本是 8% 时，资金需求量为 1 000 万美元。

假设该公司有 4 个不同的融资渠道，它们各自的供给量和成本如表 17—2 所示。没有人愿意在 6% 的价格下提供资金；在 8% 的成本下公司只能从一个资金来源处获得 300 万美元的资金供给，而在 10% 的时候又可以从另一个资金来源处得到 300 万美元的资金供给。

表 17—2

资金来源	成本（%）	资金供给（百万美元）
无	6	0
1	8	3
2	10	3
3	12	1
4	16	5

于是，该公司能够在 8% 的融资成本下得到充足的资金来进行项目 1。如果该公司愿意支付 10% 的资本成本的话，它也能得到充足的资金来运营项目 2。除此之外，其他项目不能给公司带来收益。该公司将会得到 600 万美元的资金，以 8% 的成本从资金来源 1 获得 300 万美元资金，以 10% 的成本从资金来源 2 获得 300 万美元资金。

资本成本是向不同的资金来源支付的资本价格的组合。这个组合称作**加权平均资本成本**（weighted average cost of capital，WACC）。

$$\text{WACC} = 8\% \times \left(\begin{array}{c} \text{从资金来源 1 处融得的} \\ \text{资金所占的比重} \end{array} \right)$$
$$+ 10\% \times \left(\begin{array}{c} \text{从资金来源 2 处融得的} \\ \text{资金所占的比重} \end{array} \right)$$
$$0.08 \times 1/2 + 0.10 \times 1/2 = 0.09$$

这家企业的资本成本是 9%。一般来说，一家企业的资本成本是它本身债务和股权的加权平均。债务的利率是该债务的成本，它取决于债务的类型和期限的长短。股权的成本是企业为吸引股东投资该企业所必须分给他们的红利。这样

$$\text{WACC} = 债券的成本 \times (债券/总资本) + 股权的成本 \times (股权/总资本)$$

资本成本是由资本市场中买方和卖方的相互作用决定的。资本市场和其他市场的功能一样，是确保资本能够被分配到最需要的地方并使其创造出最大的价值。当市场正常运作、私有产权受到保护并且人们可以自由进行交易时，资本会流动到回报最高的地方去。

股票

无论称为股份、股权还是股票，都没有太大关系，所有这些术语都只有一个含义——企业所有权的一部分。字面上，拥有一部分股票就意味着你拥有了该企业所有物品的所有权的一部分，包括办公用品、机器设备，甚至办公大楼。但事实上，你仅仅被赋予了分得一部分公司盈利的权利；你不能随随便便地走进一家公司的总部，然后搬着一把椅子出来。主要有两种类型的股票：普通股和优先股。人们一般说的股票是普通股。优先股通常会确保一定数额的年金或者红利（divident）。普通股却不一定得到红利，企业一般会慎重考虑给普通股分红的相关事宜。企业的经营者可以选择将利润留存下来用于其他项目的开发，也可以将利润分给普通股的持有者。这样的选择一般取决于哪一种使用方法提供的边际利益最大。企业出售或者发行股票，获得的资金就是该企业的资本。一旦股票被投资者拥有，股票便可以在二级市场上进行交易。虽然二级市场上的股票交易并不为企业提供资本，但是由二级

市场决定的股票价格却对企业非常重要，因为较高的股价会使企业获得新的资金成本变得很低。

商业洞察

股票

大多数的报纸都报道股票价格。下面是一份　股价报道的示例：

52周最高	52周最低	股票	股票代码	股利	%	收益市盈率	交易量	最高价	最低价	收盘价	净变化
45.39	19.75	ResMed	RMD			52.5	3 831	42.00	39.51	41.50	−1.90
11.63	3.55	RevlonA	REV				162	6.09	5.90	6.09	+0.12
77.25	55.13	RioTinlo	RTP	2.30	3.2		168	72.75	71.84	72.74	+0.03
31.31	16.63	RitchieBr	RBA			20.9	15	24.49	24.29	24.29	−0.01
8.44	1.75	RiteAid	RAD				31 028	4.50	4.20	4.31	+0.21
38.63	18.81	RobtHalf	RHI			26.5	6 517	27.15	26.50	26.50	+0.14
51.25	27.69	Rockwell	ROK	1.02	2.1	14.5	6 412	47.99	47.08	47.54	+0.24
列1	列2	列3	列4	列5	列6	列7	列8	列9	列10	列11	列12

列1和列2：52周最高和最低。这是股票在52个星期（一年）内交易的最高和最低价格。

列3：公司名称以及股票种类。这一列给出了公司的名称。如果没有特别的符号或者字母在名字后面，该股票是普通股。不同的符号暗示着不同的分红等级。例如，"pf"意味着该股票是优先股。

列4：股票代码。这是唯一能够确定一只股票的一种字母名称。如果你需要在互联网上搜索一只股票，你应该使用股票代码。

列5：每股派息。每股派息指的是每只股票一年的分红金额。如果是空白的话，就说明这家公司目前不支付红利。

列6：股息率。这里给出了股息的回报率。它是用每股分得的年红利金额除以每股价格计算得出的。

列7：市盈率。市盈率是用当前股价除以前四个季度的每股收益值计算得到的。

列8：交易量。交易量是每日股票交易数量总数，以百为计数单位。要得到实际的交易量数据，只需在表中数据后加两个零即可。

列9和列10：每日最高和最低的股票交易价格。这些数据给出了一日内股票价格的波动范围。

列11：收盘价。收盘价是证券市场关闭时的最后一笔股票交易的价格。如果收盘价高于或者低于前一日收盘价超过5个百分点，该股票的所有数据会用黑体字标明。

列12：净变化。该数据是股价以上一日股价为基准的美元值变化。

股票指数也会被报纸以及其他媒体报道。股票指数是一种衡量一组股票价格变化的测度。最常用的股价指数有道琼斯工业指数（DJIA）、标准普尔500指数（S&P 500），以及纳斯达克指数。道琼斯工业指数包括30家公司，标准普尔指数包括500家公司，而纳斯达克指数包括所有在纳斯达克股票交易市场上市的公司。标准普尔指数尽力想代表美国经济的所有重要领域。它并没有采用 500 家美国最大公司的数据，而是采用了 500 家所有权分散、可以代表经济中所有领域的公司。该指数中的股票由标准普尔指数委员会选择，每年会有 25～50 只股票的变动。纳斯达克指数代表了所有在纳斯达克股票交易市场上市的公司的股票，大多是科技和网络股票（小盘股），通常被一些大指数忽略。

股票的需求与供给

由于需求和供给的变动，股票的价格每时每刻都在变化。股票的需求来源于投资者——个人，共同基金，以及其他金融机构，比如为自己的资金寻求最高收益的保险公司。股票拥有者的收益是该股票的红利加上股价的升值。比如，假设你以每股 5 美元的价格在 1997 年购买了微软公司股票并且在 2007 年以每股 100 美元的价格将它卖掉。你 10 年中所拥有股票的升值便是每股 95 美元。由于微软公司在此期间并未支付红利，你的总回报便是股价的升值部分。如果微软公司支付了红利，那你的收益将会高于 95 美元。

股票的供给源于当下股票持有者出售其手中的股票（称为二级市场）以及新股票的发行（称为一级市场）。股票从一个投资人手中出售到另一个投资人手中，买方一定认为该股票的购买将会带来高于其他类似产品的收益率，而卖方也一定会认为用出售该股票所得到的钱来购买其他股票能够带来更大的效用。一个关键点在于，无论是买方还是卖方，他们都通过比较可能的投资产品挑选出一只他们认为会带来最大收益的股票。购买者和出售者通过比较该公司的股票与其他可比的投资机会，对股票进行估价。可比的投资机会是指和比较对象具有相同的特性，比如风险和出售的容易程度（称为流动性）的投资。

是什么引起了股票的需求与供给的变化呢？这主要是因为对公司将来经营情况的预期发生了变化。当投资者的预期发生变化，如他们预期股票的价格会上涨很多时，愿意购买股票的投资者会增多。而与此同时，愿意出售股票的投资者会减少，于是股价上涨。

公司被要求每个季度（对于大多数公司，3 月末、6 月末、9 月末以及 12 月末）公布其收入（会计利润）。证券市场的分析师以及投资者利用这些季度报表来评估他们之前对公司表现状况的预估和现实中公司的真实情况的匹配程度。当季度报表和投资者的预期不一致的时候，投资者会重新建立他们对公司经营情况的预期。如果业绩报表所反映的公司收入低于投资者的预期，那么投资者的预期会向下调整。当企业的实际经营情况好于投资者之前的预期时，预期将会向上调整，股票价格也有可能会上涨。

为了进一步阐明，考虑下面的报告将会对股价带来什么样的影响：谷歌公司的股价在周五飙升，在它的收益轻松超出预期的情况下，华尔街保持着对该公司长久的青睐。该报告表明投资者意识到他们对于谷歌公司的预期收益低于该公司的实际收益，所以他们会购买谷歌公司的股票。同时，在报告发布之后，更少的投资者愿意出售谷歌的股票。最终，谷歌股票在二级市场上的供给大幅下降。

股票的市场价格综合了所有买方和卖方用来制定他们购买和出售策略的信息。股价反映或者说综合了所有与该公司相关的信息、对公司经营情况的预期、对经济状况的预期，以及其他一些可能影响公司盈利的事件。

债券

债券（有时称为固定收益的证券或者债务证券）是一张由债务人向债权人发行的借据。购买一份新发行的债券意味着你正在借钱给债务人。然而，购买一张已经流通于市场，并不是最新发行的债券，意味着你并没有直接借钱给债务人，而是选择拥有一部分针对该债务人的债务责任。通常这是因为你认为该债券的回报超过了你用买债券的钱所能得到的收益。债券都有固定的偿还日期，称作到期日。大多数情况下债券的面值是 1 000 美元，这是债券到期后债权人将收到的金额。债务人每年向债权人支付一定的金额，称为票息（coupon）。这些利息的支付通常是每 6 个月一次，直到债券到期为止。

必须支付的利息率——息票利率——取决于债务人承受的风险有多大。美国政府债券被认为是没有违约风险的投资，因为美国政府违约的可能性太低了。而公司为了吸引更多的投资者购买公司债券，则必须提供一个更高的收益率，因为公司债券的风险更大。平均意义上，债券的风险小于股票，因为在公司破产时，债券所有人先于股票所有者得到赔付。

商业洞察

债券

在每一份金融报纸上都有一张像下表一样的债券信息表。

公司	息票	到期日	投标价	到期收益率
GTE Florida Inc	6.860	Feb 01/28	102.562	6.635
General Motors Corp	8.375	Jul 15/33	76.000	11.205
General Mtrs Acep Corp	8.000	Nov 01/31	98.358	8.152
General Elec Co	5.000	Feb 01/13	100.112	4.979
Ford Mtr Co Del	7.450	Jul 16/31	74.437	10.306
列 1	列 2	列 3	列 4	列 5

表中的每一列数据提供了如下的信息：

列 1：发行人。发行人指的是发行该债券的公司、州（省），或者国家。

列 2：息票。息票是指发行人给债权人支付的固定利率。不同债券有不同的票息。

列 3：到期日。到期日是债务人向债权人偿还本金的日期。一般而言，年份数据只引用后两位数字：25 意味着 2025 年，04 意味着 2004 年。

列 4：投标价。该列数据是市场上的某一交易者愿意为债券支付的价格。不管面值是多少，该价格都表示为面值的百分比数据，将债券价格视为其面值的百分比：93 意味着该债券以 93% 的面值交易。

列 5：到期收益率：到期收益率是当债券到期之后的年回报率。到期收益率是由债券的利息除以它的价格得到的；它是债券收益的一种测度。如果债券是可赎回的，到期收益率就会显示为"C—"，指出该债券可以被赎回的年份。例如，C10 意味着该债券能够在 2010 年被赎回。

债券的需求与供给

债券市场和股票市场的区别很大，然而它们却密切相关。债券需求者是那些为自己的储蓄寻求最高投资收益的投资者。当债券的收益高于其他可选择的投资机会，例如比经过风险调整后的股票的收益还高，投资者就会购买债券。考虑一张一年期的面值为 100 美元、票息为 5％的债券。债券持有人每年会收到 5％的利息直至债券到期。如果债券的价格是 100 美元，与其面值相同，那么收益率是 5％（5/100）。但是，如果债券价格比面值要低，比如，95 美元，到期收益率为 10/95，即 10.52％。

公司、政府、其他发行债券金融机构（一级市场）以及想出售其所拥有的债权的投资者（二级市场）共同构成了债券的供给。如果其他投资产品的利率上升，票息为 5％的债券供给量将会增大，增大的供给量意味着债券价格会下降。债券价格和利率呈反比例关系。在其他条件不变的前提下，利率上升，债券价格会下降。同样地，如果对公司未来运营情况的预期下降，债券价格也会下降。

资本结构

资本成本是公司为了获得购买资源、设备、厂房或提供存货费用的资金而产生的成本。正如之前所说，它是债务成本和股权成本的组合。**资本结构**（capital structure）指的是债务与股权的比值。最优的资本结构指的是可以在资本成本最小化的前提下使股票价格最大化的债务股权比例。[5]

一家企业的债务与股权的比重越大，就越难偿还债务，破产的可能性就越大。对于一个完全由债务融资的公司，该公司的净收益（除息前的税后净营业利润（NOPAT））必须高于每阶段的债务利息。一个融资来源大多数是债务资本的公司在说服投资者持有该公司股份的时候会非常困难。投资者会要求更高的回报率，才愿意持有该公司股份，于是股权资本的资本成本将会提高。更少的债务意味着更小的债务负担，也就意味着更小的股权资本成本。看起来债务和股权之间似乎存在某种权衡，事实上存在一个使资本成本最小化的债务股权比例。

由于公司的贷款利息无须纳税，因此，更高的债务股权比例将会带来更低的税费。然而，红利却不能免税。也就是说，出于税务优势方面的考虑，公司有理由提高债务比重。但是正如之前所说，太高的债务将会降低灵活性以至于提高风险。最优的债务股权比例应该使得增加股权的边际收益等于其边际成本。

资本资产定价模型

一家公司的股权资本成本取决于该公司的投资项目的风险大小。一种计算资本成本的公式是令该公司的资本成本等于一个无风险投资项目资本成本加上一个股权溢价。该公式的一种典型表示方式便是资本资产定价模型（CAPM）。资本资产定价模型认为，公司 A 的股票预期回报等于无风险回报率加上股权溢价，乘以所有投资机会的期望回报与无风险回报率的差值。此处的想法是可以测量该公司股票相对于整个市场股票的波动幅度——一种测量投资于公司 A 的机会成本的方法。

$$E(R_A) = R_f + \beta[E(R_m) - R_f]$$

是什么决定了公司的风险呢？一种观点是风险是由该公司股票相对于其他股票的表现决定的。该公司股价相对于其他股价而言，是波动很大还是很小呢？在资本资产定价模型中，是小于还是大于整个市场的数值？如果大于，那就说明股价的变动超过了整个市场的波动；如果小于，就说明股价变动小于整个市场的波动。

另一个因素是公司经营所在的国家。这些国家是稳定的还是动荡不安的？国家风险是指特定国家商业环境对企业经营利润或资产价值的不利影响。例如，金融领域的因素有汇率管制，货币的贬值或者管制，社会剧变比如大规模动乱、内战，以及其他可能影响公司运行风险的事件。（汇率风险将在第 20 章讨论。）

在不同的国家进行商业活动将公司暴露在每个国家的管制下。司法体系既可能让运行企业变得简单，又可能增加运作成本和风险。在委内瑞拉可能需要数月乃至数年的时间才能创建一个新的公司，而在新加坡却只需要一个小时。最新的有关经商容易度（Ease of Doing Business）的统计报告显示，委内瑞拉排在第 164 位，美国排在第 3 位，新加坡排在第 1 位。[6] 也就是说，在委内瑞拉做生意很显然会比在新加坡和美国做生意成本更高、风险更大。

由国家强制施加于商业的法规与管制也能影响经商的成本和风险。2002 年 7 月，美国国会通过了《萨班斯-奥克斯利法案》（SOX）。该法案增加了对在美国股票交易所上市的公司有关财务报告和会计准则方面的要求。相比在其他国家融资的成本而言，这增加了一些小公司遵守制度以及融资的成本。该法案的实施说明在这之前，美国的公司没有一个足够好的管理体系；它是安然、泰科以及其他公司破产后美国政府的反应。毫无疑问，良好的管理制度可以降低资本成本。然而，如果政府管制给公司增加了过多的成本以至于超过了带给消费者的好处，那么管制将会带来更高的融资以及经商成本。

资金的内部使用

资金的使用对于判断一个公司是否成功经营是至关重要的。公司必须选择将它们的资本放在哪里使用。虽然有很多投资项目，但是不能不加选择地投资全部项目。几乎每家公司都由某人或者整个委员会来决定哪一个项目应该投资，哪一个项目应该推迟到以后再投资，以及哪些项目应该放弃。这就意味着，一个选择投资项目的判断标准是必不可少的。当安然公司考虑购买巴西的电力公司的时候，耗资 22.5 亿美元的饮用水项目以及另一个差不多规模的投资项目都在考虑范围内。安然公司的首席财务总监安德鲁·法斯托（Andrew Fastow）说："资金对安然来说不是问题。"[7] 他真的是大错特错了。资金对每一家企业来说都是重要的事。选择投资一个项目就意味着放弃另一个。那么一家公司是如何决定投资哪一个项目的呢？

净现值

公司决定投资的一个基本准则是该项目未来收益的现值超过了现在的成本。一个投资项目的净现值等于收益的现值减去成本的现值。假设有一个投资项目今天花费 100 美元，而且预期能够在接下来的两年中每年带来 60 美元的收益。该项目的净现值是：

$$NPV = 60/(1+r) + 60/(1+r)^2 - 100$$

在 10% 的折现率，即 $r = 0.10$ 下

$$
\begin{aligned}
NPV &= 60 \times 0.909\,09 + 60 \times 0.826\,45 - 100 \\
&= 94 - 100 \\
&= -6
\end{aligned}
$$

在 10% 的折现率下该项目的净现值是负的，这说明折算到今天，这个项目带来的收益少于它的成本。然而，假设该项目每年能够带来 70 美元而不是之前的 60 美元。增加的收益可以使得该项目的净现值增加到 21 美元，这样的话公司就很有可能运作这个项目。

理论上讲净现值的方法是很好，但是如果运用不恰当，也会带来很多麻烦。当资金依据净现值的计算方法进行合理分配时，部门经理有动机篡改他们所支持的项目的未来收益以使得该项目的净现值为正。一个经常出现的错误是管理者根据一个项目的广告力度和促销程度来估算该项目的未来收益，但是这些促销手段的成本并没有计算在项目的投资成本之内。这就会产生偏大的净现值，从而使得项目更容易得到投资。这种决策方式忽略了资本成本的影响。

如果资本成本在资金预算过程中未被考虑进去，那么公司管理者就在假设资金的资本成本为零的前提下先进行决策。无论是什么东西，只要是免费的，那么一定会供不应求。在大多数企业中，部门经理都希望自己部门的项目被投资，但是公司并没有充足的资金满足此要求。稀缺的资金必须得到妥善的安排。如果资金是按照价格（资本成本）分配的，那么一定是那些能够带来最大收益的项目最终得到投资。2000 年 10 月，安然公司内部关于投资问题产生了疑惑。有一名员工关于公司如何在不同的投资选择中抉择这一问题提出质疑。最受关注的资金是否得到最有效的使用？一名主管回答说，公司并没有在不同的项目之间进行抉择。[8] 也就是说，这里没有权衡，资本是无成本的。

公司结构

资本成本既有显性成本，又有隐性成本。我们已经讨论过在投资和项目风险或公司未来运营情况方面的一些显性因素。另一些决定公司风险和运营情况的因素源于公司将资源转化为产出的效率。

法人代表体制是一个备受关注的制度。粗略估计，成千上万的人自愿通过签订复杂的合约将自己的财产委托给企业管理人，这些合约决定了当事人的权利。得益于股份制，公司破产的风险可以在资本市场上分散，所以股票持有者可以在不参与公司管理的情况下承担公司破产的风险。普通股的持有者可以通过构建自己的资产组合来使自己的风险最小化，他们可以购买其他公司发行的股票和债券，亦可以购买政府债券。这样，股份制企业和独资企业及合伙制经营企业相比，使风险分散变得更加有效。在后两种体制下，决策的制定者同时也是风险的承担者。[9]

但是这里还需要慎重考虑，不管怎样都是有成本的。事实上，正是因为公司的所有者不具有公司的控制权，才导致了公司所有权分离的问题。这个委托—代理问题的解决需要经理人以股东的利益为出发点进行管理。从某种程度上讲，公司的体制、层级制度、各部门之间的分界以及统一的管理或多或少是出于合理分配股东和经理人利益的目的。当管理体系不复存在，或者公司的结构崩塌的时候，资本成本会大大提高。这时，公司要么选择变更行业，要么选择退出市场。普通股的持有者在各个公司股票之间交易的便利性使得公司很容易受到损失。法人体制可以使资源更加快捷地移动到最能体现其价值的地方。

债权人与股权人

相对于债券所有者而言，法人体制经常使得股票所有者蒙受损失。一些公司决定增加股票持有者的财富而同时减少债券持有者的财富；另一些公司则反其道而行之，减少股票持有者的财富以增加债券持有者的财富。

如果公司债券的价格是在公司继续其红利政策的假设基础上决定的，那么债券的价值会因为预期外股票分红的增加而减少。这关键是因为股票持有者会从公司以及债券持有者手中提取资金。同样地，如果债券价格是在公司不再发行额外债务（相同或者更高级别）的假设基础上决定的，那么当公司发行更多的债券时，债券的价值就会减少。股票持有者会受益于公司用高风险、高回报的项目替代低风险、低回报的项目的举动。然而，债券持有者却会遭到损失。

另一方面，将公司的管理权交给债券持有者也不能解决债权人和股东之间的利益矛盾。债券持有者有动机去支付更低的红利，发行更少的债务，而且选择低风险、低回报的项目。因此，我们需要一个平衡双方利益的解决方案。债券持有者需要对股票持有者的行为进行监管，以确保后者不会将前者的财富转移到自己一方；另一方面，股票持有者需要确保一个最优的风险资产投资组合以带来最大的收益。这两个利益集体的存在产生了在资金使用方面的一些监督和权衡。另外，所谓的**债券契约**（bond covenants）上面的限制性条款也能够控制双方的行为。比如，可转换债券赋予其持有者将债券转换为普通股的权利，这样就限制了股票持有者增加投资风险以获取利益的行为。只要债券没有被完全偿付，有担保债务就赋予了其持有者换取资产的权利。这样就限制了股票持有人用低质量的资产替换高质量资产的行为。此外，有担保债务允许股票持有人出售新项目的收益索取权，但必须支付原先的债券持有人一大笔报酬。因此，如果发放的是有担保债务，更多的净现值为正的项目可以提高股票价格。标准的债权契约将红利发放上限定为会计收益和新股权出售所得款项的正比例函数。红利发放上限的规定使得公司可以保留部分收入。

小　结

总而言之，公司确定资本成本上的方针是非常重要的。公司的体制并不是外部确定的。它是内生决定的，反映了市场的过程，并且出于提高生产效率的目的不断地改变。组织的体制、债务和债权分配、所有权和经营权的分离、资本的内部分配都决定了一个公司的运行效率。资本成本受到公司运行效率的影响。利息支付以及投资者的机会成本都取决于公司预期的运营情况。当公司管理结构没有效率或者政府征收额外的费用，就会产生变化。近年来，很多公众公司变成了私人经营的，一些私有资产收购了原先公众公司。这些变化中，有一部分是因为诸如 SOX 之类的不断增加的对于公众公司的规制。额外的准则以及财务报告要求对公众公司而言，无疑增加了它们的运营成本。[10]

案例回顾

自由资本

为什么我们看到的公司都致力于减少资本呢？难道资本不是商业运行所必需的吗？

资本成本是一种支出，就像劳动力成本和原材料成本一样。很多公司都忽略了资本成本。它们可能没有意识到隔板下面或者储物间里的货物包含着资本但是却没有收入。强鹿发现在零售处闲置着很多花费很大的农用设备。经营者并没有意识到资本被捆绑在这些设备中。可口可乐公司用非常昂贵的容器运送糖浆，然而却将这些容器搁置数日。它们并没有将这些容器中包含的资金计算在运营成本内。以上这些活动都会增加成本，特别是资本成本。

如果我们可以在不影响收益的前提下减少成本，毫无疑问收益会增加。同样，企业应该有效率地使用它的资本。企业必须确保资本被分配在公司内价值利用最高的地方，而且必须确保资本成本最小化。存有大量超过需要的货物的花费很大。多余的生产容量也会造成很大的开销。将资金分配在不运作的项目上更是资源的浪费。不恰当地使用资金预算也会造成浪费。事实上，资金预算本身就是一个对项目可能带来的收益与运行项目所必需的资金的比较。如果公司将资金分配到不能带来额外收益的项目上面，这将会是对资金的极大浪费。简而言之，资本是有价的。

本章小结

1. 公司主要通过在资本市场出售股票和债券，以及从金融中介贷款来获得项目投资的经费。

2. 股票是在证券交易所中被购买和出售的。

3. 股票的需求来源于追求自己存款更大收益的投资者。包括个人储户，互助基金，还有像保险公司一样的金融机构。股票的供给来源于想通过发行股票获得资金以购买其他东西的股票持有人。这是通过二级市场实现的。一级市场是新发行股票的出售场所。

4. 债券是一张由债权人向债务人发行的借据。债券的需求者是寻找相同风险条件下更高收益机会的个人投资者或者互助基金。债券的供给者是想借钱的政府或者公司以及想要出售债券的投资者。

5. 债券市场由债券的供给和需求所组成。正如股票市场，需求取决于债券的价格、其他投资机会的预期收益以及投资者的预期；供给取决于债券的价格、其他投资机会的预期收益以及发行人的预期。

6. 债券的价格和利率成反比。利率上升，债券价格下跌，反之则相反。

7. 资金预算是企业内部分配资金的过程，对项目收益的现值和资本的成本之间进行比较。

8. 净现值是投资项目所产生的收益的现值与该项目的成本之间的差值。

9. 应该运行预期将会产生正净现值的项目，而不应该运行那些产生负净现值的项目。

10. 外汇风险暴露会增加商业管理的风险，从而增加资本成本。

11. 增大的风险将会增加资本成本。错误的管理体制、所在国家的不稳定因素、不同国家的管制和规则都会增加资本成本。

12. 公司的体制——所有权的分散，经理人，债权人，层级制度——的存在，是因为它是有效的。所有权的分散使得所有权风险最小化。债权人的分离确保了恰当风险的项目被投资，并且使公司的营业利润最大化。

关键术语 ▪

加权平均资本成本（weighted average cost of capital，WACC）

红利（dividend）

资本结构（capital structure）

债券契约（bond covenant）

练　习 ▪

1. Benly 公司需要为了相当大的扩张募集资金。公司内部在讨论到底是发行股票还是发行债券。如果该公司发行债券，那么它的债务会增加，而且为了使收益能够抵消它的花费，将会处于更大的压力下。如果该公司发行股票，那么现有的股东将会损失权利和影响力。这家公司到底应该如何做呢？试着解释你的答案。

2. 解释一下合作的经营形式如何比股东就是经理人的经营形式更加有效。

3. 什么是债权人—所有者矛盾？解释为什么资本构成中 100% 的资产会变得没有效率。解释为什么资本构成中 100% 的债务会没有效率。

4. Middleton Steel 公司正在考虑是否暂时关掉它的一个产品加工厂。如果关掉了那个工厂，该公司将面临着停产之后重新启动的成本、工厂所在城市批评的成本以及被消费者抛弃的成本，消费者会选择在其他地方购买产品。如果不关掉工厂，该公司将会承受巨大的损失，因为收益小于可变成本。

a. 如何利用净现值分析法分析该决定？

b. 有其他可行的策略吗？

5. National Midland Mortgage 的市场营销经理一直在和上司讨论新建一个花费 5 000 万美元的出版社。其他经理人担心支持这项投资获益的假设——抵押品的增加以及交易成本的下降。如果抵押品市场不按照预期那样增长呢？

a. National Midland 应该投资新建出版社吗？

b. 市场营销经理应该给出怎样的假设才能使得这项投资看起来很有价值？

6. 鲍博·戴维斯（Bob Davies）必须在将 10 万美元投资在他自己的公司还是当地的其他公司之间做出抉择。两个投资项目都有 5 年的预期时限。每个项目的资金流入如下所示：

年	戴维斯	其他
1	20 000 美元	10 000 美元
2	30 000 美元	10 000 美元
3	40 000 美元	30 000 美元
4	10 000 美元	40 000 美元
5	5 000 美元	50 000 美元

假设项目的风险都是一样的，并且都被计算为每年 6% 的风险溢价。两项投资都可行吗？哪项投资更好？

7. 一个原油公司最近为一个特殊形式的石油精炼设备改进投资项目做了估价。据分析，这个改进项目需要 1 500 万美元的投资，而且会在投资后的 9 年中产生每年 200 万美元的税后现金收入。

a. 如果折现率是 10%，这个项目的净现值是多少？

b. 如果折现率是 15%，这个项目的净现值是多少？

c. 折现率是多少时会让你觉得这个项目的评估最符合实际？

8. 请分别说明对于计算较大规模项目、较小规模项目，以及存货数量能保证的项目的净现值，什么折现率最合适。

9. 一项使股东个人对公司的债务有法律偿还责任的法律会带来什么后果？

10. 美国政府在 2009 年接管了克莱斯勒。美国政府将 25% 股份出售给 UAW，剩余的全部归属美国政府，而且取消了所有债券持有者的索取权。按照该公司原来的组成结构，当公司运营不顺利的时候，债券持有人有权索要公司的资产；而股票持有者只有在其他投资人都被补偿的情况下才能收到赔偿金。政府的举动意味着什么？这对其他正处在破产边缘的公司有什么影响？

11. 解释一下债券持有者和股票持有者的投资动机。是一样的吗？如果不一样，那么又有什么区别呢？一个债务负担很重的公司和另一个没有债务的公司会有什么样的区别？

12. 和股票不一样，当公司经营不善的时候，债务依然要按期偿还。如果一家公司破产了，债权人有权重新处置资金，还能够决定如何分配资金。也就是说，在债务投资的情况下，债权人拥有比经理人更大的控制权。这是否意味着经理人要想确保足够的控制力，应该多使用股权融资？

13. 如果一家公司的 CEO 被发现参与不道德的事件，该公司的资本成本将会如何变化？

14. 国家的风险如何影响公司的资本成本？

15. 用资本资产定价模型解释一个公司将投资组合分散化比不分散化要好，分散化就像是个人投资者在股票市场上购买很多不同的股票而不是单单一只股票。

16. 只有少数公司 2010 年在投资新的项目或者对外扩张。然而，市场利率却很低。为什么呢？在较低的资本成本的前提下，公司为什么不投资新的项目呢？

17. 当投资者的通货膨胀预期很高时，资本成本会发生什么样的变化？解释一下。（当人们觉得接下来的月份或者年份中通货膨胀率会很高的时候，预期通货膨胀率就很高。）

18. 当通货紧缩的预期很高的时候，资本成本会怎样被影响？解释一下。（当市场价格下跌时会发生通货紧缩。）

注　释

1. www.i2.com/assets/pdf/705DFA04-7A09-4FF9-A1D636E8AD51E1DD.pdf
2. www.redback.com/Redback/Home/Products/SmartEdge.html
3. www.crm2day.com/news/crm/114696.php
4. www.level5networks.com/prod_features.htm
5. Under certain assumptions there is no optimal capital structure. This is referred to as the M and M result after the economists who defined it, Modigliani and Miller; see F. Modigliani and M. Miller, "The Cost of Capital, Corporation Finance and the Theory of Investment," *American Economic Review* (June 1958). [The primary assumptions that are necessary for the M&M result are that there are no tax consequence differences between debt and equity and that an investor can borrow money at the same cost as the firm. Neither of these assumptions is generally valid—debt cost can be written off against taxes while dividends (equity costs) can not and, typically, firms can borrow at a lower rate than individual investors.
6. *Ease of Doing Business*, 2008, http://www.nationmaster.com/graph/eco_eas_of_doi_bus_ind-economy-ease-doing-business-index.
7. Kurt Eichenwald, *Conspiracy of Fools* (New York: Basic Books, 2005), p. 194.
8. Ibid., *Conspiracy of Fools*, p. 388.
9. Michael C. Jensen, *A Theory of the Firm* (Cambridge, MA: Harvard University Press, 2000).
10. Liz Peek, "Why Private Equity Is through the Roof," December 5, 2006; Business, *New York Sun*, March 8, 2008, www.nysun.com/article/44594?page_no=1, accessed January 15, 2008.

第18章
内部市场

案 例

恐怖分子市场

　　预测并且尽可能消除未来的恐怖袭击事件,对于美国而言是至关重要的。同样,知道世界其他地方所发生的事情也很重要,哪一个政府的领导人可能会下台,俄罗斯是否正在入侵格鲁吉亚或者波兰。如何获取这些信息呢?市场能提供帮助吗?一部分人认为最好的解决方法是创造一个市场,人们可以在这个市场上进行投机,并且因为正确的预测而获益。国防部的智囊团美国国防部先进研究项目局(DARPA)很早以前决定,建立一个市场,在这个市场中,交易者可以签订有关各种事宜的详细合约。例如,合约可能是基于这样的一些问题,"埃及的非石油工业产出明年会是多少?"或者"美国军方

会在两年内从 A 国撤兵吗?"这样做的核心意义在于,发现此种交易是否有助于预测未来事件,以及人们对不同事件之间联系的看法。

　　评论家猛烈抨击 DARPA 在恐怖主义事件上的预估交易。他们指出,恐怖分子可能会预测一个恐怖事件,然后亲自实施,从而获取盈利。自从人们听说了 DARPA 的计划,所有的项目资金都被冻结了,该项目也被终止了。

　　1. 什么样的信息是市场能够提供,间谍和情报专家无法提供的?

　　2. 市场是如何提供关于恐怖主义的信息的?

市场充当信息的收集者

　　市场就是一个信息披露的地方,在市场上有不计其数的人,为了自身利益和他

人交易。通过价格机制以及自由竞争，可以明晰地分配稀缺资源，得到成本最低的解决方案，同时关于成败的回馈也会表现在利润和损失中。人们购买一件商品的行为，意味着他们觉得这件商品比其他价格相仿的商品的价值更高。同样地，当人们出售商品时，这表明相比该商品他们更愿意持有货币。他们觉得其他物品比他们出售的东西的价值要高很多。当价格对于买方来说低于该商品的价值，同时卖方觉得价格高于该商品的价值时，交易双方才会完成交易。市场上的价格是买卖双方不同偏好、口味、信仰以及期望的结果体现。因此，价格包含所有买方和卖方决定偏好、口味、信仰以及期望的信息。

市场价格一旦确定，只有当交易双方的偏好信息有所改变时，价格才会发生变化。如果买方得知了一些关于该商品的新的信息，比如，该商品具有以前所不知道的更多功能，他就会愿意支付一个更高的价格。新的价格包含买方新得知的信息。类似地，如果卖方得知某种关键要素的成本将要增加，他就会减少供给，或者在相同的供给量下要求更高的价格。市场价格的上升反映了要素价格的上升。市场会自发完成这一切，不需要监督买卖双方的行为，也不需要研究交易的过程。

计划经济对于国家而言，过去不适合，现在也不适合。中央计划者无法知道如何给交易的货物制定价格。他们没有市场中的匿名的交易者的信息。他们也无从得知交易双方的偏好、口味、信仰以及期望。结果，计划人设计的价格要么偏高，要么偏低，导致了一些物品的短缺和另一些物品的剩余。资源没有很好地配置。

市场在资源配置过程中是有效的，计划经济却没有相同的效果。正如之前所讨论的，我们惊奇地发现公司内部的资源配置更接近于计划经济而不是市场经济。一个十分典型的例子是，在企业里是经理或者总裁制定决策，决定雇用多少员工，募集多少资金，以及资金如何分配。计划经济在国家的层面上是没有效率的，那么怎么能在公司的结构中变得有效呢？正如前面章节中我们所讨论的，公司看起来似乎是计划经济，但实际上却不是。公司逐渐变得有效，公司的结构也是根据效率所设定的。然而，毫无疑问，计划经济的因素存在于企业内部。那么，公司能够通过更多地模仿市场、利用价格机制来决定**内部市场**（internal markets）中资源的配置，使企业变得更加有效吗？[1]

转移价格

事实上，有一些企业确实使用价格机制在企业内部配置资源。当公司太大的时候，决策之间是相互联系的。这样就会产生问题，上层决策的制定是否应该考虑下层决策的制定。高级经理人通常会为大规模交易的价格和其他条件进行谈判。理论上讲，经理人应该制定能使整个企业获得最大利益的**转移价格**（transfer price）。但是，价格到底是多少呢？

考虑这样的一种情况，上游部门（生产部门）将产品装运到下游部门（经销部门），下游部门组装产品，并将产品分派到不同的零售点。这两个部门可能在不同的国家，这时两国之间的货币兑换就一定会发生。我们假设这两个部门在同一个国家，而且这两个部门分别是一个独立的利益中心。这意味着，每一个部门都想使自己的利益最大化。

生产部经理希望使生产的利润最大化，经销部经理则希望使经销部门的利益最大化。这两个目标之间十分容易产生矛盾。如果生产部门是产品供给的唯一来源，那么生产部经理不必害怕竞争者的加入，自然也不会将价格定在边际成本上。生产部经理会像一个垄断者一样行动，减少供给以提高价格。结果，生产部门的价格会明显高于其边际成本。然而，经销部门却不得不接受垄断定价。垄断的价格就成为了经销部门的边际成本。相比生产部门在完全竞争条件下定价，经销部门此时的边际成本更高，就会减少供给量。从整个企业的角度来看，并没有达到利润的最大化。

只有将转移价格定在能够使得企业整体价值最大化，而非生产部门利润最大化的水平时，这个问题才能够得到解决。企业整体利润最大化的产量是生产部门的边际成本等于企业边际收益与经销部门边际成本之差时的产量，这个产量称为**企业的净边际产品**（net marginal product）。

如果运输的货物可以从其他企业购买到，也就是说，这些产品有一个外部市场，那么外部市场就会约束生产部门的价格。如果生产部门的要价高于外部市场的价格，那么经销部门就可以从外部市场购买该产品。如果生产部门在一个完全竞争的市场下定价，那么转移价格就会是其边际成本。如果生产部门在产品有差异的市场中竞争，那么转移价格可能会高于边际成本。

大型的多部门的企业在过去很多年中都在使用转移价格来协调部分内部交易。20 世纪早期，跨国公司的兴起使得一些部门有了很大的自主经营权。很多公司，例如西尔斯、杜邦、通用汽车、标准石油，都意识到了公司总部不能再为坐落于不同地区或者分管不同生产线的各个部门制定商业决策了。也就是说，公司从 U 型变成了 M 型。去中央化（M 型）是 1920 年的一项管理创新，然而在 1970 年左右就已经变成普遍的经营方式了。转移价格则是在 M 型组织形式的一个自然的发展。

公司内部的资产分配

20 世纪 90 年代，少部分企业开始更加广泛地实行内部市场。英国石油公司（BP）利用内部市场来限制公司的二氧化碳排放量水平。1998 年，该公司承诺在2010 年要比 1990 年减少 10％的碳排放量。BP 建立了一个内部市场来协调各个商业部门之间的努力。高级主管给每个部门都发放一个固定数量的"许可证"来设定减排的目标。每一个许可证给予它的所有者相应二氧化碳排放的权利。这些目标加总在一起就能够使整个公司的碳排放量达到目标。BP 的经营单位被允许交易碳排放许可证。如果一个经理发现减排的目标可以以一个比碳排放许可证价格更低的成本达到的话，这个经理就有动机去出售碳排放许可证，并从中获利。而另外一些经营单位面临着较高的减排成本，则会购买附加的碳排放许可证。2001 年，BP 的经营单位之间以 40 美元每吨的平均价格交易了超过 450 万吨碳排量许可权。而且同年，BP 实现了原定计划，比计划提前了 9 年。

英国石油公司成功地利用内部市场，实现了资源的最有效配置并达到减排的目的。该公司的总裁可以为每个部门制定一定的减排标准，然后只需维持该标准，让各个部门努力完成任务就行。但是他发现各个部门的经理人比他更了解自己部门的情况，从而能够制定更加符合实际情况的减排标准。通过利用许可证价格向部门经理表明最有效率的减排方式，BP 快捷、高效地完成了减排任务。在交易的过程中，如果一些部门经理发现通过重新安排资源，可以达到更低成本的减排措施，那么许可证的价格就不会上升。这些部门反而会出售许可证。当其他部门也都可以更加有效地达成目标时，它们也都提供许可证。那些不能以比许可证价格更低的成本减少排放量的部门将会购买许可证。[2]

预测市场

在 BP 的例子中，许可证的价格是由出售和购买许可证的部门共同决定的。均衡价格是由每一个部门经理利用所有可用的信息，选择成为购买者或者出售者而决定的。也就是说，市场价格包含市场上交易物品的最完善信息。

艾奥瓦电子预测市场（Iowa Electronic Markets，IEM)[3] 网络利用同样的思路建立了一个**预测市场**（prediction markets）。这是一个用来预测美国总统大选结果的市场。自 1988 年布什和杜卡基斯的竞选，预测市场就存在了。任何人都可以通过互联网参与进来，赌注不超过 500 美元。在这样的市场中，人们购买写着谁会赢得大选的合约书。如果你在大选结束的时候持有获胜者的合约书，你将赢取市场资金的一部分。

IEM 比民意测验更加准确地估计了候选人的支持比例。例如，在 1988 年的竞选中 IEM 预测布什的支持比例为完全正确的 53.2%，而杜卡斯基的预测为45.2%，仅仅比真实值低 0.2 个百分比。这样的结果比当年的任何一个民意测试都准确。为什么呢？大多数交易者都会根据一个他们认为最有可能发生的估计下注，而不是他们的意愿或者一些更加不清晰的动机。而且那些下最大赌注的人，也就是在市场上影响力最大的人，也是最依赖他们所获得的信息的人。预测市场是有效的，这是因为他们使得人们有动机提供自己认为最可信的信息。

图 18—1 展示了 2008 年总统大选时 IEM 以及其他一些民意测试的结果，显然IEM 的预测最准确。

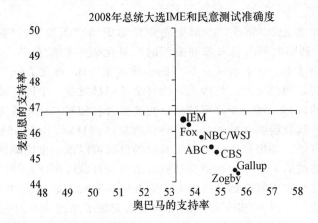

2008年总统大选IME和民意测试准确度

图 18—1 预测市场与 2008 总统大选民意调查

说明：IEM 的预测比其他主要的民意调查得到的结果精确。
资料来源：The University of Iowa，Henry B. Tipple College of Business.

有一些公司利用预测市场来收集一些对公司很重要的信息。例如，礼来公司（Eli Lilly）检验了一个关于最有可能被 FDA 同意或者拒绝的候选药品的预测市场。胜利者的市场迅速地清零了，这使得他们的价格被推得很高，然而，失败者的价格急剧下降。雅虎建立了一个叫做 "tech buzz game" 的预测市场。一定数目的技术公司之间互相比拼，交易者基于哪种技术会最受消费者欢迎来签订合约。谷歌创立了一个内部的预测市场，用它来预测产品的投产日期、新的办公地点的开张日期，以及其他策略问题。这三家公司都认为预测市场比其他方法更有效地解决了问题。

惠普研究所建立了自己的内部市场体系，来帮助预测一些特定的商业问题，比如季度销售数据或者是 DRAM 记忆棒分别在 1 个月以后、3 个月以后、6 个月以后的价格。预测的准确程度对公司有巨大的影响。如果记忆棒价格预测偏离了仅仅几美分，惠普公司的边际利润就会受到极大的影响。惠普发现内部市场的预测比公司官方的预测要准确得多（8 次中有 6 次都是市场的预测比公司的预测准确）。[4]

惠普公司的第一个内部市场是为了预测电脑下个月的销量而建立的。二三十个产品和财务的经理人利用 50 美元的交易账户在下个月电脑销量上下赌注。如果一个营销人员认为销售量将会在 2.01 亿～2.1 亿美元之间，他就可以购买一个相同范围的预测证券，向市场上的其他交易者表明这是一种可能的情况。如果他的想法改变了，他可以再次购买或者出售。当交易停止时，标价最高的股票就是预测范围和市场最接近的那个。交易者可以根据他们手中的处于正确范围的股票获取额外的利润。结果是预测市场比公司的官方预测准确两倍。惠普现在利用内部市场来预测公司每月的销量和利润。

通用电气的测算和决策科学研究院创立了一个拥有 150 名科学家给新的生产想法排名的市场。最高的奖金是 5 万美元的研究资金。150 人的实验室中包括管理者、研究员以及实习生，每次 85 人参与。管理者为市场提供 10 个想法，研究员也提供他们自己的想法。两周以后，62 个企划案被交易，每一个企划案都有自己的介绍。市场上的每一个交易者都可以匿名对企划案举例进行评论，不管是支持还是反对。最终获胜的企划案来源于研究员，而不是实验室的管理者。

其他一些公司也实行或者创建了其他不同的内部预测市场：微软预测产品装运的日期；通用电气预测新方案产生的日期；英特尔预测计算机芯片的产量；西门子预测产品开发的准确性。还有其他很多例子，这里就不再赘述。

利用市场来收集分散的信息

原则上讲，一个公司应该能够利用自由市场、效率、灵活性以及驱动力强等优势在企业内部分配资源。如果人们可以依据个人利益互相购买、出售，那么整体的结果就是资源被配置到了价值最高的地方，公司会因此获益。这正如社会因为市场经济体制超越计划经济一样。中央计划者没有市场上个人所拥有的所有信息。公司的总裁也没有销售员工所拥有的所有信息。即使中央计划者可以在员工中做民意调查，调查结果也没有市场提供的信息有用。在计划经济体制下，员工没有动机在民意调查中提供准确的信息。销售人员想知道自己是否能做得更好，并且尽力做到更好，因此会过高地提供销售信息。同样，经理人想通过提供信息获得更多的员工，这样的调查结果也会有误差。公司内部个人的利益可能会隐藏或者延误信息，导致企业亏损。然而在自由市场中，个人具有提供最精确、最好信息的动机，这样一来，自由市场提供的信息超过了所有计划者所能获取的信息。

成百上千的人都为了如何在大公司内配置资源而焦头烂额。生产线的经理为了产出能力而头疼。销售人员为了提高产品销量在消费者间奔走游说。策略计划小组、厂房管理者以及物流运输经理都在尽力协调企业内部每个人的利益矛盾。然而，没有人能够真正看透市场大背景。相反，在自由市场中销售人员有动机按照自己的真实所想进行交易，而不是根据他们所期望的或者是其他人所期望的。更重要的是交易人可以通过价格，看到他的同事们的共识。这样他们就可以利用所有他们可以得到的信息（即使只是他们的直觉）来判断给定价格下的预测是不是一个正确的选择。在内部市场中，在未来的任何时期，所有产品的相关信息对任何人都是可见的。

在一个无限制的自由的市场中，市场的价格是对事件的最好估计。也就是说，内部市场提供了关于公司内重大决策对公司股价影响的可靠估计。能否完成销售指标，是否采取管理体制改革，是否辞掉公司总裁等事件，对公司股价的影响都可以通过内部市场预测。假设一家公司正在考虑新建一家工厂。它可以利用内部市场预测公司的股价在未来几个月的变动，不管该公司是否选择建立工厂。一个月之后，这家公司就可以检查哪种预测支持率最高，从而制定决策。

预测市场也可以作为评判 CEO 所获取信息准确度的判断标准。根据《萨班斯-奥克斯利法案》，一个公司的 CEO 必须签订法律条款，来证明公司的报告都是准确无误的。错误的报告可能会导致经理人受到最高为 25 年监禁的惩罚。CEO 通过普通的等级制度获取公司情况的信息，从销售人员到销售经理到销售主管到财务总监，最后到首席运营官及首席财务总监。CEO 也可以通过建立一个预测市场，让所有他希望参与的人都参与到公司报告是否需要更改阶段收益报告的决策中，而不需要通过命令——这种控制机制或者死板的"内部管理机制"来实现此目的。

创造市场

只要私有财产的权利被很好地界定并且被很好地实行，人们就会发现，从交易中可以获得收益，市场便自发存在了。人们没有必要主动创建一个市场。然而在公司内部，市场存在的必要条件必须明确，而且必须人为地主动创建一个市场。市场存在和运行的必要条件是什么呢？

首先，市场需要一个定义明确的商品或者服务。在预测市场中，核心问题是如何定义明确。例如，与"2003 年 9 月会发现大规模杀伤性武器"相比，"伊拉克不存在大规模杀伤性武器"就不是一个定义明确的问题，主要是因为没有时间上的限制。前者是一个可以在市场上进行交易的问题。

除了定义明确的商品或者服务，市场需要私有产权被明确定义和实行。在预测市场中，私有产权是体现问题预测结果的合约。例如，"2003 年 9 月在伊拉克会发现大规模杀伤性武器"的预测的收益将和正确与错误的回应挂钩。当你购买了一份合约，它就归你所有。你可以按照自己的意愿出售或者保留它。如果预测正确，你将会得到市场赋予的利润。

当人们拥有一些东西，并且愿意通过与其他人所拥有的物品进行交易而获益时，市场就会建立。当然，还要有私有产权，这是市场存在的基础。然而，人们却只会因为预期从交易中获益才加入市场。依据比较优势进行的分工，交易会使得所有交易者从中获益。在预测市场中，比较优势取决于一个人所拥有的信息的多少——相信自己买入或者卖出的决定可以获得利润。

内部市场失灵

市场要正常运作，诸如外部性、公共品、搭便车、非对称信息以及垄断势力这样的问题都必须最小化。如果在内部市场中发生这样的问题，它们会使市场变得无效。例如，不对称信息使得市场遭受厄运。当人们预期有些人比其他人有更多的信息时，让人们参与市场加入交易就变得十分困难。例如，没有人愿意购买最高法官退休信息的合同或者下一任罗马教皇的合同，因为人们怀疑内部人士会有更多的信息。

没有人能够威胁或者掌控市场。如果市场上存在垄断势力，那么价格就不能完全反映所有的信息，因为不是所有的潜在交易人都进入了市场。为了确保市场是有效的，人们应该可以在任何他们觉得与真实价格不符的现存价格上投机获益。例如，如果生产线经理想要扩大潜在需求，就必须通过购买该项目的远期合约，来支持自己的想法。但是，如果市场上其他人认为她的预估是不现实的，他们就会出售该远期合约以获得利益，以便之后再以更便宜的价格买回来。如果市场不能保证这样的机会，那么市场就不是有效的。

教育部门的内部市场

典型的科研组织，包括商学院，是严格的命令与控制中的等级制度。预算来源于立法机关（在公共机构内）或者管理委员会。一般都由学校的行政处分配到各个学院。每个学院的院长再将所领到的资金分配到各个系。教职员工可以按照自己的意愿使用电话、打印机、复印机、文书服务以及其他各种办公用品。但是，他们必须从系主任那里得到参加会议的许可或者科研工作的资金援助。工作由系主任进行安排，比如教学的任务、课程以及时间。具有讽刺意味的是，经济学家以及商学教授整日都在讲述市场在合理配置资源方面的优势，却忽视了在他们自己的工作岗位上利用市场的力量。

除了通过中央计划的方法配置资源，一些组织还有年度财务预算。这意味着任何没有被花掉的预算都将被返还回到中央行政处或者其他负责资金的部门。一般而言，当雇员以及各个院系都拼命地想要消除超支预算时，在财政年度结算的时候会很忙碌。效率低下很普遍。同样，即使在经济学系或者是

商学院这些成员普遍对市场配置机制具有很好认识的地方，也没有任何实施市场配置的迹象。

20 世纪 80 年代末，亚利桑那州立大学的经济系主任尝试建立了一个内部市场。教员在给定预算的约束下，使用他们所需要的办公用品——钢笔、纸、打印机、电话等。办公室通过竞拍进行分配。教学任务也通过市场来分配。每一个课程都一一建立相应的价格，课程之间也有相对的价格。例如，一个学生很多（350～500 名学生）的基础的经济学课程相当于 1.5 个高级的本科生课程或 1.7 个研究生课程。MBA 课程的价格比基础性的大课稍微低一点。也就是说，一个教员可以教两门本科生初级课程替代三门高级课程。

因为学校的限制，课程的时间由外部确定。教师们可以竞拍不同时间的课程，同样也可以交易。结果是十分令人惊奇的。首先，教员们的办公费用方面发生了很大的改变。教员们现在选择了更多地外出参加学术

会议而不是较高的电话费，因为以前电话的服务是免费的，出差却要向系主任申请。教员们都比从前更加快乐了。一些教员进行跨期交易——在一个学期中多教一门课，从而可以在另一个学期不教课。[5] 总的来说，这个市场化实验是成功的。然而，还是有人不喜欢市场体制。寻租现象大量出现，结果系主任和院长重新制定分配计划，并且停止了大多数内部市场。下面是该校校报在当时的一些头条新闻："公有财产怎么能被个人出售？""因为教师们交易教学计划，学生们发现自己被骗了。"

路易斯安那州立大学的情况是这样的，各个院系可在约束下自由分配预算，还可以通过吸引学生来增加预算。[6] 在这样的情况下，每个院系对学校分配的预算资金具有完全的控制能力。各个院系可以自由地提升工资、装修办公室、购买新的仪器等。一些院系通过开除一些游手好闲的器材管理员来省钱，也可以花钱雇佣私人承包商来保证卫生间的清洁。学院的预算约束是根据整个学院学生的学时来决定的，因此各个学院都互相竞争学生。

也有一些评论家批判这种方法。他们指出学术要求最低的院系会收到很多学生，而那些难度较大的院系则只能收到少量的学生。这些评论家说的对吗？如果毕业之后找不到工作的话，学生还会蜂拥进入那些"简单"的院系吗？

为了确保市场有效，除了市场中出现的信息不对称问题，其他一些情况也需要谨慎地处理。当一个员工可以使用他人使用过的东西，而且没有人对该商品或者服务有排他性的控制的话，公共品的问题就出现了。比如，技术创新就是非竞争性的，很多员工在不减少他人利益的情况下，可以从中获利。问题在于没有人愿意进行技术创新，以至于技术创新不会出现。另一个例子，公司的名声是一件公共品，如果不对提升公司名望的举措进行奖励，没有经理人愿意耗费人力、物力来提升公司的名声。如果一个商品由中央提供，那么每一个雇员都想搭便车，并且过度使用该物品。

市场中产生负外部性的行为如果不加控制，一定会产生过度污染的情况。如果内部市场上只存在一个单一的供给方，他就具有一定的垄断势力。即使企业的内部分配不是由价格机制决定的，这些内部市场的问题依然存在。事实上，寻租以及腐败行为在非市场调节的体系中更容易出现。正如在第 6 章所探讨的，补贴以及人事部门的政策在制定的时候，一定要考虑到公共品以及外部性的问题，否则员工为了自己的利益会产生没有效率的结果。

内部市场不仅仅可以预测事件的发生。内部市场体制比任何等级制度都要快捷灵活。销售人员、规划者以及厂房管理者可以利用自己新得到的信息立即进行交易。事实上，每个人都希望尽快地交易以期得到优势。与其由少数的几个经理人一个接一个地在几个选择之间讨论，不如让很多员工同时研究多种的可能性。例如，当一家核心的工厂因为自然灾害而停产时，对于这家企业而言，厂房生产能力的价值就会增加，其他工厂的经理就会十分积极地接管额外的工作，以期拯救自己工厂的生产计划。他们可能要选择推迟一些生产计划，如果内部市场的价格能够准确地反映市场信息，他们就可以准确地选择继续保留哪些生产计划，并放弃另一些。这样的调整可以在整个企业同时进行，而不需要什么人先把这些利弊都测算出来再决定如何调整。市场中看不见的手将所有这些分散的行为变成了一个整体。

基于市场的管理[7]

不管是公共品还是私有物品，都可以在企业内部市场进行交易。由公司集中提供的人力资源、教育培训以及法律援助都具有公共品的非排他性。公司内部的任何人都可以得到它。在会计准则里，一般都要对集中提供的服务收取管理费用。在这样的体系下，由公司最高层的主管决定不同项目上的开支，每个部门的经理将这些资金按照专家的意见分发给项目执行者。部门经理没有听取资金需求者（项目执行人）的意见，从而合理分配资金的动机，这是因为资金来源于上层领导的分配。另外，经营单位也没有动机去比较他们获得的利益和公司的成本。结果，这些服务不但没有解决工作，反而带来了更多的工作。

同样，每个部门的资本成本只不过是整个公司资本成本的一部分。部门经理没有动机更为经济地使用它。如果一个部门已经知道自己将要为整个公司的资本成本付出多少，它就会竭尽全力确保自己得到的比自己付出的要多。这就像是一顿每个人平均分摊费用的晚餐，每个人都有动机比平均价格点的菜要多。这样，内部服务以及资本就变成了公共品，每一个部门都想搭便车。

如果每个部门能够独立地解决人力资源问题，雇用、解雇员工，那么就能够从总人力资源部门退出了。同样，每个部门都能够自己负责自己部门的法律以及会计事务，那么这样的一个部门就可以自行决定，是从外部还是内部市场获取所需要的人力资源、法律以及会计服务了。那些公司总裁觉得对于公司名声有影响的事情可以通过在部门之间征税达到。树立公司名望以及其他一些具有公共品性质的问题将通过损失补偿来处理。补偿的比例必须由公司总裁决定，否则各个部门可能会出于自己利益的考虑而不去做那些使得整个公司受益的事情。补偿的系统也必须明确地界定各个部门的利益划分，以防部门之间互相挤对。如果公司依靠内部市场配置资源而且允许各个部门可以利用内部以及外部的资源，那我们称这样的企业为以市场为基型公司（market-based firm）。

内部存在市场的公司还是公司吗？

基于市场的公司是不是真正的公司呢？答案是肯定的。仍然有着一个总部，大小事务由总经理决定。比如，CEO 确定如何分配资本成本。由于资本成本对整个公司来说是一个不可分割的总体，每一个小的利益集体必须支付它的一部分。例如，在 Koch Industries 公司中，每个部门负责一小部分的资本成本。同样，其他由整个公司面临的成本也必须按比重分配到各个部门里。公司也必须合理安排公共品的部分，比如公司的名声。如果公司和市场一样，那就不应该有公共品的部分了。

Oticon 是一个公司尝试成为市场的例子。[8] 开始的时候这家公司是一个很典型的工业企业，各个职能部门中有着体系化的管理系统。20 世纪 80 年代末期，这家公司开始遭遇麻烦了，公司的总裁决定大力推行改革。部门被撤销了，成立了专业化的研究中心，比如听力与工程研究中心。公司的雇员可以参加任何项目的开发，项目管理者也可以按照自己的意愿来管理项目。工资制定的权力被下放，项目经理可以自行制定薪金。这样的管理结构称为"面条式"，象征着所有的事情都像面条一样纠缠在一起，但又不是很紧。员工有了更多的决策权。很多等级制度都被消除了，正式的官衔也没有了。

一直到 1996 年，因为面条式的结构并没有起作用，Oticon 又重新回到了原来的等级结构。面条式的结构消除了原有等级是结构所能做到的，比如按能力分派工作、加强分工以及降低合作和分享知识的成本。虽然消除了等级制度，然而一个严重的问题是没有明确地指派产权。拥有决策权的负责人知道这只是暂时的，就像是决策权的外贷。结果就是，他们都不敢做投资决策，也就不能使得公司盈利。

将公司变得更加市场化的想法可能会忽视那些最初将这些交易带入公司内部的因素，比如交易成本的降低等。当公司依赖内部市场的时候，交易成本可能会高于传统公司中的交易成本，专有信息会更倾向于通过内部私人交易，而不是通过外部的市场交易。但是，内部市场依然是值得信赖的。特别地，内部市场利用一只看不见的手替代了中央决策者的看得见的手来制定很多决策。内部市场可以最有效率地收集信息。

总部与管理

在以市场为基型的公司中总部和经理应该做些什么呢？总部就像是在自由市场经济中的政府，它规定并执行私有财产权。和政府不一样的是，总部是在公司里面分配产权。公司内的决策权必须被指派给合适的人，这些权利必须明确所有，不能像 Oticon 例子中那样被租用。公司的总部决定了决策权被合适的人拥有，并且不被其他人干涉。总部同时要确定管理的权力不被别的力量打破，还要对金融监管部门、政府以及其他相关的管理部门负责。经理以一个团队的角度监督整个公司，总部和总裁共同为了阻止市场失灵而努力。总部创造了整个公司的文化，或者至少是其中之一产生公司文化的机构。经理和员工确保今后的员工知晓公司的文化。

小　结

20 世纪五六十年代，经济学家建议用内部市场交易解决转移定价问题（生产部门和销售部门之间的转换）。相似地，金融学家建议资本分配问题也应该通过对内部的投资收取外部的费用解决。一波又一波的公司结构重组，提倡放宽等级制度，权力去集中化，赋权于员工，内部的创新，等等。总之就是让员工觉得自己不再仅仅是自己事务的负责人，同时也是整个公司的负责人。支持公司更加市场化的人往往容易忽略公司总部或者总裁这些最初运作公司市场化的因素。我们需要记住的是公司之所以存在，是因为它比市场所提供的合约形式的关系更加有效。这里存在着权衡，天下没有免费的午餐。正如前面章节中所讨论过的，当市场失灵的时候，整合以及等级制度会变得有效；例如，企业一般需要员工之间互相分享信息，但是当他们是独立的合约者时，这些员工就没有动机来分享信息了。在这种情况下，将市场带入企业就不会产生期望的效果。而且有时，在企业内部建立市场也是不可行的，即使能够产生良好的结果。

案例回顾

恐怖主义分子市场

　　包括净外汇以及美国国防部先进研究项目局的经济情报单位等很多组织都提出了政策分析市场这个概念。美国俄勒冈州议员罗恩·怀登（Ron Wyden）和北达科他州议员布莱恩·L·多根（Byron L. Dorgan）在 7 月 28 日认为这是个恐怖主义分子市场。可事实是该市场并没有交易这些信息。很明显，净外汇公司中有很多考虑不周的建议。包括对巴勒斯坦领导人阿拉法特的遇刺，以及约旦独裁政府被推翻的可能性的投机。

　　政策分析市场应该是首个用于在情报领域寻找信息的市场。我们很有理由相信政策分析市场是有效的，因为市场是目前为止所发现的披露并整合信息的最高效手段。就像交易股票一样，人们可以在市场中交易自己对某个时间结果的看法。除了政府部门，这种市场可以在更多的地方开设，虽然有些极具破坏性的，如恐怖袭击以及刺杀行动也能在这样的市场中进行交易。所有的交易都是匿名进行的，这样人们就可以通过市场大胆地说出自己真切的想法，而不必害怕后果。市场内部人员也可以进行交易，同样提升了市场的准确性。

　　道德风险是议员担心可能存在的问题，购买了保险的人反而更容易去冒险。恐怖分子可以从自己的行为中获益。但是，这相当不容易发生。内部人员因为自己行为获益的问题同样存在于股票市场、保险市场、赌场以及其他很多地方。然而，这样的问题基本没怎么发生过。

本章小结

　　1. 没有约束的自由市场可以达到资源最有效率的配置。

　　2. 市场价格中包含所有交易参与者的信息。

　　3. 转移价格是一个公司某一个部门将产品出售给另一个部门时的价格。

　　4. 最优的转移价格是为了使整个公司利益最大化的价格，不仅仅只为了某一个部门的利益。

　　5. 公司内部的市场为了更好地配置资源而存在。

　　6. 预测市场是为了得到不同的参与者关于某一件事情的结果预测信息而建立的。市场的价格就是事件的最优预测。

　　7. 内部市场既可以用来配置稀缺资源，也可以用来得到对未来事件的预期。

　　8. 内部市场的创建需要一个定义明确的商品或者服务，私有产权的明晰，交易双方参与的动机以及最小化外部性、公共品、非对称信息和垄断势力这样的问题。

　　9. 一个公司会不会发展到内部的所有事务都由内部市场来决定？虽然市场比命令与控制模式有优势，但是市场需要创立，市场中的规则也需要有人定义。

　　10. 虽然公司可以使用内部市场在公司内部配置资源，我们仍然把公司放在第一位。毕竟人们是自愿为了薪酬而加入一个公司的。

　　11. 关系契约不需要约束所有可能的情况，但必须意识到事情的发展变化性以及关系的变化性。所以，公司存在的一个原因就在于可以使得关系发展。公司必须将每个人的分配信息都明确化，即使公司能够将所有的可能性都包括进来，这也需要耗费很多人力、物力。

　　12. 公司总部在市场为基型的公司里的角色就相当于政府在自由市场中的角色。

关键术语 ■

内部市场（internal market）
转换价格（transfer price）

边际净产出（net marginal product）
预测市场（prediction market）

练 习 ■

1. 假设你是一个咨询师，现在有一个从来没有实行过市场经济的国家向你咨询关于如何建立一个市场调节的经济体。你会如何做呢？

2. 一家大公司有两个部门：一个处于垄断地位的上游供给部门，唯一的购买者就是下游的加工产品的部门。如果对各个部门的经理支付一定比例他们自己部门的盈利，公司的利润会被最大化吗？解释一下。

3. 一个有两个部门的大公司，上游部门的产品是下游部门的原材料。下游部门不仅可以从上游部门得到该产品，也可以从外界公司得到相同的产品。公司的经理应该允许下游部门从外界购买原材料还是应该只允许下游部门从上游部门购买原材料？解释一下。

4. 给出委托—代理问题的定义。市场中存在什么样的委托—代理问题？公司中呢？如何解决公司中的委托—代理问题？

5. 什么是道德风险？公司在处理供给方和消费者的关系时应该如何解决道德风险问题？公司如何处理内部市场中的道德风险问题？

6. 资本市场使得我们可以使用一大笔不属于我们的钱。如果公司要实行市场化的经营体制，它必须创建一个内部资本市场吗？

7. 总裁在市场化经营的公司中的作用是什么？

8. 如果市场化经营比等级制度的命令控制要有效率得多，那么为什么公司不实行这种体制呢？

9. 内部市场如何考虑资本成本并为之做出改变？

10. 假设用经济利润来评估公司里的每个部门。描述它怎样才能建立公司内部的激励机制。

11. 下面是每一家公司的需求函数以及边际成本函数。在什么样的价格下服务可以被出售？外部市场的存在是否影响结果？

需求函数：$P=30-2Q$
边际成本函数：$MC=20$

12. 一家公司估计自己产品的需求函数是这样的：

$$Q=8-2P+0.10I+E$$

式中，Q 是每个月需求的数量，单位是千；P 是产品的价格；I 是消费者收入的指数；E 是未来市场经济状况的预期。假设 $P=10$ 美元，$I=100$，$E=20$（当经济状况好的时候）或 -10（当经济状况不好的时候）。解释或者说明价格将所有信息都包含进来的意义。

13. 解释一下为什么公司会存在，以及为什么不能只有一家大公司。

14. 用市场来收集信息和市场化的经营体制是完全不同的。说明它们的不同点。

15. 建立一个内部市场需要哪些必要的步骤？

16. 英国石油公司利用内部市场收集信息帮助企业做出抉择。石油预测市场能够预测出 2010 年墨西哥湾的灾难吗？解释你的答案。

17. 总部和总裁在工厂型企业中的角色是什么？在市场为基型的公司中呢？

18. 最近有一本名叫"管理的末日"的书。假设有一天真的像书中所说，员工不用在办公室里工作了，取而代之的是远程办公。这时管理的功能是什么？管理还存在吗？

注　释

1. Ajit Kambil, "Leading with an Invisible Hand," Accenture, *Outlook Journal*, July 2002 www .accenture.com/Global/Research_and_Insights/Outlook/By_Alphabet/LeadingInvisibleHand.htm, accessed May 4, 2008; David McAdams and Thomas Malone, "Internal Markets for Supply Chain Capacity Allocation," MIT Sloan School Working Paper 4546-05, June 2005; Alix Stuart, "Magic Markets: Internal Markets Can Solve Thorny Allocation Problems and Predict the Future," *CFO Magazine*, November 1, 2005 www.cfo.com/printable/article.cfm/5077917?f=options, accessed May 4, 2008.

2. The approach BP took was similar to the emissions trading program used by the EPA and by the signers of the Kyoto Protocol. By signing the Kyoto Protocol in 2005, more than 160 countries committed themselves to reduce CO_2 emissions and the emissions of five other greenhouse gasses. At the same time the countries also committed to engage in emission certificate trading. This type of system, also known as cap-and-trade, enables a source with a high cost of reducing an additional unit of emissions to purchase a permit from a source with a lower marginal abatement cost. Sources will trade permits until the price for the permits equals the marginal abatement cost. The level of emissions permitted, the cap, is established by some authority. Then the permits are sold via auction or given away. Once initially allocated, the divisions can begin trading the permits. As the permit price rises, the incentive to purchase emission-reducing equipment rises. If enough such investment occurs, the demand for permits rises, the supply rises, and the price falls.

3. www.biz.uiowa.edu/iem

4. Kathleen Melymuka, "Bringing the Market Inside: IT-enabled Internal Markets Can Speed Up and Improve Decision-making," *Computer World Management*, April 12, 2004 www.computerworld.com/managementtopics/management/story/0,10801,92084,00.html, accessed May 4, 2008.

5. William J. Boyes and Stephen Happel, "Managing in an Academic Environment," *Journal of Economic Perspectives*, 3, no. 3 (Summer 1989): 32–40. Reprinted in Don Cole, ed., *Annual Editions Economics 91/92* (Guilford CT: Dushkin Publishing Group, 1991–1992), pp. 43–46.

6. Marginal Revolution Bog. Market Failure? Academic Departments, www.marginalrevolution.com/marginalrevolution/2006/08/market_failure_.html.

7. Charles Koch developed this term to describe how he manages his firm, Koch Industries. See, Charles Koch, *The Science of Success* (New York: John Wiley, 2007).

8. Nicolai J. Foss, *Strategy, Economic Organization, and the Knowledge Economy* (New York: Oxford University Press, 2005), Chapter 7, pp. 157–186.

第 19 章
衡量经济利润

考虑资本的成本

当罗伯托·郭思达 (Roberto Goizueta) 在 1981 年就任可口可乐公司 CEO 之时，他面对的是一个因高度多元化经营而绩效不佳的企业，其业务范围涉及从水体净化到对虾养殖的多个方面。他首先要做的一件事就是运用经济利润来分析可口可乐公司的不同业务。经过分析他发现，只有可口可乐公司的核心业务——碳酸饮料业务可以为股东创造价值。其他业务虽然可以增加名义上的收入，但实际在消耗（股东）价值。因此需要剥离或停止这些业务。郭思达接着重点发展可口可乐公司核心饮料业务的竞争优势，如全球名牌、全球分销系统、市场与营销的专业技能，最终促成了可口可乐公司之后 18 年的辉煌。

同样，当鲍勃·莱恩 (Bob Lane) 在 2000 年 8 月接管了绩效不佳的强鹿公司时，他很快就发现该公司的最大问题是"花了太多的钱来赚钱"。工厂趋向于超额生产，最终导致大量贵重的大型耕机堆放在经销商的仓库中。莱恩以经济利润为关注点，认为绩效不佳的原因在于各部门经理把资本视为一种免费的资源。于是他开始对所有部门经理使用的资本征收 1% 的使用费，并要求经理的全年营业利润必须超过这一费用。最终，强鹿公司在随后一年表现良好，步入正轨。[1]

1. 对一个公司绩效的恰当的考核方式是什么？

2. 对于一个公司和它的投资者来说，关注经济利润而非会计利润意味着什么？

经济利润的计算

一个国家的绩效可以通过每年有多少人的生活得到提高进行考量，换言之，按照社会总的价值增加了多少进行考量。如果国民收入提高并且生活水平提升的话，那么国家很可能运行良好。同理，企业的绩效也可以用相同的方式进行描述。公司为社会创造的价值每年都在增加。如果公司提供效益的价值超过公司使用资源的价值，那么公司的价值就在增加，我们称之为增值。

增值是市场环境下经济活动的目的。如果一个组织不能增值，即其产出效益的价值不及其投入资源在其他用途的价值高，那么它就没有长期存在的理由。长期来看，如果一个组织不能增值，那么它就不能生存下去，因为低效的资源配置最终会被高效的资源配置替代或颠覆。

对于以盈利为目的的企业，增值的方法就是获得利润。那么利润如何衡量呢？如果忽略隐性成本（implicit cost），我们就会得到一个相对简单的利润计算式：收入（revenue）－租金（rent）－工资（wages）－利息（interest）。这就是财务报表中的利润计算方法，其计算出的利润称为营业利润，或者净营业利润。这种利润反映了产出价值与投入价值的差值，而没有考虑所有者（股东）资本的机会成本。

经济利润＝会计利润－资本成本

公司所有者的目标是利润最大化。因此经济利润应该是总的收入减去总的成本，那么增加经济利润的方法看起来就颇为简单——增加收入并且降低成本，但实行这一方法往往比说出它要困难得多。让我们再仔细地分析一下利润，经济利润可以表示为：

（1）经济利润＝总收入－土地成本－劳动成本－资本成本

或者运用税后净营业利润（NOPAT），其值可用 NOPAT＝（1－税率）（收益－土地成本－劳动成本）和 WACC（加权平均资本成本）这两个会计术语进行表示：

经济利润＝税后净营业利润－（加权平均资本成本×投入资本）

经济利润可以通过**税后净营业利润**（net operating profit after taxes，NOPAT）减去资本成本来获得。税后净营业利润是公司通过经营获得的收入扣除税额得到的，但并未扣除财务费用和除折旧以外的非现金记账项目。

我们可以将税后净营业利润重新表述为收入减去商品销售成本和销售及管理费用后的值。即

税后净营业利润＝（收入－商品销售成本－销售及管理费用）（1－税率）

对于劳动成本与土地成本的会计测量值为**商品销售成本**（cost of goods sold，COGS）和**销售及管理费用**（selling and general and administrative costs，SG&A）。商品销售成本是生产产品所需的必要劳动成本与土地成本，以及公司为了生产、创造和销售产品而发生的费用。它包含原材料的购买价格和将其变成产品的费用。而销售及管理费用则由公司发生的合计工资成本（包含薪金、佣金以及行政人员、销售人员和雇员的差旅费）和广告费用组成。管理费用（G&A）表示管

理业务的费用，包含管理者薪金、法律及专业费用、公益事业费用、保险费用、办公楼及办公设备的折旧、办公用品费用等。而销售费用则表示销售产品所需要的费用，包含销售薪金及佣金、广告费、货运费用、销售设备的折旧。

所以经济利润的第二种表示方式为：

$$(2)\ 经济利润＝[（1-税率）×（收入-商品销售成本-销售及管理费用）]\\-（加权平均资本成本率×投资资本）$$

表 19—1 展示了一个企业是如何计算出经济利润的。企业获得了 1 674 100 万美元的收入，它的成本则在下表中给出。

表 19—1　　　　　　　　　　　　　　**经济利润**　　　　　　　　　　　　单位：百万美元

项目	金额	项目含义
总收入	16 741	公司财年的全部收入。
从财务报表中得到的会计净收入	1 101	公司利润表中披露的属于普通股股东的净收入。计算 NOPAT 和经济利润的起始点。
利息费用 税收调整 非正常收益	889 ＋87 －32	对公司财务报表进行调整，计量公司在现金和经营基础上的财务状况。调整后项目仅包括现金基础的。唯一留存的非现金项目是固定资产折旧。账面盈利和亏损都被折算为现金基础。例如，出售一处公司房产售价为 100 万美元，而此时其账面价值为 40 万美元，相应地就会出现 60 万美元的账面盈余，但是这项盈余并没有给公司带来额外的现金。利息费用作为调整项被重新加到公式中，因为后面它会在计算基本成本时减去。
税后净营业利润	2 044	税后净营业利润（NOPAT）是指公司扣除所有账面盈余或损失，以及所得税后的现金基础利润。
资本成本	1 294	资本成本是指公司获得经营所需的资本时所需付出的成本，这项成本与投资人和债权人投资这家企业的风险大小有关，在本例中，公司为 17 726 220 美元的资本支付的加权平均资本成本为 7.3%。
经济利润	750	从 NOPAT 中扣除资本成本所得即为经济利润。

经济利润等于税后净营业利润减去资本支出。而资本支出可以用公司投资资本乘以加权平均资本成本（WACC）得到。加权平均资本成本是各种不同资本的成本总和，包括短期债务资本、长期债务资本、股本资本，其权重取决于其资本在公司整体资本结构中的相对比例。所以投资资本就相当于公司融资的总额除去诸如应付账款、应计工资和预提税款在内的短期无息负债。其值等于股东权益、长期及短期有息债务和其他长期负债之和。[2]

经济利润的逐步计算

经济利润的计算从利润表开始。利润表是反映收入如何转变为收入净额（通常称作底线）的一种财务报表。[3] 其中的**息税前利润**（earnings before interest and taxes，EBIT）非常重要。息税前利润是收入减去土地和劳动成本之后的值。计算会计利润时会将其继续减去利息和税费，得到税后净营业利润（NOPAT）。所以，为了得到经济利润，我们需要获得资本支出。息税前利润可以通过公司的利润表获得。

图 19—2 展示了迪士尼公司的利润表。为了计算税后净营业利润，我们必须将最终得到的净收入加回利息费用，这样才可以确定我们测量的利润是覆盖包括贷款人在内的所有资本所有者。所以，我们将以会计利润或者净营业利润为起点来计算经济利润。

利润表	单位：千美元
期末时间	2006 年 9 月 30 日
总收入	341 285 000
主营业务成本	28 807 000
毛利	5 478 000
营业费用	
研发支出	
销售和管理费用	
临时费用	（18 000）
营业利得或损失	5 496 000
其他净利润/费用	114 000
息税前利润	6 153 000
利息支出	706 000
税前利润	1 890 000
少数股权	（183 000）
持续经营净利润	3 374 000
净利润	3 374 000

图 19—1　迪士尼公司的利润表

资料来源：Yahoo Finance.

单位：千美元

息税前利润	6 153 000
加利息费用	706 000
现金营业税	（2 400 000）
NOPAT（税后净营业利润）	3 753 000

图 19—2　税后净营业利润

净营业利润是未扣除利息费用的净收入，它只告诉我们公司是否在支付其费用，而并未告诉我们公司是否在履行其偿债义务或奖励其拥有者。在不知道其所有者是否获利的情况下，我们不能回答诸如"这个行业是否值得将资源投放于此，是否应该将资源投放至其他地方？"或"其他公司是否有动机进入这个行业并成为竞争者？"等问题。我们必须知道净营业利润是否足够负担资本的成本。

经济利润＝净营业利润－债务成本－股权成本

为了计算资本成本，我们必须确定公司到底使用了多少资本。而债务持有人和股票持有人对于公司总的投资额，即投资资本，正是对于公司使用资本的最好衡量方式。虽然对于如何获得投资资本有不止一种计算方法，但最常见的方法就是将总资产减去应付账款和流动负债。而这些项目都罗列在公司表示资产减负债等于所有者权益的财务报表——资产负债表中。

在计算经济利润的时候，应该只包含公司通过债务持有人与股票持有人获得的融资，而不应将短期贷款和应付账款算作对公司的投资，这就是要将总资产减去应付账款与流动负债才得到投资资本的原因。

迪士尼公司的资产负债表如图 19—3 所示。为了得到投资资本，我们要将其列示在资产负债表中的总资产额减去流动负债和应付账款这两项。

单位：美元

资产	
流动资产	
现金及现金等价物	3 464 000
应收账款净额	5 727 000
存货	608 000
其他流动资产	1 019 000
流动资产总额	10 818 000
长期投资	934 000
不动产及机器设备	17 065 000
商誉	22 015 000
无形资产	7 405 000
其他资产	1 430 000
总资产	59 667 000
负债	
流动负债	
应付账款	5 137 000
其他流动负债	2 461 000

图 19—3　迪士尼公司的资产负债表

迪士尼公司的总资产为 59 667 000 美元，减去流动负债与应付账款，最终得到的投资资本为 52 609 000 美元。

资本成本

债务的成本就是对于长期或短期债务的利息费用。债务的成本可以在年度报表（10-K）的脚注中获得，不同形式的债务都列示在那里。[4] 需要注意的是，债务费用可能因为公司税收而有所抵减，所以债务费用必须据此进行调整。比如，假设税前的财务费用是 6%，税后的财务费用因此肯定会降低。为了获得税后财务费用的准确值，我们可以将税前财务费用乘以（1－税率）。如果该公司有效税率为 34%，那么税后的财务费用就等于 6%乘以 66%，即 3.96%。

不同于财务费用可以准确计算并有处可寻，股权费用，即股东对其投资的预期回报，则更加抽象而难以度量。股权资本费用的实质是投资者将其资金投放于一家特定公司的机会成本。目前有多种方法来估计投资者的机会成本，但最常用的方法是资本资产定价模型（CAPM）。[5]

正如在第 17 章所提到的，资本资产定价模型的表达式如下：

股权成本＝无风险利率＋股本溢价

股本溢价是股票市场中的投资者对于股票市场所期望的平均回报超过无风险投资市场所得回报的部分。典型的无风险利率是美国国债利率。尽管人们对于股本溢价的大小存在很大的争议，但绝大部分人都认为其值应该在 4%～5% 之间。所以如果无风险利率是 5%，股本溢价是 4%，而 beta 值是 1.1，那么股权成本就应该大致为：

股权成本＝5%＋4%×1.1＝9.4%

只要获得了股权成本，我们就可以通过股权成本和债务成本来确定总的资本成本。然而，我们不能简单地将两种成本相加，因为一个公司的两种成本可能并不是各占 50%。我们只能通过将两种成本分别乘以各自在总资本中所占比重，再相加，获得加权平均值。通过这种方法算出的值就称为加权平均资本成本（WACC）。我们可以在图 19—4 中看到这个结果。

税前负债成本 6.5×(1−税率)(1−0.347)＝税后负债成本 4.6
无风险利率 4%＋股权溢价×Beta(4%×1.1)＝股权成本 8.4%

图 19—4　利用迪士尼 2006 年财务数据计算资本成本

加权平均资本成本 ＝ 股权成本 × 股权在总资本中所占比重 ＋ 债务成本 × 债务在总资本中所占比重

现在我们就可以计算出加权平均资本成本了。我们先将债务成本与股权成本分别乘以其各自在投资资本中所占比重，然后将最终结果相加。债务与股权在投资资本中所占比重由其各自的总金额决定，这些信息都可以在资产负债表中获得。我们先将所有债务加总，即长期债务项加短期债务项再加其他债务项，得到其债务总额为 173.6 亿美元。而其股权的市场价值（市值）为 599.8 亿美元。债务因此占投资资本的 22%，而股权占 78%，其加权均值为：

加权平均资本成本＝0.22×4.6＋0.78×8.6＝7.72

最后一步

最后一步就是确定经济利润。基于前面的分析可得，经济利润＝税后净营业利润－资本支出。根据计算，迪士尼公司 2006 年的经济利润为负。对于经济利润的计算貌似很难，但实际不是。你可以把经济利润与个人的账面价值进行类比。它们都是先开始计算收入，再减去成本。

个人	公司
工薪	收入
减	减
非财务费用（食物、衣服、公益、销售及管理费用等）	营业外支出（商品销售成本、保险、杂项）

税费	税费
除息前收入	税后净营业利润
减	减
贷款利息	资本支出
等于	等于
账面价值的改变	经济利润

经济学家对于利润的定义

经济利润的第三种表述方法对于经济学家而言非常熟悉，即通过考虑固定与变动成本来计算经济利润。变动成本是根据公司为销售目的而生产的产品数量的变动而变动的一类成本。而固定成本则是另外一类不随产品数量变动而变动的成本。

（3）经济利润＝收入－变动成本－可变成本

任何一种经济利润的表示法都可以为公司绩效提供有效的监测方式。表达式（2）偏向于会计学方法，而表达式（3）则运用传统的经济学理论。但这两方面并不能直接对应，商品销售成本（COGS）并不只是变动成本，而销售及管理费用（SG&A）也不仅仅都是固定成本。它们都含有变动成本与固定成本。

异常净收入与现金流折现模型

当经济利润为零时，公司得到的利润称为正常利润，因为这是竞争中刚好允许的利润，即收入等于总的机会成本。当经济利润为正时，继续使用资源所要求的回报低于真正所能产生的回报，这时公司的得到利润称为异常净收入。

异常净收入模型[6]是财务会计用来衡量企业价值的一种方法。模型认为企业的市场价值是账面价值（当前的股东权益）加上考虑未来盈利的经济利润现值。用符号来表示就是

$$P_o = bv_0 + [(X_1 - rbv_0)/(1+r)^1] + [(X_2 - rbv_1)/(1+r)^2]$$
$$+ [(X_3 - rbv_2)/(1+r)^3] + \cdots$$

式中，P_o 是预计的公司市场价值；X 是除去债务成本的税后净营业利润；bv_0 是当前的股东权益；r 是资本成本，因此 rbv_0 就是总的资本成本，反映了当期初股东权益回报率（ROE）等于资本成本时第二年的净收入。用另一种方式表述，rbv_0 就是用金额而非百分比表示的第二年期望净收入。因此，$X_1 - rbv_0$ 就是第二年期望的净收入超过其资本成本的部分。最终算出的这个数值就称作异常净收入，这是运用会计方法算出的经济利润。多项式的第二部分表示的是第二年期望的经济利润的现值。同样，多项式的第三部分表示的是第三年期望的经济利润的现值。依此类推。

公司股权的市场价值是当前股东权益的价值核算（accounting value）（bv_0）加上一系列未来期望的经济利润的现值。现值表示未来的现金流量折现为现值。那么如何将未来值折现为现值？我们需要将每一期的未来值除以用资本成本表示的折现率。

如果企业希望获得正经济利润，即使其市场价值超过其目前的股东权益或账面价值，就需要使其时价与账面值比率大于 1。同理，如果企业希望获得接近于零的经济利润，就需要使其时价与账面值比率接近于 1。当然，如果企业希望获得负经济利润，就需要使其时价与账面值比率小于 1。（注意：根据 2006 年年底的统计，制药行业时价与账面值比率的中位值为 4.59，然而，在航空业其中位值只有 1.57。）

另一种考察企业绩效的方法是比较其投资资本回报率与资本成本率。其中，投资资本指的是投入企业的资本数量。所以，投资资本回报率（ROIC）就是投入每一美元资本所获得的利润。因此，投资资本回报率就等于税后净营业利润/投资资本，并且

经济利润＝税后净营业利润－（加权平均资本成本×投资资本）

我们还可将经济利润表示为：

经济利润＝（投资资本回报率－加权平均资本成本）×投资资本

上述经济利润的表达式表明，如果投资资本回报率等于资本成本，经济利润就为零。当且仅当投资资本回报率超过资本成本时，经济利润才为正。[7]

股票价格与异常净收入

股票价格由股票需求与供应决定。股票的需求者与供应者对于股票价格的估值，都是基于自身对于公司未来绩效的期望来确定的。因此只有当双方持有对于股票走势的不同看法时，交易才可能达成。股票购买者期望其购买的股票会有超过其他替代选择的增值幅度，而股票售出者则一定期望其售出的股票并没有其他股票的增值幅度。如果他们对于股票都拥有完全相同的判断，那么股票交易将不可能发生。

所以，正是市场（包括股票购买者与出售者）对于未来企业绩效的期望决定了股票每股的价格。而且价格一旦决定，如果不出现其他变化，每股价格不可能改变。那么什么因素导致股票价格上涨或者下跌呢？答案是期望的调整。异常净收入模型告诉我们，当对于未来净收入的期望值上升而其他不变时，其市场价值也随之上升（当企业公布的收入超过其期望，会使得我们对于净收入的期望继续增加），反之则相反。[8]

$$\frac{\delta P_o}{\delta X_1} > 0$$

但是，并不是仅仅只有收入的期望，净收入的期望值超过资本成本的部分，即异常净收入，也会对股价产生影响。当资本成本增加时而其他不变时，市场价值也会下降。

$$\frac{\delta P_o}{Dr} < 0$$

当对未来收入的期望值增加时，因为对于这只股票存在购买欲望的投资者将增加，而想要卖掉这只股票的人将减少，所以这只股票的价格将上涨。同理，当期望值减少时，对于这只股票存在购买欲望的投资者将减少，而更多的人希望卖掉这只股票，于是这只股票的价格将下跌。因此，当一个企业的运营比投资者预期的要差

的时候，其股票将会下跌。

从20世纪90年代中期到2000年，思科产生了巨大的经济利润，其值可以在公司高扬的股价中显示出来。因此到了2001年，相比其期望的绩效值，思科的市值的变化更能反映其实际的绩效值。于是其期望值对于思科而言已经达到了很高的水平，公司已经很难使其绩效超过其期望值。而且即使思科继续获得巨大的利润，其短期的股价估值仍有很大可能出现下降。实际上，2001年3—5月，思科的股价下跌了40%，从每股80美元的高位下滑到每股50美元，虽然不管从收入还是利润来看，思科都比整个市场平均水平要高出很多。

衰减率

如果一个公司可以获得异常利润，那么其可以将异常利润保持多久呢？这要取决于外部竞争者进入行业并促使经济利润下降至零的速度了。而**衰减率**（decay rate）正是表示异常收入降至零的速度。行业的竞争环境决定了其衰减率，当企业具有竞争优势或行业具有进入门槛时，企业可以保持一段时间的正经济利润。然而处于具有诸如过低的进入门槛与庞大的竞争候补者等市场特征的行业中时，企业根本无法获得任何的经济利润。随着时间的推移，企业必然会丧失其优势。这也是部分企业家所做的事，使经济利润降为零。因此，计算企业价值关键要依靠衰减率，即要考察经济利润为正的那个范围。

经济利润的战略等式

战略制定的一部分就是决定提供多少产品以供销售。这取决于销售额增加或减少会对经济利润产生什么影响。让我们来做一个简单的操作，改变经济利润表达式的形式以使我们更容易地找出其战略因素。让我们从表达式（2）开始：

（2）经济利润＝[（1－税率）×（收入－商品销售成本－销售及管理费用）]
－（加权平均资本成本×投资资本）

首先，将等式右边乘以收入/收入，再乘以市场规模/市场规模。因为每一步操作都只是将等式右边乘以1，所以等式并未改变。

现在，将市场份额等于企业收入/市场规模代入等式，于是经济利润可以表示为：

$$2(s)\text{经济利润}=\left[（1－税率）×\frac{\text{收入}－\text{商品销售成本}－\text{销售及管理费用}}{\text{收入}}\right]$$
$$-\text{加权平均资本成本}×\frac{\text{资本}}{\text{收入}}×\left(\frac{\text{收入}}{\text{市场规模}}×\text{市场规模}\right)$$

让我们将这个经过调整操作的经济利润表达式命名为经济利润的战略等式。它可以帮助我们弄清公司为影响经济利润可以使用的策略行为。举例而言，等式（2s）告诉我们，想要对经济利润进行操作，必须注意以下几点：

（1）收入。收入增加是否会使经济利润增加？如果增加销售量时，成本增加额小于收入增加额，那么利润就会增加。因此，我们必须知道产品出售、收入与成本三者之间的关系。

而且，因为收入＝价格×产量，我们必须知道提高价格是否会增加企业收入，即了解价格改变对收入的影响。这其实依赖于消费者对于价格改变的反应，即需求的价格弹性。

（2）商品销售成本与收入的比值。在会计学中，商品销售成本（或者销售费用）是为实现销售目的而生产特定产品所产生的直接费用，包括构成商品的所有材料的实际成本和使商品转入可销售状态的直接劳动费用。商品销售成本并不包含诸如办公费用、会计费用、运输费用、广告费用等一切不能被归于特定销售项目的间接费用。那么减少直接费用可以增加利润吗？这取决于直接费用的减少是否导致收入的减少。因此，我们需要了解价格、产出和直接费用这三者之间的关系。

（3）销售及管理费用与收入的比值。收入的增加将会导致销售及管理费用小幅还是大幅增加呢？这取决于营销与管理的效率，以及这个效率是否决定于销售量。这一项目代表了在正常经营过程中，为确保营业收入而发生的所有商业运作费用（即与产品生产不直接相关的费用）。这些费用，包括所有的销售费用、一般公司开支和管理费用，如销售人员的薪金，广告费用和管理者的薪金，其重要的特征在于不能归于特定产品的生产。所以，对消费者和渠道具有良好的关系和足够的了解可以减少这笔开支。

（4）加权平均资本成本。收入的变化会增加资本成本还是相反呢？所以，我们还需要了解加权资本成本的组成部分。

（5）资本与收入比值。资本投入的增加将使经济利润提高还是降低呢？这取决于资本、收入以及资本增加对于商品销售成本与销售及管理费用的作用这三者之间的关系。

（6）市场份额。增加或降低市场份额会对经济利润产生怎样的影响呢？

运用传统经济方法的经济利润的战略等式还可以推导出与等式（2s）具有同样操作意义的等式：

$$（3s）经济利润 = \frac{收入-可变成本}{收入} - \frac{固定成本}{收入} \times (\frac{收入}{市场规模} \times 市场规模)$$

等式（3s）将成本分为固定成本和可变成本两种。它需要我们了解收入与固定和可变成本间的关系。

关注经济利润的实际效果

如果企业只关注会计方法衡量的绩效，那么它们从根本上忽视了资本成本，或者至少股权成本。引入经济利润作为着眼点可以改善企业的运营情况。[9] 在桂格燕麦片公司采用经济利润作为其绩效衡量方法之前，其位于伊利诺伊州丹维尔地区的燕麦饼干厂的经理曾使用长周期生产的方法（long production run）去生产不同形状的饼干，其目的是减少停机时间和安装成本。这种方法虽然使其获得巨大的营业利润，但也带来了滞存在仓库里的大量存货，公司需要将其逐渐运送到顾客手里。然而仓库并不是免费的，公司大量的资金被用来构建仓库。因此，当公司开始对仓库征收使用费时（因为仓库占用了大量的资产），经理开始转向短周期生产的方法（short production runs）。这种方法虽然减少了营业利润，但是增加了经济利润。

可口可乐公司在采用经济利润来衡量利润之前，用不锈钢罐装其可口可乐饮料，因为公司认为这种方法可以使容器反复使用，降低成本。然而，问题在于这些不锈钢罐价值不菲，所以公司需要投入很大资本。当可口可乐公司开始注重经济利润时，它卖掉了所有不锈钢罐，转而采取硬纸板容器。虽然硬纸板容器增加了其经营成本，但其使资本成本减少得更多。[10]所以，经济利润为正。

Diageo 公司拥有销售苏格兰威士忌和伏特加酒的 United Distillers and Vintners 无限公司。Diageo 分析了其生产成本，发现虽然苏格兰威士忌和伏特加酒都能使其会计利润增加，但生产伏特加可以产生更多的经济利润。因为相比伏特加的酿造时间，苏格兰威士忌需要更长时间的窖藏。所以大量的苏格兰威士忌处于窖藏阶段，也就意味着资本被大量占用在储藏室等固定资产上。当把这些资本的成本考虑进去的话，公司自然就会增加伏特加的生产而减少苏格兰威士忌的产量。通过经济利润这种衡量方法，Diageo 将其资源价值提升到前所未有的水平。[11]

案例回顾

考虑资本成本

衡量经济利润需要了解资本可以被分配到什么地方，这样就可以衡量出资本的机会成本。

$$\text{经济利润} = \text{收入} - \text{土地成本} - \text{劳动成本} - \text{资本成本}$$

经济利润与会计利润相比，最大的区别在于资本成本的引入。仅仅衡量会计利润并没有将资本成本计算在内。如果资本是免费的，那么如何有效率地分配资本这一点可能并不重要。这就是原先强鹿和可口可乐的管理者所认为的，将资本视为免费的。使用经济利润衡量法迫使管理者认识到，用来产生收入的债务和股权资本都是有成本的。

经济利润就像是定格的快照，只反映了企业一年的绩效，而仅仅一年并不能展现出趋势变化。但经济利润的多年数据可以向我们全景展现出公司绩效的变化，而这正是股票市场所关注的。企业所有未来经济利润的现值之和可以告诉我们企业预期是否会创造财富。当诸如郭思达和莱恩这样的 CEO 将每年的经理奖金与经济利润挂钩时，会怎样呢？经理们将受到激励，围绕减少资本成本去思考问题。强鹿和可口可乐公司的结果告诉我们，采用经济利润衡量法有助于企业提高绩效。即使仅仅对每个部门使用资产收取 1% 的使用费，那些经理都会开始思考他们使用的资产数量是否过多这一问题。大量的资产不能闲置在经销商的仓库中。

本章小结

1. 经济利润被定义为：收入－土地成本－劳动成本－债务成本－股权成本。也可以表示为：会计利润－资本成本。

2. 经济利润被定义为税后净营业利润－债务成本－股权成本。

3. 衡量经济利润的难点在于股权资本成本难以衡量。对资本成本的估算标准是基于资本资产定价模型（CAPM）。

4. 企业价值取决于未来经济利润的预期流量。异常净收入模型指导我们市场价值是如何取决于当前股东权益和未来经济利润的预期的。

5. 最终，经济利润将因竞争环境而趋近于零。那么需要多久才能到达这个"最终"

时刻呢？这要取决于异常净收入模型的衰减率。

6. 2(s)经济利润＝[(1—税率)

$$\times \frac{\text{收入}-\text{商品销售成本}-\text{销售及管理费用}}{\text{收入}}]$$

$$-\text{加权平均资本成本率}\times\frac{\text{资本}}{\text{收入}}$$

$$\times\left(\frac{\text{收入}}{\text{市场规模}}\times\text{市场规模}\right)$$

这个关于经济利润的等式(2s) 称为经济

利润的战略等式。它使我们可以认识到企业为增强经济利润可以采取的战略措施。

7. （3s)经济利润＝$\dfrac{\text{收入}-\text{可变成本}}{\text{收入}}$

$$-\frac{\text{固定成本}}{\text{收入}}\times\left(\frac{\text{收入}}{\text{市场规模}}\times\text{市场规模}\right)$$

等式（3s) 将成本分为固定成本和可变成本两种。它需要我们了解收入与固定和可变成本间的关系。

关键术语　◼

税后净营业利润（net operating profit after taxes，NOPAT)

商品销售成本（cost of goods sold，COGS)

销售及管理费用（selling and general and administrative costs，SG&A)

利润表（income statement)

息税前利润（earnings before interest and taxes，EBIT)

衰减率（decay rate)

练　习　◼

1. 计算下列公司的增值（单位：美元）。

微软：

产出	2 750
薪金	400
资金成本	40
原材料成本	1 650

巴克莱银行：

产出	5 730
薪金	3 953
资金成本	916
原材料成本	556

通用汽车：

产出	50 091
薪金	29 052
资金成本	15 528
原材料成本	7 507

2. 下面列出了一些公司的标准会计信息。你能判断哪一个公司是最成功的吗？请解释。

	波音	固特异	丽资克莱本	电路城
销售额	5 601	423	622	1 767
利润	254	26.9	56.2	31.6
销售利润率（%）	4.5	5.2	9	1.8
净资产收益率	10.2	13.9	15	14.5

3. 下面列出了一些公司的资本成本数据。解释这些数据的含义。

摩托罗拉	11.6
好时食品（Hershey Foods)	12.8
家得宝公司（Home Depot)	12.2
迪拉德（Dillard)	10.5
可口可乐	12.0

4. 下面是雅培公司的财务信息。雅培运 作得怎么样？请解释。

年份	1989	1990	1991	1992	1993	1994	1995	1996
销售额（百万美元）	5 380	6 159	6 877	7 852	8 408	9 156	10 012	11 014
净收益	860	966	1 089	1 239	1 399	1 517	1 689	1 882
每股账面价值	3.08	3.30	3.77	4.00	4.48	5.04	5.58	6.15

5. 请解释为什么经济利润能比会计利润更好地衡量利润。

6. 全球 X 公司（Global X）的经理正在考虑购买一台机器。这台机器需要 30 万美元且可以使用 5 年。预计这台机器在第一年能为公司节省 5 万美元成本，第二年能节省 6 万美元成本，第三年能节省 7 万美元成本，第四年和第五年都能节省 6 万美元成本。购买这台机器能使公司增值吗？

7. 使用下面的资产负债表和利润表计算会计利润和经济利润：

资产负债表
1月1日

现金	57
应收账款净额	547
存货	3 364
其他流动资产	332
流动资产合计	4 300
固定资产净额	9 622
其他非流动资产	2 156
资产总额	16 078
应付账款	2 163
短期贷款	82
其他流动负债	1 150
流动负债合计	3 395
长期贷款	5 942
其他非流动负债	931
负债合计	10 384
股东权益合计	5 694
发行在外的股票	405

利润表

收入	36 762
销售成本	25 335
毛利	11 427
毛利率	31.1%
销售及管理费用	8 740

续前表

折旧和分期付款	1 001
营业收入	1 686
非营业费用	385
税前收入	1 274
所得税	509
税后净收入	765

8. 请解释当一种新技术使另一种技术在经济利润上过时的时候会发生什么。假设 A 公司是一个由来已久的使用老技术的公司。B 公司是使用新技术的新公司。A 公司已经获利多年，但是随着 B 公司进入市场，A 公司的产品和服务不再畅销。

9. 在测算经济利润的时候：

a. 你怎样处理一次性事件？

b. 你怎样处理由亲戚提供的用于生意启动的资金？

c. 你怎样处理未列入资产负债表的费用，即由公司支出的却未列入资产负债表的费用？

10. 下面所提到的报表是公司在每个季度公布收益所用的：

上周埃克森美孚差强人意的报表结果给荷兰皇家壳牌周四将要公布的报表结果蒙上了一层阴影。汤姆森金融/第一资讯（Thomson Financial/First Call）发起的一项调查显示，大多数华尔街分析员预测谢夫隆-德士古（石油）公司将会公布每股 70 美分的收益。然而，公司宣布在剔除两个期间的特别项目费用以及并购费用之后，营业收益为 9.31 亿美元（每股 88 美分）。照此计算，公司的每股收益比分析员预计的高出了 18 美分。与上年同期相比，公司宣布在第一季度其提炼、营销和运输等业务损失了 1.54 亿美元。公司宣布说部分的利润率降至自 90 年代中期以来的最低水平。在纽约证券交易所，谢夫隆的股价收于 85.90 美元，上涨 90

美分。

    a.　为什么股市会对收益报表作出反应？

    b.　收益报表表示什么？

    11.　全球 X 公司的经理正在考虑购买一台机器。这台机器需要 30 万美元且可以使用 5 年。预计这台机器在第一年能为公司节省 5 万美元成本，第二年能节省 6 万美元成本，第三年能节省 7 万美元成本，第四年和第五年都能节省 8 万美元成本。购买这台机器能使公司增值吗？

    12.　你刚刚被聘为一个公司的顾问，现在要从三个项目中选择一个以使股东利益最大化。下表列出了各个项目的年终利润。假设资本的无风险成本是 5%，风险溢价是 8%。

项目	第一年利润（美元）	第二年利润（美元）	第三年利润（美元）
A	70 000	80 000	90 000
B	50 000	90 000	100 000
C	30 000	100 000	115 000

    a.　计算每个项目的经济利润。

    b.　假设净利润是毛利的 1/10，并且目前有 100 000 股流通在外股份。各个项目的每股收益是多少？

    13.　有人说自由现金流和经济利润一样。请定义自由现金流。

    14.　运用教材中给出的股价公式解释为什么股价会对季度收益报表作出涨或跌的反应。

    15.　运用下列数据计算第一年的经济利润。

年份	0	1
销售额		1 000
非利息费用		500
折旧		200
息税前利润		300
所得税		120
税后息前利润		180
流动资产减超额现金及证券	300	340
无息流动负债	100	120
调整后营运资金净额	200	220

续前表

总财产、厂房及设备	2 000	2 300
累计折旧	1 000	1 200
净财产、厂房及设备	1 000	1 100
投入资本	1 200	1 320
资本回报率		15%

注：基于以往年份的投入资本。

    16.　用下列数据计算加权平均资本成本：

    债务的市场价值＝3 000 万美元

    普通股的市场价值＝5 000 万美元

    债务成本＝9%

    税率＝40%

    股权成本＝15%

    17.　用下列公司的贝塔系数计算各公司的资本成本。

英特尔	1.0
通用电气	1.26
IBM	1.2
默克公司	1.4
通用汽车	1.1

    18.　你正在分析惠普的贝塔系数并且把惠普分为了四个业务单元。下面有四个单元的市值和贝塔系数。计算整个惠普公司的贝塔系数。假设国债的利率是 7.5%，计算资本成本。

业务单元	市值（亿美元）
大型计算机	20
个人电脑	20
软件	10
打印机	30

    19.　在计算资本成本的时候，不用长期政府债券利率而用短期政府债券利率作为无风险利率会有什么不同？在什么条件下你会选择长期？什么情况下选择短期？

    20.　评价下列表述：

    a.　一个公司的股价是其预期收益的函数。

    b.　股价的变动是由于意外而不是预期的实现。

    c.　如果每个人的预期都一样，就不会有股票交易。

注　释——■

1. *Sources: Business Week*, Readers Report, September 4, 2006, www.businessweek.com/magazine/content/ 06_36/c3999022.htm Jia Lang, "Reviving John Deere," Fortune Report, October 10, 2007, money.cnn .com/2007/10/09/news/companies/john_deere.fortune/index.htm

2. Many analysts argue that the focus of attention ought to be on free cash flow since free cash is what companies have available to make interest payments, pay off the principal on loans, pay dividends, and buy back shares, in other words, to return cash to their capital providers. Free cash flow is calculated as follows:

   NOPAT
   　　+ depreciation and amortization
   　　− capital expenditures
   　　− changes in working capital required
   　　= free cash flow

   You can see from this calculation that free cash flow is really no different than economic profit. It is simply another way to calculate economic profit. Capital expenditures plus changes in working capital required in the free cash flow calculation is the same as the capital costs that are subtracted from NOPAT to yield economic profit.

   Invested capital = excess cash + working capital required + fixed investment
   Working capital required = the amount of money that must be used to finance
   　　　　　　　　　　　　　　inventories and receivables + the amount of
   　　　　　　　　　　　　　　operating cash − accounts payable, accrued expenses,
   　　　　　　　　　　　　　　and advances from customers

   Thus, invested capital = total assets − short-term non-interesting-bearing liabilities.Which is the same as: short-term debt + long-term debt + other long-term liabilities + shareholders' equity.

3. In reference to charitable organizations, an income statement is called a Statement of Activities and Changes in Net Assets.

4. The 10-K is a comprehensive summary report of a company's performance that must be submitted annually to the Securities and Exchange Commission. Typically, the 10-K contains much more detail than the annual report. It includes information such as company history, organizational structure, equity, and holdings.

5. CAPM relates the price volatility of an asset and the return on that asset. The expected return is a function of only the presumed risk of the stock as implied by the beta. A higher beta implies greater risk but actually just measures the volatility of the share price relative to a bundle of other stocks. Nevertheless, the higher is beta, the higher is the expected return—and the expected return is the same as the cost of equity. Let R^i denote the return on an asset, R^f the return on a risk-free asset (interest rate on U.S. Treasury bonds), and R^m the return on the entire market of assets (S&P 500 Index, for example). CAPM states that the expected return on the asset is equal to the risk-free rate plus beta (β) multiplied by the difference between the expected market return and the risk free return:

   $$E[R^i] = R^f + \beta^i(E[R^m] − R^f)$$

   where E represents expectation.

   The beta of the security, denoted by β^i, is the sensitivity of a particular stock to changes that affect all stock. Beta is the covariance between the security's return and the market's return, divided by the variance of the market's return. In other words, beta measures the volatility of a company's stock price relative to the entire market. Beta is scaled so that on average it equals 1.0. To use the CAPM to measure a company's cost of equity, an estimate of the company's beta must be obtained. There are several ways to find an estimate of a company's beta. The easiest is simply to look it up on one of the many published sources. Sources include the Value Line Investment Survey, Yahoo! Finance, and Hoovers. An alternative is to estimate beta yourself. The most commonly used method is the simple ordinary least squares regression, with the return on the company as the dependent variable and the return on the market as the independent variable. The slope of the regression is an estimate of beta.

If a company has a beta exactly equal to 1, the company has the same volatility as the market it-self. If a company has a beta that is greater than 1, its stock will probably go up higher than the market if the market is going up; it also will go down farther than the market if the market is fall-ing. The reverse is true for a company with a beta that is less than 1. If the market is going up, the firm's stock will probably go up but by less than the market; if the market is going down, the firm's stock will probably go down but by less than the market. A low-beta firm is less sensitive to swings in the market. Intel's beta is about 1, which means that, during the time this beta is measured from, the market and the Intel stock essentially moved up and down together at the same rate. Studies have shown that CAPM underpredicts the returns to low beta stocks and overstates the returns to high beta stocks. Over the long run there has been essentially no relationship between beta and re-turn. If beta is a measure of risk, then the studies show no relationship between risk and return. The problems in the CAPM lie in its assumptions, such as that that all investors can borrow or lend funds on equal terms, that there are no transaction costs, that all investors have the same ex-pectations and risk appetites, that investors can take any market exposure without affecting prices, and that there are no tax differences between dividends and capital gains. Recognizing the weak-nesses of the CAPM does provide useful information about the cost of capital.

6. The abnormal net income model is also known as the residual net income model, the Feltham-Ohlson model, and the Edwards and Bell-Ohlson model.
7. See Nancy L. Beneda, "Valuing Operating Assets in Place and Computing Economic Value Added," www.nysscpa.org/cpajournal/2004/1104/essentials/p56.htm, for an example of calculating economic value added.
8. These partial derivatives are comparative statics—looking at the change in one variable that results when one other variable is changed, everything else held constant.
9. The recognition that it is the economic profit that matters has led to a brisk business in manage-ment consulting. Spurred by lucrative fees, consultants are scrambling to help companies install new value-based performance metrics to replace the old standbys of per-share earnings (EPS), return on equity (ROE), and others. The dominant firm in this business is Stern-Stewart, promoting its *economic value added* (EVA). Another major firm in the business is the Boston Consulting Group, whose experts combine cash flow return on investment (CFROI) with a concept they call *total busi-ness return*. McKinsey uses the term *economic profit,* while the LEK/Alcar Group push for *share-holder value added* (SVA). These are far from the only consulting firms in the business. The field has become quite crowded, with each firm trying to offer a slightly different measurement tool or metric. While differing somewhat, all of the metrics attempt to provide a measure of economic profit.
10. Al Ehrbar, *EVA: The Real Key to Creating Wealth* (New York: John Wiley, 1999), p. 141.
11. Paul R. Niven, *Balanced Scorecard: Step by Step* (Hoboken, NJ: John Wiley, 2006), p. 118.

第20章
国家和国际背景中的企业

外汇之谜

2009 年年末,甲骨文的每股收益因外汇影响减少了 0.05 美元,甲骨文是第三次发生因外汇影响盈利的事情了。SAP 2007 年的总收益因外汇影响而变为零。2007 年,每欧元对一美元贬值 10 便士,空中客车公司因此损失了近 10 亿欧元,这是由于空中客车公司的成本按欧元计价,而收益却是以美元计价。20 世纪 90 年代,宝洁在关于美元和德国马克的赌局中损失 1.57 亿美元,同样的原因,Gibson Greetings 损失 2 000 万美元。此外,长期资本管理公司,作为一家主要从事定息债务工具套利活动的对冲基金,在外汇交易中损失 40 亿美元。2009 年,大约 100 家公司因为汇率变动损失了 150 亿~200 亿美元。

2008 年金融危机时,跨国公司减少或者终止在中国、俄罗斯等国家的支出,这也对这两个大国的经济产生了影响。虽然中国和俄罗斯获得的来自外国公司的投资总数在减少,但并不意味着所有的跨国公司都在减少对这两个成长的大市场的投资。事实上,为了抓住由金融危机和这两国政府对危机的回应所带来的商业机会,有些外资企业在增加它们对这两个国家的市场的投资。

1. 汇率的变动是如何造成公司资金的损失的?
2. 影响公司选址的因素有哪些?

国家背景

经济不是简单地平稳增长,而是变动的,有时增长缓慢,有时增长迅速,而有时衰退。从萧条到繁荣再到萧条的发展过程被定义为**经济周期**（business cycle）。表 20—1 列出了从 1854 年开始的美国经济周期。

表 20—1 **美国经济周期的扩张和收缩，1854—2001 年**

周期参考日期		持续月数			
峰值	低谷	收缩	扩张	周期	
括号里标注的为季度		峰值到低谷	前一个低谷到此峰值	前一个低谷到此低谷	前一个峰值到此峰值
	1854/12（Ⅳ）	—	—	—	—
1857/6（Ⅱ）	1858/12（Ⅳ）	18	30	48	—
1860/10（Ⅲ）	1861/6（Ⅲ）	8	22	30	40
1865/4（Ⅰ）	1867/12（Ⅰ）	32	46	78	54
1869/6（Ⅱ）	1870/12（Ⅳ）	18	18	36	50
1873/10（Ⅲ）	1879/3（Ⅰ）	65	34	99	52
1882/3（Ⅰ）	1885/3（Ⅱ）	38	36	74	101
1887/3（Ⅱ）	1888/4（Ⅰ）	13	22	35	60
1890/7（Ⅲ）	1891/3（Ⅱ）	10	27	37	40
1893/1（Ⅰ）	1894/6（Ⅱ）	17	20	37	30
1895/12（Ⅳ）	1897/6（Ⅱ）	18	18	36	35
1899/6（Ⅲ）	1900/12（Ⅳ）	18	24	42	42
1902/9（Ⅳ）	1904/8（Ⅲ）	23	21	44	39
1907/5（Ⅱ）	1908/6（Ⅱ）	13	33	46	52
1910/1（Ⅰ）	1912/1（Ⅳ）	24	19	43	32
1913/1（Ⅰ）	1914/12（Ⅳ）	23	12	35	36
1918/8（Ⅲ）	1919/3（Ⅰ）	7	44	51	67
1920/1（Ⅰ）	1921/7（Ⅲ）	18	10	28	17
1923/5（Ⅱ）	1924/7（Ⅲ）	14	22	36	40
1926/10（Ⅲ）	1927/11（Ⅳ）	13	27	40	41
1929/8（Ⅲ）	1933/3（Ⅰ）	43	21	64	34
1937/3（Ⅱ）	1938/6（Ⅱ）	13	50	63	93
1945/2（Ⅰ）	1945/10（Ⅳ）	8	80	88	93
1948/11（Ⅳ）	1949/10（Ⅳ）	11	37	48	45
1953/7（Ⅱ）	1954/3（Ⅱ）	10	45	55	56
1957/8（Ⅲ）	1958/4（Ⅱ）	8	39	47	49
1960/4（Ⅱ）	1961/2（Ⅰ）	10	24	34	32
1969/12（Ⅳ）	1970/11（Ⅳ）	11	106	117	116
1973/11（Ⅳ）	1975/3（Ⅰ）	16	36	52	47
1980/1（Ⅰ）	1980/7（Ⅲ）	6	58	64	74

续前表

周期参考日期		持续月数			
峰值	低谷	收缩	扩张	周期	
括号里标注的为季度		峰值到低谷	前一个低谷到此峰值	前一个低谷到此低谷	前一个峰值到此峰值
1981/7（Ⅲ）	1982/11（Ⅳ）	16	12	28	18
1990/7（Ⅲ）	1991/3（Ⅰ）	8	92	100	108
2001/3（Ⅰ）	2001/11（Ⅳ）	8	120	128	128
2007/12（Ⅳ）			73		81
周期均值					
1854—2001 年（32 个周期）		17	38	55	56*
1854—1919 年（16 个周期）		22	27	48	49* *
1919—1945 年（6 个周期）		18	35	53	53
1945—2001 年（10 个周期）		10	57	67	67

＊代表 31 个周期，＊＊代表 15 个周期。

　　许多管理者没有意识到经济周期对公司业务的重要性。部分原因是他们不了解经济周期和政府制定的控制周期的政策。换句话说，他们不是经济周期方面的专家。

　　许多公司在经济增长期做得很好，但多数在经济衰退时就无法做到那么好。不过，有些公司能够在这两种时期都做得比其他公司好。强生在预料到一个即将到来的经济衰退期时，各生产部门就开始减少生产并销售存货。例如，预期到 2001 年的经济衰退，强生在经济繁荣的 2000 年就减少了 1 亿多美元的资本投入，这是它7 年来第一次减少资本投入。强生建立了现金储备为经济衰退期做准备。相反，思科就没有预料到 2001 年 3 月的经济衰退，最后因为过多的存货被迫损失 20 多亿美元，并裁减了 8 000 多名员工。

　　在经济衰退时，似乎雇用更多的员工是不合逻辑的，但是对于有些公司，这正是招聘的时机。因为可供选择的劳动力市场最大而且质量较高，最为关键的是，公司也不需要支付很高的薪酬。当该公司开始新一轮的扩张时，相对于竞争者来说，它能调配以更低的成本获得的更高技能的人力。

　　许多公司没有预料到经济的衰退，所以总是有一些急需处理的超额存货。不断增加的存货是经济衰退来临时的普遍问题。但是，在经济复苏时不能及时增加生产和建立存货也是问题。

　　管理者必须懂得经济周期，包括全球经济发展和汇率。当今世界，全球的经济发展影响每个公司——有些影响是直接的，有些则是间接的。跨国公司以及从其他国家进口原材料的公司都会受到汇率的巨大影响。皇家加勒比游轮公司在欧洲以欧元购买价值数十亿美元的轮船时，会同时购买货币期货来减少公司的外汇风险。美国 Good Humor Breyers 冰淇淋公司对它的某些重要的原料——种植在马达加斯加的香草和优质的新西兰乳脂也会采取套期保值的方法来减少风险。西南航空购买燃油时，也会采取保值措施。

美国经济政策机构

　　美国的联邦储备系统建立于 1913 年，作为美国的中央银行，制定和推行货币政策。国会规定联邦储备局的责任是利用货币政策达到高就业、低通胀的目标。联邦储备局试图通过控制货币供应和利率来实现这个目标。联邦储备局有"三大法宝"来控制货币供应：**公开市场操作**（open market operations）、**贴现率**（discount rate）和**法定准备金**（reserve requirement）。实际操作中，联邦储备局几乎总是用公开市场操作来影响短期利率。公开市场操作指联邦储备局在金融市场上买卖证券。

典型的货币政策的步骤如下：联邦公开市场委员会（美联储政策董事）公布一个联邦资金利率（federal market rate）的目标。联邦资金利率是指银行间互相借款的利率。公开市场操作会改变银行储备余额的供应，于是银行就通过互相借贷来满足储备余额的要求。在资金充足的情况下，对资金的高需求会提高联邦资金利率，而低需求会降低联邦资金利率。所以如果联邦储备局要提高联邦资金利率，它将减少流通中的货币数量，使银行为达到准备金的要求而增加对资金的需求。

美国联邦储备系统每天都进行公开市场操作。如果联邦储备局要增加货币供应，它会用美元从银行购买证券（比如美国财政部债券）。如果联邦储备局要减少货币供应，它将把债券卖给银行换回美元，使这些美元停止流通。当联邦储备局进行购买活动时，它会在储备局自己的账户上贷记一笔卖方对应的存款账目。储备局存放到卖方账户的钱并不是从已有的资金中转过去的，而仅是联邦储备局创造的钱。

财政部是 1789 年由国会建立来管理政府收入的，这个部门由财政部部长管理。流通中的所有纸币和硬币都由财政部印发和铸造，同时该部门还通过网上税务服务征收所有的联邦税，并管理美国政府的债务工具。随着流通中货币磨损和硬币流失，当联邦储备局需要更多的实际货币时，它向财政部下达印钞的命令。财政部再将这些命令下达到印钞局和造币局。财政部将这些新印的钱以印钞的成本价卖给联邦储备局，大约是任何面值的纸币每张 6 便士。联邦储备局提供担保，这些担保包括证券担保，例如长期国库券，以使新印的钱能进入流通中。这些新印的钱然后按需要分配到各银行。

虽然联邦储备局授权并分发这些由财政部印好的货币，但是贷给商业银行的过程才真正决定总货币供应。商业银行被要求只需在银行库存中或者在联邦储备系统库存 1% 的存款，其余的存款被贷出去，这个比例称为准备金要求，这个规定就是部分准备金银行制度。每次银行贷出钱时，它们能够创造更多的钱。贷款是钱，然后当这笔贷款被消费而且卖家将收到的来自消费者的钱存到另一家银行时，这家银行就能将这笔钱贷给其他的人。这家银行的贷款也是钱，所以联邦储备局将钱借给银行以使货币供应量达到联储实际放到各银行的钱的几倍之多。也就是说，联储储备局通过控制商业银行贷款的金额来控制美国的货币供应。

联邦储备局和财政部之间的关系很直接。财政部通过税收或者发行债券借款来承担政府开支，政府不需要支出时并不需要有现金，它也并不是每次都必须通过筹集税收来维持政府开支，而是可以通过发放债券的方式。它通过财政部拍卖会发行或者卖出债券。如果联邦储备局购买了一些债务，财政部就可以获得钱，然后财政部将这些钱花出去，从而增加流通中的货币数量。也就是当联邦储备局购买国债时，增加了货币供应量。联邦储备局也可以将它持有的国债卖出去，当它这样做时，就减少了货币供应。

当联邦储备局购买财政部的债务时，这被称为"债务货币化"。联邦储备局并不购买所有的财政部债务。有些债务被政府的其他行政机构购买和持有，有些债务被个人或者投资者持有，还有些债务被他国政府持有。财政部必须最终偿还它的债务。[1] 它能够通过征税和发行新的债务来筹钱还旧债。如果联邦储备局又购买了新的债务，那么货币供应量又增加了。

我们可以用一个简单的公式：$G = T + \Delta B$ 来阐明财务部和联邦储备局之间的关系，式中 G 代表政府开支，T 代表税收收益，B 代表财政部的债券或者其他债务形式。所以当政府出现赤字的任何时候，$G - T > 0$，政府必须发行债务，ΔB。因为新的债务必须用货币供应量新增的部分（或者税收和将来货币量新增的部分）来支付，所以我们简化后将 $\Delta B = \Delta M$。那么我们得出 $G - T = \Delta M$；即赤字意味着货币供应量的增加。

当开支大于收益时，赤字就发生了。赤字意味着更多的债务也就是国家债务的增加。截至 2010 年 7 月 28 日，美国未偿债务总额大约是每年国民生产总值（13.258 万亿美元）的 93%。[2] 净债务增加或者减少源于政府预算赤字或者盈余。总债务从 2003 财政年度开始每年以大于 5 000 亿美元的数量增长，在 2008 财政年度增长了 1 万亿美元，在 2009 财政年度增长了 1.9 万亿美元。

表 20—2 列出了持有美国国债的其他国家和地区。

表 20—2　　　　　　　　美国国债的主要持有者，2010 年 5 月

国家/地区	10 亿美元	比例（%）
中国大陆	867.7	21.9
日本	786.7	19.8
英国	350.0	8.8
巴西	161.4	4.1
中国香港	145.7	3.7
俄罗斯	126.8	3.2
中国台湾	126.2	3.2
总计	3 963.6	100

货币供应量的适当增长对支持经济的增长是必要的。例如，如果经济将增长 3%，货币供应量大概有必要增长 4%。货币增长率和 GDP 增长率之间的一般关系是 $\Delta M = \Delta Q + \Delta P$，$\Delta M$ 是货币供应量的增长，ΔQ 是真实 GDP 的增长或者实际产出，ΔP 是物价水平的增长或者就是通货膨胀。

如果货币供应量增加了 10%，将会发生什么呢？最终，过多的货币供应量增长将导致通货膨胀的加剧。根据 $10\% = \Delta Q + \Delta P$，如果 ΔQ 是 3%，通货膨胀（ΔP）将是 7%。这里将会有数量不断增加的货币来争相购买有限数量的商品。如果货币供应量不是增加 10% 而是 1%，那又会发生什么呢？$1\% = \Delta Q + \Delta P$，这意味着更低的 ΔQ 和 ΔP。原因是更少的钱将意味着利率会上升，而更高的利率将抑制 ΔQ 和 ΔP。

凯恩斯主义与自由市场

理论上，政府利用政府的开支和税收，而联邦储备通过改变货币供应量来控制

经济周期。政府和联邦储备一起为经济情况负责的想法始于 1946 年颁布的《劳工法》。这个法令指令联邦政府有责任保证充分就业。该法令要求总统除了提交国家预算，还要提交每年经济报告。总统的每年经济报告必须估计下一个会计年度的预计就业率，如果预计就业率和充分就业率不相称，政府会颁布政策来保证充分就业。

1946 年的《劳工法》源于凯恩斯经济学派的基本原理。凯恩斯主义者提出当经济进入衰退期时，政府必须增加收支逆差（同时联邦储备局应该通过增加货币供应来支持政府的决定）。然后，当经济开始复苏时，政府应该减少赤字，并向平衡的预算甚至收支顺差靠近。这个理论的假设是依赖自由市场去自动调节和解决失业问题是错误的。凯恩斯主义者认为市场调节经常失败，而且会在失业情况下失灵。

这种假设受到奥地利经济学派的经济学家和其他主张自由市场的经济学家的反对，他们认为最好的选择就是让一切顺其自然而自由市场会调整好一切，只是需要一些时间才能看到效果。这种思想学派宣称正是因为凯恩斯学派支持的一系列行为才导致了繁荣与萧条。与调节政府开支与税收和改变货币供应量相反的是，政府应该不管经济，只是保持自己预算平衡，而货币供应量应该和一种有价值的物品挂钩，比如黄金，或者应该由自由市场和私营货币发行人之间的竞争决定。

当 2008 年金融危机失控时，凯恩斯学派和奥地利经济学派之间发生了激烈的争论。让我们来看看那个时期发生了什么和各学派关于金融危机的说法。

2008 年金融危机

2008 年，一系列的银行和保险公司的倒闭引发了金融危机，重创了信贷市场，也引发了史无前例的政府干预。房利美和房地美是政府主办企业（表面上看是私营企业），两者在金融危机后都由政府接管。雷曼兄弟在 9 月 14 日宣布破产。美国银行同意购买美林证券，而美国国际集团被联邦政府 850 亿美元的资本注入所拯救。不久之后，9 月 25 日，摩根大通同意购买华盛顿互助银行的资产。

人们总是认为这些金融机构太庞大了，以至于根本不会倒闭，因为它们的倒闭将使整个金融系统崩溃。紧随着雷曼兄弟的破产，1 500 亿美元在两天之内就从美国基金组织撤走。两天的平均外流达到 50 亿美元。事实上，货币市场经历了银行挤兑。货币市场是银行和非金融公司贷款的主要来源。联邦储备局、欧洲中央银行和其他中央银行对金融危机的反应都是直接的和剧烈的。2008 年第四季度，这些中央银行购买了 25 亿美元的国债和一些银行的有问题的私人资产。这是全世界有史以来最大的对信贷市场的流动性注入和最大的货币政策行动。欧洲各国政府和美国政府也通过购买其主要银行新发行的优先股来为其国家银行系统注入 15 万亿美元的资本。

金融危机源于房地产和次级贷款，而房地产行业和次级贷款却是被政府推动和鼓励的。20 世纪 90 年代，国会给房利美和房地美施压要求降低对借款人的借贷标准，目的是使美国的住房拥有量从人口总数的 66％ 达到 70％。房利美和房地美对金融市场的影响很大，截至 2008 年年末，这两家公司担保了 5 万亿美元，也就是大约美国抵押贷款市场的一半。1995 年，这两家公司开始接受政府税收上的优惠并购买按揭抵押贷款债券，其中包括向低收入借款者放贷。1996 年，美国住房及城市发展部给房利美和房地美设定了目标，它们发放出去的抵押借款中至少要有42％是发放给家庭收入在当地平均水平之下的人。这个目标到了 2000 年增加为

50％，到了 2005 年增加为 52％。

于是房地产繁盛的基本条件都已经达到了，而联邦储备将利率定得很低激发了房地产业变成人们疯狂投机的对象。事实上，真实利率（名义利率减通货膨胀率）是负的，这意味着联邦储备局在为个人、组织、政府的借款承担利息，人们就当然从银行借款。每个人都跳进市场购买越来越贵的房地产，只是为了将它转手卖个更高的价格。房地产泡沫已经形成了。

抵押贷款市场也在变化，在 2006 年之前，传统的抵押贷款模式包括一家银行安排一笔贷款给借款者或者有房的人并监督这项贷款，其实就是为了降低贷款（违约）风险。企业家发现他们可以购买这些抵押贷款，然后将贷款切割重新组合打包，叫做抵押贷款证券（mortgage-backed security）。将贷款卖出去能转移银行的风险，另一方面又为银行提供了源源不断的资金，支撑它们发放更多的住房贷款，潜在的收益是很大的。

2008 年，债务证券化的市场达到了 14 万亿美元。欧洲银行都不同程度地进入了该市场，在同行都集中在当地市场来迎合局部小范围的投资者时，一些公司比如瑞士联合银行、德意志银行、瑞士信贷等，就开始通过它们在美国的分行在美国市场发放贷款。

随着抵押贷款证券化愈演愈烈，投资银行要求抵押贷款行业（Countrywide，Washington Mutual，New Century Financial，Wells Fargo，Household Finance，等等）增加它们的贷款数量。由于政府一直在向放贷者施压，要求它们向次级贷款人发放贷款，整个抵押贷款行业对这些高违约风险的借款人是友好的。次级贷款是向没有存款或收入来达到放贷要求的个人发放的贷款。在抵押贷款债券中次级贷款的比例在逐渐增加。

总之，政府为了增加住房拥有量，创造了次级贷款。联邦储备局的利率政策诱导了大量的借贷活动，这其中就包括越来越多的次级贷款。这些贷款和其他贷款结合起来，作为一个单一证券卖出，也就是抵押贷款债券。这些债券再被切割重新组合打包成其他证券，也就是担保债务债券。由于存在违约风险，为了保险起见，公司为担保债务债券购买信用违约互换。信用违约互换是一种在被担保的债券违约或者部分违约时进行赔偿的保险政策。这些证券被切割，叠加，组合，打包，几乎没有人知道证券组合中到底有哪些证券。

令人惊奇的是，虽然 2006 年私人抵押贷款全行业发行的抵押贷款中 71％都是次级贷款，但是几乎所有的抵押贷款债券都获得了 AAA 的评级。次级贷款是问题资产，单独的每笔贷款都只能获得"垃圾"评级，但是穆迪、标准普尔、惠誉等评级机构将 85％的证券都评为了 AAA。之所以这样有三个原因：第一，在债券发行者（花钱让它们的债券获得评级的人）和评级机构（从债券发行者那获得钱，并为债券发行者的债券评级）之间有内在的利益冲突；第二，证券化的过程非常不透明，评级机构只是根据债券发行者告诉它们的信息来做出判断；第三，这三家评级机构是被政府认可的三家。它们本质上形成了卡特尔垄断，根本没有竞争者来提出更好的或者不同的评级。

当联邦储备局提高利率时，问题出现了。许多次级贷款是作为变动利率贷款或者按诱惑利率发行的，所以借款者的支付利息是随着时间机动变化的，当利率上涨时，借款者所要支付的利息也上升。当利息拖欠越来越多，违约的情况逐渐增多时，抵押贷款债券市场开始崩溃。因为没有人知道每个抵押贷款债券里包含什么，没有人知道哪个包括违约抵押贷款，没有人知道任何一个抵押支持债券的实际价值，所以没有人愿意买卖这些债券，这些债券的价格一落千丈。全球信贷市场随着美国的市场动荡，几乎瓦解。持有抵押贷款债券、担保债务债券和信用违约互换的机构全部停业，市场泡沫破灭。

市场的繁荣源于联邦储备局保持了太久的低利率，政府又给政府赞助企业施压要求这些企业以及其他企业增加对次级借款者的房贷。而市场的崩溃源于联邦储备局提高利率，次级借款者和其他借款者无力偿还按揭贷款。

随着抵押贷款债券市场的瓦解、更高的利率和房地产的降价，更多的借款者违约，顾客消费减少，交易开始减少，企业开始裁员。数百家银行和其他非金融公司崩溃，通用公司、克莱斯勒公司、房利美、房地美都倒闭。财政部和联邦储备局担心整个金融系统都会崩溃，于是开始过度地提供紧急救助，接管公司，大量地增加货币供应量，调低利率，政府赤字和公共债务达到了创纪录水平。

联邦储备局将准备金和贴现率的目标几乎下调为零，并和其他国家的中央银行一起进行大量的市场操作来保证联邦储备系统的会员银行资金流通。联邦储备局也直接向银行和非银行机构放贷。2008 年 11 月，联邦储备局宣布了一个 6 000 亿美元的项目来购买房利美和房地美的抵押贷款债券，以此来帮助降低房贷利率。2009 年 3 月，联邦储备局决定通过再购买多达 7 500 亿美元的房利美和房地美的抵押贷款债券来扩大自己的资产负债表的规模。而且为了改善私人信贷市场的境况，联邦储备局决定 2009 年期间购买多达 3 000 亿美元的长期国库券。

2008 年 2 月 13 日，总统布什签发了 1 680 亿美元的经济刺激方案，该刺激方案主要采取所得税返还支票直接邮寄给纳税人的方式。经济稳定紧急方案（EESA 或 TARP）是在 2008 年 10 月实行的。这条法令包括 7 000 亿美元的困境资产救济计划，这个计划用于将资金借给银行以使银行能够支付优先股的红利。除了美国政府的这些政策外，亚洲、欧洲、北美洲几乎所有的政府都采取了强有力的凯恩斯支出政策，简而言之就是政府以债务形式向市场注入资金来刺激需求，以期望经济水平、就业率、人们的收入也能提高。

2010 年，很明显的是，这些政策没有使人们回到工作岗位上，也没有刺激经济增长，许多凯恩斯主义学者呼吁政府加倍下注，赤字还应增加。如果不这样做的话，凯恩斯主义学者担心大萧条可能会到来。

奥地利学派和其他自由市场主义的经济学家认为：债务目前已经发放出去了，债务带来的经济负担将会威胁现在和未来。这些债务将不得不在某时被偿还，而那意味着不久的将来的某个时候会有很高的税收或者很高的通货膨胀率。他们强调现在应该立即做的是，减少政府开支，停止紧急救助和政府接管，让市场自己调节。

凯恩斯主义者提到 20 世纪 30 年代，并说罗斯福总统让美国摆脱大萧条的行为需要被模仿，并且以更高的支出。全世界并不希望一场战争来解决问题，比如大萧条之后的第二次世界大战。

奥地利学派学者也提及大萧条，但是他们认为罗斯福的政策没有使美国走出大萧条；罗斯福的政策导致了大萧条。他的反商立场、对市场的管制和对企业的接管导致了社会上一种普遍的担忧：投资基金和扩大商业模式是一件愚蠢的事情。只有私人财产所有权足够明确地安全，被创造的资产不会被充公时，企业才会进行投资。商业圈内的投资信心到了第二次世界大战后才恢复。

凯恩斯主义者认为 2010—2011 年需要一个更大的刺激来使经济重新增长。奥地利学派学者反击道，总统奥巴马的政策已经形成和罗斯福总统的政策下一样的不稳定政体。他们说直到政策改变、税收下降、政府的债务停止增长和投资者对他们私人财产所有权足够有信心时，经济才能够复苏并开始增长。

2010 年年末美国经济仍是不景气的，凯恩斯主义学者强调正是从 2008 年开始的政府行为才使经济衰退悬崖勒马。他们强调，当前，额外的支出和持续的扩张货币政策是必要的。

奥地利学派学者给出又一个泡沫和快速通货膨胀的预警。当企业开始借款和银行开始放贷，消费增加时，将会有太多的潜在商业银行以至于必然会出现供不应求。学者们看到的是一个定时炸弹即将爆炸，他们强烈要求政府止步于现在的庞大的赤字，并且开始缩减开支以减少债务，而联邦储备局应该减少货币供应量。

全球化

不管我们是在开着一辆日本汽车去上班，穿着在中国生产的衣服，还是在晚餐前品尝法国酒，我们所使用的这些商品最初都是在外汇市场上用货币购买的。国际化运营的公司必须对外汇市场有所了解，因为它们在贸易中受外汇汇率变动的影响。但并不是只有跨国公司才会受汇率变动的影响，事实上，汇率的变动也经常会影响没有对外运营或者出口的公司的运营和盈利。今天，每位企业的决策人都必须了解国际贸易、汇率和汇率风险。

外汇

在大多数情况下，美国消费者购买外国的产品时只看以美元标示的价格。他们不看以日元、英镑或者其他货币标定的价格。交易中，为了购买三菱电视机或者雀巢巧克力，买卖双方就得用美元购买日元或者英镑。为了获得外国销售或获得在生产中使用的产品，企业肯定会在外汇市场上进行换汇。

外汇（foreign exchange）是指外国货币，包括纸币和银行存款比如支票账户。当一个拥有美元的人想用美元购买日元时，外汇市场上的交易就发生了，外汇市场就是一个人们换汇的全球市场。外汇市场包括全球范围地买卖货币。交易几乎每天都进行，从东京往西到新加坡、中国香港，到苏黎世、法兰克福、伦敦，再到纽约、芝加哥、洛杉矶。而市场中包括个人、公司、商业银行和中央银行。

汇率（exchange rate）是一国货币用另一国货币来表示的价格。在墨西哥提华纳制造的衬衫，在圣迭戈卖 30 美元，在墨西哥卖 250 比索。在哪儿买更便宜呢，提华纳还是圣迭戈？除非知道美元和比索之间的汇率，否则无法判断。汇率使我们能够将外国货币标示的价格换成用国内货币标示，这样就能和国内的商品价格进行比较。例如，2010 年 8 月 13 日，墨西哥比索和美元之间的汇率是 $1＝12.733Ps。这意味着 250 比索等于 19.63 美元，也就是说这件衬衫在圣迭戈比在提华纳昂贵。

下表给出了几个国家的货币和这些货币的标志：

国家/经济体	货币	货币符号
澳大利亚	澳大利亚元	A$
加拿大	加拿大元	C$
中国	人民币元	¥
丹麦	丹麦克朗	DKr
印度	印度卢比	Rs
伊朗	伊朗里亚尔	Rl
日本	日元	¥
科威特	科威特第纳尔	KD
墨西哥	墨西哥比索	Ps
挪威	挪威克朗	NKr
俄罗斯	卢布	Rub
沙特阿拉伯	沙特里亚尔	SR
新加坡	新加坡元	S$
南非	南非兰特	R
瑞典	瑞典克朗	SKr
瑞士	瑞士法郎	SF
英国	英镑	£
委内瑞拉	委内瑞拉博利瓦	B
欧洲经济共同体	欧元	€

汇率是由货币的供求关系决定的。一国的货币由想购买该国的商品和服务的企业与想购买该国的金融资产的投资者所需求；一国的货币由该国想购买其他国家商品的企业与该国想购买其他国家金融资产的投资者所供应。

如果爱达荷州博伊西的镁光公司将价值100万美元的芯片卖给法国制造商，这一芯片交易就涉及换汇。法国制造商必须支付与100万美元等值的欧元。法国的银行会和洛杉矶的银行进行交易，用这些欧元购买100万美元。这就是一个提供欧元购买美元的例子。

类似地，如果美国银行想购买墨西哥的债券来获得更高的利率，银行会用美元来购买墨西哥的比索。这就形成了对比索的需求和美元的供应。也就是说，实物交易（商品和服务的买卖）和金融交易（金融资产的买卖）影响了对货币的供求。在外汇市场上货币之间的相对数量决定了货币之间的汇率。

美元和欧元之间的外汇市场如图20—1所示。竖轴表示汇率，用美元表示的每欧元的价格；横轴表示的是欧元的数量。对欧元的需求代表了美国对欧洲商品和金融资产的需求，美国的消费者必须购买欧元。欧元的价格越高，也就是竖轴表示的汇率提高，同样数量的美元，兑换的欧元数量越少。欧元的需求代表的是美国对欧洲产品和金融资产的需求。为了购买美国的东西，欧洲消费者必须提供欧元来兑换美元，欧元的价格越高，也就是竖轴表示的汇率越高，人们愿意提供更多的欧元。

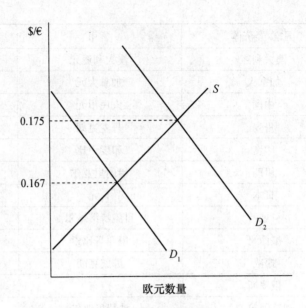

图 20—1　汇率决定

说明：欧元的需求和供给在图中显示。汇率由供需平衡决定。

对欧洲商品和服务的需求增长意味着对欧元需求的增长，表现在图 20—1 中就是需求曲线向外移动。这样就导致了更高的均衡价格——更高的汇率。美元贬值（欧元升值）。

汇率制度

在 1973 年之前，除了战争期间，许多国家都采用的是金本位制、银本位制或金银复本位制，这是固定汇率体系。在第二次世界大战时，布雷顿森林协议创造了一个类似于金本位制的体系。在这个体系下，许多国家将汇率与美元挂钩，且美国许诺 35 美元一盎司的黄金官价。也就是说，每种与美元挂钩的货币也有一个以黄金表示的固定价格。美国在 1971 年终止了美元对黄金的可兑换性，几大工业国在 1973 年 3 月停止了固定汇率。

全世界并不是都变成了自由市场决定的浮动汇率。主要的工业国允许它们的中央银行进行干预以保证它们的货币对其他国家货币的汇率在确定的范围内波动，许多小国采用对一种主要的货币比如美元或者英镑的固定汇率或者钉住汇率。事实上，只有 48 个国家让它们的汇率由自由市场决定。欧盟国家在 1999 年将它们的货币与欧元挂钩，直到 2002 年 1 月 1 日为止，商品的价格都是用本国货币和欧元一起标价的。2002 年 1 月 1 日，欧元开始流通，有些国家货币比如里拉、德国马克和法国法郎到了 2002 年 7 月 1 日不再被认为是法定货币。

浮动汇率与固定汇率的比较

在浮动汇率制下，供求决定了汇率。在图 20—2 中，美元和墨西哥比索的汇率市场的初始平衡点在 A 点，汇率为每美元 4 比索，且每天有 100 亿美元兑换成比索。如果担心墨西哥的金融资产将会贬值，那么投资者会开始卖出以比索计价的资产并将他们的比索兑换成美元以购买以美元计价的资产。这将使对美元的需求曲线

从 D_1 外移到 D_2。新的均衡将为 B 点，比索贬值，每美元兑换 6 比索，且每天的交易量为 150 亿美元。这就是浮动汇率系统产生的结果。

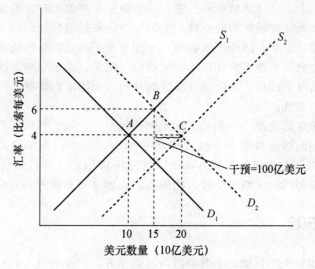

图 20—2　固定汇率干预外汇市场

在浮动汇率制中，墨西哥将不得不规定汇率并采取措施来保持这个汇率。为了将汇率保持在每美元 4 比索，并避免私下交易者将平衡点又拉到 B 点，墨西哥中央银行必须干预外汇市场，卖出美元以使美元能满足市场上的需求。在图 20—2 中，我们可以看到在央行干预下的新的均衡点 C，中央银行每天卖出 100 亿美元（图中 200 亿美元和 100 亿美元之间的差值）来保证汇率为每美元 4 比索。

如果投资者的需求从 D_1 变化到 D_2 不是暂时的现象，那么中央银行就会面临困境。中央银行的外汇储备供应是有限的，包括美元。为了保持固定汇率所进行的干预是卖出美元同时购买比索。最终中央银行无力再提供美元，从而比索被迫贬值，汇率重新达到自由市场的均衡点，每美元 6 比索。

一旦投机者发现中央银行失去了外汇储备的一大部分，投机行为就会发生。个人投机者开始用更多的比索换取美元，以期中央银行将被迫使比索继续贬值。如果投机者按每美元 4 比索卖掉比索买回美元，然后比索贬值每美元可兑换 6 比索，这时投机者再倒卖，用美元兑换比索，从而每美元获得 $6-4=2$（比索）的投机收益。当然，一旦投机行为发生，对于美元的需求增加得更严重，中央银行不得不用更多的外汇储备来保持固定汇率。

意想不到的货币贬值会打击当地的经济。比如在泰国，1997 年危机之前，泰国政府不断地强调该国的固定汇率不可能改变，贸易公司相信泰铢和美元之间的汇率不会改变，它们借入美元，预期它们借入的美元和它们将要偿还的美元都等价于相同的泰铢。设想一个公司有 100 万美元的债务，在 1997 年夏天的金融危机之前，汇率是 1 美元汇兑 25 泰铢。在这一汇率下，该公司将支付 2 500 万泰铢来偿还 100 万美元。到了 1998 年 1 月，汇率大约是每美元 52 泰铢。所以该公司会发现偿还 100 万美元的价格已经上涨到了 5 200 万泰铢。偿还美元债务的成本因泰铢贬值而增长了一倍多。因为这样的汇率变化，20 世纪 90 年代的金融危机对每个国家的当地公司都有毁灭性的影响。当这些国家的商业公司市值下降时，投资于这些公司的国外投资者也承受了巨大的损失。20 世纪 90 年代的金融危机使全球经济蒙受了极大的损失。

在单一的固定汇率的政体中，经济活动主动适应汇率。在单一的浮动汇率的政体中，汇率是经济活动的反映。一个国家不可能同时做到保持固定汇率、公开资本市场和保证货币政策独立性。如果一个国家想通过货币政策来控制国内经济，它必须有浮动汇率。浮动汇率能使一个国家实行独立的货币政策，而不是让自己的货币政策由另一个拥有锚货币的国家设定。但是，这也意味着国家会在没有其他国家纠正的情况下推行了导致通货膨胀的政策。而固定利率就降低了一个国家形成通货膨胀的可能性。

主要的货币——美元、欧元和日元——之间的汇率都是浮动变化的。这些货币参与的经济活动占全球经济活动的 42%。几乎所有的全球贸易和流动资金交易，以及 95% 的政府外汇储备都是以这三种货币之一进行标价的。其他拥有发展完善的金融部门的大型经济体，比如英国、加拿大和澳大利亚也有浮动汇率。

外汇风险

如果资产负债表上的项目，比如债务、费用和收入以外国货币为计量单位，那么这家公司将会受到汇率变动的影响。因为这些项目在每个会计年度末必须换算成总部所在的国家的货币。汇率的变化能够影响它们的价值。比如，莱克航空公司（Later Airways），一个总部在英国的公司，认为没必要担心英镑和美元之间的变化，因为任何变化都会带来英国和美国乘客互相弥补的消费。虽然当美元升值时，去美国旅行的英国乘客会减少，但是更多的美国乘客会来英国旅行。这两种影响似乎正好互相弥补。但莱克公司没有考虑到汇率变动给资产负债表带来的影响，当 1980 年美元贬值时，它以美元支付飞机订单，从而以美元计价的债务增加。当英镑相对于美元贬值时，这家航空公司因无法支付它的利息成本而被迫倒闭。

汇兑风险在概念上很简单：汇率变动时的潜在损失和收益。但是，谁损失，谁获益呢？如果个人拥有德国公司戴姆勒的股份，当欧元相对于美元贬值时，他将会遭受损失。但是，如果公司总部在美国而在德国做生意呢？公司在德国的分支也许会亏损，但是如果公司在其他地方的分支的盈利正好能抵消这个亏损，那么整个公司也许不会亏损。公司的股东利益也许会受汇率变动的影响，因为预期未来现金流可能会变化。

2009 年秋天，美国通用汽车公司的董事会得知年初公司在韩元投机中损失了 10 亿美元，原来 CEO 和高级管理层都不知道这项投机活动的风险。这个例子说明了两点：一是通用汽车公司的管理存在缺陷，关于货币策略的如此重要信息没有传递到管理层。公司必须知道它们的汇兑风险。二是人们必须知道赌汇率变动方向和对冲货币风险之间的不同。

判断汇率变动对一家公司的影响从衡量它所带来的风险开始，也就是衡量有多少数量或者多少价值正处于风险中。一家公司的国外子公司用当地的货币在各自的账簿上记账就是一个最常见的问题。为了统一，这些账目必须转换为用母公司的申报货币计量。在这个转换过程中，采用的汇率必须明确，这称为**资产负债表风险**（balance sheet exposure）。

一个公司能够通过只在本国做生意来减少资产负债表风险。但是，这不能保证解决了汇率收支差问题。假设一个公司不做任何跨境贸易，比如林肯电气公司是美国的一家小型电机制造商，20 世纪 90 年代之前都是从美国国内采购原材料，只对美国国内市场销售，没有任何国外债务。似乎这家公司不会接触到汇率的变动。但是，它的运营利润还是会和日元对美元的利率有关，因为该公司在美国市场上和一些日本制造商竞争。日本公司在美国以美元定价时会考虑到它们以日元衡量的成本。当日元和美元在某一年达到购买力平价时，林肯电气的美元成本等于它的竞争者用美元衡量的相同的成本，林肯电气公司获得一个正常的营业利润率。但是，如果日本的通货膨胀率比美国高，则林肯电气的竞争位置将取决于购买力平价是否存在。如果日元相对于购买力平价贬值了，林肯电气的竞争优势不会变化。但是，如果日元相对于美元贬值了，那么以美元计价相同的成本时，日本公司的成本将比林肯电气的低，这样林肯电气的竞争优势就减少了。这就称作**市场风险**（market-based exposure）。

一个公司面临多少市场风险取决于它是否在全球做交易，如果它不出口或者进口的话就取决于与它在国内市场竞争的是否有外国公司，以及这个公司运营的销售环境。假设一家国内公司的原料来自国内且在国内市场和外国公司竞争。当外国公司的本国货币贬值时，那些公司的成本也下降了。如果国内市场的需求是富有弹性的，那么外国公司的低成本很可能会反映到低价格上，国内公司也必须紧跟着降价，否则就会丢失大部分生意。但是，因为国内公司的成本没有下降，所以它的盈利将下降。

现在考虑一家国内公司的原料来自国内且在国内市场和外国公司竞争，但市场需求是缺乏弹性的。这种情况下，当汇率变动时，国内公司没必要担心与提供低价商品的外国公司竞争。

公司如何减少它的外汇风险呢？如果它有，它必须减少贸易中涉及换汇的部分。也许最直接的方法就是将公司建在公司进行贸易最频繁的国家。这样，许多资产负债表都将用同种货币来计量，但是，这也许不是达到利润最大化的战略。

哪些因素在决定生产设施的厂址时是重要的？当地市场的大小是很重要的因素，因为公司能够利用这些设施在该市场生产和销售。这也是为什么那么多公司会被吸引到中国设立分公司。当地的潜在市场非常大。然而，一个国家的政策环境非常重要。

如果一个公司决定在另一个国家建立工厂，它必须决定是从头做起还是直接获得现有工厂的所有权，还要决定是独立完成该项工程还是与该国国内的企业联盟或者合资。每个决定都包括取舍和成本效益计算。

工厂的选址涉及长期规划，而汇率风险相对是一个短期的问题。如果工厂的选址只考虑减少外汇风险将是一个昂贵的决定，未来的几年里也许会有事情造成公司难免要冒更大的汇率风险。其实在工厂选址时很少有公司是主要为了减少汇率风险，多数决定是为了减少原料成本——或者销售成本——一个公司想更靠近终端市场——和政治环境。

一旦公司将工厂建在了不止一个国家，它就会受到资产负债表风险的牵制。它可能选择它开发票用的货币，这样它的现金流和资产从最初就由同种货币计量。它的选择可能有益于顾客，但是使自己处于更大的汇率风险中，否则它可以通过将风险负担转移给顾客以减少自己的汇率风险。例如，假设捷普集团（Czech）可以选择以美元计价或者用捷克克朗计价。如果它选择用克朗，那么它的捷克顾客就不担心汇率变动，而捷普集团就得担心汇率的变动。它必须将克朗转换为美元。如果捷普集团以美元计价，那么就轮到捷克顾客来转换本国货币。捷普集团将选择能使它的收益最大化的计价货币，同时也考虑到需求价格弹性。如果捷克顾客没有其他设备供货源，那么对捷普硬件的需求完全缺乏弹性。然而，如果捷普只是几个设备供货源之一，那么需求的价格弹性将会很高，捷普就无法将这种汇率风险转移给顾客。

公司也许会转向外汇市场，利用远期协定来减少风险。远期市场使公司能够通过协议设定在未来某个固定的日子两种货币之间的汇率。这一汇率是在合同签订时就固定的，但付款和交货到了交割日期才进行。不管汇率是按公司预期的方向变动还是正相反，公司都有义务按协议上规定的汇率买卖货币。

另一种套期保值行为是外汇期货。外汇期货和汇率远期相近，因为它们都是在未来某个时间，以一个已知的价格交易固定数量的外国货币的合同。实践中，它们在很多重要的方面还是有差别的。一个不同在于两者的标准化程度不同。远期可以是任何数量的货币，只要交易者觉得数量足够大到有必要做远期，而期货必须是标准的数量，每张合约标的的货币数量比远期互换合约涉及的货币数量的平均值少得多。期货在交易时间上也是标准化的，正规的货币期货的交易时间是在 3 月、6 月、9 月和 11 月，但是远期是私下的协议，能够由合同双方选定任意交货日期。这两个特点使期货合同可以在市场上流通。另一个不同点是远期交易通过电话或者电报完成，不受时间和空间的限制，但期货是有组织的交易，必须在伦敦国际金融期货交易所、新加坡金融期货交易所、芝加哥国际货币市场进行。在远期合约中，不管它是包括两种货币的交割还是净值的补偿，一旦到期资金之间的转换马上发生。对于期货，合约到期之前每天都会转手买卖，或者至少每天合约的价格都会发生变化。这种每天的现金交易的特点减少了合约一方无法履行合约的可能性。远期和期货都有相似的功能，且利率也接近，但两者在适用性上还是有所不同。多数大型公司采用远期，而任何存在信贷风险的时候都可以用期货。

利用远期，人们能将未来汇率的值固定下来。在很多情形下，拥有比远期更多的灵活性更为人们所追求。比如一个加利福尼亚州的电脑制造商的有些销售额以美元计价，而在德国的销售额以欧元计价。根据这两种货币的相对实力，既有可能以美元计价获得盈利，也可能以欧元计价获得盈利，这样就没必要对可能根本不会发生的事情采取保值措施。所需要做的是卖一个外汇期权：一种权利而不是义务，以某个事先设定的汇率交换货币。

外汇期权是一种在未来交换两种货币的合约，期权持有者拥有以协议的价格（期权行使价）买卖货币的权利，但并不是必须进行买卖。如果期权买方执行了他的期权，期权卖方有责任以协定的价格去交货或者提货。

现在我们考虑一家总部设在美国的薯片公司正在面临的情形。它答应从爱尔兰科克郡的供应商那里购买 1 500 万爱尔兰镑（爱尔兰的流通货币）的土豆。[3]500 万爱尔兰镑的支付将在 245 天之后。美元最近相对于欧元贬值，使得美国公司的土豆成本上升。公司如何才能避免进口成本的上升呢？薯片公司的财务总监（CFO）决定对这笔支付采取保值措施。他获得了美元/爱尔兰镑 2. 25 美元的报价（每爱尔兰镑兑 2. 25 美元）和一个 245 天的远期，每爱尔兰镑兑 2. 19 美元。换句话说，外汇市场预期美元相对爱尔兰镑将会贬值。但是如果接下来几个月美元升值了呢？这会使 1 爱尔兰镑 2. 19 美元的价格太高。因此，CFO 决定购买一个看涨期权。他这样做是为了在不限制美元升值带来好处的同时，进行下行风险保护。如果美元涨到了每爱尔兰镑兑 2.35 美元，则财务总监就不会执行该期权，而是在现货市场上以 2.35 美元的价格交易，而如果美元下跌到 1 镑 2.15 美元，CFO 就会执行该期权。

这个简单的例子阐明了期权的零和性。期货和远期都是双方在未来交换东西的合约。它们对套期保值很有作用，或者避开我们已经知道的外汇风险，正相反的是，一个期权可以在特定的条件下赋予一方权利而不是义务去买卖一项资产，但是另一方在期权被执行时承担买卖这项资产的义务。期权只能使交易一方消除汇率变动带来的风险。

如果一个公司认为汇率比市场普遍认识的更加不稳定，那么购买一个期权就有必要了。换句话说，公司认为期权应该有一个比市场价更高的价格。当一个公司认为汇率会往一个确定的方向变动，那么就有必要购买一个期权以防汇率往相反的方向变动。

全球资本市场

资本市场就是通过点击按钮使全球资本出入不同的国家。了解全球资本市场对所有的管理者都变得非常重要。有趣的是，世界经济几乎和 100 年前一样地全球化。资本流动性（资本跨越国家的边境）在第一次世界大战刚开始时达到了最高点，然后一直下降直到 1960 年。到了 2000 年，资本流动性才恢复到 1918 年的水平。从 1945 年到 20 世纪 80 年代，这个世界包括一系列的封闭的国家的经济，每个经济体系都有它特有的生产要素。这些经济在商品制造上互相竞争。它们的生存标准是它们出口的这些商品的生产效率。这些国家的资本市场只是和其他国家在擦边接触，经济体中的资金以存款形式居多。

当几个主要的经济体在 20 世纪 70 年代放弃了固定汇率体制，整个资本市场开始改变了。大型跨国银行发现它们能够以某个汇率某种货币借一笔短期，比如 90 天的贷款，然后以一个较高的汇率将这笔钱兑换成另一种货币再贷出去，同时用远期合约来免受外汇市场波动带来的影响。这些机构开始通过套利来盈利。但套利只是金融机构在外汇市场上谋利的方法之一。还有许多金融机构会在货币价格的走向上打赌或者投机。例如，如果你相信美元对日元的汇率会下降，你可能就会借入美元并将它们换成日元。如果日元真的如你所想的升值了，你可能在它升值后将它卖掉换美元来偿还美元债务，你将获得减去债务的利息后美元相对于日元贬值的那部分好处。或者如果你不想借款，你可以买一个外汇看涨期权或者一份远期合约。当然，如果你持仓且对价格的变动判断错了方向，那你将会赔钱，确实很多公司在投机活动中赔钱。

亚洲危机

20 世纪 90 年代晚期，亚洲几乎一片混乱。与 20 世纪 90 年代早期各国经济最繁盛时相比，日本的经济衰退 10.7%，韩国 43%，马来西亚 31%，泰国 40%，印度尼西亚 72%。相比较而言，美国的经济在大萧条时下降了 34%。这些亚洲经济体衰退如此严重，是因为日本这样一个占据亚洲经济 2/3 的国家，在大量资本外流时没有完善的金融体制来解决这个问题。

日本金融体制（被韩国和其他亚洲国家复制）最初带来的结果是跳跃式发展从而导致很快的发展速度。但是，当外汇市场自由化后，资本可以在全球的资本市场上快速地从一个投资者转手到另一个投资者，日本的产业结构就显得不够灵活，它不能够防止资产资本外流，也不能防止资产的贬值。

亚洲不是唯一一个不让市场自由调节的地方。在 1990 年之前，很多经济体都被政府控制着，并不是完全竞争，包括资本控制、产品市场限制和劳动力控制。许多政府限制一些商品的进口，宣称本国货币的不可兑换性，在外国人收购本国公司时强加一些麻烦的审批手续，通过强制要求最低工资和福利而造成很高的劳动力成本，甚至限制商店营业的时间。政府能够影响经济中资本的分配并通过垄断发行货币而有权设定利率，也有能力征收税负。

这些障碍限制了资本的流动性和最好的实践方式的采用。法国的农业能阐明这些条件。尽管生产水平低且农产品有高成本，但是几十年来法国的农民都免受竞争。通过长期保护农业，政府就能避免某些麻烦，比如为大量世代从农的人们重新安排就业。但是，法国的公众不得不为他们本国的农产品付很多钱。在日本，很多规定都使得某些行业的竞争降到很低的程度。低水平的竞争却会导致很多没有效率的因素。只有一些出口行业例如钢铁业或者汽车装配行业，以世界水平评判也是生产效率很高的。多数日本劳动力的工作效率只有美国的 1/3 的水平。同国外产品竞争时，日本的产品会得到日本政府很多的补贴，而在国内市场竞争时，要么没有进口商品，要么进口也是受严格控制的。

当市场越来越开放，全球化市场成为一种趋势时，受到威胁的利益团体就会向政府求助。当地的生产者和工人遇到外来的竞争时，他们就游说政府寻求保护。有些情况下，政府会采取抑制政策——比如美国政府对外国的钢铁制造商；有些情况下，政府会提供补贴——比如美国的农业。

以比较优势为基础进行的自由贸易能够使全球的产出最大化，并且使消费者获得比在单独的国内市场上所提供的质量更好、价格更低的商品。如果贸易受到限制，消费者会为相对低质量的商品支付一个较高的价格，而且全球的总产出都会下降。政府提供的使国内生产者免受外部竞争的保护会增加国内经济运行的成本以及外国生产者的成本。当生产不以比较优势的准则进行时，资源就没有最有效地利用。那为什么贸易壁垒还存在呢？根本原因是政治：有些团体的利益会被自由贸易侵犯，所以他们游说政府寻求保护。最常见的将这种保护合理化的论据是保护就业，支持国防发展，保护新生行业直到它们足够成熟可以面对竞争。

只要外国的商品不能进入国内市场，国内的就业岗位就会不受威胁，这个论据经常被提出来，它是基于这样的假设：国内生产者将生产国外已经生产的产品，只要国内生产者受政府保护，国内的工人就会被雇佣。这种论据的问题在于只有被保护的行业会受益。因为国内消费者将为被保护的行业的产品支付更高的价格，所以他们对其他商品和服务的消费就会减少，也就会造成其他行业就业率的下降。如果其他国家以限制美国出口到它们国家的商品的方式来报复美国，那么美国的出口公司也会减产。

案例回顾

外汇之谜

当公司在汇率变动上打赌或者投机时，如果汇率的变动与其预期的方向相反，那么它们就会赔钱。因此，很多企业采取套期保值措施而不是投机。它们通过使用金融工具，比如期权或者远期合约来规避汇率变动带来的风险。

汇率的变动可能非常迅速，尤其是在浮动汇率体系下。一个公司不应该在短期的事情上做长期的规划，也就是说企业选址时不应该因为汇率变动的预期而确定选址的国家。

本章小结

1. 经济不是简单地持续平稳发展，经济的发展会有波动，而这些波动称为经济周期。

2. 管理者必须很熟悉经济周期，这包括全球经济的发展和汇率。

3. 货币政策是控制一个国家的货币供应的政策。在美国，控制货币供应量是联邦储备局的责任。

4. 政府的开支和税收经常称为财政政策，控制好财政政策是国会和总统的责任，并且通常由财政部来执行。

5. 货币政策基本包括公开市场操作以及联邦储备局买卖债券。联邦储备局购买债券越多，则货币供应量就增加；联邦储备局出售的债券越多，货币供应量就减少。

6. 当政府的开支大于收入时，就出现了赤字。政府能够通过借债或者未来税收增加来减少赤字。

7. 凯恩斯主义的经济学家认为政府对就业有责任，且政府必须通过开支和税收来控制经济。凯恩斯主义者认为自由市场是不能够有效运转的，必须受政府的控制。

8. 奥地利学派的经济学家认为自由市场应该被提倡，并且政府不能进行干预。

9. 汇率是一国货币兑换另一国货币的比率，是以一种货币标示的另一种货币的价格。

10. 单一价格定律说明了同种商品在不同地方的价格（利率）的差别，这种差别不会使在不同市场买卖该商品能获得利润。

11. 购买力平价说明通过汇率换算后，不同国家的同种商品价格应该是相同的。利率平价说明通过汇率换算后，相同的金融资产应该有相同的回报率。

12. 外汇风险是指汇率变动会减少盈利从而带来风险。

13. 远期和期权合约是在未来特定的时间以特定的汇率买卖外汇的协定。

14. 购买外汇的期权是允许但是不强制期权购买者在未来以特定汇率买卖外汇的合约。

15. 外汇风险包括两种类型：以资产负债表，或者以合同和市场为基础。市场风险取决于竞争是来自本国还是国外，也取决于需求是价格弹性的还是非价格弹性的。

关键术语

经济周期（business cycle）
公开市场操作（open market operations）
贴现率（discount rate）

存款准备金（reserve requirements）
联邦基金利率（federal funds rate）
抵押贷款债券（mortgage-backed security，MBS）

外汇（foreign exchange）

汇率（exchange rate）

资产负债表风险（balance sheet exposure）

市场风险（market-based exposure）

练　习

1. 什么是货币政策？联邦储备局如何增加货币供应？货币供应的增加会带来怎样的影响？

2. 解释政府赤字如何导致货币供应量的增加。

3. 一种币值被高估的货币，预期未来相对于其他的货币会贬值。当你的公司所使用的计价货币是被高估的货币，那么你的公司会受到怎样的影响？假设你管理的公司分别在下列的几个国家生产，并且销售情况也如下所述。你将如何保护公司免受汇率变动的影响？你预期美国的经济衰退将如何影响你的经营？

a. 一个所有的贸易都依赖于美国的小国；

b. 一个没有国际贸易的国家；

c. 一个每年通货膨胀率为 300% 的国家；

d. 一个使该国的出口商能获得便宜的进口原料却阻止本国的其他公民获得进口商品的国家；

e. 一个像美国或者日本这样的大国。

4. 一国货币贬值或者升值会带来怎样的影响？每种影响举个例子并简要说明造成这种影响的可能原因。解释当你的公司在一个国家生产并销往其他国家时，每种变化会如何影响你的公司的销售。

5. 如果德国人从美国买更多的商品，请阐明汇率会有怎样的变化。如果你在美国拥有一家公司，你的商品是卖给德国人，汇率的这一变化会给你的公司带来怎样的影响。

6. 你的公司为了扩展业务需要筹集 100 万美元。在下列情况下你将如何筹集这笔钱：

a. 你的公司只在国内销售产品；

b. 你的公司在几个国家都销售产品；

c. 你的公司是私人所有的，不是股份制。

7. 在以下情形时，国内货币的升值会给你公司的收益带来哪些影响：

a. 你的公司只在国内销售产品；

b. 你的公司从其他国家进货；

c. 你的公司在国内和国外都销售产品；

d. 你的公司在其他国家有制造厂。

8. 你的公司在一个新兴的市场有一些制造厂，但这个国家强制实行贸易管制，要求所有公司的大部分股份必须为当地的公司所拥有，你将如何面对这种变化？

9. 你正深受汇率变化的打击，你决定减少外汇风险，你将如何开始呢？描述你如何在金融市场上减少风险的交易和在你做生意的国家建立生产基地之间权衡。

10. 一种电子开关只在美国和墨西哥生产和销售，这种电子开关在各国的供求关系如下：

美国

价格（美元）	需求数量（百万）	供给数量（百万）
20	10	4
40	8	6
60	6	8
80	4	10

墨西哥

价格（比索）	需求数量（百万）	供给数量（百万）
190	5	2
380	4	6
570	3	10
760	2	14

a. 假设自由贸易，且汇率为每美元 9.5 比索。则平价为多少？

b. 哪个国家将会出口该电子开关到另一个国家？

c. 假设美国对每个电子开关征收 100 美

元的关税，进口和出口分别有怎样的变化？

d. 假设汇率变为每美元 10 个比索，那以上问题的答案会有怎样的变化？

15. 解释为什么浮动汇率下一个国家能够有货币政策独立性，但是固定汇率下却不行。

16. 联邦储备局让货币供应量以每年 10% 的比例上升，会带来怎样的结果？如果是 5% 呢？如果货币供应量不变呢？

17. 中国将抛售美元这句话是什么意思？如果中国决定不购买美债会怎样？

18. 联邦储备局在它的资产负债表上增加了从大银行购买不良资产的项目，这是对银行注资。这对联邦储备局有什么意义？如果这项资产最终毫无价值，那么会发生什么？

19. 你正在管理一家跨国公司，它在欧洲、美国和拉丁美洲都有业务。如果预期拉丁美洲的通货膨胀率将是美国和欧洲的两倍，你会怎么做？

20. 如果通货膨胀使整个经济体中所有的价格都上涨，那什么是通货紧缩？解释为什么通货膨胀会减少债务的成本，久而久之，为什么又会增加债务成本？

21. 美国在 2009—2010 年的债务增加很多，那么你预期接下来几年美国的货币政策会是怎样的？请解释。

22. 一种币值被高估的货币预期相对于其他货币会贬值，如果一个公司在一个货币币值被高估的国家生产然后销售到其他国家，那么该公司会受到怎样的影响？

23. 在下列情形下，本国货币的升值会给公司的收益带来怎样的影响？

a. 公司只在国内销售产品；

b. 公司从国外进货；

c. 公司对国内和国外都销售产品；

d. 公司的制造厂在国外。

注 释

1. The country could refuse to pay off the debt and thus declare bankruptcy.
2. State and local government securities, issued by state and local governments, are not part of the U.S. government debt, nor is debt of households.
3. The Irish punt was fixed against the euro in 1999. This case took place prior to that date.

第 21 章
战略传说

阴谋

　　某天晚上在开车回家的路上，我在广播节目中听到某人宣称太阳能汽车已经研发出来，并且很快就会面市。它与平常家用汽车一样便宜和安全，并且这种太阳能汽车每年只需要价值几美元的燃料来启动。节目主持人问什么时候我们在市场上能见到这种汽车，工程师只是冷静地回答道："可能永远不会。石油公司会买下我们的产权，然后将这种汽车的设计蓝图丢弃。"当我再一次听说这种神秘而特殊的节约能源的创新时，是关于一辆以水为动力的汽车，而这种汽车却不能被大众使用。据说后来这种汽车的发明者自杀了，因此没人知道这一创新计划进展到什么阶段了。

1. 这个故事是否有意义？
2. 为什么这样的传说总是不断出现？

公司必须通过成长战略来获得成功

　　宠物网的首个年度报告宣称，在其获得网上宠物产品销售市场份额的主导地位前，预计会入不敷出。亚马逊是目前最大的购书网，其销量远远超过其他实体店。尽管市场份额连续 7 年增长，但是亚马逊公司直到 2002 年 1 月才获得净利润。这个利润非常低微，11.2 亿美元的销售额最终只获得 500 万美元的利润。美国数字设备公司（DEC）曾在微型电脑市场上占有很大的份额，但市场份额的稳定却伴随着利润的下滑。康柏公司曾援救过美国数字设备公司，而后康柏又被惠普收购。沃尔玛公司处于盈利状态，但该公司不管其盈利状况如何，总是集中于扩展新的市场，而近年来大部分新市场盈利状况都不是很好。明尼苏达矿务及制造业公司（3M）是庞大的，150亿美元的业务额，几乎在任何一个产品种类上都远远高出其竞争对手。然而，其竞争对手往往能在相同种类的产品上获得更多的利润。

为什么如此多的人会认为市场份额能够带来利润呢？部分原因在于，经济理论以及垄断与完全竞争的比较。经济学者观察企业的业绩变化并指出该变化取决于企业是否有市场能力。人们认为，一个行业的组织方式——是完全竞争还是更加垄断——都会影响处于该行业的企业的行动和追求利润的方式。这称为市场结构—企业行为—市场绩效（SCP）范式（见第7章）。一个行业的结构决定该行业内企业的行为，反过来，企业的行为也影响着行业的表现和盈利能力。例如，完全竞争市场中的企业不能够使其定价高于市场价格。价格会因竞争一直下降，直到等于边际成本，且经济利润等于零。一家企业获取一定市场能力的方法是减少其替代者，它必须使自己的产品和服务在某些方面与众不同。如果该差异化能够取得成功，企业将能够抬高价格并获取经济利润。若该公司的经济利润能够持高不下以致达到一个无法超越的极限，那它将成为一个垄断者。垄断者将提高价格，并且不会出现使定价趋于边际成本且经济利润为零的外部竞争。也就是说，一个市场越接近垄断，那么该市场中的企业所获得的收益将越多。

正如第10章所探讨过的，一个市场的集中度被定义为一个或几个公司对市场的占有度。如果越少的企业来分割市场份额，那么该市场的集中度越高；或者一个或几个公司占有的市场份额越大，那么市场集中度越高。市场集中度越高，每家公司的市场能力也就越强。[1] 因此，在集中的市场上每一家公司都能够赚得利润，这一观点也可以这样理解："抓住具有压倒性的市场份额很有可能就意味着在市场中享有最高的利润。"这一观点在大部分商业期刊中反复出现。[2]

但问题的关键在于，处于主导地位并没有盈利来得重要，而且也不意味着产生利润。多年前，电子游戏产业曾被任天堂公司统治着。1/3的美国家庭都拥有该公司的产品，它是日本最具盈利能力的电子公司。1994年一本书的标题总结了这一情形：游戏结束：看任天堂如何征服世界。[3] 然而，索尼游戏机的到来将这一切彻底改变。如今，索尼公司在游戏产业中占据主导地位，而它的主要竞争对手并非任天堂而是Xbox的生产者——微软公司。索尼PS3一上市，就受到成群狂热粉丝的热捧，粉丝们纷纷排队购买。令人惊奇的是，随后任天堂的新型游戏机Wii也于几天后面市，并减轻了人们对PS3的狂热。作为市场中的第三方，任天堂正如相貌丑陋却努力寻求认可的继姐妹。毕竟，普遍的观点认为，公司必须成为市场领导者，否则它就将面临灾难。然而，任天堂虽然没能成功赢得大众的聚焦，却也获得蓬勃发展，多年来一直保持可观的获利。与此相反，索尼的游戏机部却连成本也没赚回来，而微软的游戏机部则处于亏损状态。

增加销售或使收入最大化是获得市场份额的有效途径，但是收入最大化并不等同于利润最大化。在第19章中，我们已知经济利润的公式如下表示：

$$经济利润 = \frac{收入 - 可变成本}{收入} - \frac{固定成本}{收入} \times \left(\frac{收入}{市场规模} \times 市场规模 \right)$$

这一公式也可表示成（其中 π 代表经济利润）：

$$\pi = \left[\frac{\pi}{\text{收入}} \times \text{市场份额} \times \text{市场规模} \right]$$

$$\text{市场份额} = \frac{\text{总收入}}{\text{市场规模}}$$

当边际收入为零时，市场份额最大化：

$$\frac{\partial \text{市场份额}}{\partial \text{产量}} = 0 \Rightarrow \frac{\partial \text{总收入}}{\partial \text{产量}} = 0，\text{假设市场份额不变}$$

假设市场规模不变，若一家公司销售额增加，则其他公司的销售额会减少。在这种情况下，市场份额最大化就等价于总收入最大化。假如边际收入与边际成本不相等，那么一个市场份额最大化的战略就不是一个利润最大化的战略。这一战略也许能够盈利，但这些利润并不是所能获得的最大利润。要使所获利润等于最大利润的唯一方法或许是：从长远来看，扩大市场份额使该公司建立严格的进入壁垒，从而获得和维持那些本会因开拓市场而损失的利润。假设在公司建立进入壁垒后，市场和公司的情况如图21—1所示。该公司扮演着垄断者的角色，设定一个高价从而获得大量利润。收入最大化战略是使边际收入为零，据此来设定价格，而利润最大化战略根据边际收入等于边际成本来设定价格和产出。比较这两种战略可以看出，尽管收入最大化条件下公司的利润为正，但却远远少于利润最大化战略下所获得的利润。如图中 AGHD 与 BEFC 的比较。

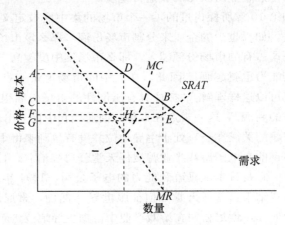

图 21—1 成长和成功

说明：如果一个公司能够实现规模经济并且创造进入壁垒，这个公司就可以索取高价，从而赚取高额的利润。当边际收入等于零时，收入得以最大化，利润由 BEFC 表示。而当利润最大化时，利润部分为 AGHD。

索尼和微软试图在"控制生存空间"上进行对抗；两家公司都投入了数十亿美元，试图在技术上超越对方。而任天堂退出了这场比赛。其产品 Wii 没有附加的修饰物，在硬件处理能力上也远没有"竞争对手"强大，同时并无令人印象深刻的外形。Wii 只专注于做一件事情，那就是"玩游戏"。但这却成为它的一个优势。Wii 的简易性意味着任天堂在出售游戏机时可以获得利润，而索尼公司的报告中则显示每出售一部 PS3 公司就会亏损 240 美元。任天堂并不打算统治整个行业，所以它能够专注于自己的核心竞争力，也就是制造出有趣的、有新意的游戏。而且与索尼和微软相比，任天堂出售了许多自己研制的游戏，因而其利润率也更高。[4]

任天堂的成功并不是一个特例，这也不是"规则也难免有例外"的情况。市场中充满各种各样的情况，有些公司处于第三或第四阶梯也能够茁壮成长，而另一些公司尽管在行业中排名第一也有可能很难盈利。尽管在很多行业里市场份额和盈利能力的确有一定的关联性，但市场份额不一定会带来利润。[5] 往往是拥有较好产品和较高利润的公司更容易获得更高的市场份额，但反过来并不如此。然而，成长战略却是公司的经常选择。

获得成长

一种快速获取市场份额的方法就是收购你的竞争对手。理论上说，收购能够产生协同效应，如图 21—2 所示。将分散在两个公司的职能合并到一起所带来的协同效应能够降低总的平均成本——也就是规模经济。但问题在于这样的协同效应不一定总是能够实现，也有可能合并后的公司成本比分开运营更高。国际纸业就是这样一个例子，该公司决定通过扩大市场份额来提高业绩。它并购了联邦纸板、友联坎普以及冠军纸业公司，成为行业内最大的公司。但在过去的十年里，国际纸业只有一年的收益超过其资本成本。

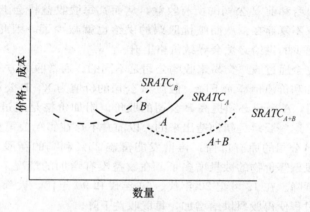

图 21—2　两个公司，A 和 B，合并

说明：其合并的平均总成本低于合并之前每个公司的成本。

合并两家大型公司并不会自动形成规模经济。福特汽车公司在 1989 年收购了捷豹，打算在捷豹和林肯间共享平台。数年的重组和协调使得公司花费了数十亿美元。然而直到 1996 年，捷豹才开始盈利，到 2000 年又由盈转亏。宣称的规模经济从未发生。2008 年，福特将捷豹出售给印度的塔塔汽车公司。

基于收购的成长战略的大难题是，如何在收购过程中为本公司的股东创造价值。一般而言，公司的拥有者很难从收购中获得收益。通过大量的研究我们得出一个一致的发现，即当以股票市场反应这一标准来衡量时，大部分并购的确创造了价值，但是这些价值的大部分或全部都进了被收购的目标公司拥有者的口袋。普遍情况是，被收购公司的股票价格呈现正的非常态增长，而收购公司的股票价格则趋向稳定抑或有所下降。

是什么导致了这些不同？如果有收购意图的公司比潜在的收购对象更多，那么目标公司的收购价格必然看涨。潜在的有收购意图的公司总是比收购对象更多吗？如果试图赢得市场份额并获得成长的公司比不想这么做的公司要多，那么这一现象就是可能的。还有一个可能的原因就是**赢家的诅咒**（winner's curse），购买者因为害怕有其他买家也在竞拍同一目标，因此它们投标的价格往往要高于其真实价值。

既然已经知道了对股票价格的不同影响，为什么买方公司却很少有股东出来阻止这一面临很大损失的收购，尤其在面临亏损数百万抑或数十亿美元的风险时？研究显示，其原因是大公司的大部分股东都同时拥有几乎等额的收购公司和目标公司的股份。大体上说，那些只拥有收购公司股份的股东会损失多达他们所持股份价值的 1.5%。而在另一方面，那些同时拥有收购公司和目标公司的股东则会获得一个大约 2.5%的不错的净收益。在最大的 100 起收购案例中，收购公司的股东损失了他们持股价值的 4.5%，而那些同时拥有收购公司和目标公司的股东享受到了大约1%的净收益。如果你同时拥有收购公司和目标公司的股份，你会投票赞成一次看起来是无利可图的收购吗？[6]

2003—2006 年间，大量的公司收购都是以现金交易的，而早期的收购则多通过股票来交易。在现金收购中，收购者要通过现金来购买被收购公司的股份，而在股票收购中收购者只是通过发行新股来完成这一交易。当 X 公司通过现金支付的方式来收购 Y 公司时，它用现金交换 Y 公司的股份，然后就将其股份注销。这就意味着，在交易结束后 X 公司的股票数量不变而 Y 公司股票数量为零。新公司 X拥有自身和前 Y 公司的所有收益，从而其每股收益将会上升。此外，因为 Y 公司的股票不复存在，从而绩优股票的供给也就减少了。因此，只要对股票的需求不变，更少的供给必然会导致价格上升。

完全通过股票交易来收购公司是不同的。通常收购方的每股收益会因为股票供给增加和价值稀释而下降。假设 A 公司的价值为 X，B 公司的价值为 Y。为了收购B 公司，A 公司必须提高 B 公司的股价。附加价格是通过增发 A 公司的股票来支付的，这些股票是新创造出来的，以前并不存在。A 公司首先发行足够多的股票来覆盖 B 公司的原有价值，再增发能覆盖 25%利润的新股。因此，在交易结束后，实际股票等价物的数量增多了。在收益没有增加的情况下，新公司 A 的每股收益必将下降。在 19 世纪 20 年代、60 年代和 90 年代，大部分兼并就是这样完成的。这一过程使得股票供给增加，每股收益下降。

通过合并来创造价值的唯一方法就是，通过所谓的协同效应或者规模经济来盈利。所以，投资者要判断协同效应是否会带来利润。在现金收购中，收购方股东承担整个协同的风险，而在股票交易收购中，目标方股东分担这一风险。股票交易可以向投资者发出两个潜在的信息。一是在收购中管理层缺乏信心。如果他们有信心，他们将选择用现金交易，因为这样他们更有可能获得协同效应。二是收购公司的股价被高估了。不论是在现金交易还是在股票交易收购中，收购公司的股票都会有所减值。

除了购买市场份额外，公司或许会寻找利基市场或是试着依托品牌优势来进入新市场。然而研究表明，这两种往往都不是好的战略。通过不同的定价向各种利基市场提供产品这一方法来追逐市场份额，往往是不成功的。品牌延伸战略也是差不多的结果。大部分情况下，品牌延伸会导致品牌价值的稀释，而不会增加利润。

追逐市场份额是一种错误的观念，这一战略不会产生协同效应和规模经济，最重要的是，它不能够产生利润。相反，盈利才是我们的目标，而且一个赚钱的公司能够扩大其市场份额。那么什么时候市场份额才会带来利润的增长呢？如果市场的规模经济很显著，那么一个公司越大，其生产效率也就越高。或者，一个市场的外部性或者报酬递增越显著，公司的效率越高。问题在于，这些情况并不经常发生，一旦发生，又会被创业行为和技术革新迅速地压制。

商业洞察

企业家大部分都违反职业道德

电视剧中总是对商业持有否定态度。在电视剧里，你有极大的可能被商业人士绑架或者谋杀而非由于其他的犯罪因素。商务和媒体机构从12部评价最高的电视剧中筛选了129集，这些电视剧分别出自美国广播公司、哥伦比亚广播公司、福克斯广播公司和全国广播公司。这些节目是从2005年的电视网地方收视率测定月——5月和10月中挑选出来的，在这两个月份，电视台试图吸引最多的观众从而使其广告利润最大化。商务和媒体机构发现，在这种黄金时段播出的电视剧中，关于商业和企业家的反面情节以4∶1的比例超出其正面情节。在筛选出的129集电视剧中，共有39集包含与商务有关的情节或角色，其中30集（77%）都在以否定的眼光来看待商业和商业人士。当商人在电视剧里出现时，他们往往不怀好意。只有全国广播公司播出的《灵媒缉凶》和《赌城风云》给商业人士塑造了一个正面形象。在电视剧中，商人的犯罪次数是恐怖分子的5倍多，是帮派分子的4倍多。商人以绑架者和谋杀者的身份出现的次数（21次）与类似于贩毒者、儿童性骚扰者、连环杀手这样的惯犯出现的次数（23次）几乎一样多。

电影中商人的形象更为糟糕。在获得奥斯卡奖提名的电影中，有一半（16部中的8部）商人是以负面形象出现的。他们作为主角或配角总是从事着各种各样的犯罪活动，从药物谋杀、大规模屠杀甚至到通过国际阴谋来推翻一国政府的统治。在16部电影中共有70多个角色，只有一个角色在商业活动中是富有职业道德的并最终取得成功。在包含商业角色的电影中，79%的电影（11/14）是从负面的角度来描绘商业活动的。其中3部（21%）直接对石油、采矿和制药行业进行抨击。[7]

为什么商人总是以负面的形象示人？他们真的比政治家、警察、官员、运动员抑或教授缺少道德观念吗？多数情况并非如此。商人的不道德程度和牧师、政治家或者教授一样，但他们之中谁更能从失信中获利？从这一点来看，商人比其他人更诚实，因为如果他们虚假地宣传他们的产品和服务，必将很难获利。[8]在市场中，商人是通过服务顾客来盈利，以顾客想要的价格来提供他们想要得到的商品或服务。而政府官员、运动员甚至部长大臣都做不到这一点。

公司必须通过多元化来最小化风险

人们相信公司总是通过多元化来最小化风险。回想一下管理类畅销书作者的告诫，一家公司应该考虑业务单元多元化来规避商业周期风险。也就是说，公司应该拥有两个收益流方向不同的业务单元。例如，国家金融服务公司将一项业务集中于抵押贷款发放，另一项业务集中于按揭贷款服务，从而起到规避风险的作用。因为从利率的走势来看，这两项业务的收入流向是相反的，因此国家金融服务公司在商业周期和相关的利率循环周期内都能获得一个相对稳定的收入流。作者认为多元化的另一种方法就是通过地理位置的扩展。因为不同国家的商业周期和政治环境并不完全相关，所以地区多元化能够起到作用。这就意味着，当欧洲或者日本正经历经济衰退时，中国或美国很有可能正处于强劲的扩张时期。[9]

从 1960 年前后开始，许多公司开始多业务领域的扩张（横向）。通用电气生产烤面包机和涡轮发电机；摩顿斯盐矿场生产盐和航天设备；马丁公司生产电子设备和水泥；天合汽车集团生产安全带、气囊，并从事信用评级服务，等等。这些公司称作综合企业——其从事的多样化业务显然是无关的。为什么公司要进入一个与其核心优势无关的领域呢？

多元化的基本原理包括用"现金牛"来弥补"瘦狗"。现金牛原理认为，一个成长中的公司要获得长期的成功，就必须发展多元化的业务来保证充足和稳定的现金流量来支持其余的业务活动。发展多元化业务除了可以促进现金流的稳定增长，母公司还可以利用其获利业务的资金去资助其他业务。这就是通用电气的做法。例如，通用资本已经为通用电气提供了收入和成长的支持。[10]但是，尽管投资组合战略能够使现金流更加通畅，帮助母公司挽救那些陷入麻烦中的业务，但它们并不一定会为公司所有者创造价值。诚然，股东使自己的投资组合多元化更容易，花费也更少，但公司并不像股东那样容易和花费少。[11]那么公司通过多元化能获得什么优势呢？

如果合并后的公司在分配业务资源方面能够比市场更有效，那么多元化的公司就有其意义。例如，与管理者自己获取经验相比，多元化公司能够提供更有效的途径使管理者获得更有价值和更丰富的经验，那么这一人力资本的发展就为公司的合并提供了一个恰当的理由。这一论证在通用电气曾被验证。杰克·韦尔奇在他的自传[12]中详细描述了他在通用电气多样化的经历。这使他获益匪浅。

事实上，公司的每一次合并都期望合并后能够产生原先没有的协同效应。[13]在 2004 年与摩根大通银行合并后，美国第一银行的 CEO 认为，"通过释放两家分公司结合在一起的力量，我们拥有了能够开发和部署那些引人注目、与众不同的业务的资源。"Nextel 公司的 CEO 认为，在与斯普林特合并后，"我们将在规模、产品结构、消费群体、分销渠道和利润稳定性上都有所提升，从而能够获得令人瞩目的成绩"。

如果合并的公司比之前能够更有效地运行，那么合并后的新公司的估价应该比分开的公司更高。但是研究显示，只有被收购公司的股东能够从收购中获益，而且一旦公司被收购，市场实际上会降低其估值。这些结果显示合并的发生并不是出于效率的原因。如果不是因为效率，那又是因为什么呢？也许合并这一行为的原因是出自寻租行为，或者是非生产性活动。[14]

如果多样化经营并不是由于市场的无效率而发生的，而是由于高管的自利性而引发的呢？如果高官希望成为更大公司的头儿，又或者现存业务的生长机会受限，那么想要成长的一个显而易见的选择就是扩大范围。一些学者认为，追求多样化发展并不仅仅因为其使股东受益，更因为其使管理者受益。一个公司的成长将为管理者和雇员提供更多的职业发展机会。无相关关系的收购也能够提高工作安全感。[15]这一论证假设股东不会想要去代替高层管理者，除非公司的表现实在是不尽如人意。为了减少丢掉工作的风险，管理者就必须尽量避免表现不佳的情况。其中一种有效的途径就是通过不相关收购来实现多元化经营。一个高度多元化的公司的业绩表现类似于整个经济的表现，因此大大降低了股东踢出现任管理者的可能性。

多元化经营这一论点的问题在于，如果其他公司集中于利基市场并取得了很好的业绩，那么多元化公司的股东必将遭受损失。随着股东售出股票，多元化公司被迫做出改变。也许从个人角度出发，这些高管试图为自己建立一个安全港的行为非常合理。但是如果他们不能增加价值，股票市场又拿什么来回报他们呢？

领导和首席执行官薪酬

人们认为，"CEO 要名副其实，就必须变得越来越重要，越来越货真价实。"1980 年，美国 CEO 的平均工资是蓝领工人的 42 倍，在 1990 年上升到 85 倍，到 2000 年上升到 531 倍。2005 年，一个年收益至少在 10 亿美元以上的公司的 CEO，其每天的报酬比普通工人一年的报酬还要多 400 美元。普通工人的年收入为 41 861 美元，而 CEO 的年收入高达 1 090 万美元，是工人的 262 倍。1992—2005 年，CEO 的平均工资上涨了 186.2%，而工人的工资只上涨了 7.2%。

在 20 世纪七八十年代，高管的收入大部分是由工资和奖金构成。如果财务指标达到了，就会发放工资和奖金。随着研究开始对奖金、财务指标和股票价格之间的关系产生怀疑，公司董事会将注意力转向了股东价值。[16] 他们相信，使管理者利益和股东利益一致的最可靠办法，就是使股票期权成为高管报酬的一个重要组成部分。到 2000 年，股票期权占 CEO 薪酬的一半以上，在高级运营经理薪酬中的比例为 30% 左右。

股票期权以一种十分典型的方式构成。这种方式是，执行价格（即股票可被购买时的价格）由期权被授予当天的市场价格确定，并在整个期权期保持不变，通常情况下是 10 年。如果股票价格高于执行价格，那么期权持有人就可以从中获得现金收益。人们认为这可以激励 CEO 去提升股价和股东价值。而在 20 世纪 90 年代，公司陷入了困境，因为几乎所有的股票价格都在上涨。当整个股市都在上涨时，股票期权不仅能够奖励表现出众的人，也能奖励表现不尽如人意的人，这是因为公司股价的任何程度的增长都能够使股票期权的持有人获益。20 世纪 90 年代，股票期权使许多管理者获得了巨额收益。许多表现连市场平均水平都不如的公司的管理者也获得了以期权为基础的巨额收益。

这种巨额薪酬的增长引起了公众的关注，政治家将注意力集中于此。有人认为政府应该限制高管的收入。[17] 要使对收入的限制有效，就必须在低于市场均衡价格的条件下设定最高限价，这样需求就会超过供给。换句话说，合格的 CEO 就会短缺。有最好业绩的 CEO 将离开市场，去其他地方寻求名望和财富。其余留在市场中的将是能力不足的管理者，对他们来说，最高限价并不比他们的机会成本更低。

许多董事会考虑过对 CEO 的奖金设置最高限额。但是，这种限额可能导致不正当的行为。例如，当 CEO 的奖金达到了最高限额时，他就有动机去操纵收益，使收益下滑——可能将当期收益推迟到下期，因为下期奖金数额没有限制。当靠近上限时，CEO 可能会因为害怕风险会减少其回报，而不去跟进一个有潜在收益但是有一定风险的项目。[18]

限制收入可能只是一个媒体创造的问题，并没有什么实质。CEO 的收入是一个多大的问题？可能会享受媒体所谓巨额收入的 CEO 连 500 位都不到。此外，最高的 CEO 收入可能会使股东每股花费 2 美分。如果 CEO 能够使每股产生多于 2 美分的额外利益，那么这个花费就是一项好的投资。

有效的 CEO 薪酬是可能的吗？许多人认为，正是高额的薪酬引发了公司内其他员工更有效、有质地完成工作。

比赛和明星

为什么 CEO 的收入比公司中其他员工的收入高出这么多？原因可能在于，CEO 市场的失灵——CEO 能够以牺牲股东的代价来追寻他们自身的利益。另一个解释是这一薪酬结构是有效的——能够从 CEO 和公司的其他员工中得到最大的生产能力。对于效率论证有两种观点——比赛原理和明星原理。

比赛原理类似于体育竞赛。这一观点认为，在大部分公司，晋升和工资的增长密切相关，所以我们认为晋升能够使所有的员工相互之间进行竞争。人们努力在公司中获得晋升，通过良好的业绩表现获得收入的提高。一旦有人获得晋升，新一轮的比赛就开始了，然后胜利者晋升到更高的一层。最终的奖励是最高职位，也就是 CEO 的职位。

如果在公司内工作晋升是一场比赛，那么什么样的薪酬结构将能够激发参与者，使其生产行为最有效呢？正如前面提到的，在高尔夫球比赛中，第一名的报酬超出第二名和其余选手越多，那么参赛选手的平均表现就越好。为争夺榜首，每一个进入比赛的选手都必须有更好的表现。在美国汽车比赛中可以发现类似的情况，第一名的奖金超出其余选手越多，平均每圈的速度就越快。把这些发现运用到公司内部的劳动市场中，经济学家认为相对于其他员工的巨额 CEO 报酬能够激励所有的员工（现在的和未来的）更加努力地投入工作。

关于 CEO 薪酬有效的第二个论点也可以用一个类似于运动的原理来解释，称作明星效应（superstar effect）。排名前十的网球选手和高尔夫球选手的技艺并不比排名 40～50 之间的选手好到哪儿去。但是，报酬却有天壤之别。排名前十的网球选手和高尔夫球选手的平均收入可达到上千万美元之多，而排名在 10～20 之间的选手收入就只有数十万美元。如果他们的表现差别不是很大，为什么他们的报酬会如此不同？对这一现象的解释是，消费者只有有限的时间，他们当然会选择观看顶尖选手的比赛。一场排名 40 和 41 的网球选手之间的对决，其精彩程度与一二名之间的对决不相上下。但是，基本上每个人都会选择观看一二名之间的比赛。在高尔夫球比赛中，人们簇拥着顶级的选手，而名气不大的选手的比赛只有寥寥无几的观众。这些差别意味着，相对于名气不大的选手来说，对顶级选手的需求要大得多。

明星效应在体育竞技外也会发生。两个实力相当的律师所赚取的收入可能差距很大，这是因为与稍逊一筹的律师相比，略胜一筹的律师服务需求量要大得多。假设第一个律师比第二个律师赢得的案子稍多一点或者赢得的钱稍多一点，那么大公司处理上亿美元的诉讼时就会聘请第一个律师。因此，第一个律师赚取的费用比第二个律师要多得多，尽管他们的服务质量并没有相差多少。假设有两个人可以根据各种战略来管理公司。如果一个决策关系到公司数十亿美元的资金，即使这两个人只有细微的差别，其中更有可能做出财富增值决策的人将获得巨额的薪酬。

在人事和薪酬方面，激励是非常重要的。在观察人事或者薪酬的一些特征时，人们总是自动地认为它们是不公平或者不正确的，很可能正是因为忽略了这一点。这一情况的存在很可能是由于某些效率的原因。记住竞争和不断进入总是能将无效率驱赶出去。如果一个报酬计划是无效的，竞争和企业进入市场的发生不会使其持续多久。但假设 CEO 能够控制董事会并因此能够获得巨额的薪酬，那我们认为这个市场是无效的，是被非法地、不正当地操控的。但是，这种情况会怎样发生呢？董事会会让自己遭受坏名声，或者甚至使自身陷入过高支付 CEO 的法律难题吗？没有办法控制 CEO 吗？

公司控制权市场

假设你是公司的一名股东，你认为某位 CEO 正使公司的境况变糟，你将会怎么做？你可以卖掉你的股份，然后去购买其他运营更好的公司的股票。这一行为在一定程度上加强了 CEO 的纪律性。但是 CEO 在使公司变糟和使公司变得不那么糟之间仍有一定的空间，他可以使公司仍有一部分的股东留下，与此同时为自身创造利益。

20 世纪 80 年代的金融创新，如垃圾债券融资、借贷融资收购和管理层收购，使投资者接管公司变得更加容易。一些投资者成为了收购专家。T·布恩·博肯和卡尔·伊坎，是两个最有名的收购专家，常常利用借贷融资收购来购买大部分的股份，然后出售或是剥离公司的资产。对收购专家来说，公司的价值低于其部分之和。即使是《财富》500 强的最大公司也面临被收购的可能，CEO 必须维持公司的价值。被收购通常意味着 CEO 的失业。实际上，在 3 年的收购中，50% 以上的目标公司的高层管理者都离开了。一般来说，CEO 的位置已经变得非常不确定了；1995—2005 年间，450 个 CEO 的平均任期少于 3 年。[19] 自此之后，私募股权收购增加了。缩短的任期时间对 CEO 意味着额外的风险。相对于预期任期长的工作来讲，预期任期短的职位将会要求更多的报酬。如果你是公司董事会的一员，该公司的业绩表现并不是很好，你会希望潜在候选人期待得到更好的报酬吗？如果你拒绝对前任 CEO 提供最后的薪资或者收益，这一行为对潜在继任者是不是一个提醒？

公司成为收购对象的可能性能够在一定程度上管制管理者。公司的市场价值不能低于收购专家认为公司可以被剥离的价值，否则 CEO 将面临失业。CEO 并不是不受市场力量影响；他们不能够操纵董事会或者股东以损害公司价值的代价，获取过多的报酬。

压制技术

一个最常见和持久的商业传说是关于大公司的技术压制。一项能够摧毁一个产业的发明总是被偷窃、购买或者被大公司购买后立刻雪藏。在早些年，汽车公司购买了所有的铁道并予以摧毁。如今，石油公司和其他能源相关公司使新的能源生产方法远离市场。你听说了一种太阳能汽车和普通的家用汽车一样便宜和安全——除了每年你需要花费 5 美元的燃料——这种汽车正在生产，直到石油公司购买了这种车并破坏其生产计划。又或者你已经听过斯坦利·迈尔斯（Stanley Meyers）。他曾设想开发一种从水中提取氢的方法并将其用作汽车燃料。他和他的朋友曾开着一辆水动力汽车从加利福尼亚到纽约，用了大约 28 加仑水。但是当斯坦利遭毒害后，这个计划彻底消失了。

一系列被压制的技术和阻止新发明的卑鄙行径仍在继续。大公司真的在压制技术吗？设想一家大型公司正在考虑一项能够改变公司市场的新发明。假设该发明名不虚传，该公司可以做出选择。它可以忽略这项发明，认为该项发明永远不会成真。它也可以购买发明的专利，从而自己销售。它还可以把这项发明束之高阁，使其不见天日。哪种选择更有意义？

如果该公司忽略这项发明，当别人引进该产品时，该公司就如同马车制造商遭遇汽车一样束手无策。如果该公司购买了这项发明，就必须决定是从发明中获利还是使其远离市场。但是，真的能够像预想的一样使发明远离市场吗？一项有着巨大市场潜力的重要发明一旦被开发，还能够被保密吗？所有参与购买该项发明的员工都能够保持沉默吗？试想所有的人都有动机试图为该发明开拓市场，从而从市场中获利。那么，公司将别无选择。唯一有利可图的选择就是将发明引入市场。

如果公司现有产品的收益看上去比从新发明产品获得的收益更高，又会怎么样？公司会继续选择将产品引入市场，还是合谋将其隐藏？公司也许想要合谋隐藏，但是将发明隐藏的可能性并不是很大。合谋集团，像卡特尔，是很难维持的。卡特尔是这样一种组织，其内部独立的公司同意限制供给，从而抬高市场价格。实际上，卡特尔是试图扮演垄断者的一个团体。为了抬高价格，每个卡特尔成员必须将供给减少到卡特尔要求的数额。卡特尔的问题在于，一旦产品的价格因为供给数量的限制而上升，卡特尔成员就有动机违背协议。试想：如果一家公司提供 30 亿的货量能赚得 1 亿美元，那么再多提供 10 亿货量意味着什么？所以一些公司开始偷偷提供更多的产品。当然，随着公司供给的越来越多，产品的价格必然会下降。卡特尔也随之瓦解。这也是合谋的最终结果——存在着违背合约的动机。

"这就是能够证明规则的例外情况。"这句话暗示着，往往例外情况存在的事实在某种程度上能够证明或支持一种普遍存在的现象。显然，它们并不会起到这样的作用。在阴谋论中，往往只需要一个事实的表象就能够证明阴谋的存在。美国电车丑闻，也叫做通用电车合谋，就是大公司相信压制技术合谋理论的结果。通用汽车、世通轮胎、加州标准石油公司和飞利浦石油共同组建了国家城市道路这一控股公司。该公司收购了美国的大多数电车系统，然后将其销毁，并于 20 世纪早期用公交车系统代替。在 1936—1950 年间，国家城市道路公司购买了 100 多个路面牵引系统的产权，并用通用汽车公司的汽车来代替它们，其范围遍布 45 个城市，其中包括底特律、纽约、奥克兰、费城、圣路易、盐湖城、塔尔萨、巴尔的摩、明尼阿波利斯和洛杉矶。

那么国家城市道路公司的成立是一个阴谋吗？如果电车对于消费者来说是一个不贵的而又值得的选择，为什么没有人阻止国家城市道路公司而向大众提供电车产品和服务呢？事实上，电车产业财务吃紧。陈旧的设备和服务已经使这个市场分崩瓦解。电车已经逐渐在这个时期衰落了。[20]

全球化：损害发展中国家，同质文化，确保商业实践的一致性

全球化引发了对商业的一系列争议。当许多国家开始创建自由贸易区，或者减少补贴和进口限制时，人们开始骚动了。他们认为，自由贸易的增长和全球化进程的不断加快，使跨国公司和垄断者获益，摧毁了没有竞争力的小型企业。自由贸易减少了优质产品的产量，破坏了国内产业，降低了地区的生活水平。再来看看关于将工作从较富裕的国家外包给较贫穷国家的观点。例如，人们认为跨国公司开始采用自动化生产并利用苦役（尤其是来自第三世界的国家），使得失业率进一步上升。总之，最常见的抱怨就是自由贸易并不是免费的，它带来了不公平、环境的破坏、经济的混乱以及美国就业的紊乱。

如果用销售额来衡量，世界最大的公司——沃尔玛认为自己是全球性的零售商。但是，它只在5%的联合国国家或地区有直销业务；其80%的销售额来自美国地区，而且几乎90%都来自北美。沃尔玛是一个全球公司吗？这要看我们如何来定义"全球化"这一概念。沃尔玛出售的商品在若干国家进行生产，但只在少数市场直接经营，地球上的大部分居民从没有进过沃尔玛超市。宝马汽车公司也认为自身是一个全球公司，然而，它的大部分客户都来自西欧和美国这两个市场。此外，像大部分"全球公司"一样，宝马公司的高层管理团队的成员大多来自原产国，也就是德国。尽管宝马公司在全球进行销售，但是其针对的客户主要集中在全球收入前1%的群体。当一个公司的产品定价让世界上99%的人望尘莫及，并且公司的高层管理团队成员都来自一个国家，这样的公司能称作全球公司吗？同样，这也取决于全球化的定义。事实上，不论是商业、政治还是社会活动，所有的这些都不可能影响到地球上的每一个人。

当海地的政府打算降低进口食用油的关税时，公众强烈抗议。[21] 因为这会使海地唯一的食用油工厂面临破产危机——工厂的300名员工也将面临失业。媒体组织了一场激烈的反对放松进口限制的运动，将主要焦点集中于300名工人。然而，食用油的消费占海地家庭日常消费的5%——在一些贫困的家庭里，该项支出所占的比重更大。进口食用油能够使其价格降低一半，这就意味着放松限制能够一下子使海地家庭的真实平均收入至少提高2%。换句话说，这会对海地的国内生产总值有一定的影响。这一积极影响对较为贫困的家庭来说更加明显。但是媒体忽略了这些积极影响，因为价格下降对每个人的影响很小，发展中国家的消费者也往往没有发言权。诸如生产商和工会工人这种特殊利益集团能够更好地组织起来，他们更关注这些专项法案。因此，他们赢得了胜利。在工业国家也是如此，贸易的增长并没有使工业国家的失业率上升。尽管有一些工人出于贸易原因失去了工作，但是更多的人也因此找到了新工作。

想法、商品、人力和资本的自由流动最终使谁收益？是世界上大部分的人口。像食物和衣服这类必需品的价格比10年前或20年前便宜了很多。很大程度上，这是贸易扩张和自由化的直接结果。尽管数百万工人因此失业，但是数十亿人从中受益。

许多美国零售商依靠所谓的血汗工厂进行生产，这些工厂往往是外商独资经营。当美国工人要求更高的工资时，耐克公司将其生产从美国转移到了中国台湾和韩国。当中国台湾和韩国的工资也有所上涨时，耐克公司又将其生产转移到了印度

尼西亚、越南和中国大陆。在中国，为沃尔玛生产服装的工人每小时的工资只有0.13 美元。嘉普公司在塞班岛有 6 家工厂来生产服装。在俄罗斯，嘉普工厂的工人每小时的工资只有 0.11 美元。工资如此之低，而且工厂经常要求加班。血汗工厂的存在是因为大企业的贪婪，国际贸易政策（使负债国家剥削自己的劳动力），市场对快速生产、低成本以及高收益的需求。[22]

那些为享有廉价劳动力而向欠发达国家进行外包的企业被认为是在剥削血汗工厂的工人。如前所述，美国的大公司都与这些血汗工厂有关联。但是，这些工厂的环境应该与这些发展中国家的劳动条件相比较，而不是与美国、加拿大或者欧洲的劳动条件相比。对这些工厂的工人来说，他们在耐克工作要比在田里劳动或在当地公司工作好得多。

如果你想改善发展中国家贫苦工人的生活环境，你应该拒绝和任何与血汗工厂有关联的公司进行商业往来吗？恰恰相反：你应该寻求与这些公司进行业务往来的机会。经济学家在观察了大量发展中国家关于工人权利和工资的数据后发现，跨国公司在通常情况下支付的工资比当地公司要高得多。在高收入国家，美国跨国公司子公司支付的工资溢价从 40% 到 100% 不等。在低收入国家，跨国公司支付的工资一般为当地平均工资的 2 倍。[23]

在外资服装鞋类企业中的越南工人，其家庭支出消费排在越南人口的前 20%。在耐克分包工厂的印度尼西亚工人每年能赚取 670 美元，比平均最低工资 134 美元高得多。在墨西哥，那些将其产出的 80% 以上都出口的公司，要比国内公司多支付 58%~67% 的工资。为什么工人们愿意接受每天 1~2 美元的工资，在炎热的环境下长时间工作？因为这比其他任何选择都要好。据国际经济学会统计，在低收入国家，外资企业支付的工资是当地制造业工资的 2 倍。[24] 这些工人并不比美国工人的产能更高，他们没有受过良好的教育，也不能利用更好的技术。以西方标准衡量，他们的报酬的确很少，这是因为若以西方标准衡量，他们基本上没有完成什么工作量。如果外国公司被强制大幅提升工资，那么在发展中国家设厂的优势就不复存在了。由于印度工程师的收入只有美国工程师的 10%，因此许多公司选择将它们的工程工作转移到印度。而现在它们发现印度工程师的成本上升得如此之快，为了赚取更多的利润，公司宁愿关掉印度的工厂和商店转而在美国生产。如果血汗工厂以西方标准来发放工资，那么这些工厂将不复存在。

全球化开启了使贫穷国家变得富裕的过程；而限制贸易会使这些国家变得更加贫穷。当在孟加拉国发现有童工为沃尔玛生产衣服，议员汤姆·哈金（Tom Harkin）提出一项法案，禁止从雇佣未成年工人的国家进口。这一决定的直接结果就是，孟加拉国的纺织工厂停止雇佣童工。这些孩子会去学校或是回到温暖的家庭中吗？不会，这些童工最终只会在更差的环境中工作甚至无家可归。[25]

大型跨国公司真的会破坏发展中国家的环境，然后再将产品运回国出售吗？然而也有很多例外，在发展中国家，外资公司往往比当地公司更注意对环境的保护。这是为什么？因为外资公司更注重它们在全球的声誉，而当地公司对自己在类似环境保护方面的声誉并不是很看重。

全球化对收入和不平等的影响已经成为了被大量研究的课题。在这一领域，不仅在学科间没有共识，甚至经济学家持有的观点也大相径庭。那么，对于发展中国家的成长与不公，一个人能够完全肯定地说些什么呢？世界的平均预期寿命已大大增长。老工业化国家和发展中国家的预期寿命的差距已经缩小。除了一些前苏联国家，人们都比他们的祖父母和曾祖父母的寿命要长。儿童死亡率已经有所降低。在南非这一集中了世界上最多穷人的地方，人们的平均预期寿命从世界大战前的 30 岁增长到现在的 63 岁，增长了一倍多。在拉丁美洲，平均预期寿命从战前的 30 岁增长到现今的 70 岁。甚至在非洲撒哈拉沙漠以南，这一最不发达的地区，平均预期寿命也从第二次世界大战前的 30 岁增长到 50 岁，然而又因为艾滋病和其他疾病的横行，平均预期寿命下降到现今的 47 岁。与此相比，在老工业化国家，平均预期寿命从第二次世界大战前的 56 岁增长到现今的 78 岁。

个人总会做能改善自身状况的事情。然而，在全球化的争论中这一点总是被遗忘。星巴克在北京开设咖啡店后并没有强迫人们消费。顾客在那里买咖啡是因为他们希望如此。如果没人经常光顾星巴克，那它必然会亏损继而关门。像星巴克、麦当劳、可口可乐，还有其他许多大公司真的改变了当地的文化吗？答案是肯定的。"文化同质"的威胁是对全球化最普遍的抱怨。但是，同质现象只有在消费者愿意的情况下才会发生。星巴克在北京紫禁城的咖啡店已经关闭，原因是许多人对在紫禁城里开设咖啡馆感到不满，也不会在那里消费，而并不是因为星巴克公司。顾客会光顾星巴克在北京的其他咖啡店，他们只是不喜欢星巴克公司位于紫禁城内。

案例回顾

阴谋

首要宗旨中告诉我们要观察市场。当我们观察到或者听说一些我们想要理解的事情时，我们应该首先思考它们是有意义的吗？它们是市场创造出来的或者它们是有效率的吗？如果不是，我们就要探究其原因，是因为市场运作失败还是其他的原因？在压制技术的案例中，被断言的事情并不符合市场规则。压制技术意味着遭受损失或者带来巨大的机会成本。而创新产生的原因就是为了寻求利润。经济自由能够使生活水平快速提高的原因在于，当改革者能够从创新中获得回报时，他们创新从而提高生活条件的动机最强。因此没有动机去隐藏发明，使其远离市场，因为其潜在利润实在是太巨大了。

本章小结

1. 传说是一些大家都相信但却是错误的事情。

2. 市场份额能够带来利润就是一个传说。

3. 随着越来越多的消费者开始寻求企业所提供的高质量、低价格，或者是独一无二的商品和服务，盈利性将可能带来市场份额的上升。

4. 公司的成长可以通过扩大市场并购公司、扩张品牌或者进入新的市场来获得。

5. 如果不能盈利，成长就是没有意义的。事实上，收购的一个重要问题就是为股东创造价值。然而研究显示，被收购公司的股东价值能够有所增长，而收购公司的股东价值则会有所下降。

6. 人们总是认为 CEO 对公司业绩具有超过实际的影响。

7. CEO 的薪酬从 20 世纪 90 年代中期开始迅速增长，这主要是由于股票期权的原因。

8. CEO 的薪酬能够激励公司里的其他员工，尤其是那些想要成为 CEO 的人。公司高管的薪酬结构就像是高尔夫球赛，或体育竞技中选手的收入结构。第一名和其余选手所获收入的巨大差距使得总体的平均表现最佳，这就是比赛效应。

9. 如果领导之间的差别很小，但是这些微小差别带来的最终结果差距很大，那么报酬的差距也是巨大的。这就是明星效应。

10. 当 CEO 使公司变得更糟时，其他人将接管公司并解雇之前的 CEO。这就是公司控制权市场。

11. 公司没有动机去压制技术，因为新技术的潜在利润巨大。

12. 全球化和自由贸易对社会是有利的，而约束和限制贸易对社会则是有害的。这并不意味着自由贸易对个别公司有利，或者限制贸易对个别公司有害。

13. 外包是这样一个过程：在企业内部生产或在企业外部生产之间进行选择。外包产生的原因在于它能够提高企业的效率。

14. 外包对企业以及对进行外包生产的国家有利。但这不意味着对那些工作被外包出去的人群有利。

关键术语 ▪

赢家的诅咒（winner's curse）

明星效应（superstar effect）

练 习 ▪

1. 什么是"贸易收益"？贸易的主要好处是什么？为什么贸易是有益的这一观点是与直觉相悖的？

2. "绝对优势"和"比较优势"的区别是什么？像墨西哥这样的欠发达国家怎么样才能拥有相对于美国的比较优势？

3. 马克·吐温曾说过："我完全赞成进步，但我不喜欢的是进步过程中的改变。"这句话是什么意思？

4. 描述贸易保护主义的成本和效益。谁会获利？谁又会损失？为什么贸易保护主义的成本比其效益更难被察觉？

5. 解释一下贸易壁垒是如何充当间接税的。

6. 一个国家能够将自由贸易和移民限制同时进行吗？一个国家能够只进行资本自由贸易而在其他领域限制贸易吗？

7. 商人比教授更可能是诚实的吗？请解释。

8. 解释下面的这句话："环境质量是奢侈品。"

9. 根据最近的研究，"在19世纪后期，高管们总是为收入最大化而努力"。解释并证明市场份额和收入最大化的关系。

10. 解释为什么压制技术在竞争市场是不可能发生的。利用卡特尔证明为什么合谋不可能存在或者不可能持续。

11. 在网上查找"计划报废"并提出支持和反对在竞争市场中计划报废的论点。

12. 当 CEO 被解雇时将获得巨额报酬，这一现象有什么经济原因吗？

13. 解释比赛原理下的薪酬制度。如果从公司中的员工中挑选 CEO，或者从在其他公司工作的人员中聘请 CEO，竞争会更有效吗？

14. 你认为是在私人企业中更容易出现腐败还是在政府机构中更容易出现腐败？请解释。

15. 有人认为高管的收入不应超过其他员工平均收入的20倍。这是一个好的提议吗？请解释。

16. 血汗工厂现有的问题是其数目还不够多。这句话的含义是什么？

17. 文化同质的含义是什么？这是自由

贸易的必然结果吗？请解释。

18. 肯尼亚经济专家詹姆斯·施瓦提认为，对非洲的援助坏处大于好处。他是全球化的狂热支持者。他认为在非洲的西方发展战略是灾难性的。为什么施瓦提反对国外援助并支持自由贸易？

注　释

1. Market power refers to the inelasticity of demand. The greater the inelasticity, the more market power a firm has. The firm can raise price without losing revenue.
2. Richard Mintner, *The Myth of Market Share* (New York: Crown Business, 2002), p. 25 summarizes these arguments.
3. David Sheff, *Game Over: How Nintendo Conquered the World* (New York: Vintage Press, March 29, 1994).
4. Christopher Megerian, "Console Makers: Move It or Lose It," *Business Week,* August 13, 2007, www.businessweek.com/innovate/content/aug2007/id20070813_409882.htm, accessed May 5, 2008.
5. J. Scott Armstrong and Kesten C. Green, "Competitor-oriented Objectives: The Myth of Market Share," *International Journal of Business,* 12, no. 1 (2007): 115–134, summarizes the studies.
6. Michael Ostrovsky and Gregor Matvos, "Cross Ownership, Returns, and Voting in Mergers," March 2006, Stanford Graduate School of Business Working Papers.
7. Business and Media Institute http://www.businessandmedia.org/specialreports/2006/badcompanyII/badcompanyII_execsum.aspNational Association of Manufacturers http://blog.nam.org/archives/2006/08/are_businessmen.php, accessed, May 5, 2008.
8. Dwight Lee, "Why Businessmen Are More Honest than Preachers, Politicians, and Professors," *The Independent Review,* 14, no. 3 (Winter 2010), pp. 435–444.
9. Peter Navarro, *Well Timed Strategy* (Philadelphia:Wharton School Publishing, 2010), Chapter 1.
10. "The Jack and Jeff Show Loses Its Luster," *The Economist* (U.S. edition), May 4, 2002 (www.economist.com).
11. V. Ramanujam and P. Varadarajan, "Research on Corporate Diversification: A Synthesis," *Strategic Management Journal,* 10 (November/December 1989): 523–553.
12. *Jack: Straight from the Gut* (New York: Warner Business Books, 2001).
13. The rhetoric surrounding mergers is interesting. In most cases, it is claimed that the merger will exploit synergies. However, Dennis K. Berman, "Mergers Horrror II: The Rhetoric," *The Wall Street Journal,* May 24, 2005, p. C1, reports that the common rhetoric of "synergies" has become taboo, and now the argument is in terms of cost cutting.
14. This has been referred to as "the grabbing hand," which seems to make more sense than the term *rent seeking.* Both refer to the idea that a firm or an individual is devoting resources to obtaining a wealth transfer from another sector of the economy rather than producing or generating income. See Andrei Schleiffer and Robert W. Vishny, *The Grabbing Hand* (Cambridge, MA: Harvard University Press, 1998).
15. Y. Amihud and B. Lev, "Risk Reduction as a Managerial Mode for Conglomerate Mergers," *Bell Journal of Economics,* 12 (1981): 605–617.
16. See K. Murphy and K. Hallock, eds., *The Economics of Executive Compensation* (Boston: Edward Elgar Publishing, 1999), for several articles on the issue.
17. For a historical perspective on this issue, see Mark J. Roe, *Strong Managers, Weak Owners* (Princeton, NJ: Princeton University Press, 1994).
18. John M. Abowd and David S. Kaplan, "Executive Compensation: Six Questions That Need Answering," *Journal of Economic Perspectives,* 13, no. 4 (Fall 1999): 145–168; and Brian J. Hall and Jeffrey Liebman, "Are CEOs Really Paid Like Bureaucrats?" *Quarterly Journal of Economics* (August 1998): 653–691. An interesting view of the CEO market is provided in Rakesh Khurana, *Searching for a Corporate Savior* (Princeton, NJ: Princeton University Press, 2002).
19. Roberto Newell and Gregory Wilson, "A Premium for Good Governance," *The McKinsey Quarterly,* no. 3 (2002). Retrieved September 15, 2002 at www.mckinsey.com/practices/CorporateGovernance/articles/index.asp.

20. See among other articles, Robert C. Post, "The Myth behind the Streetcar Revival," *American Heritage Magazine*, 49, no. 3 (May/June 1998), www.americanheritage.com/articles/magazine/ah/1998/3/1998_3_95.shtml.
21. Guy Pfeffermann, "The Eight Losers of Globalization," *The Globalist*, April 19, 2002, www.theglobalist.com/DBWeb/printStoryId.aspx?StoryId=2429, accessed May 8, 2008.
22. Sweatshops: What you need to know. www.mtholyoke.edu/org/action/catalyst/sweat.html; www.webster.edu/woolflm/sweatshops.html.
23. Benjamin Powell and David Skarbek, "Sweatshops and Third World Living Standards: Are the Jobs Worth the Sweat?" September 27, 2004, Working Paper 53. www.independent.org/publications/working_papers/article.asp?id=1369.
24. Edward Graham, *Fighting the Wrong Enemy: Antiglobal Activists and Multinational Enterprises*, Institute for International Economics, September 2000, Table 4.2, p. 92.
25. Paul Krugman, "Hearts and Heads," *New York Times*, April 22, 2001.

第 22 章
案 例

在这一章中，我们将展示一些从现实事件中挖掘出的实际应用和案例。这些案例的长度和类型与每一章的"开放性案例"长度相当。也就是说，这些案例相对而言比较短小，在每个案例之后我们会提出一些问题。

管理学很必要吗?[1]

管理学曾经一度被称为 20 世纪最重要的发明，但许多人认为管理学并没有被延续到 21 世纪。公司制从工业革命时代开始萌芽。它随着各种组织结构模式而不断演变（U 型结构、M 型结构等），直到今天，公司制仍在寻找应对 21 世纪环境迅速变化的方法。公司正在经历一个愈演愈烈的源于全球化、加速创新和残酷竞争的创造性破坏过程。广播发展了 38 年后用户数量才突破 5 000 万大关，电视则用了 13 年，而互联网只花了 4 年，iPod 只用了 3 年，Facebook 更是在 2 年内就发展出了 5 000 万名用户（www. youtube. com/watch? v=GVwWE_WOY0Q）。

克莱顿·克里斯滕森（Clayton Christensen）在其 *The Innovation's Dilemma* 一书中认为，公司在一个又一个行业中错过改变游戏规则的变革机会并不是因为"坏"的管理方法，而恰恰是它们遵循着那些被证实是"好"的管理方法。[2] 它们倾听顾客的意见，将资本投在那些预期回报率最高的创新项目上，总体上，它们按照商学院教它们的方法去处理问题。在这样的过程中，它们失去了很多创造性破坏的机会，这些机会能够为低利润的拳头产品打开新市场、带来新顾客。

有些人提出了疑虑，认为不仅管理者本身，而且整个公司制都是过时的事物。经济学家罗纳德·科斯（Ronald Coase）1937 年在著作《企业的性质》中提出，公司制是必要的，因为它能够使市场交易成本最小化。这一优点是否使得公司制逃脱了在大规模协作的技术出现后被迫消亡的命运呢？对于当今庞大复杂的企业，开展诸如维护维基百科的经营，以及开发 Linux 操作系统的业务已经不需要公司制的组织结构了，那么，除了工厂需要公司制结构，还有其他什么企业需要公司制结构吗？在《维基经济学》(*Wikinomics*) 一书中，作者预言了公司制结构的终结[3]，因为个体员工在一起创造了"一个新的时代，可能是最黄金的一个时代，与意大利的文艺复兴时代和雅典民主崛起的时代相提并论"。

市场往往保证人力和资源最终同时被以最高价值利用。在公司中，关于资源配置的决策都是由人做出的。它们很可能在现状下有某种类型的既得利益。改变是破坏性的——创造性的破坏是破坏性的。克里斯滕森先生研究的大公司失败了，并不是因为它们没有看到即将来临的变革，而是因为它们无法给予那些变革足够的投资。它们并没有意识到变革的价值。因此，信息的收集在 21 世纪是商业中至关重要的一环。那些破坏性的创新必须在公司被摧毁前被意识到。但是，那些"智慧人群"应该如何捕捉；换言之，如何将那些分散的知识集中化?[4] 现在的公司制能够成功演变成这一新的 21 世纪的组织结构吗？

练习

1. 在工厂型企业中管理者充当什么样的角色？在需要大量不同类型的人合作的公司中，管理者需要做些什么？

2. 公司制是否开始变得无效率了？交易成本是否正在减少至公司不比市场更有效率的程度？

3. 20 世纪的公司是什么样的？21 世纪的公司呢？

转移成本

2010 年，奶粉、可可粉、咖啡豆和小麦的成本以两位数的增长率上涨。

俄罗斯境内的荒野大火引发了小麦和其他作物价格的暴涨。可可粉的价格在 7 月达到 33 年内的最高价位，从而引发了投机行为。包括地处伦敦的商品交易公司 Armajaro Holding 有限责任公司储藏价值大约在 10 亿美元的 240 000 吨可可粉。由于印度燃料费用的上涨和歉收，茶叶价格也出现了显著的上涨。

大型消费品公司通常会寻找各种途径来转移商品价格上涨带来的影响，这往往通过削减成本或者向零售商和消费者索取更高价格的方式来实现。J. M. Smucker 公司将其咖啡产品的价格提高了 9%，包括 Folgers，Dunkin's Donuts 和 Millstone 等品牌。为了对抗上涨的牛奶价格，主营酸奶产品业务的达能公司在包括墨西哥和波兰在内的市场上提高了价格。联合利华的首席财务官提到了茶叶价格的上涨，并且声称联合利华已经将成本上涨的压力转移至产品链中消费者购买的茶类产品上。

练习

1. 假设咖啡豆的价格每磅上涨了 0.20 美元。这样的原材料价格的上涨对于烘焙咖啡的需求将会产生怎样的影响？如果一磅咖啡豆能够生产 50 杯咖啡，那每杯咖啡的价格会上涨 0.01 美元吗？为什么？

2. 案例中提到 J. M. Smucker 公司计划将咖啡的价格提高 9%。如果 Smucker 有很多竞争对手但是只有一个品牌具有一定的实力，零售价格 9% 的上涨是否意味着利润上涨 9%？

3. 公司降低价格来保持市场份额是不是最佳选择？在衰退时降低价格，之后在恢复期提高价格是不是好的策略？

信息经济中的竞争

由于来自苹果公司的激烈竞争，2010 年 1 月 1 日至 8 月 20 日，谷歌公司的股价下跌了 150 美元。苹果公司 iPhone 的推出是在绝大部分经由浏览器和谷歌的搜索引擎的平台上网络发展的新一轮浪潮。"应用软件"的革命似乎宣告着谷歌对于网络广告的统治的结束。股票价格的下跌引致许多批评者对于谷歌为什么没有给予股东更多现金股利持怀疑态度。他们认为正是这么多的现金导致执行官在公司运营中在如同儿戏的无法获得回报的点子上浪费资金。

但是，谷歌的 CEO 看起来并未觉得公司运营出现了问题。据谷歌统计，每天有 200 000 部安卓智能手机被代表消费者的手机运营商激活。仅仅在 3 个月内就实现了翻番。从 2010 年开始，安卓手机的销量开始超过 iPhone 并且开始瓜分苹果在全球的市场份额，造成这一结果的原因主要是谷歌将安卓操作系统免费交给了手机制造商，而苹果自己销售手机赚取巨大的利润。

谷歌应当同苹果一起分享从 iPhone 用户中赚取的搜索业务利润。在安卓手机上，谷歌得以保持百分之百由自己赚取。仅仅是这当中的差距对于维持安卓系统持续发展的需求来说是绰绰有余的。很快 Chrome OS 也将到来，谷歌希望它能够在平板电脑和上网本上与安卓在智能手机上一样取得骄人的成绩。

谷歌的执行官说真正的挑战是如何在"搜索"已经过时的情况下，保持谷歌在网络广告上的专营权，而这几乎是所有谷歌利润的来源。谷歌的搜索引擎和广为人知的"Googling"这一行为不再能够引起大众兴趣的日子已经快要到来。下一步会如何呢？谷歌认为不仅仅局限于搜索，而是对人们有更好的了解，从而能够在人们尚未提出问题前就已经回答了问题。假设你现在正走在大街上，谷歌知道你喜欢什么，你使用什么，并且具体到一英尺内你所在的位置。所以如果你需要牛奶而恰好附近有一个地方可以得到牛奶，谷歌会提醒你去取奶。谷歌会告诉你前面某家商店中你喜欢的一双鞋子正在降价促销。但在谷歌做到那个地步前，谷歌面临着与日俱增的法律、政治和法规方面的障碍。由谷歌引发的关于网络中立性的争论，以及在如甲骨文甚至微软等竞争对手推动下愈演愈烈的有关反垄断、隐私权与专利审查的问题，都是谷歌仍然需要解决的麻烦。

练习

1. 为什么谷歌将它的安卓操作系统免费提供给手机制造商？
2. 一个已建立完善的谷歌邮件和日历账号对于谷歌用户转向其他服务提供商

354 · 管理经济学：市场与企业（第 2 版）

的意愿会造成怎样的影响？谷歌如何从这些服务中获利？

3. 如果谷歌告诉消费者产品所在地点或者提醒他们应该去买点牛奶，谷歌品牌会变得更有价值还是更没有价值？

4. 联邦政府是否应该对谷歌如何使用公司获取的用户的个人信息加以约束？

5. 谷歌的连带外部效应是否会导致垄断？

6. 网络中立性和反垄断审查对于谷歌意味着什么？

日元和美元

与日本购买商达成的海外交易的价值在 2010 年几乎翻了一番，达到了 217.7 亿美元。日元的不断走强对此起到了促进作用。虽然日本经济仍然持续低迷，但是日元却一直走强。强势的日元对于试图收购外国企业的日本公司来说是有利的，但是对于公司对其他国家的出口却是不利的。借助更强势的日元，拥有充足现金的日本公司可以使收购当地外国投资企业与打造它们自己的国外企业相比拥有更快的推动增长。收购拥有强劲的国内需求的公司，例如零售和食品业，尤其具有诱惑力。日本电报电话公司以 31 亿美元的价格收购了南非的 Dimension Data Holding 公司，创下日本企业在非洲最大规模并购交易。麒麟控股株式会社于 7 月获得了新加坡酿造商 Fraser & Neave 有限公司近 10 亿美元的股份，东京证券交易所也与印度的 JSW 钢铁有限公司达成了以超过 10 亿美元获得其少数股权的协议。3 月，日本的制药公司 Astellas Pharma 以大约 40 亿美元收购了纽约梅尔维尔的制药公司 OSL Pharmaceutical，成为了 2010 年最大的收购交易。

强势的日元使得日本的出口——国内经济的基石——在海外的竞争力下降。这迫使政策制定者采取迅速且广泛的一系列行动来遏制日元的走强。但与此同时，日本收购外国公司的能力提升驱使政策制定者不采取行动。此外，推动日元升值的因素同时使得日本的利率走低，由于政府拥有大规模审议中的公共债券，从而降低了政府的借贷成本。

练习

1. 强势的日元意味着什么？

2. 什么因素促使日元走强？

3. 为什么日本并不希望日元强势？

4. 在很多利益方互相争论且试图影响日本的政策制定者的情况下，日元最可能发生什么样的变化？

5. 日本的经济在 10 年内极其低迷，为什么日元能够走强？

新的零售战略

2010 年 9 月：在又一个富有挑战意义的节日里，美国的零售商正在削减开支以确保稳定的利润。即将到来的 2010 年节日，各商店正想方设法保持利润率。

2010年8月17日的报道显示，沃尔玛第二季度的盈利有3.6%的增长，并上调了其年度预计利润，尽管其在美国开业一年以上的商店连续第5个季度亏损。家得宝公司报告称：尽管同店销售额只有1.7%的提高，季度利润却有6.8%的跳跃性增长，并且在降低了年度收入预测的情况下，提高了全年的预期利润。你如何能够在收入变得更为紧缩的情况下增加盈利？通过削减成本。沃尔玛削减了广告预算，并且在积极的临时"回滚"降价未能刺激销售量的新增长之后，重新启用了传统的"天天低价"的战略。

好的零售连锁店通过减少雇员工作时间、保持低库存以及从供应链中节省出成本来应对长期的经济增长放缓。尽管零售管理人员已经数月保守地制定计划，许多人还是期望经济显现出改善的迹象。Abercrombie & Fitch公司计划于2010年关闭它1 098个门店中的60个，并于2011年再关闭50个。青少年零售商称季度同店销售额有5%的增长，但是指出由于为了夺取更大份额的返校预算而展开的商店价格战使得平均价格下降了15%。同时运营Anthropologie和Free People，针对人群主要是20岁出头的青年的服装商Urban Outfitter公司发出了类似的警告。Saks公司在宣布3 220万美元的季度亏损后，公司于星期二关闭了在得克萨斯的Plano和加利福尼亚的Mission Viejo的奢侈品百货商场。

练习

1. 为什么商店不采取提高价格的方法来增加收入？
2. Abercrombie削减了哪些费用？
3. 为什么在经济衰退时期会出现商店价格战？
4. 在衰退期削减费用是一个好的战略吗？当恢复期到来时这意味着什么？

黑天鹅

黑天鹅理论是纳西姆·尼古拉斯·塔利博（Nassim Nicholas Taleb）[5]提出的，用来解释：（1）有大影响，难以预测，罕见的，超出历史、科学、金融和科技上的通常预期的，不相称的事件；（2）无法对相应的罕见事件的概率用科学的方法进行计算（由于它们概率很小的独特性质）；（3）使得人们个体上或者集体上对不确定性的规避和未能意识到罕见的事件在历史事务上的作用的心理偏差。

在墨西哥湾发生的爆炸和由此产生的英国石油公司Macondo油井的石油泄漏是黑天鹅吗？

来自英国石油公司经理的一封电子邮件中说道："谁在乎呢，这件事已经发生了，故事的结局，很可能还不错。"这与从海平面13 000英尺以下的海底油藏运行至深海地平线，在5 000英尺以上漂浮的钻油台的管道加固时使用较少的扶正器的决定有关。在电子邮件发送4天后，管道加固于4月20日失效了。石油和天然气顺着油井上冲，钻油台连同11个工作人员在事故中毁于一旦。

井喷是不是腐蚀或者管理层决策失误造成的？根据英国石油公司在油井上的合作伙伴Anadarko Petroleum所说，越来越多的证据清楚地表明这一悲剧是可以避免的，英国石油公司不计后果的决策和行动直接导致了这一结果。美国石油行业的一些人认为，这反映出英国石油公司糟糕的企业文化——企业的人事晋升更多地取决于降低成本，而不是取决于技术熟练程度。2007 年，有勘探背景的海沃德（Mr. Hayward）的位置被更熟悉财务的约翰·布朗尼（John Browne）取代，海沃德强调安全的重要性，他曾提出了一项全公司范围内的安全计划。但是，由于时间拖延太久并且实现该计划需要持续不断的努力来更新企业的文化，最终企业的 CEO 也不得不放弃。

700 万～1 200 万美元在更安全的井口管道结构上的额外开支有可能防止天然气渗透到表面并炸毁钻油机。于是，为了节省几百万美元开支，英国石油公司却花费了 200 亿美元和其最初 870 亿美元的股票市值。2003 年，内政部提出了一个稍显昂贵的想法：各石油公司在每个海上钻井平台安装价值 50 万美元的声切断开关（安装这样的开关将几乎能够防止所有的石油喷涌事故）。当然，对于现在正关注数十亿美元的清理费用和破产前景的英国石油公司来说，这 50 万美元的开关实在是太廉价了。英国石油公司全球范围内数千口油井中的一个就会对股东造成 870 亿美元的财富损失，还要对具有 6% 的收益率的现金股利的流失负起责任。英国石油公司的合作伙伴、远洋钻井的拥有者，Anadarko 和 Mitsui 也遭受了严重的损失。与之相比，1989 年一艘单体油轮 Exxon Valdez 在阿拉斯加海域发生泄漏事故之后，埃克森的市值仅仅下降了不到 6%。

如何处理黑天鹅事件呢？有些人主张每一个决定都应遵循预防原则。预防原则认为当我们开始接触全新的事物的时候，除非我们确信它是安全的，否则都不应该继续进行。但是，这意味着许多创新将永不见天日。

塔利博主张所有事情都应该有一些额外方案以应对黑天鹅事件带来不良后果。他指出大自然创造了很多额外方案；两只眼睛，两个肾，等等。这正是风险管理所应该关注的，通过制定额外方案将黑天鹅事件的影响隔离开来。

塔利博同时认为 2008 年的金融危机并不是一次黑天鹅事件，只是因为建立在忽视和否认黑天鹅事件影响上的系统的脆弱性。他用了一个比喻："你几乎可以确信一个失职的飞行员驾驶的飞机最终会失事坠毁。"

井喷事件是一次黑天鹅事件吗？像这种类型的事故并不常见，却也不罕见。在最近 10 年中，有 72 起严重泄漏的离岸井喷事故发生，比上一个 10 年多 15 起。钻探的油井越多，设备运行的海下深度越深，事故自然越可能发生。虽然有这样的事实，英国石油公司仍然相信行业风险被夸大了，它甚至于 3 年前取消了意外保险。英国石油公司明显决定在安全防范的开支上节省时间和财力。

是否应该和其他事件一样预防黑天鹅事件或将其影响纳入审查考虑中？这样的行为需要权衡吗？需要的话，因为它是个低概率的事件，考虑到预防事件或将其影响纳入考虑的成本很高，这样做并不值得。如果一个事件发生的可能性是 0.000 000 000 01，而成本是 1 000 亿美元，那么期望值会相对较小。然而在英国石油公司的行业中，井喷发生的可能性相当高。事实上，调查和听证会显示这次由人为错误引起的井喷本是可以预期到的。

练习

1. 什么是黑天鹅事件？
2. 先决性地投入资源对预防黑天鹅事件有意义吗？请解释。

3. 先决性地投入资源将黑天鹅事件纳入可能发生事件的考虑范围之内有意义吗？请解释。

4. 人为的错误和黑天鹅事件有区别吗？人为的错误会导致黑天鹅事件吗？

5. 如果你是英国石油公司的执行官且你看到井喷损失了87%的市值，很可能破产等一系列代价，你是否会选择花费几百万美元制定额外方案——钻主井的同时钻减压井——你对于是否花这笔钱将如何做出决定？

私有化的公共活动

加利福尼亚州正想办法去除州办公大楼。密尔沃基州已经提出将该州的供水系统出售，芝加哥、纽黑文、康涅狄格等地区也提出出售停车计时器。在路易斯安那州和佐治亚州，机场也是可以购买得到的。许多州正通过出售资产来平衡当前预算。在许多情况下，私营企业接管政府控制的行业和服务可能会使运营更有效率和盈利能力。

达成交易最多的是咪表市街和车库停车位。第一批之一在芝加哥，该市于2008年以11.6亿美元的价格授权摩根士丹利领导下的一个财团在75年内管理超过36 000个咪表停车位。美国各地，包括旧金山和拉斯维加斯，很多公共停车系统在招标。匹兹堡市市长提出以大约3亿美元的预付金额将停车系统出租超过50年，所得收入将注入养老保险系统。州和市的办公楼也是在美国各地出售的资产。亚利桑那州在2009年年底宣布其以接管公共建筑再租用回来的方式筹集超过10亿美元的计划受到了全美国的关注。大部分资金将用于填补州的预算漏洞。机场在一个受限的联邦计划下也正在私有化。在考虑租赁交易的包括新奥尔良和波多黎各的飞机场。达拉斯也正在出售室外空间。在将动物园的运营转让给一家私人公司后，该市现在正在出售农贸市场和博览会公园。

为什么政府所做的超过宪法中规定它们应做的？保护私有财产权利和其他一些小项目是政府的职责所在。政府在很多典型活动中都做得不如私人公司好。许多直辖市在管理公路、停车位和桥梁的运营中长期表现得不尽如人意。比如维修合同，掺杂了高度的政治因素，并且随着收入的缩水，基础设施日益恶化。此外，私人企业在平衡停车者与停车位、广告，匹配价格与需求方面更胜一筹。

批评者认为购买者只是在经济脆弱的以及政府需要保证质量的时候乘虚而入，一些以甩卖的价格出售到疲软的市场的资产会导致之后更高的成本。

市政府认为它们筹集到的钱有助于建设更多长期的高效资产，并避免征税。此外，有的人质疑为什么城市要涉及它们现在涉及的业务？例如为什么洛杉矶市要涉及停车业务，密尔沃基市为什么要涉及供水相关的业务，为什么达拉斯市要涉及动物园业务，等等。

人们总是认为逐利的私人企业无法很好地服务大众。一个私人的供水公司提供的水的质量会比不上政府所提供的。此外，用水户不能投票让私人企业的经理或者州政府指派的管理者下台。事实是，私人供水公司提高了价格并提供更好的服务。

练习

1. 政府运营供水服务、停车服务和飞机场的动机都有什么？这些动机与那些私人公司运营这些业务的动机有区别吗？

2. 如果一个企业的现金流情况很糟糕但是拥有有价值的资产，企业该如何避免破产？

3. 为什么公众想要政府而不是逐利的私人公司提供供水服务？

4. 为什么政府除了保护私人财产权利以外还做了那么多？

工作分担

美国人的每年工作小时数远远超过了世界其他发达国家。下面的图表给出了 12 个国家 2006 年的平均工作小时数，这当中只有韩国超过了美国。但是，即使在韩国，工作时间也是在减少的。自 1980 年以来，韩国在平均工作时间上有近 20% 的下降。美国却几乎没有变化。

国家	2006 年平均工作时间（小时）	1980 年以来的下降
美国	1 804	0.8
加拿大	1 766	2.3
日本	1 784	15.9
韩国	2 305	19.9
比利时	1 571	9.2
丹麦	1 577	4.2
法国	1 564	15.1
德国	1 436	18
挪威	1 407	10.9
西班牙	1 764	11.9
瑞典	1 583	−4.4
英国	1 669	5.9
其他国家平均	1 675	9.9

为此，在一些欧洲国家已经广泛采用、能够降低失业率的方法是分担工作。2010 年 7 月，美国有 1.39 亿个工人。如果他们平均每年工作 1 800 小时，总共需要 2 508 亿小时。现在，如果工人平均每年工作 1 675 小时（比现在美国的工作时间少，但是比欧洲的工作时间多），那么需要 1.497 亿个工人，或者比我们现在所雇佣的人再多 1 070 万人，相当于 2 508 亿小时。2010 年 7 月美国有 1 500 万的失业者。所以如果和西欧工作一样多的小时，所有的失业问题就能够得到解决。

练习

1. 你认为分担工作的这个建议如何？请解释这是如何起作用的。
2. 如果法律规定限制每个雇员每周工作 35 小时，公司会如何应对？
3. 为了让年轻人有工作而要求人们 50 岁退休的方法有用吗？这会降低失业率吗？

如何培养企业家

2010 年，奥巴马政府和批评者之间关于如何促进创业有过一些言语冲突。总统巴拉克·奥巴马于 2010 年召开了一个名为总统倡导的创业峰会的会议。[6] 有趣的是，出席的企业家一直坐在房间的后面，而高级官员主导着整个过程。一个政府的发言人说："创业是美国的基础价值，它同时也是给予全世界每一个人打开机遇之门的能力……此峰会不具有任何的政府性质。这是一个企业家们——社会企业家们共聚一堂的会议……围绕着我们如何能够激励代表经济增加的创业这一问题。"但是，整个过程并不是由企业家控制的，而是由商务秘书、小企业管理部门的官员、白宫社会创新与民众参与办公室的主任，以及一个白宫国家安全工作人员中主管全球会议的高级主任主导的。美国国务卿希拉里·克林顿给出了贴切的评价。

之前，奥巴马总统将自由私人企业描述成"一种充斥着内幕交易；可疑的会计操作和短期的贪婪的企业文化……真正的问题不是看起来不如你的人可能会取代你的工作，而是你工作的公司为了利益不顾一切将其出口到国外"。[7] 因此奥巴马政府坚信为了与最贴近经济和社会的问题战斗，政府对企业和民间机构的方向指导是绝对需要的。创业的培养和方向取决于政府。

这种观点有一个严重的问题。企业既不是由政府创造的，也不是由政府培育的。没有学习、探索和行动的自由，创业的过程将充满阻碍，而经济的进步更是空中楼阁。创业对于各种经济和社会进步而言都是基础。基于市场的专利开发和自愿的以社区为基础的创业，而不是政府的命令和控制，才是能够推动人类福祉不断发展的动力。

练习

1. 你同意本案例阐述的观点吗？请解释为什么同意或不同意。
2. 政府能够通过向企业提供补贴和其他福利来促进创业吗？
3. 你同意奥巴马总统将自由私人企业描述成"一种充斥着内幕交易；可疑的会计实务和只顾短期的贪婪的企业文化"的观点吗？请解释。
4. 集中规划与自由、自由市场和竞争哪个能导致更多的创业？请解释。

私人股权投资公司

2010 年出现了很多对于私人股权投资公司的批评者。这些批评者宣称私人股权投资公司引导公司的政策，并降低工人的生活水平。私人股权投资公司是由试图影响或接管上市公司的董事会而联合在一起的股东组成的组织。批评者认为，与表示关注公司董事会的人们相比，这群人对于公司在长期的活力毫无兴趣，而是集中精力于通过提高效率和关闭盈利能力不足的部门来获取短期收益。一旦实现收益，这些大型的投资者总是将他们的股份出售，转而寻找下一个新目标。

一个在 2009 年引发新闻讨论的私人股权公司是亿万富翁尼尔森·佩尔茨（Nelson Peltz）控制的 Train Group。2005 年年中，Train 采用威胁的手段接管了 Wendy's International 公司的董事会，强迫其关闭在前两年出现亏损的 Baja Fresh 连锁店的多家门店。对 Wendy's 公司短期的成本削减给其股价带来了超过 25％的上涨。2006 年，尼尔森·佩尔茨和 Train Group 在亨氏食品公司建立了其据点。Train 公司作为其第二大股东想迫使亨氏出售其盈利能力不足的业务且解雇数千员工。

在媒体上，私人股权基金和公司高管经常通过发表关于这些措施能够"增加股东价值"的声明来证明裁员和关闭工厂行为的正确性。根据批评者的说法，这只不过是他们加强他们对于公司决策制定和关注短期利润但是却有害于工人和公司长期活力的目标的控制的一种委婉说法罢了。对冲基金和私人股权投资者正在寻找负债累累，但基本上是健全的公司，以便于他们重组并出售给其他购买者赚取利润。这样的前景对工人们意味着灾难的来临。

练习

1. 你同意案例中的观点吗？请解释为什么同意或不同意。

2. 私人股权投资公司削减开支、提高效率来抬升股价的做法是错误的吗？提高利润的短期政策和长期利润之间存在一个权衡吗？

3. 什么是一个基本上健全的公司？如果一个公司借入太多的债务，它还是基本上健全的吗？请解释。

4. 私人股权投资公司的批评者究竟想要什么？

公司治理[8]

公司治理结构在全世界范围内有显著的差异。在许多国家，雇员在公司运营中扮演着重要的角色。在德国，有些公司的雇员在法律上被分配了控制权，尽管他们没有剩余求偿权。这个想法旨在确保资本所有者不会控制公司。资本的所有者和劳动者"共同"运营公司。此外，雇员在法律上可以免遭股东和管理层愿望的干扰。

德国的共同决策系统为公司治理提供了英美股东系统以外的选择。在德国的共同决策系统下，法律可能要求公司任命雇员为公司的监事。共同决策法律对所有拥有超过 500 名雇员的私人公司和所有的证券公司都起作用。根据公司的规模不同，雇员可能构成 1/2 或者 1/3 的公司监事会成员。这两种共同决策制度分别称为平价共同决策和非平价共同决策。德国的董事会制度有两层：监事会和管理委员会。管理委员会负责日常的运营，其主席是公司的 CEO。监事会监督管理委员会，任命其成员，制定他们的薪酬并审批重大决定。管理委员会决定公司的战略方向。

有人认为共同决策会造成雇员运用公司来抵制重组、裁员和减薪的效果。与其他经济发达国家相比，德国的工资结构分散程度相对较小。另外，与其他国家相比，其工资不随经济周期变化。

练习

1. 如果合同是不完整的，分配给雇员一些控制权是一种促进员工发展成为企业特有的人力资本的有效方法吗？请解释。

2. 既然政府通过法律推行共同决策且股东无法自愿选择，共同决策对于股东有利吗？

3. 股东是如何试图通过分配资金来使雇员的影响力最小化的？

4. 对于在董事会的雇员的激励是什么？对于外部董事的激励是什么？他们之间有冲突吗？

5. 在商业周期中，你认为更小的工资分散和更稳定的工资对于公司有利还是有害？对雇员呢？对社会呢？

闪电崩盘的监管起源[9]

2010 年 5 月 6 日，股市突然发生了 1 000 点的震荡。没人知道确切的原因。但是《华尔街日报》的丹尼斯・伯曼（Dennis Berman）有一条线索：可能是监管机构造成的。他指出这是由旨在消除通过提高买卖价差来提高交易成本的做市商的 1975 年的市场改革造成的：

> 在 2005 年一次大的市场改革中，改革的目的是"给投资者，尤其是散户以更大的信心，使他们相信他们是被公平对待的"。证券交易委员会当时如此说道。

但是，如今那些贪婪的做市商已经被机器取代，使得当像闪电崩盘这样的危难出现时没有人站出来承担责任。于是依据伯曼所说，我们用便宜的前期成本来做交易换取未知的后期成本。这就是使投资者恐慌的原因，而这些投资者正是证券交易委员会在 2005 年发誓要保护的人群。国会现在正在考虑修正这一系统，显然这暗示也许投资者无法得到如同特拉华参议员考夫曼（Kaufman）所说的"低买卖价差实现的最好的待遇"。并且毫无疑问，监管会得到修正，也许以 2010 年《多德-弗兰克法案》那样的形式颁布。但是，新增的法规能够解决问题吗？考夫曼引用了范德堡的威廉・克里斯蒂（William Christie）的话："这有点像气球——你把一侧压扁了，其他地方将会鼓起来。"

练习

1. 政府监管有可能导致闪电崩盘吗？请解释。

2. "这有点像个气球"是什么意思？什么东西像气球？为什么它像气球？

3. 解释为什么限制某些自由市场中发生的典型活动的政府法规最终使得事情更糟糕。

4. 谁支持《多德-弗兰克法案》？谁反对？

免费乘客[10]

那些无知的人是不会将感恩而死乐队与金融、商业或者任何形式的商业实践联系起来的。但是，这支乐队是最为成功的巡演乐队。

这支乐队的成功建立在一种纯创业方式的音乐商业模式上。当其他乐队在音乐会场地的入场口张贴"严禁在今晚演出中录音和拍照"时，感恩而死乐队鼓励粉丝录下他们的音乐会并为他们的演出拍照。

人们——那些免费乘客，过去总是在感恩而死的一场场音乐会之中奔波，带回满皮箱的在感恩而死音乐会录制的磁带。这种录制磁带的行为影响专辑销售了吗？并没有，它为乐队充当了免费的营销。

斯科特和哈里根（Scott and Halligan）[11]指出，对于感恩而死乐队来说，音乐会是他们所销售的一种体验。稀缺之处在于乐队让每一场演出彻底不同，尤其是夜晚的演出。不仅仅是让每天的歌曲列表不同，还演奏不同版本的全部音乐。与只是在支持新专辑时周期性的巡回演出不同，感恩而死乐队持续地进行巡回演出。

被承认的免费乘客跟随着乐队前往各地观看数百场演出。有些时候这些粉丝通过在停车场内销售商品和食物来支持感恩而死乐队，这种行为也是乐队所认可的。

在早期，乐队控制他们演出的售票。他们消除那些中间商（比如票贩子），以确保对他们最忠诚的粉丝能够购买到最好的票。

放弃那些不稀缺的东西，并使得稀缺——现场演出变得真正稀缺且独特。销售服务及其升级，总是能够培养忠诚度。这就是感恩而死乐队为我们上的一堂营销课。

练习

1. 如果感恩而死乐队受版权法保护，他们为什么要放弃他们的音乐会的版权保护？

2. 在什么情况下"免费经济"最容易使用？

3. 在什么情况下消除交易中的中间商有意义？

4. 乐队拥有19张金唱片、6张白金唱片和4张已经拿了无数白金奖的唱片。乐队为什么要免费发放音乐？

5. 请解释为什么感恩而死乐队支持那些销售乐队相关商品的人。这与亚马逊公司的分销联盟计划有什么相似之处？

6. 乐队提供唱片和CD时所面临的成本结构最可能是什么样的？

棺材垄断联盟

一篇近期发表于《华尔街日报》[12] 的文章披露了殡仪馆的垄断联盟和它们是怎样试图利用政府来抵制新进入者的。新奥尔良的圣约瑟夫修道院的本笃会僧侣们决定将手工制作骨灰盒并且将其出售。但是，当地殡仪馆馆长决定叫停僧侣们的行动。一条路易斯安那州法规认定除了授权的殡仪馆，任何出售"葬礼相关商品"的行为都构成犯罪。违反规定的人可被判处长达 180 天的监禁。

过去，殡仪馆是骨灰盒的垄断供应商。但是，这一垄断正在逐渐消失。好市多和沃尔玛在上年秋天加入了骨灰盒交易。一些州积极地抵制第三方骨灰盒销售，但是联邦法律禁止殡仪馆拒绝从其他地方引进骨灰盒。所以，其他的供应商减少了殡仪馆的利润。

僧侣们继续一边沿街叫卖骨灰盒一边游说，以获得出售它们的官方授权。他们的州代表曾有两次不成功的尝试，尝试通过放松骨灰盒销售的管制的法案。但是州委员会认为只有经过授权的主管才有销售骨灰盒的培训；毕竟，这些是非常复杂的交易。

练习

1. 殡仪馆可能用什么合理的理由来通过给予它们骨灰盒销售垄断权的法律？
2. 殡仪馆会花多少钱与僧侣们竞争？
3. 为什么殡仪馆对僧侣们进行攻击，却没有对好市多和沃尔玛采取相同的做法？
4. 大多数火葬场要求身体至少要密封保存在可接受的硬度的容器内。容器或者骨灰盒必须足够坚固以确保操作者的健康和安全。它还要为身体提供合适的覆盖物来满足尊敬和庄严的要求标准。为什么火葬场要求身体必须密封在"一个可接受的硬度的容器"内？
5. 请解释像殡仪馆主管这样的小团体怎样能够从政府那里获得对抗各种交易的垄断权。

商业神话[13]

一些博客指出了他们所谓的"商业神话"。这当中的一些有：

1. 想要成功你得成为第一。这有时也被改述为"第一个进入的人能够获胜"或者"先进优势"。
2. 想要成功，你得变得更便宜。参加 SBA 的课程，它会告诉你如果你唯一的竞争点是能够变得更便宜，那么别迟疑，马上开创你的事业吧。
3. 我是一个好厨师，所以我应该开一家餐馆。"嗨，这顿饭做得棒极了！你应该开一家餐馆！"
4. 顾客总是正确的。永远别对顾客说你不希望他再成为你的顾客了。

5. 我只要开了商店，人们就会从人行道上走进来从我这里买东西。这通常也称为"只要你建了，他们就会来光顾"的经营方针。

6. 这是一个酷点子，每个人都会喜欢它的。多关注向营销人员提供这样投入的小组——我们喜欢点子。

7. 我们的东西更好，所以我们会成功。质量总是能够让你获胜。

8. 使更多的人加入到这个项目中，这样我们会完成得更快。这是软件世界非常普遍的一个观点。

9. 失败是糟糕的，失败是成功的对立面。这正是为什么学校禁止玩躲避球且足球队会因为比其竞争对手赢了超过 5 个球而受惩罚。

10. 知识就是力量。在知识经济中，知识是通往成功所必需的显著的能力。

11. 现金流才是对企业真正重要的。利润只不过是会计上的小把戏，只有依靠现金流你才能支撑起企业。许多公司由于现金流问题而倒闭，即使它们账面上依旧盈利。

12. 拥有更多的顾客比拥有更少的顾客好。你会相信有的公司因为拥有太多顾客或者太多产品需求而倒闭吗？

练习

1. 这些是神话吗？请逐条解释是真实的还是神话。
2. "你只要降低价格就能赢得顾客"是真的吗？请解释。
3. 你会认为你不会和亲密的朋友一起组建合伙企业或新生意吗？

创造性破坏

弗斯特和卡普兰（Foster and Kaplan）[14] 对他们在麦肯锡公司 36 年以来超过 1 000 家公司所收集到的资料进行了分析研究，研究显示即使是运营得最好且被最广泛膜拜的公司，也无法维持超过 10～15 年的优势市场竞争力的运营。他们写道："公司都是建立在连续性假设上的；它们将精力放在运营上。资本市场是建立在非连续性假设上的；它们关注创造和破坏。"

他们认为，公司没有跟上市场和带动市场的创业者的步伐及规模来进行改变或创造价值。持续性的哲学意味着它们的公司治理、控制过程和其他能够使它们长期生存下去的方面，减弱了它们对于改变重要的且持续的需要。他们认为公司如果想要在长期保持领先的回报率和繁荣，必须学会变得像市场本身那样动态和敏感。

练习

1. 如果公司是非市场的，如何能够让公司变得像市场本身一样动态和敏感？
2. 案例中的主张有道理吗？公司如何能够在不经历创造性破坏或进行创造性破坏的情况下，学会变得像市场本身一样动态和敏感？
3. 一个公司可能成为一个创业者吗？请解释。

4. 下述语句是什么意思？"公司都是建立在连续性假设上的；它们将精力放在运营上。资本市场是建立在非连续性假设上的；它们关注创造和破坏。"

5. 会有一个公司能够"在长期保持领先的回报率和繁荣"吗？

管理理论提供了新的东西吗？[15]

在《大西洋月刊》上的一篇文章里，马修·斯图尔特（Matthew Stewart）批判了商学院、MBA 项目和通常的管理理论。他做出了一些有意思的评论，并且提出了关于管理理论的问题。如下就是他关于管理理论评论的要点。

管理理论在 1991 年开始于弗雷德里克·泰勒（Frederick Winslow Taylor）的《科学管理原理》一书，在这本书里并没有太多科学知识，而只是简单的测量。1899 年，他观察到工人们将生铁块搬运到有轨车上时就好奇，一个工人在一个工作日能将多少吨的生铁块搬到车上呢？他测量了最好工人能够搬运的生铁数量，然后尝试去让所有的工人都变得同样有效率。

即使泰勒的后继者发展出了数据方法和对商业问题的分析方式，但它能叫科学吗？许多人都认为新的解决问题的方法并不是从这些管理方法中得出的。事实上，所提出的方案都是一种流行，而非解决方法——首先考虑它的效率，其次质量，再次顾客满意度，供应商满意度，自我满意度，再然后又是效率了。

20 世纪 90 年代，大师们都有完全一样的信念，那就是这个世界将迎来一个全新的人类合作模式，也被界定为"信息化组织"、"知识型企业"、"学习型组织"以及"永久创造型组织"。汤姆·彼得斯（Tom Peters）在《追求卓越》中号召商业做到"彻底摒弃层级制度"。而"官僚体制的终结"是管理大师都避免谈到的。

但这些并不是新观点。根据马修·斯图尔特所说的，"扁平的"组织最早为詹姆斯·沃思（James C. Worthy）在他 20 世纪 40 年代对西尔斯的研究中明确推崇，并且在 1949 年，吉文（W. B. Given）也创造了"由下而上的管理"这个术语。然后玛利·帕克·福利特（Mary Parker Follett）在 20 世纪 20 年代抨击了"部门化"的思想，提倡变化导向型和不正式的构架，并且主张"综合化"的组织。接着出现了所谓的"合作型企业"，也就是我们现在所听到的"民主企业"。

这些观念从何而来，并且为什么持续出现呢？根据斯图尔特的看法，"仅仅是因为所有的经济型组织都至少涉及了权力的一些程度，而权力却总是让人们讨厌"。

练习

1. 管理是一门科学吗？

2. 你认为管理理论是来自管理学者或者是管理大师吗？如果是的话，为什么这些所谓的学者和大师不断改变自己的观点和建议呢？

3. 你认为管理理论是市场竞争、成功的产物吗？如果是的话，为什么同样的理论不断重复，然后又为了再次出现而被替换？

4. 当斯图尔特说"所有的经济型组织都至少涉及了权力的一些程度"时，他想表达的意思是什么？为什么这句话会激怒人们？

注 释 ■

1. Alan Murry, "The End of Management," *Wall Street Journal*, August 21, 2010, Weekend Section. Jason Fried, "Getting Real: The Smarter, Faster, Easier Way to Build a Successful Web Application Heinemeier David Hansson, Matthew Linderman, "37signals," *Wall Street Journal*, November 18, 2009 Blogs, July 6, 2010, Gary Hamel, "HCL: Extreme Management Makeover," blogs.wsj.com/management/2010/07/06/hcl-extreme-management-makeover/

2. Clayton M. Christensen, *The Innovator's Dilemma: The Revolutionary Book that Will Change the Way You Do Business* (New York: Harper Paperbacks, 2003).

3. Anthony D. Williams and Dan Tapscott, *Wikinomics* (Portfolio Hardcover, expanded ed., 2008).

4. James Surowiecki, *The Wisdom of Crowds,* (Garden City, NY: Anchor, 2005).

5. *The Black Swan Theory* (New York: Random House Trade Paperbacks; 2nd ed., May 11, 2010).

6. www.america.gov/entrepreneurship_summit.html; April 22, 2010.

7. A speech given on March 3, 2008 at the Constitution Center in Philadelphia.

8. Gary Gorton and Frank Schmid, "Class Struggle inside the Firm: A Study of German Codetermination," Working Paper 2000-025B, research.stlouisfed.org/wp/2000/2000-025.pdf; September 2000, Revised April 2002, Federal Reserve Bank of St. Louis.

9. Posted by Larry Ribstein on August 24, 2010 truthonthemarket.com/2010/08/24/the-regulatory-origins-of-the-flash-crash.

10. Doug French, Secrets of the Most Successful Touring Band of All Time, posted August 23, 2010, Mises.org.

11. David Meerman Scott and Brian Halligan, *Marketing Lessons from the Grateful Dead: What Every Business Can Learn from the Most Iconic Band in History* (Hoboken, NJ: John Wiley, 2010).

12. Jennifer Levitz, "Coffins Made with Brotherly Love Have Undertakers Throwing Dirt," *Wall Street Journal*, August 25, 2010, p. 1.

13. weblogs.sqlteam.com/markc/articles/4280.aspx; rondam.blogspot.com/2006/10/top-ten-geek-business-myths.html; www.morebusiness.com/6-business-myths

14. Richard Foster and Sarah Kaplan, *Creative Destruction: Why Companies that Are Built to Last Underperform the Market—and How to Successfully Transform Them* (New York: Doubleday/Currency, 2001).

15. This is based on an article appearing in 2006. See Matthew Stewart, "The Management Myth," *The Atlantic*, June 2006.

中国人民大学出版社工商管理类翻译版教材

序号	书名	版次	作者	定价	出版年份	ISBN

（一）工商管理经典译丛

序号	书名	版次	作者	定价	出版年份	ISBN
1	管理学	11	斯蒂芬·P·罗宾斯	69	2012	9787300157955
2	罗宾斯《管理学》(第9版)学习指导	9	史蒂文·考克斯	29.8	2009	9787300103372
3	管理经济学（第4版修订版）	4	H·克雷格·彼得森	69	2009	9787300113678
4	管理经济学	11	马克·赫斯切	69	2008	9787300092874
5	组织行为学	14	斯蒂芬·P·罗宾斯	72	2012	9787300166636
6	组织行为学	9	杰拉尔德·格林伯格	75	2011	9787300136035
7	战略管理：概念与案例	10	迈克尔·A·希特	59	2012	9787300166216
8	战略管理：概念与案例(第13版·全球版)	13	弗雷德·R·戴维	68	2012	9787300158556
9	战略过程：概念、情境、案例	4	亨利·明茨伯格	69	2012	9787300163314
10	人力资源管理	12	加里·德斯勒	79	2012	9787300157238
11	会计学	8	查尔斯·T·亨格瑞	79	2010	9787300125435
12	公司理财	5	理查德·A·布雷利	78	2008	9787300092911
13	项目管理：管理新视角	7	杰克·R·梅雷迪思	78	2011	9787300129778
14	MBA运营管理	3	杰克·R·梅雷迪思	49.8	2007	9787300086507
15	运作管理	10	杰伊·海泽	89	2012	9787300148908
16	供应链管理	5	苏尼尔·乔普拉	65	2013	9787300169743
17	市场营销原理	13	菲利普·科特勒	65	2010	9787300118543
18	营销管理（第14版·全球版）	14	菲利普·科特勒	79	2012	9787300153100
19	营销管理（第13版·中国版）	13	菲利浦·科特勒	75	2009	9787300104591
20	管理信息系统（精要版·第9版）	9	肯尼思·C·劳东	59	2012	9787300162546
21	质量管理与质量控制	7	詹姆斯·R·埃文斯	65	2010	9787300120270
22	数据、模型与决策	4	詹姆斯·R·埃文斯	59	2011	9787300136059
23	电子商务导论	2	埃弗瑞姆·特伯恩	59	2011	9787300137476
24	商务统计学	5	戴维·M·莱文	65	2010	9787300124926
25	管理沟通——以案例分析为视角	4	詹姆斯·S·奥罗克	49	2011	9787300129204
26	管理思想史	6	丹尼尔·A·雷恩	62	2012	9787300148212
27	企业伦理学——伦理决策与案例	8	O.C.费雷尔	49	2012	9787300160160
28	商业伦理：概念与案例	7	曼纽尔·G·贝拉斯克斯	52	2013	9787300173764
29	职业生涯发展与规划	3	罗伯特·C·里尔登	39	2010	9787300118437
30	商业法律环境	4	南希·K·库巴塞克	69	2007	9787300081878
31	企业管理研究方法	10	唐纳德·库珀	79	2013	9787300176451

（二）工商管理经典译丛·国际化管理系列

序号	书名	版次	作者	定价	出版年份	ISBN
1	全球商务	1	彭维刚	65	2011	9787300128191
2	全球商务谈判：实务操作指南	1	克劳德·塞利奇	29	2008	9787300092836
3	国际商务	7	查尔斯·W·L·希尔	72	2009	9787300106601
4	全球营销学	4	沃伦·L·基坎	69	2009	9787300106625

（三）工商管理经典译丛·市场营销系列

序号	书名	版次	作者	定价	出版年份	ISBN
1	市场营销学	9	加里·阿姆斯特朗	65	2010	9787300125244
2	市场营销学基础	18	小威廉·D·佩罗	65	2012	9787300156446
3	营销管理（第5版·全球版）	5	菲利普·科特勒	39	2012	9787300153674
4	营销管理（亚洲版·第5版）	5	菲利普·科特勒	75	2010	9787300113692
5	营销管理：知识与技能	10	J·保罗·彼得	65	2012	9787300157511
6	战略营销：教程与案例	11	罗杰·A·凯琳	65	2011	9787300138688
7	战略品牌管理	3	凯文·莱恩·凯勒	72	2009	9787300106557
8	现代品牌管理	1	西尔维·拉福雷	55	2012	9787300160153
9	服务营销	6	克里斯托弗·洛夫洛克	68	2010	9787300121550
10	消费者行为学（第8版·中国版）	8	迈克尔·R·所罗门	69	2009	9787300106540
11	消费者行为学	10	利昂·G·希夫曼	65	2011	9787300136080
12	营销调研	6	阿尔文·C·伯恩斯	55	2011	9787300133362
13	营销渠道	7	安妮·T·科兰	59	2008	9787300095257
14	网络营销	5	朱迪·斯特劳斯	55	2010	9787300124254
15	网络营销实务：工具与方法	1	贾森·米列茨基	45	2011	9787300126876
16	广告学：原理与实务	7	威廉·维尔斯	65	2009	9787300087818
17	广告与促销：整合营销传播视角	8	乔治·E·贝尔奇	78	2009	9787300106618
18	组织间营销管理	10	迈克尔·D·赫特	59	2011	9787300130279
19	零售管理	11	巴里·伯曼	79	2011	9787300130934
20	专业化销售：基于信任的方法	4	托马斯·N·英格拉姆	48	2009	9787300112190
21	销售管理	9	威廉·L·科恩	48	2010	9787300118499
22	销售管理——塑造未来的销售领导者	1	小约翰·F·坦纳	48	2010	9787300117676
23	营销战略与竞争定位	3	格雷厄姆·胡利	49	2007	9787300078984

（四）工商管理经典译丛·会计与财务系列

1	会计学：管理会计分册	23	詹姆斯·M·里夫	36	2011	9787300135526
2	会计学：财务会计分册	23	詹姆斯·M·里夫	65	2011	9787300137834
3	会计学原理	19	约翰·J·怀尔德	65	2012	9787300148205
4	成本与管理会计	13	查尔斯·T·亨格瑞	79	2010	9787300125947
5	中级会计学（上、下册）	12	唐纳德·E·基索	168	2008	9787300094571
6	高级会计学	10	弗洛伊德·A·比姆斯	69.8	2011	9787300146362
7	审计学：一种整合方法	14	阿尔文·A·阿伦斯	72	2013	9787300168289
8	公司理财	1	乔纳森·伯克	89	2009	9787300112206
9	中级财务管理	8	尤金·F·布里格姆	69	2009	9787300104270
10	财务报表分析	10	K.R.苏布拉马尼亚姆	59	2009	9787300108261
11	跨国公司财务管理基础	6	艾伦·C·夏皮罗	59	2010	9787300117799

（五）人力资源管理译丛

1	人力资源管理：赢得竞争优势	5	雷蒙德·A·诺伊	75	2005	9787300068626
2	人力资源管理基础	3	雷蒙德·A·诺伊	68	2011	9787300138237
3	薪酬管理	9	乔治·T·米尔科维奇	68	2010	9787300095615
4	战略薪酬管理	5	约瑟夫·J·马尔托奇奥	49	2010	9787300112138
5	绩效管理	1	赫尔曼·阿吉斯	39.8	2008	9787300089119
6	雇员培训与开发	3	雷蒙德·A·诺伊	45	2007	9787300081861
7	国际人力资源管理	5	赵曙明　彼得·J·道林	45	2012	9787300147345
8	组织行为学	6	罗伯特·克赖特纳	78	2007	9787300085739
9	组织中的人际沟通技巧	3	苏珊娜·杰纳兹	49	2011	9787300138244
10	谈判与冲突管理	1	芭芭拉·A·布贾克	39.8	2009	9787300103884

（六）工商管理经典译丛·运营管理系列

1	运营管理：创造供应链价值	6	罗伯塔·S·拉塞尔	59	2010	9787300116136
2	供应链设计与管理	3	大卫·辛奇－利维	55	2010	9787300116143
3	当代物流学	9	小保罗·R·墨菲	49	2009	9787300109756
4	物流管理与战略——通过供应链竞争	3	艾伦·哈里森等	39	2010	9787300116129
5	项目管理：流程、方法与经济学	2	亚伯拉罕·施塔布	69	2007	9787300086774
6	IT项目管理	3	杰克·T·马尔海夫卡	49	2011	9787300134819
7	质量管理：整合供应链	4	S·托马斯·福斯特	59	2013	9787300171425
8	供应管理	8	戴维·伯特	68	2012	9787300157948

（七）管理科学与工程经典译丛

1	数据、模型与决策	10	伯纳德·W·泰勒	78	2011	9787300140056
2	管理科学	2	约翰·A·劳伦斯	75	2009	9787300103181
3	管理信息技术	5	埃夫拉伊姆·图尔班	69	2009	9787300109763
4	制造计划与控制	5	托马斯·E·沃尔曼	69	2009	9787300099521
5	创新管理	4	乔·蒂德	59	2012	9787300156576

（八）工商管理经典译丛·简明系列

1	创业学（亚洲版）	1	霍华德·H·弗雷德里克	55	2011	9787300135069
2	战略管理	1	G·佩奇·韦斯特三世	45	2011	9787300136073
3	战略管理精要	5	J·戴维·亨格	45	2012	9787300151618
4	管理学	8	约翰·R·舍默霍恩	50	2011	9787300142203
5	管理学原理（第6版）	6	斯蒂芬·P·罗宾斯	62	2009	9787300099897
6	创业学（第2版）	2	杰克·M·卡普兰	48	2009	9787300099576
7	商务沟通——数字世界的沟通技能	12	凯瑟琳·伦茨	49	2012	9787300153315
8	管理经济学：市场与企业	2	威廉·博伊斯	49	2013	9787300176703

（九）其他教材

1	组织行为学经典文献	8	乔伊斯·S·奥斯兰	65	2010	9787300129198
2	战略管理：解决战略矛盾，创造竞争优势	1	鲍勃·德威特	39	2008	9787300092997
3	中小企业创业管理	3	杰尔姆·A·卡茨	75	2012	9787300142715
4	旅游学	10	查尔斯·R·格德纳	65	2008	9787300091563
5	休闲与旅游研究方法	3	A.J.维尔	48	2008	9787300090191
6	案例学习指南：阅读、分析、讨论案例和撰写案例报告	1	威廉·埃利特	39	2009	9787300102023

北京市版权局著作权合同登记号　图字：01-2013-1796

图书在版编目(CIP)数据

管理经济学：市场与企业：第 2 版/博伊斯著；李自杰等译. —北京：中国人民大学出版社，2013.6
（工商管理经典译丛. 简明系列）
ISBN 978-7-300-17670-3

Ⅰ.①管… Ⅱ.①博…②李… Ⅲ.①管理经济学 Ⅳ.①F270

中国版本图书馆 CIP 数据核字（2013）第 123535 号

工商管理经典译丛·简明系列
管理经济学：市场与企业（第 2 版）
威廉·博伊斯　著
李自杰　刘　畅　译
Guanli Jingjixue：Shichang yu Qiye

出版发行	中国人民大学出版社		
社　　址	北京中关村大街 31 号	**邮政编码**	100080
电　　话	010－62511242（总编室）		010－62511398（质管部）
	010－82501766（邮购部）		010－62514148（门市部）
	010－62515195（发行公司）		010－62515275（盗版举报）
网　　址	http://www.crup.com.cn		
	http://www.ttrnet.com（人大教研网）		
经　　销	新华书店		
印　　刷	涿州市星河印刷有限公司		
规　　格	185 mm×260 mm　16 开本	**版　　次**	2013 年 6 月第 1 版
印　　张	24 插页 1	**印　　次**	2013 年 6 月第 1 次印刷
字　　数	560 000	**定　　价**	49.00 元

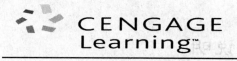

Supplements Request Form（教辅材料申请表）

Lecturer's Details（教师信息）			
Name： （姓名）		Title： （职务）	
Department： （系科）		School/University： （学院/大学）	
Official E-mail： （学校邮箱）		Lecturer's Address / Post Code： （教师通讯地址/邮编）	
Tel： （电话）			
Mobile： （手机）			

Adoption Details（教材信息）　　原版□　　翻译版□　　影印版 □			
Title：（英文书名） Edition：（版次） Author：（作者）			
Local Publisher： （中国出版社）			
Enrolment： （学生人数）		Semester： （学期起止时间）	
Contact Person & Phone/E-Mail/Subject： （系科/学院教学负责人电话/邮件/研究方向） （ 我公司要求在此处标明系科/学院教学负责人电话/传真及电话和传真号码并在此加盖公章。） 教材购买由　我□　我作为委员会的一部分□　其他人□[姓名：　　　　]决定。			

Please fax or post the complete form to（请将此表格传真至）：

CENGAGE LEARNING BEIJING
ATTN：Higher Education Division
TEL：(86) 10-82862096/ 95 / 97
FAX：(86) 10 82862089
ADD：北京市海淀区科学院南路 2 号
融科资讯中心 C 座南楼 12 层 1201 室　 100080

Note：Thomson Learning has changed its name to CENGAGE Learning

教师教学服务说明

中国人民大学出版社工商管理分社以出版经典、高品质的工商管理、财务会计、统计、市场营销、人力资源管理、运营管理、物流管理、旅游管理等领域的各层次教材为宗旨。

为了更好地为一线教师服务，近年来工商管理分社着力建设了一批数字化、立体化的网络教学资源。教师可以通过以下方式获得免费下载教学资源的权限：

在"人大经管图书在线"（www. rdjg. com. cn）注册，下载"教师服务登记表"，或直接填写下面的"教师服务登记表"，加盖院系公章，然后邮寄或传真给我们。我们收到表格后将在一个工作日内为您开通相关资源的下载权限。

如您需要帮助，请随时与我们联络：

中国人民大学出版社工商管理分社

联系电话：010－62515735，62515749，82501704

传　真：010－62515732，62514775　　　　电子邮箱：rdcbsjg@crup. com. cn

通讯地址：北京市海淀区中关村大街甲 59 号文化大厦 1501 室（100872）

教师服务登记表

姓　名		□先生 □女士	职　称		
座机/手机			电子邮箱		
通讯地址			邮　编		
任教学校			所在院系		
所授课程	课程名称	现用教材名称	出版社	对象（本科生/研究生/MBA/其他）	学生人数
需要哪本教材的配套资源					
人大经管图书在线用户名					

院/系领导（签字）：

院/系办公室盖章